蘇州圖書館　編

蘇州圖書館藏國家珍貴古籍圖志

國家圖書館出版社

圖書在版編目（CIP）數據

蘇州圖書館藏國家珍貴古籍圖志 / 蘇州圖書館編. 北京：國家圖書館出版社, 2024. 9. -- ISBN 978-7-5013-8143-2

Ⅰ. G256.22-64

中國國家版本館CIP數據核字第20243NY208號

書　　名　蘇州圖書館藏國家珍貴古籍圖志
著　　者　蘇州圖書館　編
責任編輯　王燕來
封面設計　愛圖工作室

出版發行　國家圖書館出版社（北京市西城區文津街7號　100034）
（原書目文獻出版社　北京圖書館出版社）
010-66114536　63802249　nlcpress@nlc.cn（郵購）
網　　址　http://www.nlcpress.com
排　　版　愛圖工作室
印　　裝　北京雅圖新世紀印刷科技有限公司
版次印次　2024年9月第1版　2024年9月第1次印刷

開　　本　880×1230　1/16
印　　張　18.5
書　　號　ISBN 978-7-5013-8143-2
定　　價　380.00圓

前　言

蘇州圖書館建館於一九一四年，至今已走過整整一百一十年的歷史。建館之初，本館古籍主要來源於正誼書院和學古堂舊藏，後通過徵集采購、社會捐贈、劃轉調撥等方式，古籍藏量日漸豐富，至今古籍收藏近二十萬册，其中善本二千二百餘部二萬二千餘册，成爲國内著名古籍收藏單位之一。

建館一百一十年來，本館歷任館長和同仁們爲古籍的保護和搶救做出了卓越貢獻。抗日戰争時期，館長蔣吟秋先生帶領館員在敵機轟炸聲中，把精心挑選出來的館藏珍本分批轉移到太湖中的東山鑒塘小學及西山顯慶寺秘藏，并千方百計籌措保護經費。日寇屢次入山搜查，當地僧衆無一人泄漏消息，雖歷經艱辛，終使這批珍本得以免遭日寇劫掠。"破四舊"狂潮中，本館上下本着對文獻高度負責的精神，團結一致，鬥智鬥勇，終使館藏古籍得以保全。時任副館長的許培基先生率領館員，到處理"破四舊"圖書文物的廢品倉庫中挑選有價值的文獻資料，連續工作了兩個多月，搶救出包括元明刻本、稀見稿抄本在内的大量珍貴文獻。這些可歌可泣的護書佳話，值得永遠銘記。

中華古籍保護計劃實施以來，在蘇州市委市政府的關心和支持下，本館大力開展各項工作，成績突出。先後被列入"古籍保護試點單位"、首批"全國古籍重點保護單位"、"全國古籍保護工作先進單位"。在珍貴古籍的申報工作中，本館著力尤多，前六批入選《國家珍貴古籍名録》的珍本達一百二十四部，位居全國同類圖書館前列。

在做好古籍本體性保護和再生性保護工作的同時，本館還積極進行館藏古籍的整理和研究工作。近年來，先後公開出版了《蘇州圖書館藏古籍善本提要·經部》（鳳凰出版社，二〇〇四年）、《蘇州圖書館藏古籍善本提要·史部》（中華書局，二〇一〇年）、《蘇州圖書館藏古籍善本提要·子部》（西泠印社，二〇一二年）、《蘇州圖書館藏古籍善本提要·集部》（廣陵書社，二〇一四年）、《江蘇省蘇州圖書館藏古籍普查登記目録》（國家圖書館出版社，二〇一六年）、《蘇州圖書館藏善本題跋》（國家圖書館出版社，二〇一八年），這些圖書揭示了館藏文獻價值，便利了讀者使用。

《蘇州圖書館藏國家珍貴古籍圖志》是本館最新的古籍整理研究成果。本書收録了蘇州圖書館前六批入選《國家珍貴古籍名録》的古籍共計一百二十四部，涵蓋宋元佳槧、明清精刻、名家稿抄等，爲館藏精華的代表。本書按照經、史、子、集分類爲序，其中經部十一部、史部二十三部、子部四十二部、集部四十八部。每部珍貴古籍著録題名、卷數、著者、版本，并介紹作者、行款版式、序跋附録、各卷内容、刊印責任者、題名頁、牌記、刻（寫）工、避諱、歷代書目著録情況、珍貴古籍名録號、裝幀册數、存卷配補、批校題跋以及裝具、封面、粘簽、缺葉、鈐印等情況，并配以代表性書影，客觀展示珍貴古籍的全貌。希望通過此書的出版，進一步推動館藏古籍的保護和利用。

謹以此書，向一百一十年館慶獻禮。

蘇州圖書館黨委書記、館長　接　曄

二〇二四年九月

目　録

經　部

史　部

子　部

集　部

孝經今文音義

唐國子博士兼太子中允贈齊州刺史吳縣開國男陸 德明撰

開宗明義章

仲尼 女持反仲尼取象尼丘山又音夷字作尼古夷字也援神契云蟲也 居 如字說文作凥音同鄭玄云凥凥講堂也王肅云閑居也孔安國云靜而思道也 曾 則能反姓也 子 男子美稱也曾子孔子弟子也名參字子與魯人也或作參音同義別下皆同 侍 卑在尊者之側曰侍 子 孔子也古者稱師曰子 曰 語辭也從乙在匕上乙象氣人將發語口上有氣故曰字缺上也凡曰皆放此 先王 鄭玄云禹三王最先者案五帝官天下三王禹始傳於殷於殷配天故爲孝教之始王謂文王也 有至德 鄭云至德孝悌也王云孝爲之至也 要 因妙反注同 道 鄭云要道禮樂也王云孝爲道之要 民用和睦 音目字林云亡六反 上下無怨 紆万反 女 音汝本或作汝凡本女字音放此汝水名音同義別 知之乎曾子辟 音避注同本或

經部

鄭州圖書館鑒藏善本

周易傳義大全二十四卷／周易象旨決録七卷讀周易象旨私識一卷／淮海易談四卷／禮記日録三十卷圖解一卷／春秋屬辭十五卷春秋左氏傳補注十卷春秋師説三卷附録二卷／唐荆川先生編纂左氏始末十二卷／春秋説五卷／荷珠録六卷／孝經今文音義一卷論語音義一卷孟子音義二卷／説文解字段注攷正十五卷／詩韻輯略五卷／周易傳義大全二十四卷／周易象旨決録七卷讀周易象旨私識一卷／淮海易談四卷／禮記日録三十卷圖解一卷／春秋屬辭十五卷春秋左氏傳補注十卷春秋師説三卷附録二卷／唐荆川先生編纂左氏始末十二卷／春秋説五卷／荷珠録六卷／孝經今文音義一卷論語音義一卷孟子音義二卷／説文解字段注攷正十五卷／詩韻輯略五卷／周易傳義大全二十四卷／周易象旨決録七卷讀周易象旨私識一卷／淮海易談四卷／禮記日録三十卷圖解一卷／春秋屬辭十五卷春秋左氏傳補注十卷春秋師説三卷附録二卷／唐荆川先生編纂左氏始末十二卷／春秋説五卷／荷

周易傳義大全二十四卷

（明）胡廣等輯

明嘉靖十五年（1536）劉氏安正堂刻本

胡廣（1370—1418），字光大，號晃庵，明江西吉水人。明建文二年（1400）舉進士第一，授翰林學士。累官至文淵閣大學士。卒謚文穆。有《胡文穆集》。參見《明史》卷一百四十七。

半葉十一行，行十七字至二十一字不等，小字雙行十九字。黑口，四周雙邊，雙順黑魚尾。版心中間鐫“周易大全”、卷次，下鐫葉次。框高 16.2 厘米，寬 12.4 厘米。

此書爲明永樂十二年（1414），胡廣等人奉敕編纂。以程頤《易傳》、朱熹《周易本義》爲主，彙集一百三十六家之説而成。前有《總目》《凡例》《程子易傳序》《易序》《上下篇義》《朱子易本義圖》《五贊》《筮儀》《程朱易説綱領》，此本原闕。正文爲《上經》十一卷、《下經》十卷、《繫辭》二卷、《説卦》《序卦》《雜卦》一卷。

卷二十四末有“丙申年秋月 / 安正堂重刊”牌記。安正堂爲明代建陽劉宗器及其後人書坊名。

《中國古籍善本書目》經部易類收録，編號爲經 373。

名録號 01283。綫裝，二十四册。

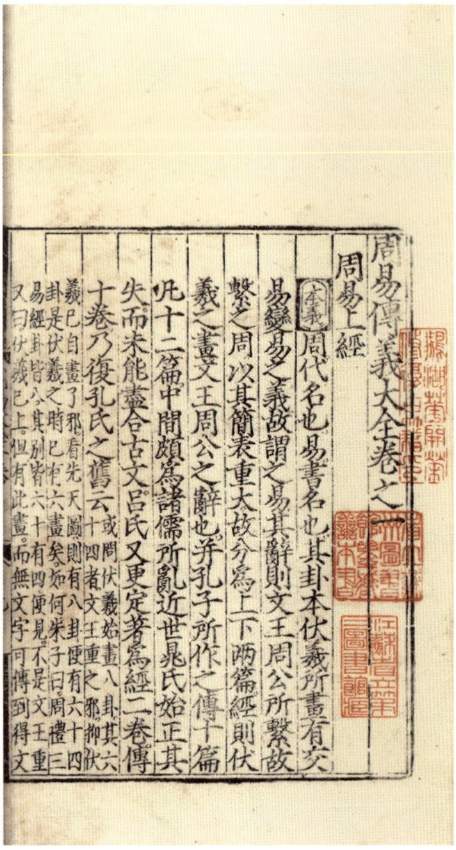
周易傳義大全卷之一
周易上經
本義 周代名也易書名也其卦本伏羲所畫有交易變易之義故謂之易其辭則文王周公所繫故繫之周以其簡袠重大故分爲上下兩篇經則伏羲之畫文王周公之辭也并孔子所作之傳十篇凡十二篇中間頗爲諸儒所亂近世晁氏始正其失而未能盡合古文呂氏又更定著爲經二卷傳十卷乃復孔氏之舊云 或問伏羲始畫八卦其六十四者文王重之邪抑伏羲已自畫了邪看先天圖則有八卦便有六十四卦是伏羲之時已有六畫矣如何朱子曰周禮三易經卦皆八其別皆六十有四便見不是文王重又曰伏羲已上但有此畫而無文字可傳到得文

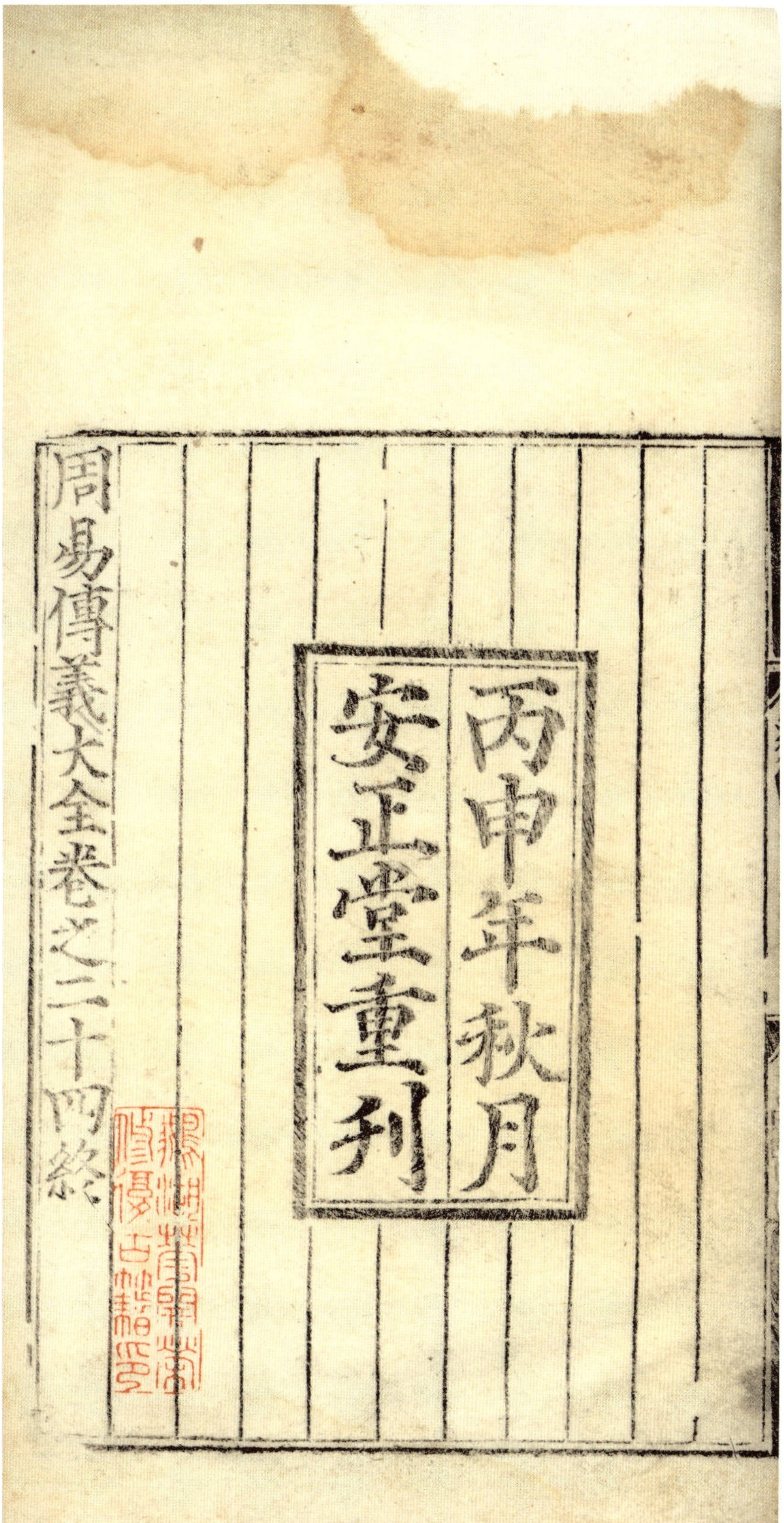
丙申年秋月
安正堂重刊
周易傳義大全卷之二十四終

周易象旨决録七卷

（明）熊過撰

讀周易象旨私識一卷

明嘉靖四十一年（1562）熊迥刻本

熊過（1506—1580），字叔仁，號南沙，明四川富順人。明嘉靖八年進士。先後官禮部祠祭司郎中、云南白鹽井副提舉、常州府通判、福建按察司僉事、湖州府通判、安吉州同知。嘉靖二十五年以高簡被劾牽連削籍，返鄉家居。年七十五卒。著有《南沙文集》《春秋明志録》等。參見明趙用賢《松石齋集》卷十七《熊南沙先生墓志銘》。

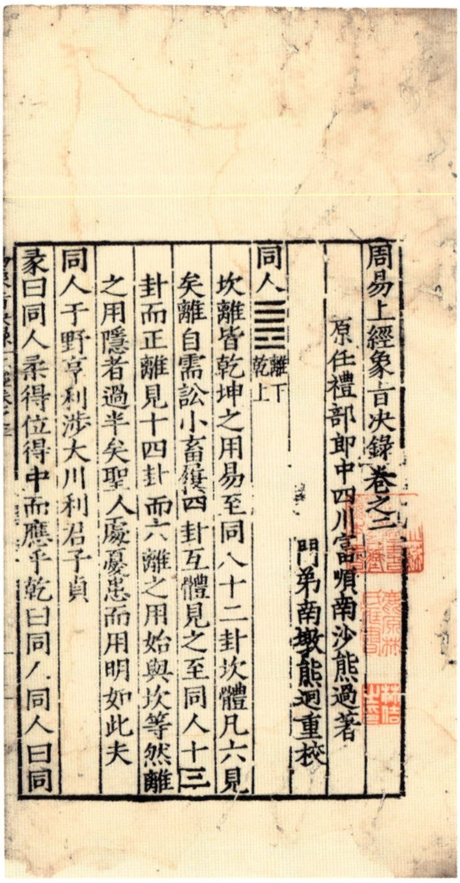
周易上經象旨决録卷之三
原任禮部郎中四川富順南沙熊過著
門弟南墩熊迥重校
同人 離下乾上
坎離皆乾坤之用易至同人十二卦坎體凡六見
矣離自需訟小畜履四卦互體見之至同人十三
卦而正離見十四卦而六離之用始與坎等然離
之用隱者過半矣聖人憂患而用明如此夫
同人于野亨利涉大川利君子貞
彖曰同人柔得位得中而應乎乾曰同人同人曰同

半葉十行，行二十字。白口，四周單邊，無魚尾。版心上鎸“易象旨决録”，中鎸上經（下經）、卷次，下鎸葉次。框高 18.5 厘米，寬 13.3 厘米。

正文前有《周易象旨序》，末署“嘉靖丁巳秋七月朔成都楊慎書”；次接《周易象旨决録序》，末署“嘉靖庚戌春仲望日後學西峰劉愭序”；再接《周易象旨决録自序》，末署“嘉靖辛亥二月後學蜀人南沙熊過叔仁

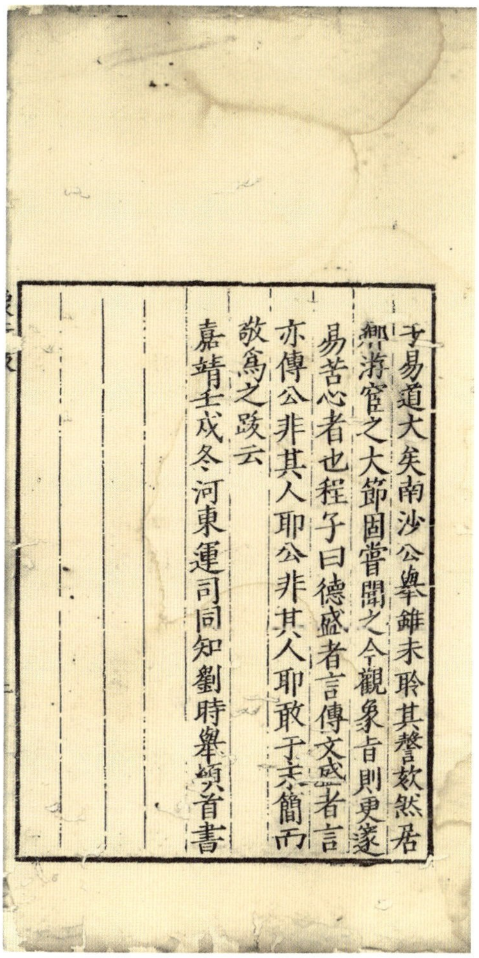
于易道大矣南沙公舉雖未聆其謦欬然居
鄉游宦之大節固嘗聞之今觀象旨則更邃
易苦心者也程子曰德盛者言傳文盛者言
亦傳公非其人耶公非其人耶敢于末簡而
敬爲之跋云
嘉靖壬戌冬河東運司同知劉時舉頓首書

撰”；再接《周易象旨决録總目》及《讀周易象旨私識》；再接正文；再接《周易象旨跋》，末署“嘉靖壬戌冬河東運司同知劉時舉頓首書”。

正文凡七卷。卷一：乾、坤、屯、蒙、需、訟、師、比、小畜、履、泰、否；卷二：同人、大有、謙、豫、隨、蠱、臨、觀、噬嗑、賁、剥、復、无妄、大畜、頤、大過、坎、離；卷三：咸、恒、遁、大壯、晋、明夷、家人、睽、蹇、解、損、益、夬、姤、萃、升、困；卷四：井、革、鼎、震、艮、漸、歸妹、豐、旅、巽、兑、涣、節、中孚、小過、既濟、未濟；卷五：繫辭上傳；卷六：繫辭下傳；卷七：繫辭下傳。

《中国古籍善本书目》經部易類收録，編號爲經 416。

名録號 03233。綫裝，六册。

楊慎序首頁鈐林佶“鹿原林 / 氏藏書”朱文長方印、“林佶 / 之印”白文方印。

淮海易談四卷

（明）孫應鰲撰

明刻本

孫應鰲（1527—1584），字山甫，號淮海，先祖孫華，原籍泰州如臯（今屬江蘇），永樂中調貴州清平衛，遂世爲清平（今貴州凱里）人。明嘉靖三十二年（1553）進士。累官至國子監祭酒，以病卸任。明萬曆十二年（1584）起南京工部尚書。是年卒於里第。後謚文恭。學者稱淮海先生。著有《學孔精舍彙稿》《學孔精舍續稿》等。參見萬曆《貴州通志》卷二十三陳尚象《南京工部尚書孫應鰲墓志銘》。

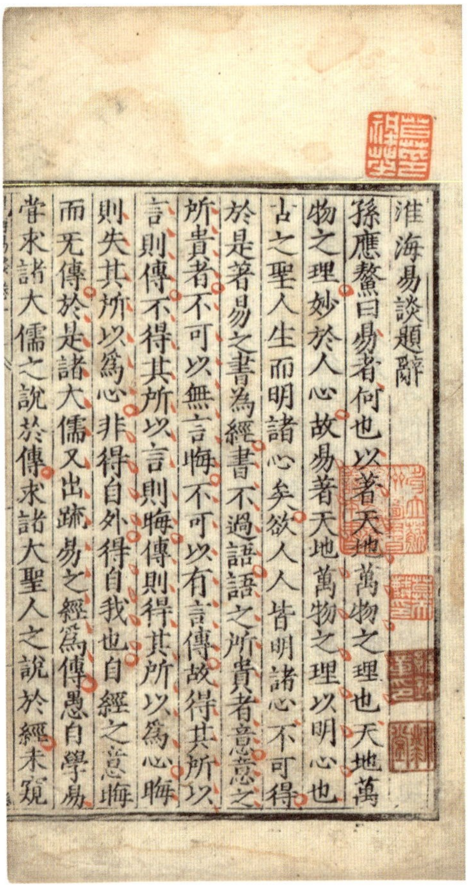
淮海易談題辭
孫應鰲曰易者何也以著天地萬物之理也天地萬
物之理妙於人心故易著天地萬物之理以明心也
古之聖人生而明諸心矣欲人人皆明諸心不可得
於是著易之書為經書不過語語之所貴者意意之
所貴者不可以無言晦不可以有言傳故得其所以
言則傳不得其所以言則晦傳則得其所以為心晦
則失其所以為心非得自外得自我也自經之意晦
而无傳於是諸大儒又出疏易之經為傳愚自學易
嘗求諸大儒之説於傳求諸大聖人之説於經未窺

半葉十行，行二十字。白口，四周雙邊，單白魚尾。版心上鎸書名、卷次，中鎸葉次，下鎸刻工。框高18.9厘米，寬13.3厘米。

正文前有孫應鰲《淮海易談題辭》，末署“隆慶二年戊辰秋中日”。

正文凡四卷：卷一論乾、坤、屯、蒙、需、訟、師、比、小畜、履、泰、否、同人、大有、謙、豫、隨、蠱十八卦；卷二論臨、觀、噬嗑、賁、剥、復、無妄、大畜、頤、大過、習坎、離、咸、恒、遁、大壯、晋、明夷、家人、睽、蹇、解、損、益二十四卦；卷三論夬、

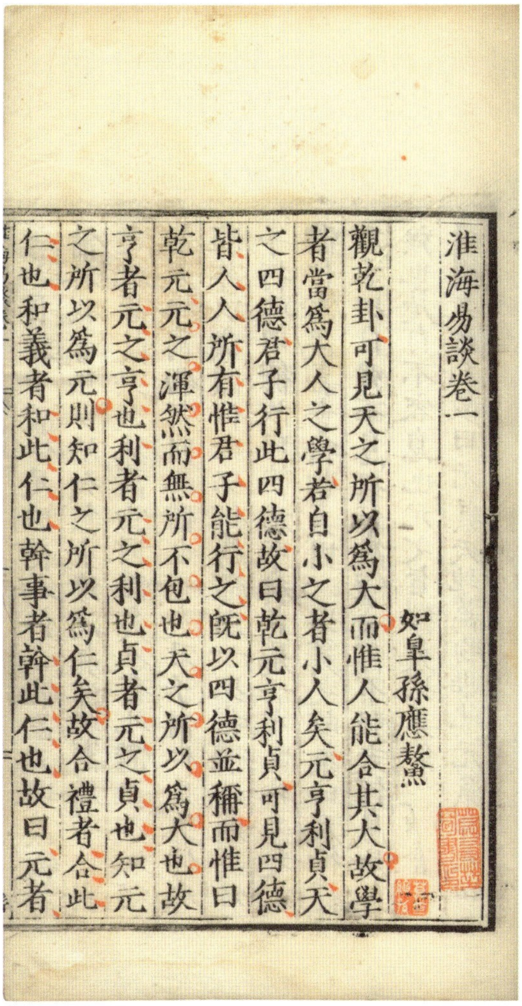
淮海易談卷一
如皐孫應鰲
觀乾卦可見天之所以爲大而惟人能合其大故學
者當爲大人之學若自小之者小人矣元亨利貞天
之四德君子行此四德故曰乾元亨利貞可見四德
皆人人所有惟君子能行之既以四德並稱而惟曰
乾元元之渾然而無所不包也天之所以爲大也故
亨者元之亨也利者元之利也貞者元之貞也知元
之所以爲元則知仁之所以爲仁矣故合禮者合此
仁也和義者和此仁也幹事者幹此仁也故曰元者

姤、萃、升、困、井、革、鼎、震、艮、漸、婦妹、豐、旅、巽、兑、涣、節、中孚、小過、既濟二十一卦；卷四專論《易傳》。

刻工：孫、何、香、鄭。

是書爲莫友芝舊藏。莫氏《影山草堂書目》有載：“《淮海易談》，四册。明刊本。明孫應鰲。四卷。隆慶二年戊辰中秋序刊。”《中國古籍善本書目》經部易類收録，編號爲經 431。

名録號 03236。綫裝，四册。

有佚名朱筆圈點批校。

題辭首葉卷端鈐“黼 / 堂”朱文方印、“羅錦 / 章印”、“莫天 / 麟印”、“莫印 / 祥芝”白文方印，卷一卷端鈐“莫友芝 / 圖書印”朱文長方印、“莫印 / 繩孫”白文方印。

禮記日録三十卷圖解一卷

（明）黄乾行撰

明嘉靖三十四年（1555）鍾一元刻本

黄乾行，字大同，號玉巖，明福寧（今福建霞浦）人。明嘉靖三十二年進士。官至重慶知府。研究經术，尤精禮學。另著有《春秋録》《玉巖稿》。參見《閩書》卷一百二十二。

半葉十一行，行二十五字，小字雙行同。白口，四周雙邊，單黑魚尾。版心上鎸“禮記日録”，中鎸卷次、葉次，下鎸刻工。框高20.9厘米，寬14.5厘米。

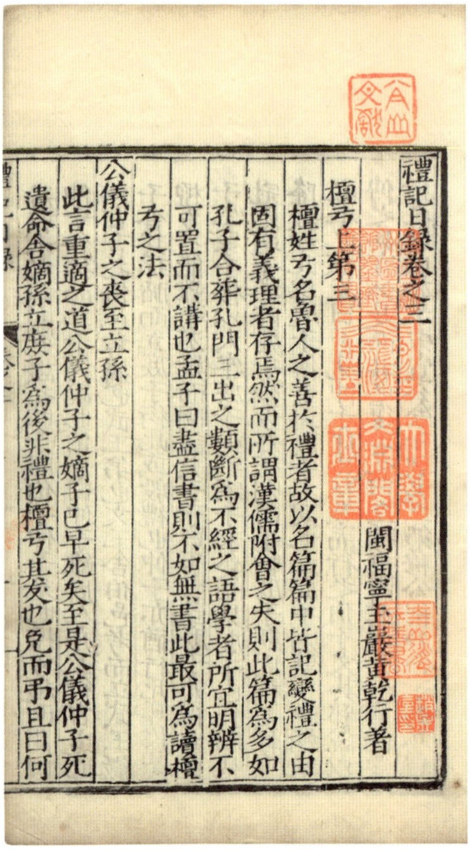
禮記日録卷之三
檀弓上第三　閩福寧玉巖黄乾行著
檀姓弓名魯人之善於禮者故以名篇篇中皆記變禮之由
固有義理者存焉然而所謂漢儒附會之失則此篇爲多如
孔子合葬孔門三出之類斷爲不經之語學者所宜明辨不
可置而不講也孟子曰盡信書則不如無書此最可爲讀檀
弓之法
公儀仲子之喪至立孫
此言重適之道公儀仲子之嫡子已早死矣至是公儀仲子死
遺命舍嫡孫立庶子爲後非禮也檀弓其友也免而弔且曰何

書前有宋朱熹《晦庵朱文公先生乞修三禮奏劄》。次接南宋紹定元年（1228）楊復《楊信齋先生儀禮圖序》，末署“紹定戊子正月望日秦溪楊復序”。再接明嘉靖三十四年鍾一元《讀禮經日録序》，末署“嘉靖乙卯春王正月之吉 / 賜進士出身奉訓大夫知福寧州事年生秀水鍾一元頓首叙”。後接嘉靖十七年黄乾行《禮記日録編成初稿引》，末署“嘉靖戊戌夏六月望日長溪黄乾行識於湧泉静室”。又接嘉靖二十六年黄乾行《禮記日録引》，末署“嘉靖丁未孟秋玉巖乾行識於華峰静室”。再接《圖解》及正文。

圖解

天度日躔中星

渾天說曰天之形狀似鳥卵地居其中天包地外猶殼之裹黃圓如彈丸故曰渾天言其形體渾渾然也

朱子曰天有三百六十度只是天行得過處爲度天行健一日一夜一周天過一度日稍遲一度月又遲十三度有奇人云月行速日行遲此錯說也案三百六十度舉成數也

蔡季通曰天無體只二十八宿便是天體日月皆從角起天亦從角起日則一日運一周依舊只到那角上天則一周了又過角些子日日累上去則一年與日會

蔡仲默曰天體至圓周圍三百六十五度四分度之一古曆以九百四十分

書後有鄭鏊《禮記日録跋》，末署“後學菊江鄭鏊頓首拜書”。

正文凡三十卷，卷一至二曲禮，卷三至四檀弓，卷五王制，卷六月令，卷七曾子問，卷八文王世子，卷九禮運，卷十禮器，卷十一郊特牲，卷十二内則，卷十三玉藻，卷十四明堂位，卷十五喪服小記，卷十六大傳、少儀，卷十七學記，卷十八樂記，卷十九至二十雜記，卷二十一喪大記，卷二十二祭法、祭義，卷二十三祭統、經解，卷二十四哀公問、仲尼燕居、孔子閒居，卷二十五坊記，卷二十六表記，卷二十七緇衣、奔喪、問喪，卷二十八服問、間傳、三年問、深衣、投壺，卷二十九儒行、大學、冠義、昏義、鄉飲酒義，卷三十射義、燕義、聘義、喪服四制。

鍾一元，字太初，號侍山，明浙江秀水人。明嘉靖三十二年進士。此其任福建福寧知州時所刻。

刻工名：蔡賢、葉九、江四、詹六、熊一、羅、吴四、虞妳員、王五、余五、朱四。

王重民《中國善本書提要》云：“《圖解》即據宋楊復所著《儀禮圖》而删節之，黄氏又間加考案，有自記云：‘《禮經》六義篇，皆宜有圖以發明之，但楊信齋《圖》已詳悉，更不可加；所恨者此書少有，其板寡傳，而學者未易得見爾。楊信齋，福寧人，蓋鄉先賢也，嗣當鋟梓，以與四方同志者共之云。’”

《中國古籍善本書目》經部禮類收録，編號爲經 2003。

名録號 03315。綫裝，八册。

序跋首葉鈐“太山趙/氏藏書”朱文長方印，圖解首葉鈐“雲/月研軒/主人”朱文方印，卷一首葉鈐“大學/文淵閣/士章”白文長方印、“日月經/天江河/行地”“泰山/文獻”朱文方印，卷二末葉鈐“仁圃/藏書”朱文長方印、“兒孫/保之”朱文方印，卷三首葉鈐“趙孟/㕓印”白文方印。

春秋屬辭十五卷春秋左氏傳補注十卷春秋師説三卷附録二卷

（元）趙汸撰

元至正二十年至二十四年（1360—1364）休寧商山義塾刻明弘治六年（1493）高忠重修本

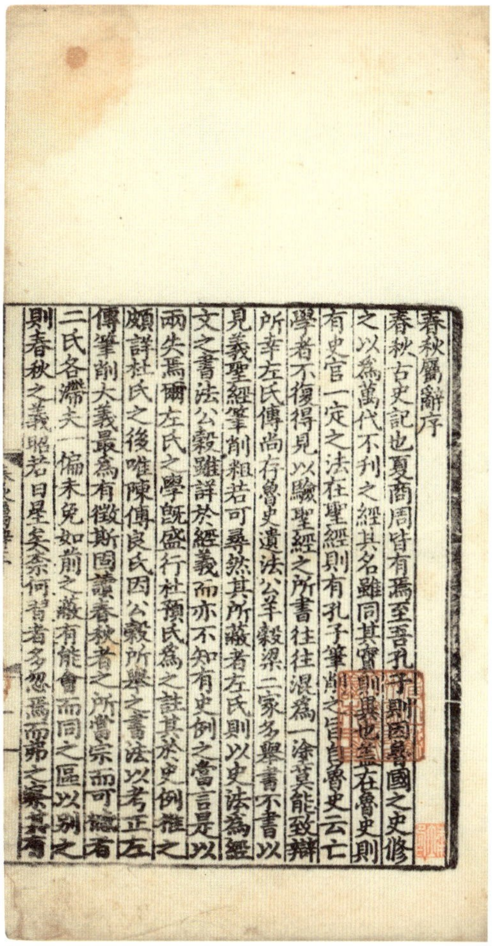
春秋屬辭序
春秋古史記也夏商周皆有焉至吾孔子則因魯國之史修
之以為萬代不刊之經其名雖同其實則異也蓋在魯史則
有史官一定之法在聖經則有孔子筆削之旨自魯史云亡
學者不復得見以驗聖經之所書往往混為一塗莫能致辯
所幸左氏傳尚存魯史遺法公羊穀梁二家多舉書不書以
見義聖經筆削粗若可尋然其所蔽者左氏則以史法為經
文之書法公穀雖詳於經義而亦不知有史例之當言是以
兩失焉爾左氏之學既盛行杜預氏為之註其於史例推之
頗詳杜氏之後唯陳傅良氏因公穀所舉之書法以考正左
傳筆削大義最為有徵斯固讀春秋者之所當宗而可憾者
二氏各滯夫一偏未免如前之蔽有能會而同之區以別之
則春秋之義昭若日星矣奈何習者多怨焉而弗之察者有

趙汸（1319—1369），字子常，元安徽休寧人。諸經無不通貫，尤邃於《春秋》。明洪武二年（1369）應詔修《元史》，書成，辭歸。學者稱東山先生。有《東山存稿》行世。參見《明史》卷二百八十二。

《春秋屬辭》《春秋師説》半葉十三行，行二十七字；《春秋左氏傳補注》半葉十二行，行二十四字，小字雙行同。均細黑口，左右雙邊，雙對黑魚尾。版心鎸書名、卷次，下鎸葉次、刻工、字數。《補注》字數在版心最上。框高 17.0 厘米，寬 13.9 厘米。

《春秋屬辭》正文前有《春秋屬辭序》，末署“前史官金華宋濂謹序”；次接《春秋屬辭序》，

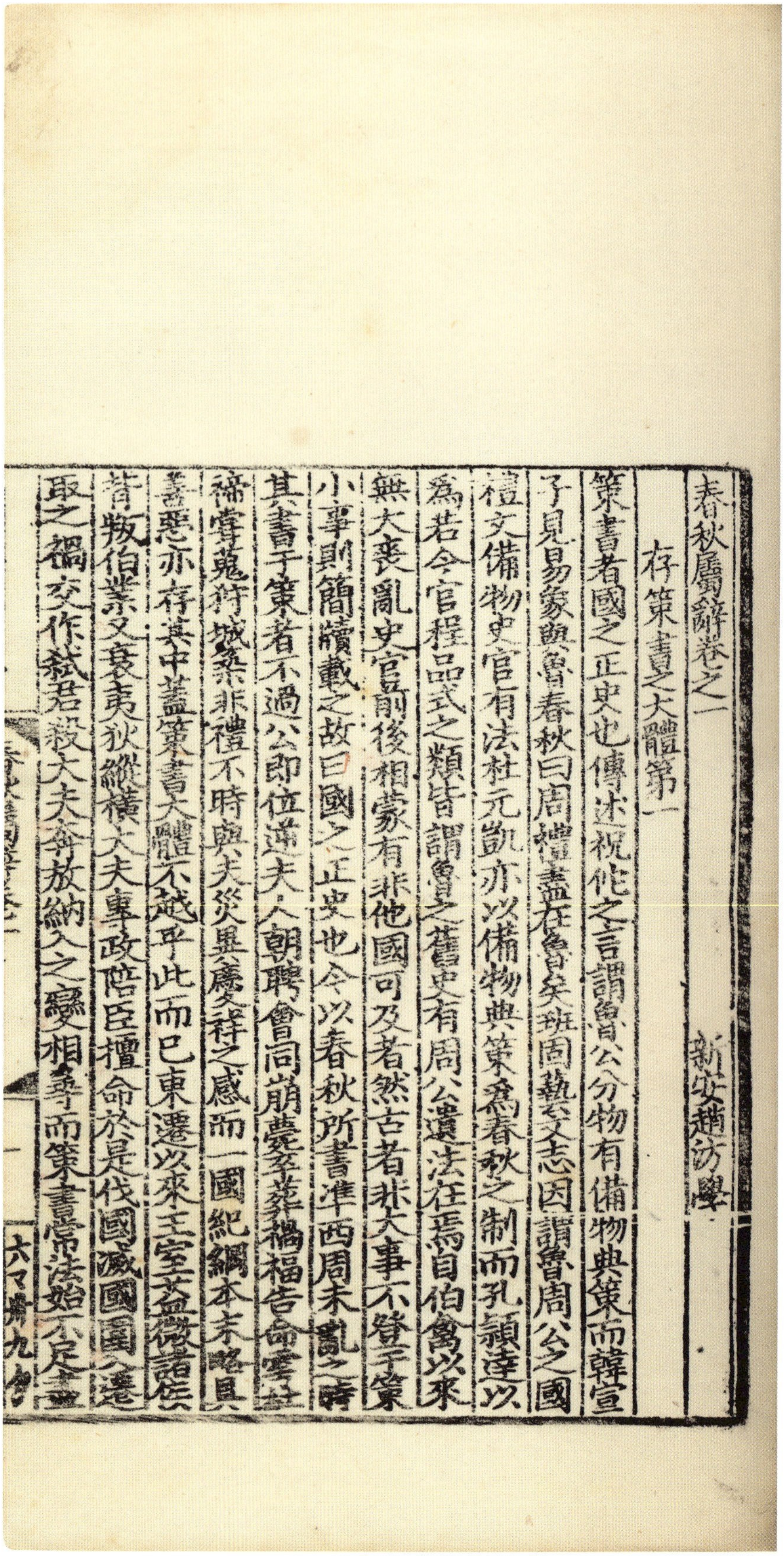

春秋屬辭卷之一

新安趙汸學

存策書之大體第一

策書者國之正史也傳述祝佗之言謂魯公分物有備物典策而韓宣子見易象與魯春秋曰周禮盡在魯矣班固藝文志因謂魯周公之國禮文備物史官有法杜元凱亦以備物典策為春秋之制而孔穎達以為若今官程品式之類皆謂魯之舊史有周公遺法在焉自伯禽以來無大喪亂史官前後相蒙有非他國可及者然古者非大事不登于策小事則簡牘載之故曰國之正史也今以春秋所書準西周未亂之時其書于策者不過公即位逆夫人朝聘會同崩薨卒葬禍福告命雩社禘嘗蒐狩城築非禮不時與夫災異慶祥之感而一國紀綱本末略具善惡亦存其中蓋策書大體不越乎此而已東遷以來王室益微諸侯背叛伯業又衰夷狄縱橫大夫專政陪臣擅命於是伐國滅國圍入遷取之禍交作弒君殺大夫奔放納入之變相尋而策書常法始不足以盡

末署“新安趙汸序”；次接目録；目録後有趙汸識，末署“歙諸生趙汸子常私識於東山精舍”。《春秋左氏傳補注》正文前有《春秋左氏傳補注序》，末署“新安趙汸序”。《春秋師説》正文前有元至正八年（1348）趙汸撰《春秋師説題辭》，末署“歲至正戊子八月幾望，門人新安趙汸敬題卷端”；後接目録；正文後有程性跋，末署“洪武元年五月朔日諸生程性謹書”；後接汪文跋，末署“商山諸生汪文拜手謹識”。

《春秋屬辭》凡十五卷：卷一至卷七爲存策書之大體，共一百三十一條；卷八至卷九爲假筆削以行權，共七十四條；卷十爲變文以示義，共十八條；卷十一爲辯名實之際，共六條；卷十二爲謹華夷之辯，共十四條；卷十三爲特筆以正名，共十八條；卷十四爲因日月以明類，共十六條；卷十五爲辭從主人，共十八條。《春秋左氏傳補注》凡十卷：卷一隱公、桓公，卷二莊公、閔公，卷三僖公，卷四文公，卷五宣公、成公，卷六、卷七襄公，卷八、卷九昭公，卷十定公、哀公。《春秋師説》正文凡三卷：卷上爲論春秋述作本旨、論魯史策書遺法、論三傳得失、論古注得失；卷中論漢唐宋諸儒得失；卷下爲論學春秋之要、經旨舉略、王正月辨、魯隱公元年不書即位義、諸侯娶女立子通考、春秋指要。附録上爲思古吟十章、六經辨釋補注序、易學濫觴春秋指要序；附録下爲金居敬題跋、至正十有二年十有一月趙汸所撰《黄楚望先生行狀》。

商山義塾，即商山書院，元至正間汪同在休寧創辦，汸曾爲山長。高忠，保定人，明弘治間休寧邑令。

刻工：文、左、困、永、胡仲永、趙月卿等。汪文跋末尾鋟“海寧趙月卿刊 / 胡仲永重修”。

《中國古籍善本書目》經部春秋類收録，編號爲經 2839、經 2543、經 2837。

名録號 00313。綫裝，十二册。《屬辭》目録第一、第二葉爲抄配，第七、第八、第十三、第十四葉原闕，《黄楚望先生行狀》第一、第二葉原闕。

宋濂序首葉有“墉 / 印”白文方印。

按，此書原有書版四百九十二片。弘治間，刻版散失，縣令高忠命工補鋟。重修本原有明弘治六年（1493）黄倫跋，此本佚。又，休寧即海寧舊稱。

唐荆川先生編纂左氏始末十二卷

（明）唐順之撰

明嘉靖四十一年（1562）唐正之刻本

唐順之（1507—1560），字應德，又字義修，號荆川，明武進（今江蘇常州）人。明嘉靖八年會試第一，歷任兵部主事、翰林編修等職，官至右僉都御史。有《荆川先生文集》行世。參見《明史》卷二百五。

半葉十行，行二十字。白口，四周單邊，單黑魚尾。版心中鎸“左氏始末”、卷次、葉次，下鎸刻工。框高 19.4 厘米，寬 13.9 厘米。

正文前有明嘉靖四十一年唐一麐序，末署“嘉靖壬戌冬十月族孫一麐謹撰”，次接目録。

卷一爲后、宗、宦、倖、奸；卷二爲弑；卷三爲弑、逐；卷四爲亂、盜；卷五至卷九爲鎮；卷十爲戰、戎；卷十一爲名臣；卷十二爲禮樂、方技。

首卷卷端題“門人金九皐 / 弟唐正之編次，後學鄭漖 / 弟唐立之校正”。唐一麐序云：“先生之弟應禮甫嘗與聞纂輯之大意，而謂是書不可無傳也，故刻之家塾。”唐

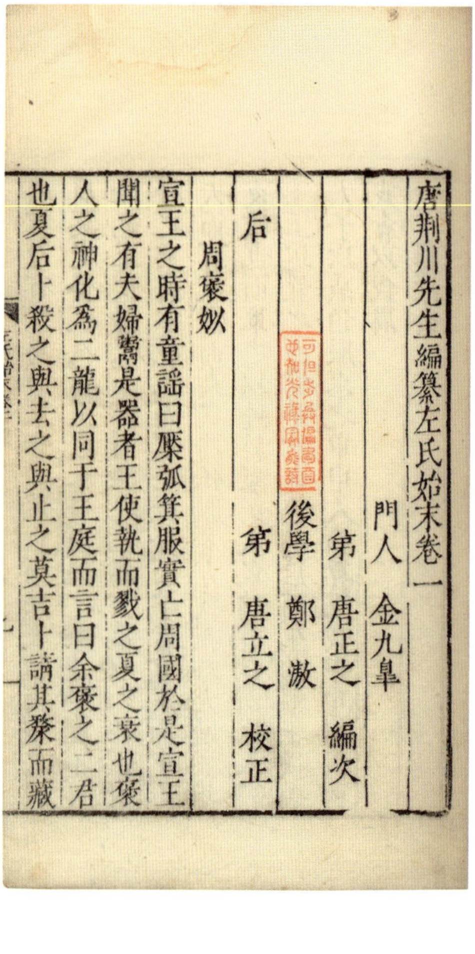
唐荆川先生編纂左氏始末卷一
門人 金九皐
弟 唐正之 編次
後學 鄭漖
弟 唐立之 校正
后
周褒姒
宣王之時有童謡曰檿弧箕服實亡周國於是宣王
聞之有夫婦鬻是器者王使執而戮之夏之衰也褒
人之神化爲二龍以同于王庭而言曰余褒之二君
也夏后卜殺之與去之與止之莫吉卜請其漦而藏

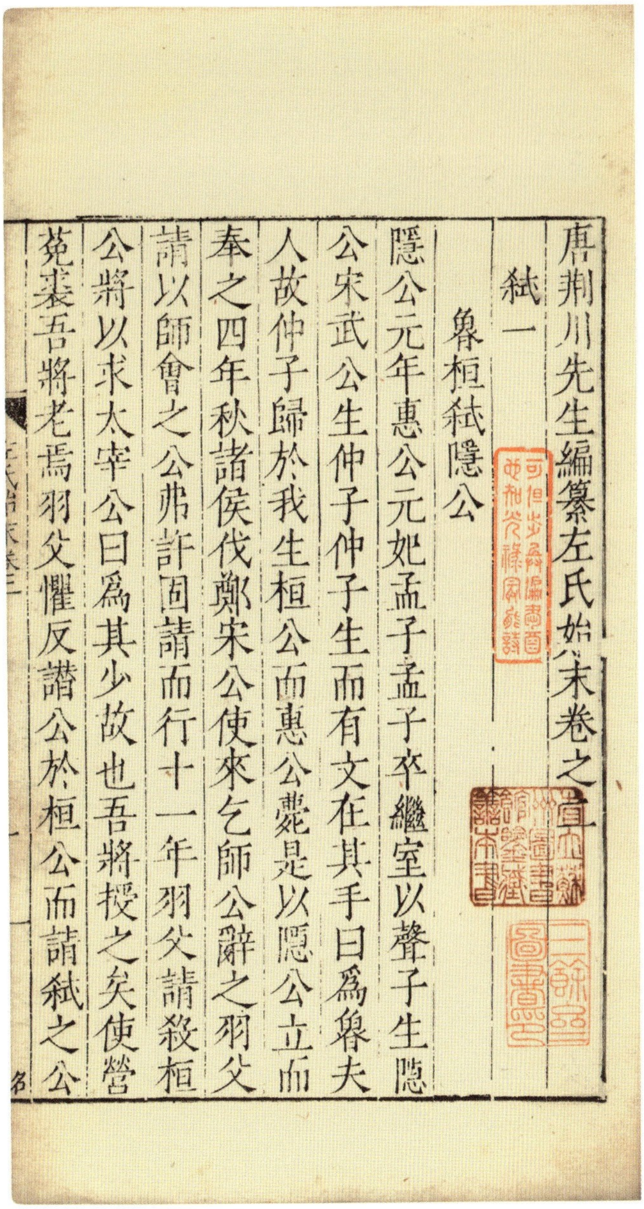
唐荆川先生編纂左氏始末卷之二

弑一

翬桓弑隱公

隱公元年惠公元妃孟子孟子卒繼室以聲子生隱公宋武公生仲子仲子生而有文在其手曰爲魯夫人故仲子歸於我生桓公而惠公薨是以隱公立而奉之四年秋諸侯伐鄭宋公使來乞師公辭之羽父請以師會之公弗許固請而行十一年羽父請殺桓公將以求太宰公曰爲其少故也吾將授之矣使營菟裘吾將老焉羽父懼反譖公於桓公而請弑之公

正之（1520—？），字應禮，順之仲弟。

刻工：何序、王、名、以、信、青、古、禮、才、俞、晏、高、張、于等。

《中國古籍善本書目》經部春秋類收録，編號爲經 2552。

名録號 03346。綫裝，六册。序首葉闕。

目録首葉鈐“趙氏 / 鑑藏”朱文方印，卷一卷端鈐“可但步兵偏愛酒 / 也知光禄最能詩”朱文竪長方印，卷二卷端鈐“三餘齋 / 圖書印”朱文竪長方印。

春秋説五卷

（清）惠士奇撰

稿本

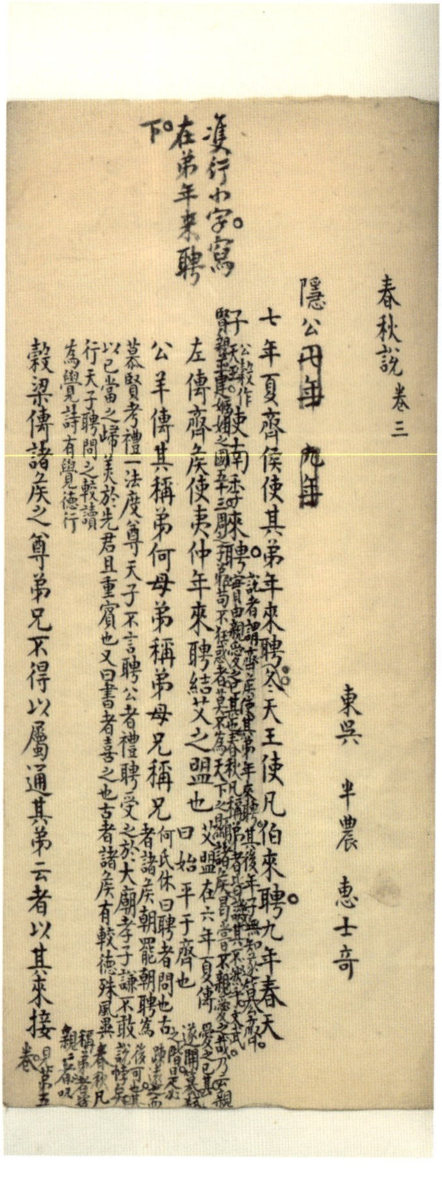

惠士奇（1671—1741），字天牧，一字仲孺，晚號半農居士，清吴縣（今江蘇蘇州）人。清康熙四十八年（1709）進士，五十九年主湖廣鄉試，旋提督廣東學政，官至侍讀學士。盛年兼治經史，晚歲尤邃於經學。學者稱紅豆先生。另著有《易説》《禮説》等。參見《清史稿》卷四百八十一《儒林二》。

半葉十行，行二十四字，小字雙行，字數不等。無版框行格。開本高 26.6 厘米，寬 16.6 厘米。

《四庫全書總目》卷二十九《半農春秋説》提要云："士奇父周惕長於説經，力追漢儒之學。士奇承其家傳，考證益密，於三《禮》核辨尤精。是書以禮爲綱，而緯以《春秋》之事，比類相從。約取三《傳》附於下，亦間以《史記》諸書佐之。大抵事實多據《左氏》，而論斷多采《公》《穀》。每條之下，多附辨諸儒之説，每類之後，又各以己意爲總論。大致出於宋張大亨《春秋五禮例宗》、沈棐《春秋比事》，

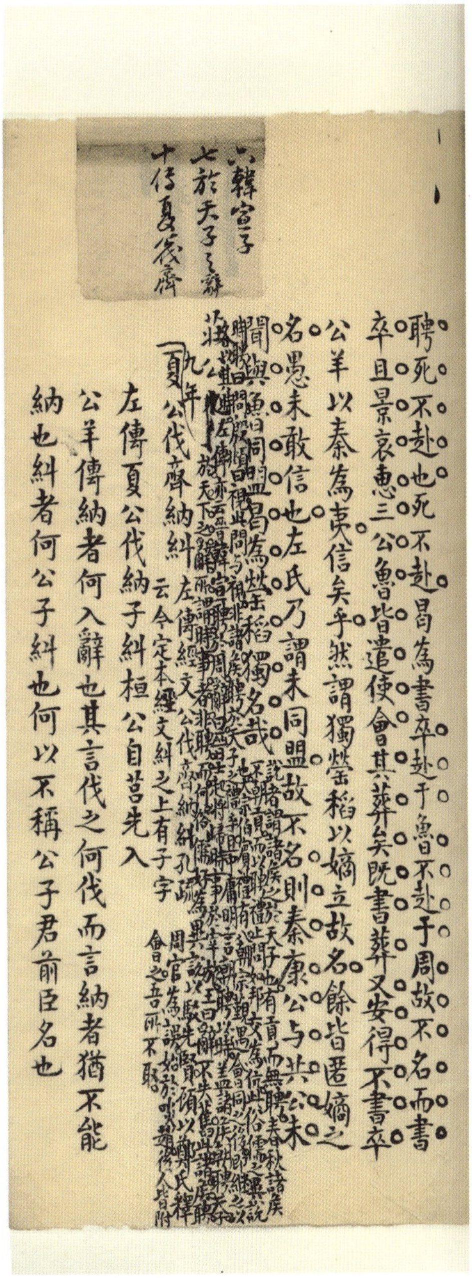

而不立門目，不設凡例。其引據證佐，則尤較二家爲典核。……然全書言必據典，論必持平，所謂元元本本之學，非孫復等之枵腹而談，亦非葉夢得等之恃博而辨也。”

名録號 10111。綫裝，六册。存三卷（三至五）。

按，此本相當於通行十五卷本之卷七至十五，增補修正之内容，皆見十五卷本，而塗抹删除之内容，十五卷本皆無。

荷珠録六卷

（明）張汝霖撰

明刻本

張汝霖（約 1561—1625），字肅之，號雨若，晚號砎園居士，明山陰（今浙江紹興）人。張岱祖父。明萬曆二十三年（1595）進士，累官至江西布政使司參議。著有《易經澹窩因指》《砎園文集》等。參見張岱《家傳》。

半葉十行，行二十四至二十五字不等。白口，四周雙邊，單黑魚尾。版心中鎸卷名、卷次，下記葉次。框高 21 厘米，寬 14.1 厘米。

全書凡六卷：大學一卷、中庸一卷、論語二卷、孟子二卷。

《中國古籍善本書目》經部四書類收録，編號爲經 3431。

名録號 07416。綫裝，四册。

全書有佚名墨批朱圈。《大學》册扉頁有民國毘陵大林山人題識。《論語》上册扉頁有民國十二年歲次癸亥（1923）蘭陵素心題識。

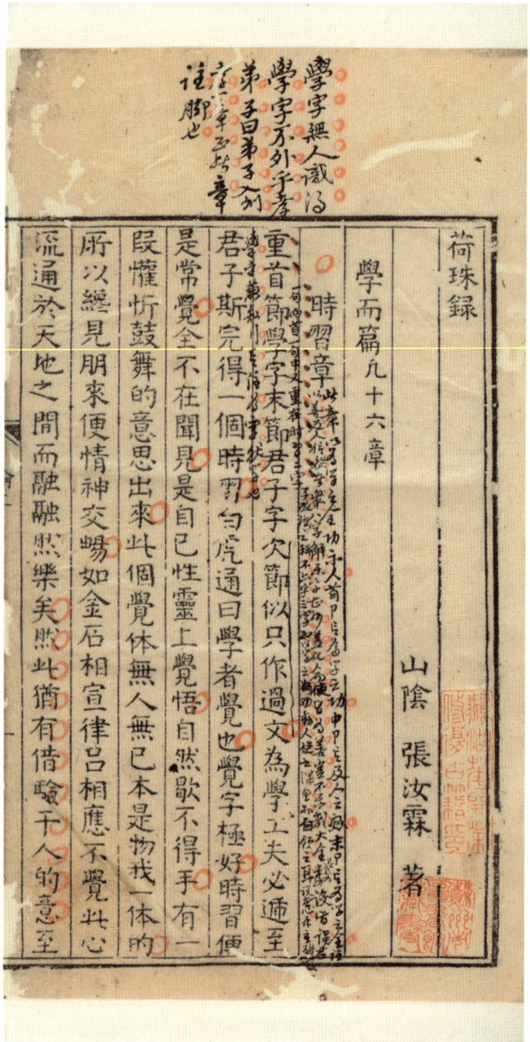
荷珠録
學而篇凡十六章
山陰 張汝霖 著
時習章
重首節學字末節君子字次節似只作過文為學工夫必逓至
君子斯完得一個時習白虎通曰學者覺也覺字極好時習便
是常覺全不在聞見是自己性靈上覺悟自然歇不得手有一
段懽忻鼓舞的意思出來此個覺体無人無己本是物我一体的
所以纔見朋來便情神交暢如金石相宣律呂相應不覺此心
流通於天地之間而融融然樂矣然此猶有倚驗于人的意至

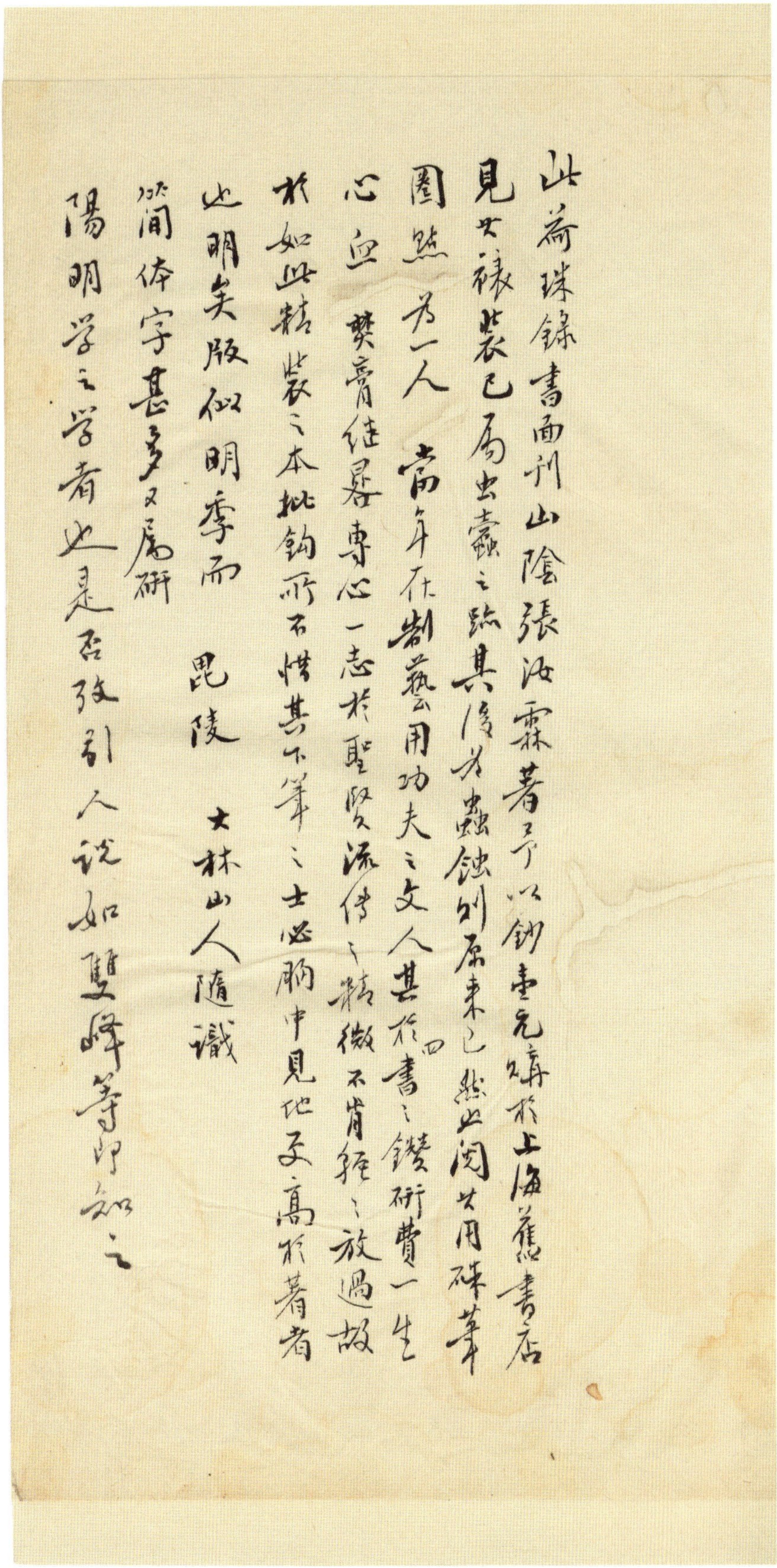

此荷珠錄書面刊山陰張汝霖著乃以鈔壹元購於上海蕉葉書店
見其裱裝已為虫蠹之跡其後為蟲蝕則原來已然此閱其用硃筆
圈點為一人當年作劄藝用功夫之文人其於四書之鑽研費一生
心血焚膏繼晷專心一志於聖賢流傳之精微不肯絲絲放過故
於如此精裝之本批鈎不惜其下筆之士必胸中見地更高於著者
也明矣版似明季而　昆陵　大林山人隨識
然間俗字甚多又為研
陽明之學者也是否改引人說如雙峰等即知之

孝經今文音義一卷論語音義一卷

（唐）陸德明撰

孟子音義二卷

（宋）孫奭等撰

明汲古閣影宋抄本

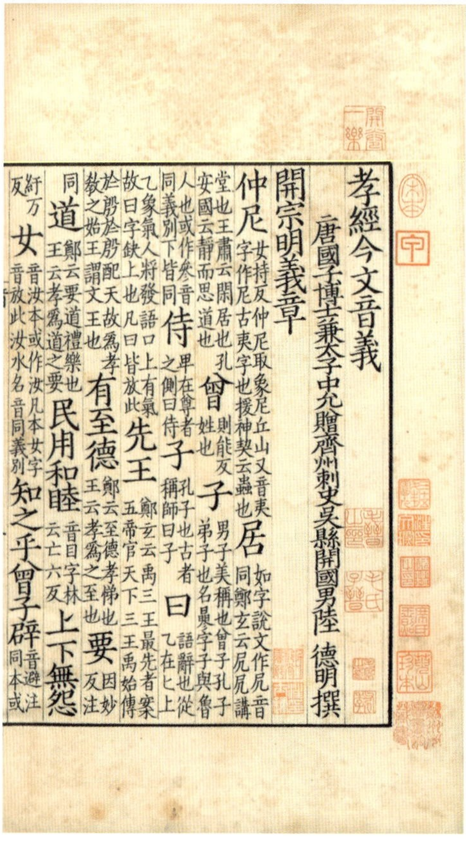

陸德明（約550—630），名元朗，以字行，唐吴縣（今江蘇蘇州）人。南朝陳授國子助教，陳亡歸里。隋煬帝時，召爲秘書學士，遷國子助教。入唐，任國子博士兼太子中允，封吴縣男。有《經典釋文》行世。參見《新唐書》卷一百九十八。

孫奭（962—1033），字宗古，宋博平（今屬山東）人。以九經及第，官至禮部尚書、太子少傅。著有《經典徽言》等。參見《宋史》卷四百三十一。

半葉十行，行十八字。小字雙行，行二十五字。白口，左右雙邊。無魚尾（個別葉單黑魚尾）。版心上有書名、卷次，下記葉次。框高

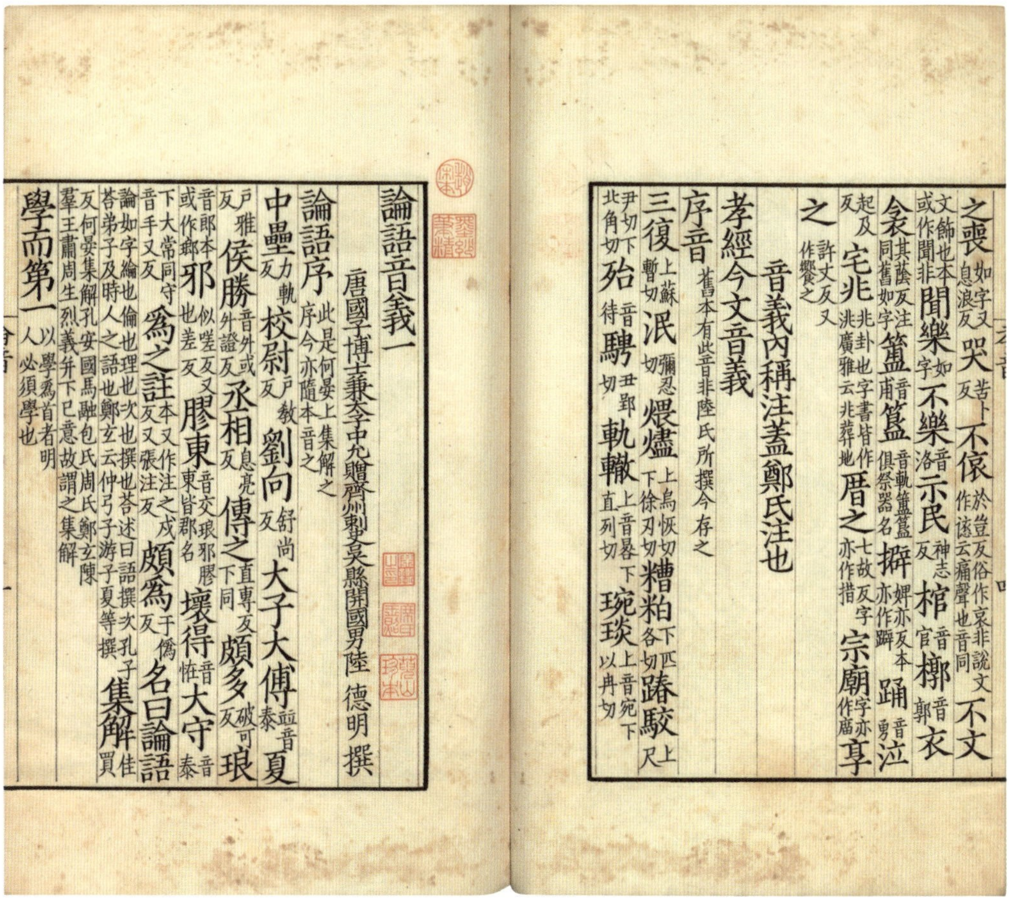

24.2 厘米，寬 16.7 厘米。

《孝經今文音義》《論語音義》无序跋。《孟子音義》正文前有《孟子音義序》，署“朝散大夫尚書兵部郎中充龍圖待制知通進銀臺司兼門下封駁事兼判國子監上護軍賜紫金魚袋臣孫奭辞撰進”；卷末《孟子篇叙》宋本原闕，毛扆據别本（亦宋本）補得，影抄於後。

此書内容解釋《孝經》《論語》《孟子》三經的字音、字義。

謝國楨《江浙訪書録》稱此書“汲古閣毛氏精鈔，一筆不苟，紙白如玉，點墨如漆，天地头寬大，封面用絳紫色洒金織絹裝訂，古雅可愛，爲我國文化遺产嘉本名鈔，稀有的藝術品”。

《中國古籍善本書目》經部群經總義類收録，編號爲經 3592。

名録號 01393。綫裝，一册。

封面有題簽“陸德明孝經論語音義，孫奭等孟子音義，趙岐孟子篇叙，蜀本大字宋板影寫"。《孟子音義》及《孟子篇叙》末皆有汲古閣題跋："虞山毛氏從蜀本大字宋板影寫謹藏於汲古閣。"書末另有毛扆跋，云："余在京師，得宋本《孟子音義》。發而讀之，其條目有《孟子篇叙》，注云'此趙氏述孟子七篇，所以相次叙之意'，茫然不知所謂。書賈又挾北宋板《章句》求售，亦係蜀本大字，皆章丘李氏開先藏書也。卷末有《篇叙》之文，狂喜叫絶，令僮子影寫携歸，附於《音釋》之後，後人勿易視之也。虞山毛扆識。"

毛扆（1640—1713），字斧季，號省庵、汲古後人，清江蘇常熟人。晋五子。繼承其父刻書之業，用"汲古閣"名義刻書甚多。

《孝經今文音義》首葉鈐"萸山／珍本"朱文方印、"席氏／玉照"朱文方印、"席鑑／之印"朱白文方印、"汪印／文琛"白文方印、"三十五／峰／園主人"朱文方印、"甲"朱文方印、"宋本"朱文豎橢圓印、"斧／季"朱文方印、"毛扆／之印"朱文方印、"毛氏／子晋"朱文方印、"毛晋／之印"朱文方印、"開卷／一樂"朱文方印、"汪印／士鐘"白文方印、"民／部尚／書郎"朱文方印；《論語音義》首葉鈐"墨妙／筆精"朱文方印、"趙／宋本"朱文圓印；《孟子音義序》首葉鈐"希世／之珍"朱文方印、"汲古／主人"朱文方印、"子／晋"朱文方印、"毛晋／私印"朱文方印；《孟子音義》卷末鈐"趙文敏公書卷末云／吾家業儒辛勤置書／以遺子孫其志何如／後人不讀將至於鬻／頽其家声不如禽犢／苟歸他室当念斯言／取非其有无寧舍旃"朱文方印；《孟子篇叙》末葉鈐"長洲汪／駿昌藏"朱文豎長方印、"虞山席／鑑玉照／氏收藏"朱文方印、"詠周孔／之圖書"朱文豎長方印、"汲古／閣"朱文方印；毛扆跋葉鈐"在水一方"朱文豎長方印、"小有／壺天"白文方印、"雅／庭"朱文方印。

按，《孝經今文音義》《論語音義》《孟子音義》合稱《三經音義》自黄丕烈始。清嘉慶十四年（1809），黄丕烈購得常熟錢曾述古堂原藏影宋抄本《孟子音義》二卷，遂以之上版付刻。因欲校勘，乃借周錫瓚家藏汲古閣影宋抄本，發現二本同出一源。而周氏藏本《孟子音義》與《孝經今文音義》《論語音義》合裝一册，三書皆爲汲古閣影宋抄本，因動續刻後二書之念。嘉慶十八年，黄丕烈請人將周錫瓚藏後二書影寫上版，刊成《孝經今文音義》一卷、《論語音義》一卷，與前刻之《孟子音義》二卷，合爲《三經音義》，收入《士禮居叢書》中。

説文解字段注攷正十五卷

（清）馮桂芬撰

稿本

馮桂芬（1809—1874），字林一，號景亭，自號鄧尉山人，清吴縣（今江蘇蘇州）人。清道光二十年（1840）進士。官至詹事府右春坊右中允。少工制藝駢文，中年後肆力古文。又精研小學，博通中西，尤重經世致用之學，曾助李鴻章創設上海同文館。另著有《校邠廬抗議》《顯志堂稿》等。參見李鴻章《清故詹事府右春坊右中允馮君墓志銘》。

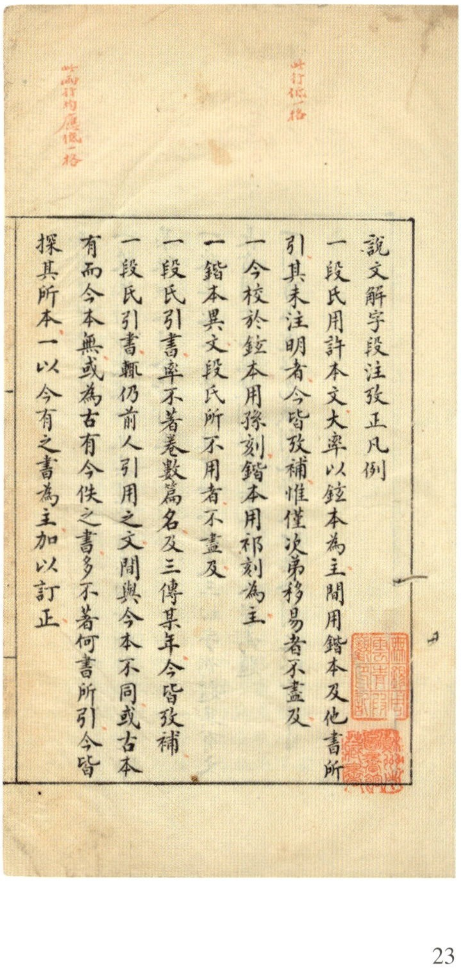
説文解字段注攷正凡例
一段氏用許本文大率以鉉本為主間用鍇本及他書所
引其未注明者今皆攷補惟僅次弟移易者不盡及
一今校於鉉本用孫刻鍇本用祁刻為主
一鍇本異文段氏所不用者不盡及
一段氏引書率不著卷數篇名及三傳某年今皆攷補
一段氏引書輒仍前人引用之文間與今本不同或古本
有而今本無或為古有今佚之書多不著何書所引今皆
探其所本一以今有之書為主加以訂正

半葉九行，行二十二字，小字雙行同。白口，四周單邊，無魚尾。版心上題“弟幾篇上（下）”，中記葉次。框高19.1厘米，寬13.9厘米。

正文前有《説文解字段注攷正凡例》九則，其一曰“段氏用許本文，大率以鉉本爲主，間用鍇本及他書所引。其未注明者，今皆攷補，惟僅次弟移易者不盡及”。次“今校於鉉本用孫刻，鍇本用祁刻爲主”、次“鍇本异文，段氏所不用者，不盡及”。次“段氏引書，率不著卷數、篇名及三《傳》某年，今皆攷補”。次“段氏引書，輒仍前人引用之文，間與今本不同，或古本有而今本無，或爲古有今佚之書，多不著何書所引，今皆探其所本，一以今有之書爲主，加以訂正”。次“引書可删節，不可改竄。凡段氏所引有改竄者，有删節而致不瞭者，今皆訂正”。次“段氏引書，或據‘一説某應改作某’，即將所引書，徑改作某，致駭人目，今皆訂正”。次“考正文之首多節注中一二字，或三四字爲題，其有文長者，用《十三經疏》例，以‘某某至某某’五字爲題”。次“引書止處，以・爲識别。此前人所無，今創之，以清眉目”。正文依《説文解字》排序，分十五卷，各卷又分上下。卷末題“受業元和管禮耕参校”。此書旨在糾正段玉裁《説文解字注》引文之失。

《中國古籍善本書目》經部小學類收録，編號爲經 4376。

名録號 01407。毛裝，八册。

全書有馮世澂朱筆批點。馮世澂，字伯淵，清吴縣（今江蘇蘇州）人。馮桂芬孫。光緒時官海運津通局典史。著有《考定文字議疏證》。書末有民國周雲青跋，稱桂芬孫世澂“所著《讀段注説文解字日記》，《學古堂日记》中已刊八卷，即竊取先生此書而爲之，無少异也”。周雲青，江蘇無錫人。目録學家。丁福保弟子。

《凡例》首葉鈐有“無錫周 / 雲青叚 / 觀印記”朱文長方印。

應作丄 原稿作一本不誤惟以下均作上下則
廿一字應作丄以歸一律
鍇上不空 九家上空一格
二部以下另行寫 凡上空一格
御覽上不空
如上不空
陶上不空

說文解字段注攷正卷一上

吳縣馮桂芬學

弟一篇上

一 極鉉作始此从鍇 漢書敘傳述律歷志弟一倉
部一 頡至聖皇藝文志倉頡七章李斯所作也合爰歷博
學凡五十五章并為倉頡篇又司馬相如作凡將篇史游
作急就篇李長作元尚篇揚雄作訓纂篇經籍志注賈魴
作滂喜篇又崔瑗飛 兀聲鉉作从兀鍇無聲字九家
龍篇蔡邕聖皇篇 元 易集解彖上傳大哉乾元注聲
類經籍志聲類十 隸書至作丕吳志闞澤傳注以字言
卷注魏李登撰 丕 之不十為丕五經文字丕石經作丕
顏氏至例也家訓書證隱括有二古文上鉉作古
部末 條例剖析窮根源隱不从木 部 二 文上此从鍇凡
二从二二徐 上 注作 帝 號下鉉有也字此从鍇从二本作
作凡丄从丄 丄 从丄 春秋至如帝御覽七十
六引元命苞帝者諦也君子偕老傳審諦如帝疏引運
斗樞帝之言諦後漢劉陶傳注引帝之言諦也此未分

詩韻輯略五卷

（明）潘恩輯

明隆慶三年（1569）刻本

潘恩（1496—1582），字子仁，號湛川，又號笠江。明南直隸上海（今上海）人。明嘉靖二年（1523）進士。官至刑部尚書。有《潘笠江先生集》傳世。參見《明史》卷二百二。

半葉八行，行字不等，小字雙行，行二十四字。白口間上黑口，左右雙邊，單白魚尾。版心中鎸書名、卷次、葉次。框高 20.8 厘米，寬 14.8 厘米。

前有明隆慶三年潘恩《詩韻輯略序》，末署“隆慶己巳歲三月望，上海潘恩著”。

全書凡五卷，卷一上平聲，卷二下平聲，卷三上聲，卷四去聲，卷五入聲。各卷前有分卷目録。

潘序云：“近刻古今韻傳行於時矣，第注釋不具，開卷茫然，點畫訛謬，俗書孔多，義理淆雜。余病翻閱之難，乃於暇日取《韵會》諸編視之，尋文疏義，去複芟繁，繕寫成帙，以便覽觀。藏之家塾，名曰《詩韻輯略》。”

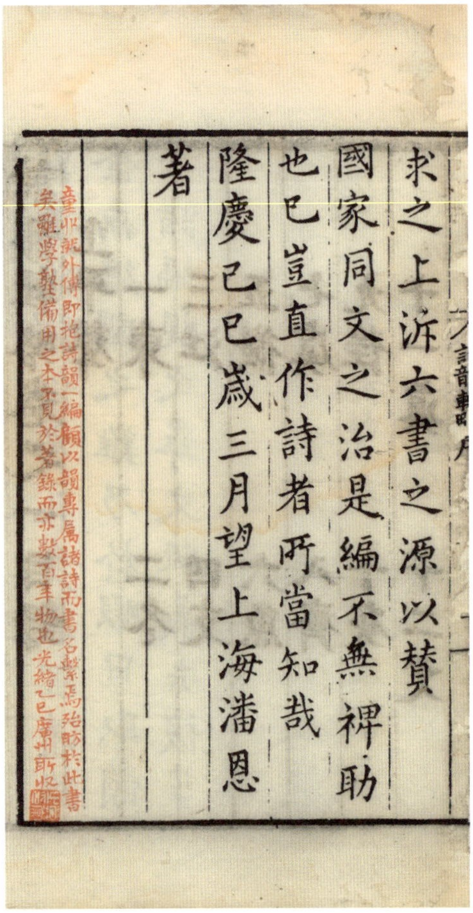
詩韻輯略序

求之上泝六書之源以贊

國家同文之治是編不無裨助

也已豈直作詩者所當知哉

隆慶己巳歲三月望上海潘恩

著

[illegible]詩外傳即抱詩韻一編顧以韻專屬諸詩而書名繫焉殆昉於此書矣雖學塾備用之本不見於著錄而亦數百年物也光緒乙巳廣州所收

《中國古籍善本書目》經部小

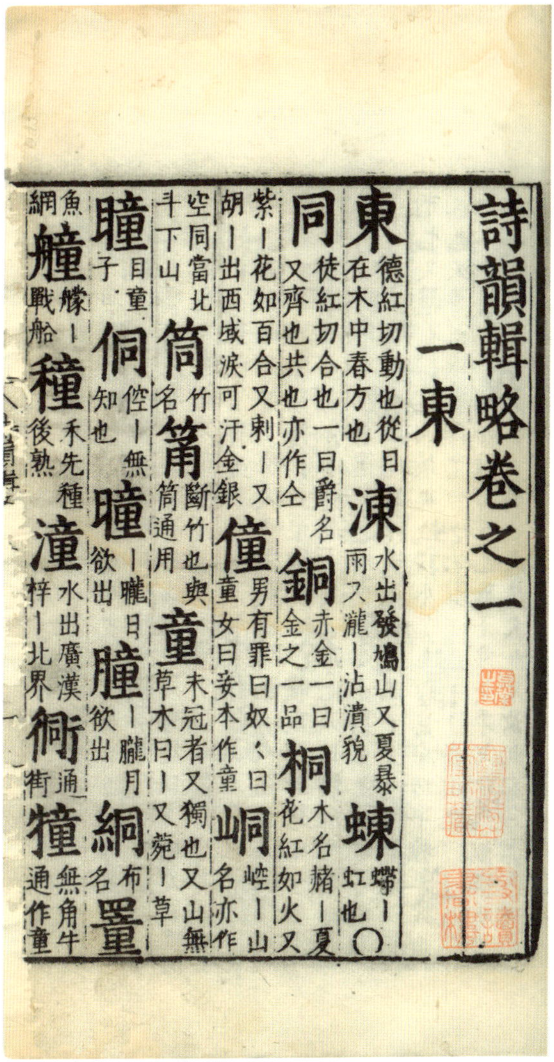

學類收録，編號爲經 5064。

名録號 03471。綫裝，五册。

序末葉有清光緒三十一年乙巳（1905）莫棠朱筆題跋。卷一目録末葉有莫棠朱筆過録邵長蘅《古今韵略·例言》中“《詩韻輯略》五卷……今坊行韵大抵皆梁本也”一段文字。莫棠（1865—1929），字楚生，貴州獨山人。莫友芝侄。官至廣東韶州知府。民國後寓居蘇州。藏書甚富，精於版本目録之學，室名銅井文房。

莫棠題跋末鈐有“莫棠 / 之印”白文方印；卷一目録首葉鈐有“獨山莫氏銅 / 井文房藏書印”朱文豎長方印、“莫天 / 麟印”白文方印；正文首卷首葉鈐有“方寸讀 / 書樓”朱文方印、“雪鴻草 / 堂珍藏”朱文長方印。

宋史新編序

宋舊史成於元至正己酉丞相脫脫爲都總裁契丹女眞亦各爲史與宋並稱帝謂之宋遼金三史云是時纂脩者大半虜人以故是非不公冠屨莫辨景泰間翰林學士吉水周公敘嘗䟽于

朝自任筆削羈於職務書竟弗成今吾友莆田柯子維騏以癸未進士筮仕戶曹輒謝病歸蓋未始一日居乎其位也養高林壑覃思博考乃能會通三史以宋爲正刪其繁猥釐其錯亂復參諸家紀載可傳信者補其闕遺歷二十寒暑始克成書合二百卷而三百

史部

唐書二百二十五卷／宋史新編二百卷／金史
一百三十五卷目録二卷／庚申外史二卷／復辟
録一卷／平藩始末一卷／啟禎兩朝常熟實録
補編一卷／汪東峰先生奏議四卷／歷代臣鑒
三十七卷／歷代君鑒五十卷／伊洛淵源續録六
卷／革朝遺忠録二卷附録一卷／歷代史纂左編
一百四十二卷／荆川先生批點精選漢書二卷／大
明一統志九十卷／[正德]姑蘇志六十卷／晉
陵問一卷／[康熙]崑山縣志二十卷／唐書直
筆新例四卷新例須知一卷／證道編摘畧不分
卷／石鼓文正誤四卷／集古印譜五卷印正附說
一卷／宣和集古印史八卷／唐書二百二十五
卷／宋史新編二百卷／金史一百三十五卷目
録二卷／庚申外史二卷／復辟録一卷／平藩
始末一卷／啟禎兩朝常熟實録補編一卷／汪東
峰先生奏議四卷／歷代臣鑒三十七卷／歷代君
鑒五十卷／伊洛淵源續録六卷／革朝遺忠録二
卷附録一卷／歷代史纂左編一百四十二卷／荆
川先生批點精選漢書二卷／大明一統志九十卷

唐書二百二十五卷

（宋）歐陽修、宋祁等撰

元大德九年（1305）建康路儒學刻明成化、弘治、嘉靖南京国子监遞修本

歐陽修（1007—1072），字永叔，號醉翁，晚號六一居士，宋吉州永豐（今江西永豐）人。宋天聖八年（1030）進士，歷仕仁宗、英宗、神宗三朝，官至翰林學士、樞密副使、參知政事。卒贈太子太師，謚文忠。有《歐陽文忠公全集》傳世。參見《宋史》卷三百一十九。

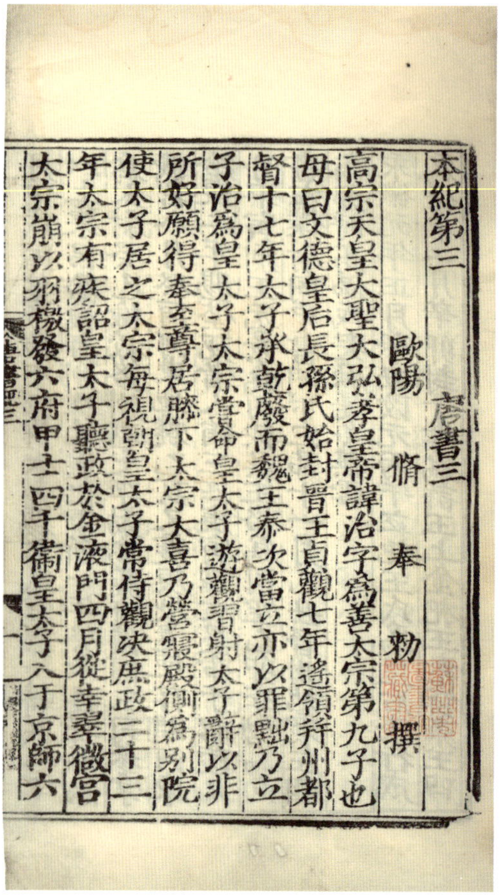
本紀第三　唐書三
歐陽　脩　奉　勑　撰
高宗天皇大聖大弘孝皇帝諱治字爲善太宗第九子也母曰文德皇后長孫氏始封晉王貞觀七年遥領幷州都督十七年太子承乾廢而魏王泰次當立亦以罪黜乃立子治爲皇太子太宗嘗命皇太子遊觀習射太子辭以非所好願得奉至尊居膝下太宗大喜乃營寢殿側爲别院使太子居之太宗每視朝皇太子常侍觀決庶政二十三年太宗有疾詔皇太子聽政於金液門四月從幸翠微宮太宗崩以羽檄發六府甲士四千衛皇太子入于京師六

宋祁（998—1061），字子京，宋雍丘（今河南民權）人，生於江州。宋天聖二年（1024）進士，歷官龍圖閣學士、史館修撰、知制誥。後進工部尚書，拜翰林學士承旨。謚景文。著有《景文集》。參見《宋史》卷二百八十四。

半葉十行，行二十二字。細黑口、白口兼有，左右雙邊或四周雙邊，雙順黑魚尾。版心上鎸字數，中鎸書名卷次，下鎸葉次及刻工。補版上鎸補版時間，中鎸書名卷次，下鎸葉次。框高 22.6 厘米，寬 16.1 厘米。

刻工：旦、中、文、于、方、楊、公、劉。

傅增湘《藏園補訂郘亭知見

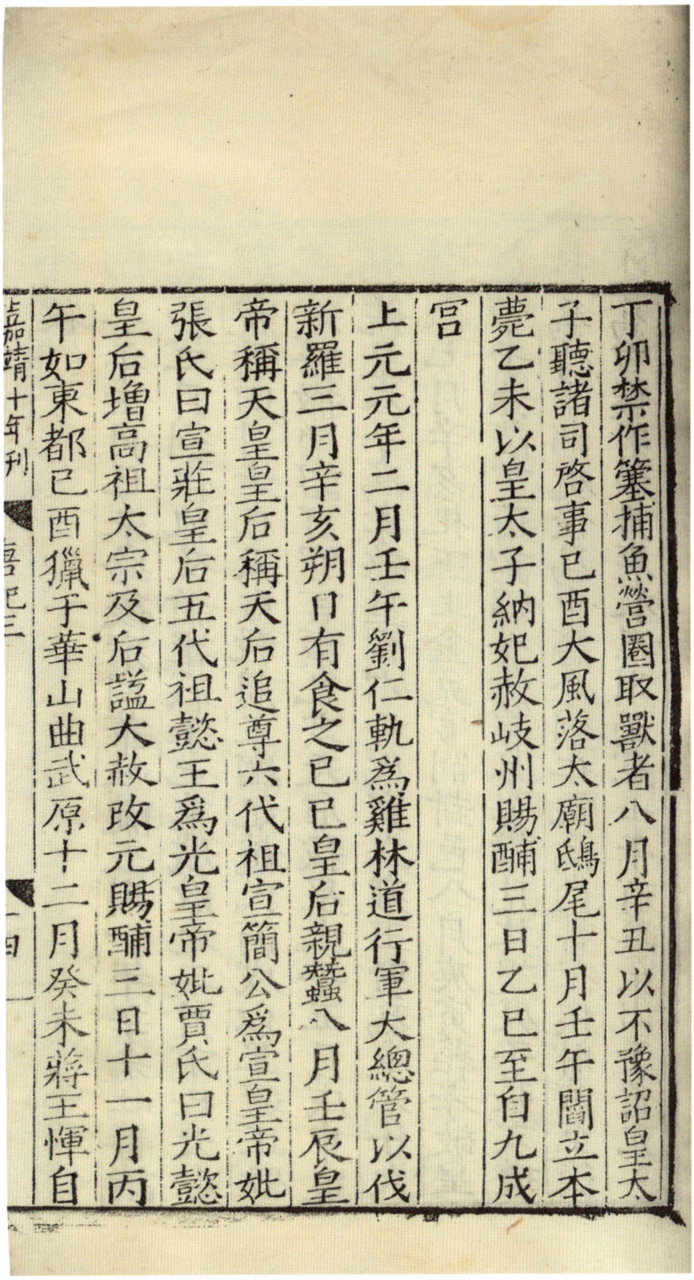
丁卯禁作簺捕魚營圈取獸者八月辛丑以不豫詔皇太子聽諸司啓事己酉大風落太廟鴟尾十月壬午閻立本薨乙未以皇太子納妃赦岐州賜酺三日乙巳至自九成宫

上元元年二月壬午劉仁軌爲雞林道行軍大總管以伐新羅三月辛亥朔日有食之己巳皇后親蠶八月壬辰皇帝稱天皇皇后稱天后追尊六代祖宣簡公爲宣皇帝妣張氏曰宣莊皇后五代祖懿王爲光皇帝妣賈氏曰光懿皇后增高祖太宗及后謚大赦改元賜酺三日十一月丙午如東都己酉獵于華山曲武原十二月癸未蔣王惲自

嘉靖十年刊　唐紀三

傳本書目》："元大德九年建康路儒學刊本，十行二十二字，細黑口，四周雙闌，版心上記字數，下記刊工姓名。初印本，鳳山藏。劉承幹嘉業堂藏一本，爲明修本。江南圖書館藏一本，間有左右雙闌者。"

《中國古籍善本書目》史部紀傳類收録，編號爲史 790。

名録號 02771。綫裝，五册。存十九卷（三至六、二十五至二十八上、三十一至四十、七十一）。

宋史新編二百卷

（明）柯維騏撰

明嘉靖四十三年（1564）杜晴江刻本

柯維騏（1497—1574），字奇純，號希齋，明福建莆田人。明嘉靖二年進士。授南京户部主事，未赴輒引病歸，病滿三年罷免。隆慶初以年高授承德郎致仕。另著有《史記考要》《續莆陽文獻志》《藝餘集》等。參見《明史》卷二百八十七。

半葉十行，行二十一字。白口，四周單邊，無魚尾。版心上鎸書名卷次，中鎸葉次，下偶鎸刻工。框高 18.8 厘米，寬 13.3 厘米。

正文前有嘉靖四十三年李義壯《宋史新編序》，末署“嘉靖四十三年甲子中秋日南海三洲李義壯稚大甫撰”；次接嘉靖四十三年黄佐《宋史新編序》，末署“嘉靖三十四年歲次乙卯季冬下澣，賜進士出身中順大夫詹事府少詹事兼翰林院侍讀學士前南京國子祭酒經筵講官同修國史玉牒泰泉黄佐撰”；次接凡例一卷、目録一卷。

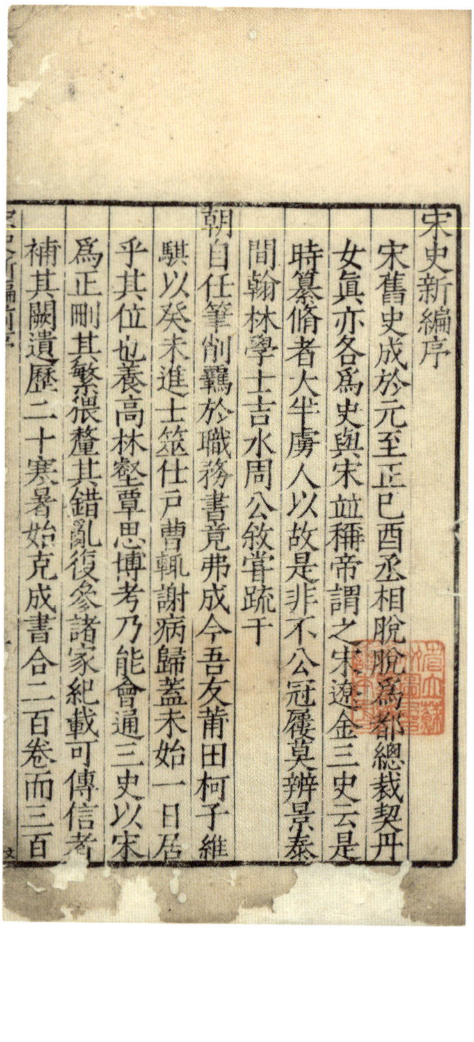
宋史新編序
宋舊史成於元至正乙酉丞相脫脫爲都總裁契丹
女眞亦各爲史與宋並稱帝謂之宋遼金三史云是
時纂脩者大半虜人以故是非不公冠屨莫辨景泰
間翰林學士吉水周公敘嘗疏于
朝自任筆削覊於職務書竟弗成今吾友莆田柯子維
騏以癸未進士筮仕戸曹輒謝病歸蓋未始一日居
乎其位也養高林壑覃思博考乃能會通三史以宋
爲正刪其繁猥釐其錯亂復參諸家紀載可傳信者
補其闕遺歷二十寒暑始克成書合二百卷而三百

正文凡本紀十四卷，志四十卷（天文、五行、律曆、地理、河渠、禮、樂、儀衛、輿服、選舉、職官、食貨、兵、

宋史新編卷一　　本紀一

明南京戶部主事蕭山柯維騏著

本紀

太祖

太祖啓運立極英武睿文神德聖功至明大孝皇帝諱匡胤姓趙氏涿郡人高祖朓是爲僖祖唐幽都令朓生珽是爲順祖歷藩鎮從事兼御史中丞珽生敬是爲翼祖涿州刺史敬生弘殷是爲宣祖少驍勇善騎射事趙王王鎔將五百騎援唐莊宗于河上有功莊宗留典禁軍漢乾祐中討王景於鳳翔會蜀兵來援戰于陳倉始

刑、藝文），表四卷（宰輔），列傳一百四十二卷（后妃、宗室、道學、儒林、循吏、文苑、忠義、孝義、隱逸、卓行、列女、方技、外戚、宦者、佞幸、奸臣、叛臣、世家、外國、蠻夷）。此書合《宋》《遼》《金》三史爲一書，而以宋爲正統。《凡例》云："以宋爲正，遼、金與宋之交聘交兵，及其卒其立，附載本紀。仍詳君臣行事爲傳，列於《外國》，與西夏同。庶幾《春秋》外夷狄之義云。"又云："端宗、帝昺相繼即帝位於閩廣，未幾國亡。元人修《宋史》，并削去帝號，不入本紀。揆以《春秋》之義，三帝之統何可没也？今改定。"

李義壯《宋史新編序》云："侍御我渡陳公出按吾廣，偶得善本，屬左轄杜晴江氏翻刊之。"

杜晴江，名拯，明豐城（今屬江西）人。明嘉靖十七年進士，嘉靖四十五年以右副都御史巡撫貴州，隆慶初去職聽調，後任應天府府尹、南京太僕寺卿等。

刻工：文、午、陸、世明、大至、仁、仕、吴三、尚德、郭、鳳、本、上、宗、之、章、一倫、明、周、吴弟、許、才、子、允、張八、江志、汝、將、伯、應其、余五、七、進、余林、松、汀、化、文諒、曾、余清、余進、芳、興、宏、熊四等。

《中國古籍善本書目》史部紀傳類收録，編號爲史 853。

名録號 03573。綫裝，六十册。

金史一百三十五卷 目録二卷

（元）脱脱等撰

明初刻遞修本

脱脱（1314—1356），亦作托克托、脱脱帖木儿，蔑里乞氏，字大用。元蒙古人。歷官同知宣政院事、同知樞密院事、御史大夫、中書右丞相等。主編《遼史》《宋史》《金史》，任都總裁官。參見《元史》卷一百三十八。

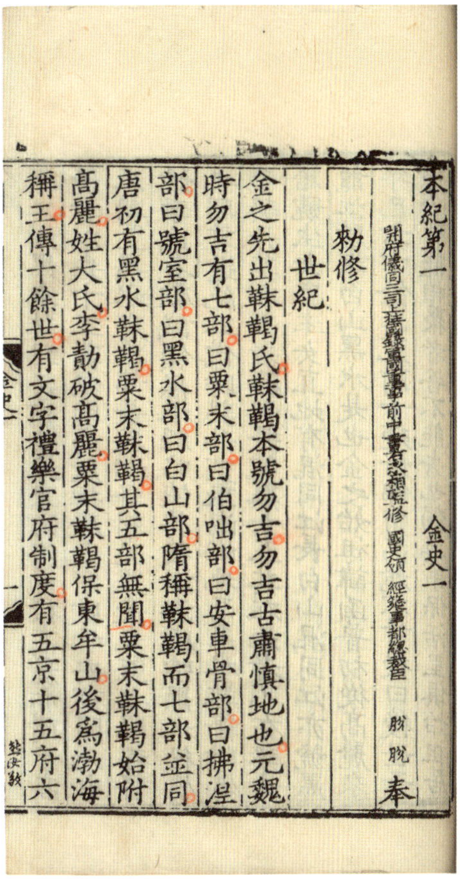
本紀第一　金史一

開府儀同三司上柱國録軍國重事前中書右丞相監修國史領經筵事都總裁臣脱脱奉

勑修

世紀

金之先出靺鞨氏靺鞨本號勿吉勿吉古肅慎地也元魏時勿吉有七部曰粟末部曰伯咄部曰安車骨部曰拂涅部曰號室部曰黑水部曰白山部隋稱靺鞨而七部並同唐初有黑水靺鞨粟末靺鞨其五部無聞粟末靺鞨始附高麗姓大氏李勣破高麗粟末靺鞨保東牟山後爲渤海稱王傳十餘世有文字禮樂官府制度有五京十五府六

半葉十行，行二十二字。黑口（遞修版爲黑口或白口），四周雙邊，雙對黑魚尾。版心中鐫題名卷次，下鐫刻工名。框高 21.7 厘米，寬 15.7 厘米。

正文前有元至正四年（1344）十一月阿魯圖《進金史表》，末署“至正四年十一月日開府儀同三司上柱國録軍國重事中書右丞相監修國史領經筵事提調太醫院廣惠司事臣阿魯圖上表”，次接修史官員名單，次接目録二卷，目録列校勘臣姓名。

正文凡一百三十五卷：《本紀》十九卷，《志》三十九卷，《表》四卷，《傳》七十三卷。

刻工：熊汝敬、葉松、劉伙、士通、

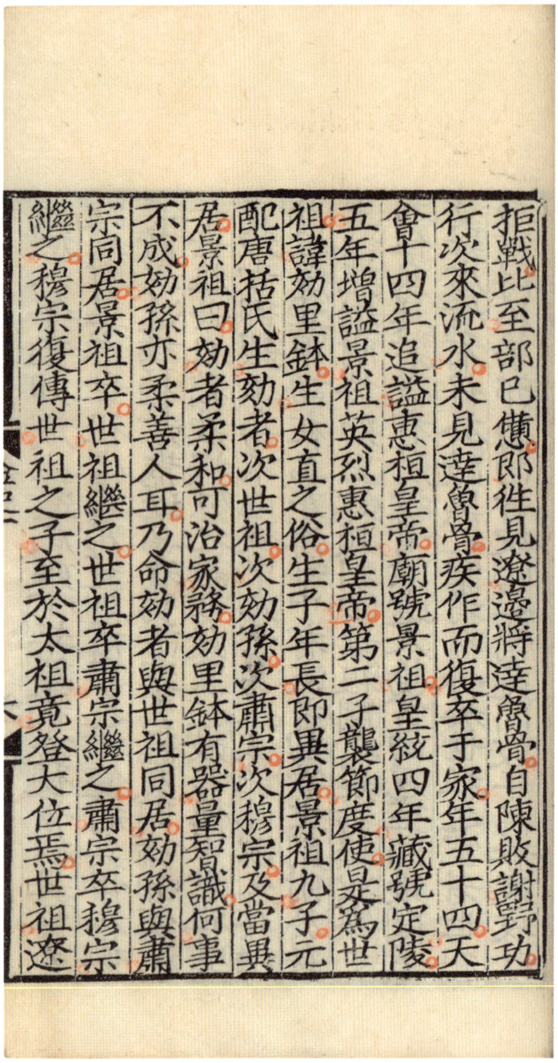

拒戰比至部已潰郎往見遼邊將達魯骨自陳敗謝罪功
行次來流水未見達魯骨疾作而復卒于家年五十四天
會十四年追謚惠桓皇帝廟號景祖皇統四年藏號定陵
五年增謚景祖英烈惠桓皇帝第二子襲節度使是爲世
祖諱劾里鉢生女直之俗生子年長即異居景祖九子元
配唐括氏生劾者次世祖次劾孫次肅宗次穆宗及當異
居景祖曰劾者柔和可治家務劾里鉢有器量智識何事
不成劾孫亦柔善人耳乃命劾者與世祖同居劾孫與肅
宗同居景祖卒世祖繼之世祖卒肅宗繼之肅宗卒穆宗
繼之穆宗復傳世祖之子至於太祖竟登大位焉世祖遼

吴元禮、徐子中、劉八、虞厚、葉壽、蔣佛、劉本、王以善、黄孟龍、陳彦和、陳彦正、江子名、吴中、六宴、朱宗文、范彦從、薛和尚、劉景忠、肖寄、虞孟和、江同、姜原良、陳厚、黄是、張名遠、黄喧、楊保、付名仲、吴福、章毫、付彦成、黄子旻、志道、吴桃、周童、魏名、林安、劉侍者、付資、貴全、黄子高、丘老、潘晋、詹現、劉景舟、周壽、虞亮、劉伯安、虞子德、龔計宗、劉貫、羅六、玄保等。

《中國古籍善本書目》史部紀傳類收録，編號爲史 883。

名録號 03579。綫裝，二十册。《進金史表》首葉抄配。

正文有佚名朱筆圈點。

《進金史表》葉首鈐“紹謙 / 之印”白文方印。

庚申外史二卷

（明）權衡編輯

明鈔本

權衡，字以制，號葛溪，元末明初江西吉安人。隱居太行黄華山多年不仕，晚年寓臨江（今江蘇南通）。參見宋濂《庚申外史跋》。

半葉十行，行二十字。上下粗黑口，四周雙邊，雙對黑魚尾。版心中上題“外史”和卷次，下記葉次。框高 20 厘米，寬 13.5 厘米。

是書成於明洪武四年（1371）前，亦名《庚申帝外史聞見録》《庚申大事記》。以編年體形式記元元統元年（1333）至至正二十八年（1368）元順帝在位期間史迹，凡二萬二千餘字。於元朝廷内部各派勢力鬥争及元末農民戰爭記載頗詳，可與《元史》相參證。順帝誅孛羅、危素等權臣草詔等事，僅見於此書。

《中國古籍善本書目》史部雜史類收録，編號爲史 2706。

名録號 07763。綫裝，一册。

清佚名朱墨筆批校。楠木小盒裝，盒蓋貼有陳子清墨筆題跋。封面有清光緒三十四年（1908）莫棠墨筆題識，

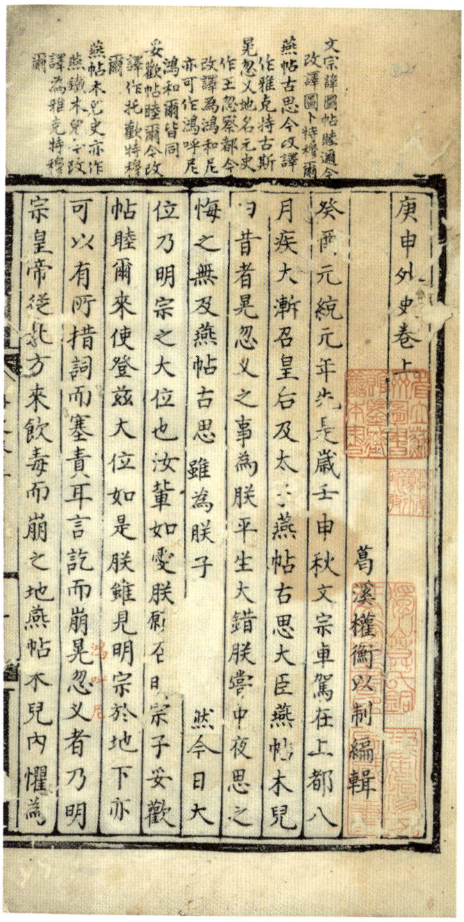

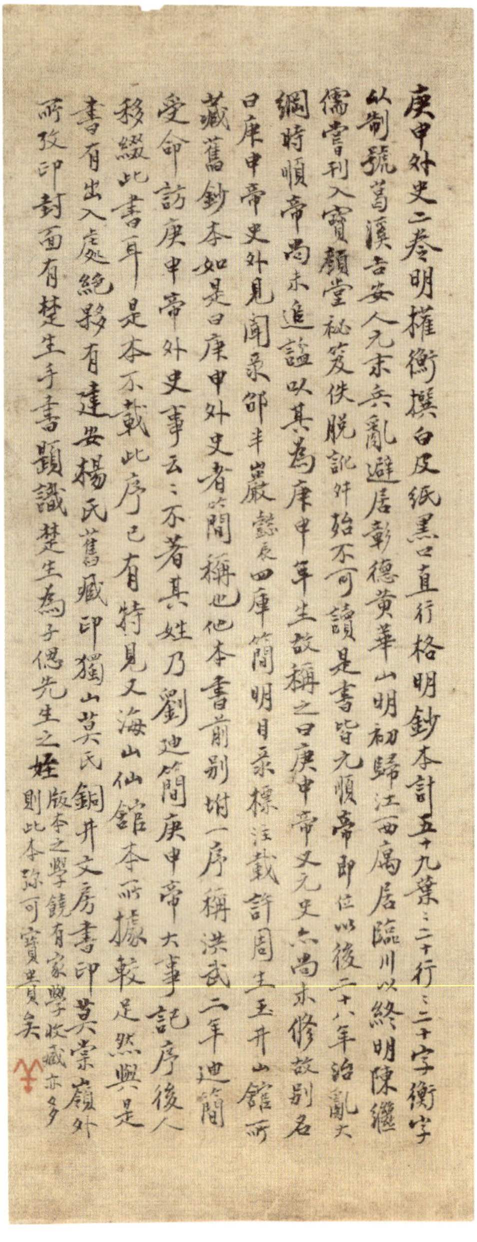
庚申外史二卷明權衡撰白皮紙黑口直行格明鈔本計五十九葉每葉二十行每行二十字衡字以制號葛溪吉安人元末兵亂避居彰德黄華山明初歸江西寓居臨川以終明陳繼儒嘗刊入寳顏堂秘笈佚脱訛舛殆不可讀是書皆元順帝即位以後三十六年治亂大綱時順帝尚未追謚以其為庚申年生故稱之曰庚申帝又元史亦尚未修故别名曰庚申帝史外見聞录邵半巖懿辰四庫簡明目录標注載許周生玉井山館所藏舊鈔本如是曰庚申外史者簡稱也他本書前别增一序稱洪武二年迪簡受命訪庚申帝外史事云云不著其姓乃劉迪簡庚申帝大事記序後人移綴此書耳是本不載此序已有特見又海山仙館本所據較是然與是書有出入處絶彩有建安楊氏舊藏印獨山莫氏銅井文房書印莫棠嶺外所收印封面有楚生手書題識楚生為子偲先生之姪版本之學饒有家學收藏亦多則此本殊可寳貴矣

署“戊申嘉平月，楚生在廣州自裝補”。陳子清（1895—1946），原名晋，以字行，號俊實、白齋，江蘇蘇州人。民國書畫家。曾任蘇州圖書館典藏部主任。莫棠（1865—1929），字楚生，貴州獨山人。莫友芝侄。藏書甚富，藏書室名銅井文房。

上卷首葉鈐“建安楊氏／家藏之書”朱文長方印、“獨山莫氏銅／井文房藏書印”朱文長方印、“莫棠／嶺外／所收”朱文方印，下卷末葉鈐晋卦朱文爵形印（晋爵）、“旦”朱文圓印、“子／清”朱文方印。

復辟録一卷

（明）楊瑄撰

明鈔本

楊瑄（1425—1478），字廷獻，明江西豐城人。明景泰五年（1454）進士，授監察御史。剛直尚氣節。天啓初，賜謚忠懷。參見《明史》卷一百六十二。

半葉九行，行二十二字，小字雙行同。白口，四周單邊，單黑魚尾。藍格箋紙，框高 21.4 厘米，寬 15.5 厘米。

正文一卷，記述明英宗“奪門之變”一事。

是書“鉉”“禎”不缺筆。

《中國古籍善本書目》史部雜史類收録，編號爲史 2845。

名録號 07721。綫裝，一册。

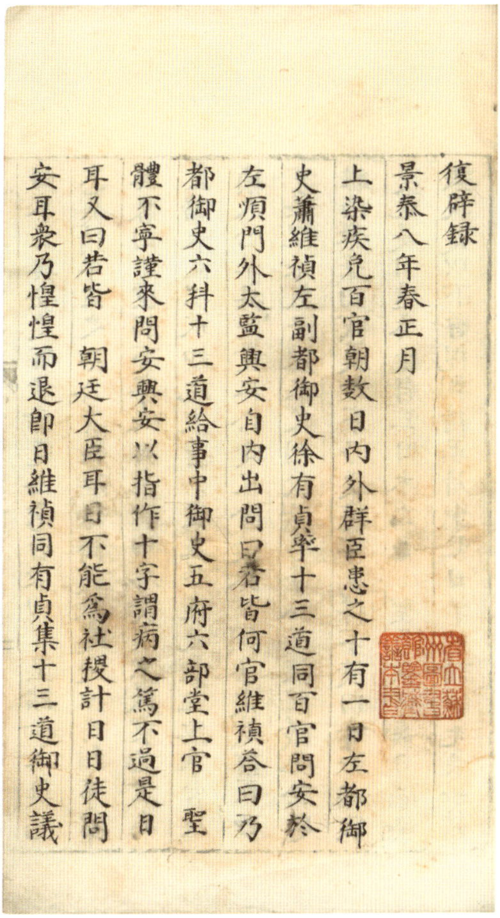
復辟録
景泰八年春正月
上染疾免百官朝数日内外群臣患之十有一日左都御
史蕭維禎左副都御史徐有貞率十三道同百官問安於
左順門外太監興安自内出問曰爾皆何官維禎答曰乃
都御史六科十三道給事中御史五府六部堂上官　聖
體不寧謹來問安興安以指作十字謂病之篤不過是日
耳又曰若皆　朝廷大臣耳目不能爲社稷計日日徒問
安耳衆乃惶惶而退即日維禎同有貞集十三道御史議

曰今日興安之言若皆達其意否衆曰　皇儲一立無他
患矣請早立之二公喜曰斯議得矣衆還道中作封事草
其畧曰　聖躬不寧五日未朝內外憂懼京民震恐蓋爲
皇儲未立以致如此伏望　皇上早建元良正位東宮以
鎮人心草具呈堂二公是之會豪於　朝集文武群臣石
亨張輗張軏于謙王文胡濙楊善等於左掖門議允僉題
維禎舉筆曰我更一字乃更建字爲擇字笑曰吾帯亦欲
更也是日進奏十有三日本出奉　聖旨朕這幾日偶染
寒疾是以不曾視朝待正月十七日早朝請擇元良一節

平藩始末一卷

（明）許進撰

明嘉靖九年（1530）繼美堂刻本

許進（1437—1510），字秀升，號東崖，明河南靈寶人。明成化二年（1466）進士。因收復哈密有功加右副都御史，後累官至兵部尚書，轉吏部尚書，加太子少保，卒贈太子太保。嘉靖時追謚“襄毅”。參見《明史》卷一百八十六。

半葉十行，行二十一字。白口，左右雙邊，單黑魚尾。版心上鎸書名，中鎸葉次，下鎸“繼美堂”。框高 19.5 厘米，寬 13.6 厘米。

是書記明弘治七年（1494）土魯番阿黑麻攻陷哈密，許進巡撫甘肅，潛師襲擊阿黑麻，收復失地事。

《中國古籍善本書目》史部雜史類收録，編號爲史 2847。

名録號 03849。綫裝，一冊。正文首葉抄配。

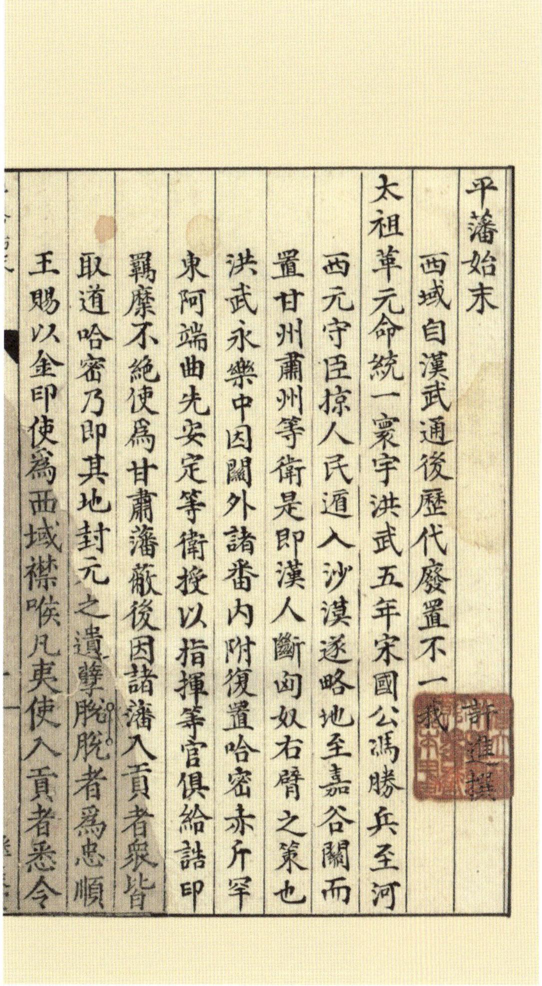
平藩始末　　許進撰
西域自漢武通後歷代廢置不一我
太祖革元命統一寰宇洪武五年宋國公馮勝兵至河
西元守臣掠人民遁入沙漠遂略地至嘉峪關而
置甘州肅州等衛是即漢人斷匈奴右臂之策也
洪武永樂中因關外諸番内附復置哈密赤斤罕
東阿端曲先安定等衛授以指揮等官俱給誥印
羈縻不絕使爲甘肅藩蔽後因諸藩入貢者衆皆
取道哈密乃即其地封元之遺孽脱脱者爲忠順
王賜以金印使爲西域襟喉凡夷使入貢者悉令

城池金印來歸守臣具
聞下兵部議大臣欲求忠順王子孫襲封詢諸夷使
得安定王姪名陝巴者係其裔弘治五年二月封
爲忠順王遣使護送之國其實未妥也阿黒麻果
怒假以都督阿木郎嘗劫其茶物又嘗虜其人畜
爲辭遂侵哈密殺阿木郎復虜陝巴金印以去時
弘治六年也事聞
上命兵部右侍郎張海都督僉事緱謙往經畧之時阿
黒麻所遣入貢頭目寫亦滿速兒等四十餘人適
在京師遂

繼美堂

啟禎兩朝常熟實録補編一卷

（清）薛維巖撰

稿本

薛維巖，生卒年不詳。清初常熟人。諸生。

半葉九行，行二十二字。白口，四周雙邊，單黑魚尾。藍格箋紙，框高 22.0 厘米，寬 14.8 厘米。

清順治五年（1648），清廷要求各府縣衙門將明天啓四年（1624）至崇禎十七年（1644）事迹繕寫進呈。常熟知縣瞿四達遂命生員薛維巖將本縣歷年大事編類造册。此書成書較早，文網尚疏，尚能據實記録。

《中國古籍善本書目》史部雜史類收録，編號爲史 2981。

名録號 07774。綫裝，一册。

封面墨筆題“啟禎兩朝常熟實録補編，天啓四年起至崇禎十七年，順治六年知縣瞿四達上”，鈐“寶慈 / 老民”朱文方印。

封面背葉鈐“琴川邵氏 / 劫餘行 / 笈書畫”朱文方印、“王印 / 大壽”白文方印；正文卷端鈐“常熟趙氏 / 舊山樓 / 經籍記”朱文方印；每葉鈐“常熟縣印”滿漢朱文騎縫官印。

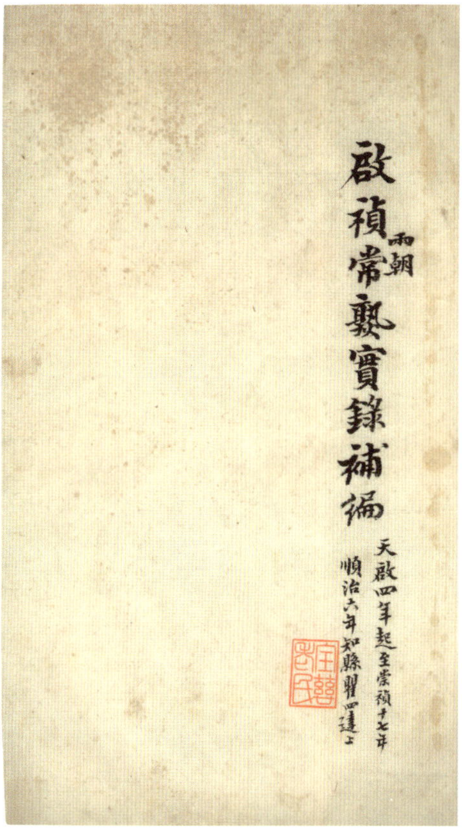

甲子天啟四年

秋七月五星聚於張按周文王七年五星聚於房齊桓糾合尊周五星聚於箕漢聚東井唐天寶中五星聚尾肅宗復長安五星亦聚東井宋乾德中五星聚奎大明嘉靖三年五星聚於營室今天啟四年五星聚於張虞人為歌謠以紀之曰冲聖曆圖日龍祥甲子年五星聚張度鶉火次南躔日月光華合星精緯象連有周曾西聚今代喜豐傳聚井隆漢祚聚奎開道源況逢全盛世嗣服愈光前鳳凰既鳴嶽麒麟應在埏昊蒼眷我后慶瑞聿來宣漢家何足

汪東峰先生奏議四卷

（明）汪玄錫撰

明葉茂芝刻本

汪玄錫（1477—1544），字天啓，明江西婺源人。明正德六年（1511）進士，歷官兵科給事中，都給事中，都御史，户部左、右侍郎。追贈户部尚書，謚號貞敏。另著有《東峰集》。參見鄒守益《東廓鄒先生遺稿》卷十一《户部左侍郎東峰汪公墓誌銘》。

半葉十行，行二十一字。白口，四周單邊，單黑魚尾。版心上鎸書名，中鎸卷次，下鎸葉次。框高 17.9 厘米，寬 11.8 厘米。

正文前有《汪東峰先生奏議序》，末署“隆慶庚午夏四月既望，前奉敕總督南京糧儲都察院右僉都御史前兵科左給事中眷生游震得序”。

共四卷，卷端題“男汪長卿搜輯 / 婿葉茂芝校刊”。

葉茂芝，字德和。明萬曆丙寅曾修郡志。學者稱雲山先生。

《中國古籍善本書目》史部詔令奏議類收録，編號爲史 3887。

名録號 07815。綫裝，四册。

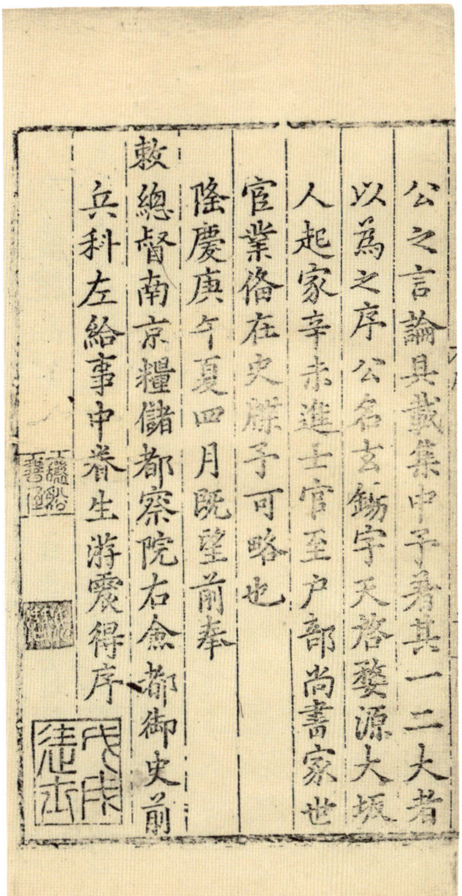

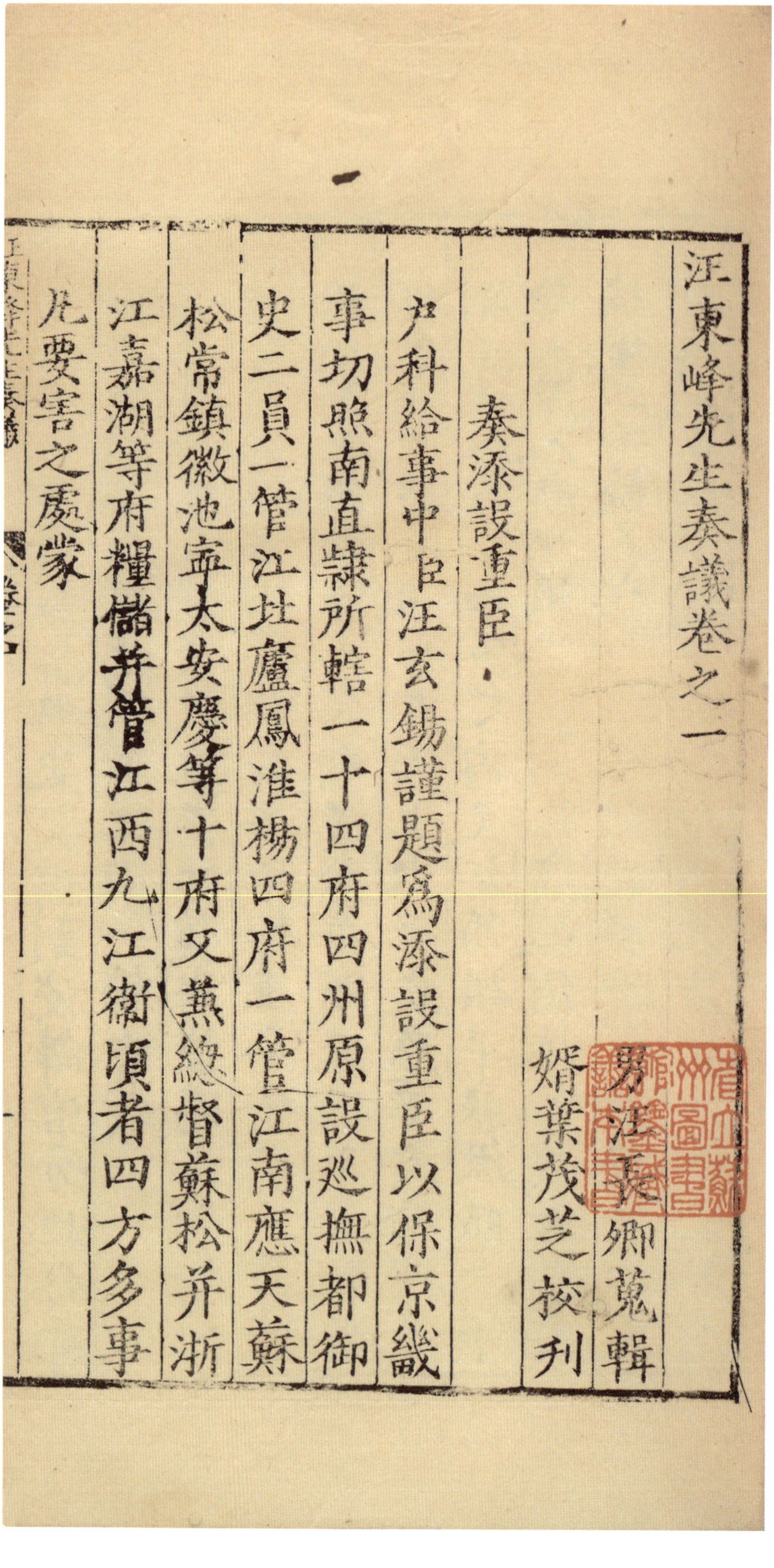

汪東峰先生奏議卷之一

男汪長卿蒐輯

婿葉茂芝校刊

奏添設重臣

户科給事中臣汪玄錫謹題爲添設重臣以保京畿事切照南直隸所轄一十四府四州原設巡撫都御史二員一管江北廬鳳淮楊四府一管江南應天蘇松常鎮徽池寧太安慶等十府又兼總督蘇松并浙江嘉湖等府糧儲并管江西九江衛須者四方多事先要害之處蒙

汪東峰先生奏議　卷之一　一

歷代臣鑒三十七卷

（明）朱瞻基撰

明宣德元年（1426）内府刻本

朱瞻基（1398—1435），明朝皇帝，廟號宣宗，年號宣德。在位十年。參見《明史》卷九。

半葉十行，行二十字。粗黑口，四周雙邊，雙對花魚尾。版心中鎸“臣鑒”、卷次、葉次。框高 26.8 厘米，寬 18 厘米。

正文前有明宣德元年（1426）四月《御製歷代臣鑒序》。

書取春秋迄金元人臣事迹，分“善可爲法”“惡可爲戒”二類。善者自卷一至卷二十九，共二百一十三人，自列國鄭子産迄元臣余闕；惡者自卷三十至三十七，共七十三人，自漢田蚡迄元孛羅帖木兒。

《中國古籍善本書目》史部傳記類收録，編號爲史 4394。

名録號 01575。綫裝，十二册。

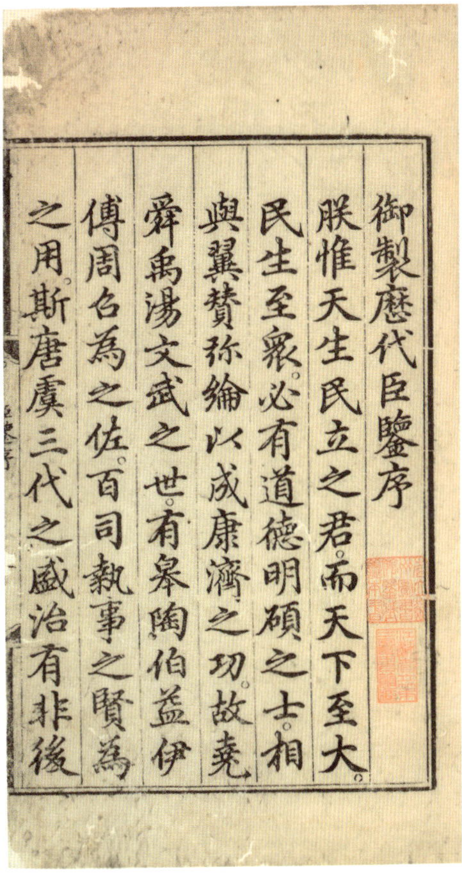
御製歷代臣鑒序
朕惟天生民立之君。而天下至大。民生至衆。必有道德明碩之士。相與翼贊孫綸以成康濟之功。故堯舜禹湯文武之世。有皋陶伯益伊傅周召爲之佐。百司執事之賢爲之用。斯唐虞三代之盛治有非後

歷代臣鑒卷之一

善可爲法

列國

鄭子産

子産。名僑。鄭穆公之孫。公子發之子也。代子皮爲政。慮遠而事詳。凡其所施鮮不適理。故無後害。其稱曰。政如農功。日夜思之。思其始而成其終。朝夕而行之。行無越思。如農之有畔。使國人都鄙有章。上下有服。田有封洫。廬井有伍。行之三年而民誦之。凡政無大小。其慮之必豫。而處之必審。鄭之賢者無不用。馮簡

歷代君鑒五十卷

（明）朱祁鈺撰

明景泰四年（1453）内府刻本

朱祁鈺（1428—1457），明朝皇帝，謚景帝，廟號代宗。年號景泰。在位七年。參見《明史》卷十一。

半葉十行，行二十字。粗黑口，四周雙邊，雙對花魚尾。版心中鎸“君鑒”、卷次、葉次。框高 20.9 厘米，寬 17.9 厘米。

正文前有明景泰四年（1453）八月《御製歷代君鑒序》。

此書記歷代君王事迹。卷一至卷三十五爲善可爲法者，自三皇伏羲至明宣宗止。卷三十六至卷五十爲惡可爲戒者，自夏太康至元順帝止。

《中國古籍善本書目》史部傳記類一收録，編號爲史 4394。

名録號 01571。綫裝，十二册。

首卷卷端鈐“廣運 / 之寶”朱文大方印。

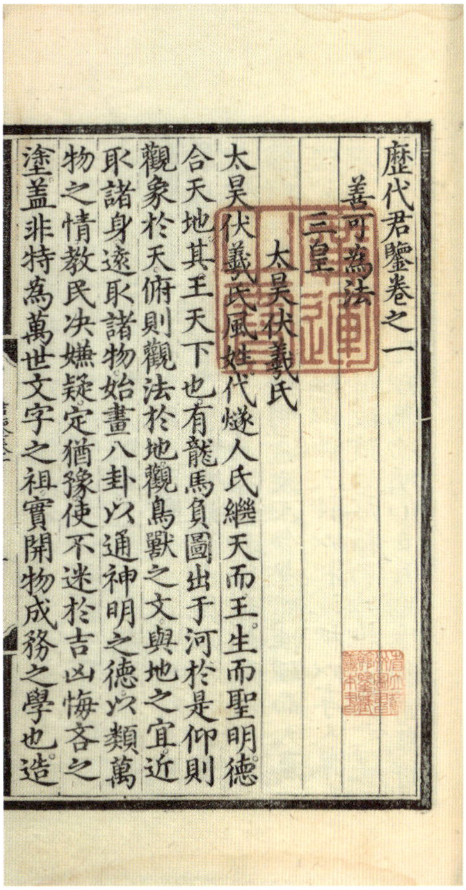
歷代君鑒卷之一
善可為法
三皇
太昊伏羲氏
太昊伏羲氏風姓代燧人氏繼天而王生而聖明德
合天地其王天下也有龍馬負圖出于河於是仰則
觀象於天俯則觀法於地觀鳥獸之文與地之宜近
取諸身遠取諸物始畫八卦以通神明之德以類萬
物之情敎民决嫌疑定猶豫使不迷於吉凶悔吝之
塗盖非特為萬世文字之祖實開物成務之學也造

景泰四年八月
日

伊洛淵源續録六卷

（明）謝鐸撰

明嘉靖八年（1529）高貴亨刻本

謝鐸（1435—1510），字鳴治，別號方山，明浙江台州太平（今浙江温嶺）人。明天順八年（1464）進士。授翰林院編修，終禮部右侍郎，謚文肅。有《桃溪淨稿》行世。參見《明史》卷一百六三。

半葉十行，行二十字，小字雙行同。白口，左右雙邊，單黑魚尾。版心中鎸“續録”、卷次、葉次。框高 19.0 厘米，寬 14.5 厘米。

正文前有明成化十六年（1480）謝鐸《伊洛淵源録前序》，末署“成化庚子春正月吉旦黄巖謝鐸謹識於長安西館”。次接目録、正文。卷末有明弘治九年（1496）謝鐸後序，末署“弘治丙辰秋七月望後三日，鐸再識於方巖書院”。次接明嘉靖八年高貴亨《重刊伊洛淵源二録跋》，末署“臨海高貴亨謹書”。

高貴亨，字汝白，號一所，明浙江臨海人。明正德九年（1514）進士。曾任江西提學副史。

《中國古籍善本書目》史部傳記類一收録，編號爲史 4602。

名録號 03938。綫裝，二册。

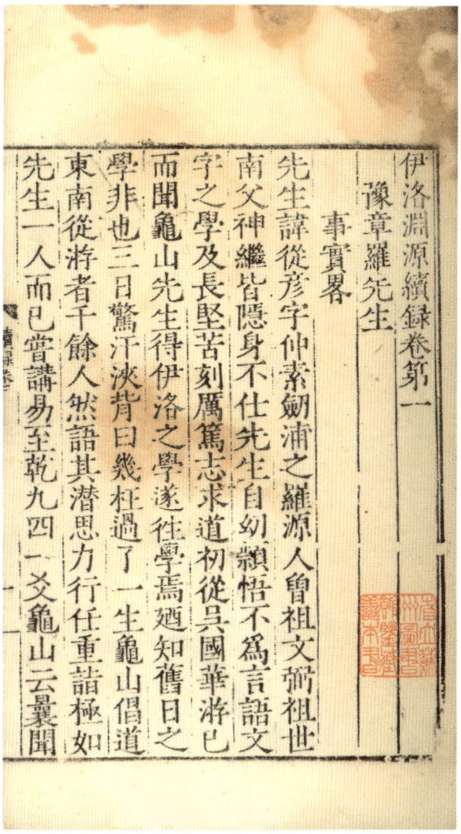
伊洛淵源續録卷第一
豫章羅先生
事實畧
先生諱從彦字仲素劒浦之羅源人曾祖文䂓祖世南父神繼皆隱身不仕先生自幼潁悟不爲言語文字之學及長堅苦刻厲篤志求道初從吳國華游已而聞龜山先生得伊洛之學遂往學焉逾知舊日之學非也三日驚汗浹背曰幾枉過了一生龜山倡道東南從游者千餘人然語其潛思力行任重詣極如先生一人而已甞講易至乾九四一爻龜山云曩聞

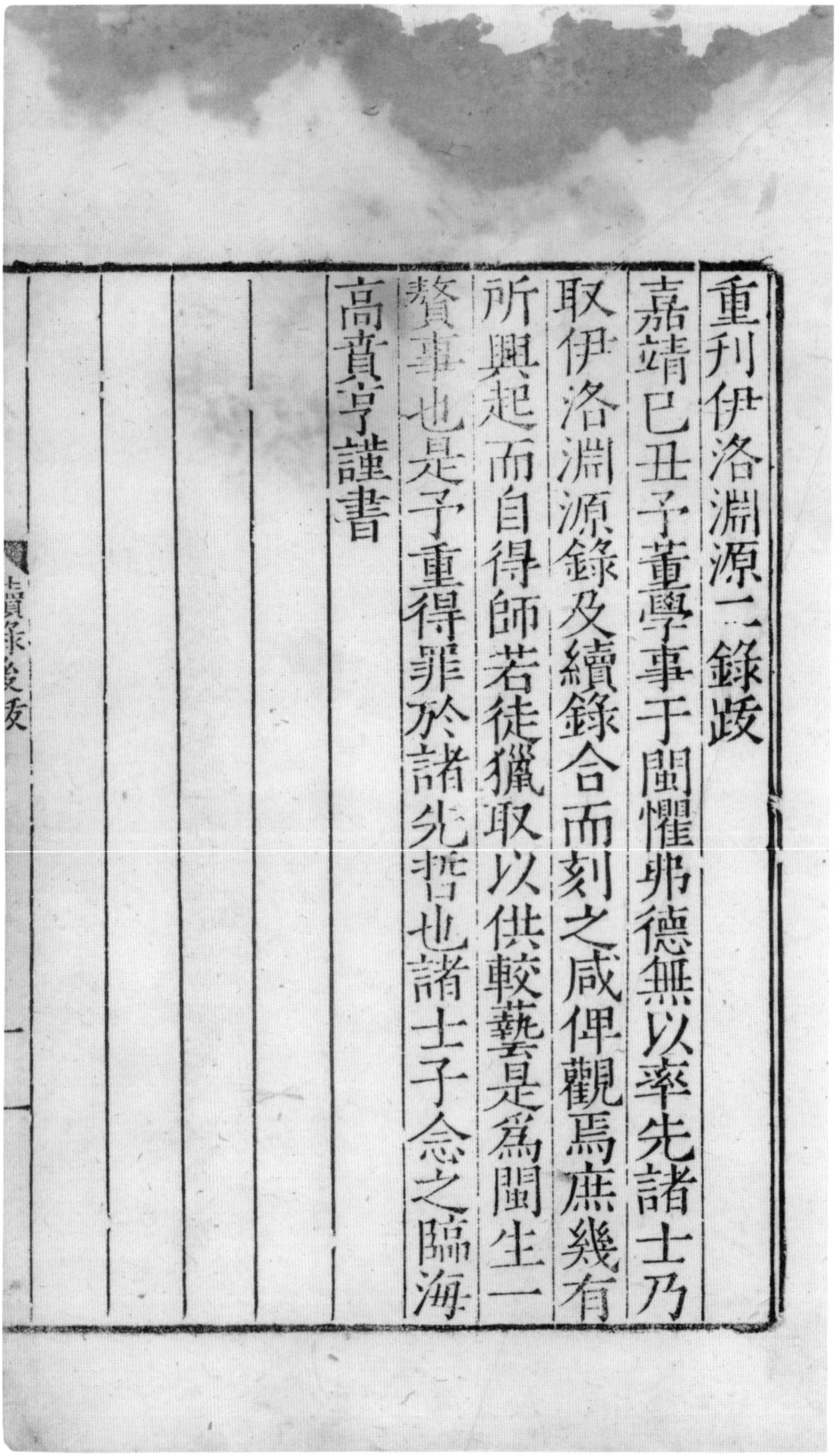
重刊伊洛淵源二錄跋
嘉靖己丑予董學事于閩懼弗德無以率先諸士乃
取伊洛淵源錄及續錄合而刻之咸俾觀焉庶幾有
所興起而自得師若徒獵取以供較藝是爲閩生一
贅事也是予重得罪於諸先哲也諸士子念之臨海
高賁亨謹書

續錄後跋　一

革朝遺忠録二卷
附録一卷

（明）郁衮編輯

明嘉靖四年（1525）敖英刻本

郁衮，字玄仲，後改天名，字九章，明浙江嘉興人。明正德、嘉靖間人。

半葉十二行，行二十三字，小字雙行同。黑口，四周單邊，雙對黑魚尾。版心中鎸書名、卷次、葉次。框高 19.0 厘米，寬 14.2 厘米。

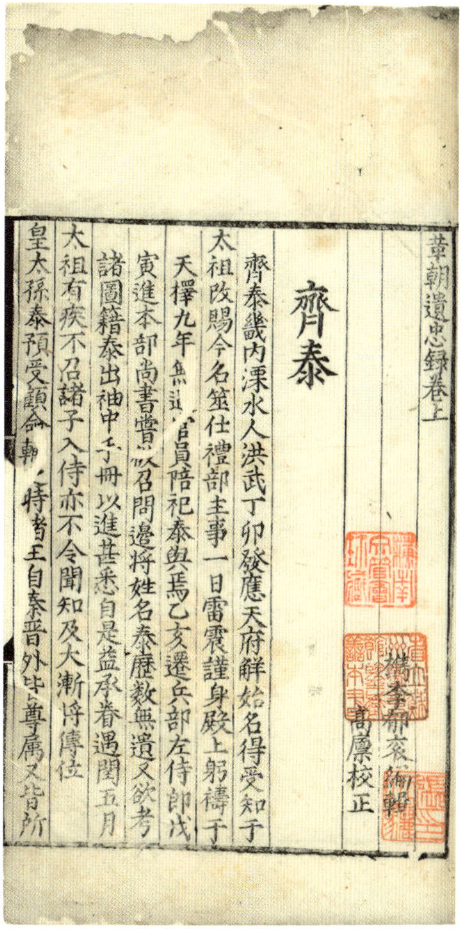

《四庫全書總目》稱："所列一百六十傳，皆明惠帝時死難諸臣。而《附録》一卷，則降燕諸臣如胡廣、黄福之類，後至大官者亦在焉。每傳後或附以贊語，又間有所附注。然其精要，已皆采入《革除遺事》中矣。"

敖英（1479—1552），字子發，號東谷，明清江（今屬江西）人。明正德十六年（1521）進士。累官至四川布政使。著有《東谷贅言》《慎言集訓》《遠心堂文草》《遠心堂詩草》《敖東谷先生遺書》等。

《中國古籍善本書目》史部傳記類收録，編號爲史 4759。

名録號 10266。綫裝，二册。

卷一首葉鈐"張印 / 士驪"朱

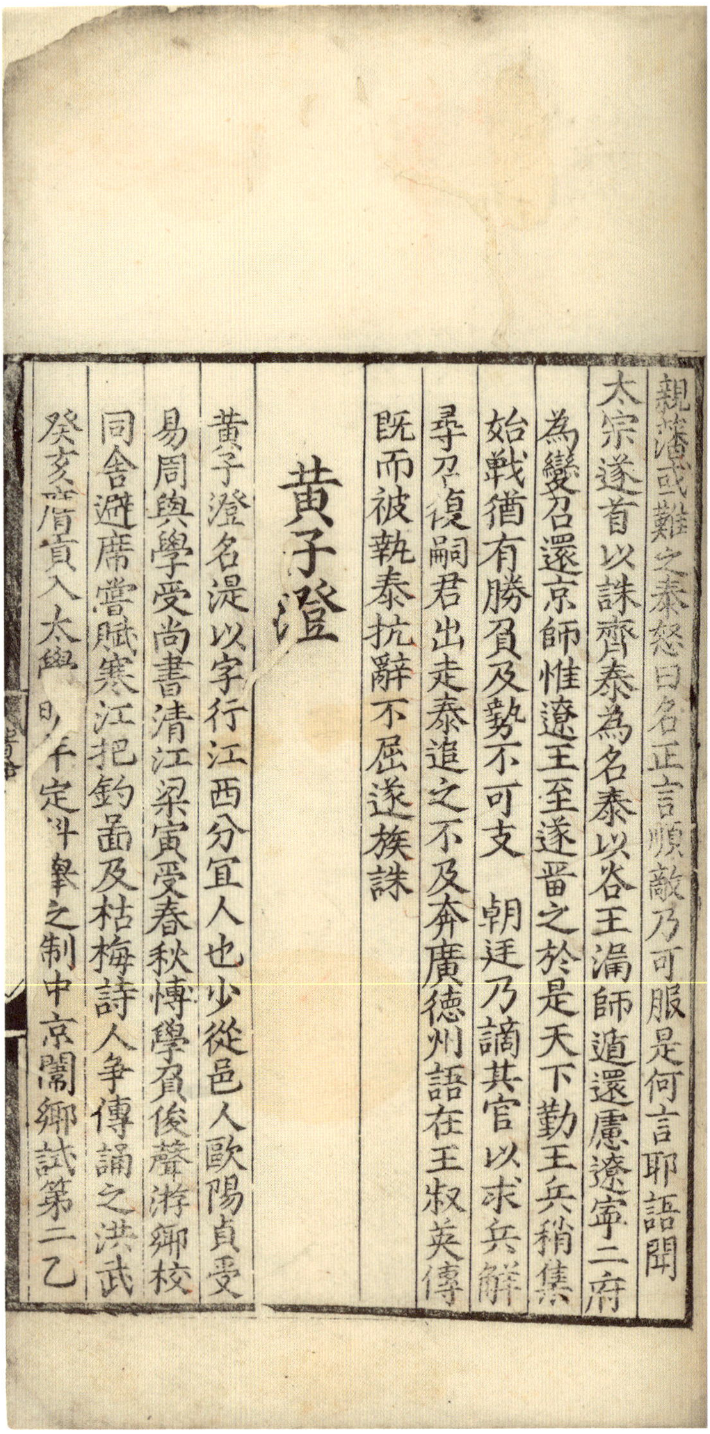
親藩或難之泰怒曰名正言順敵乃可服是何言耶語聞
太宗遂首以誅齊泰為名泰以谷王潰師道還慮遼寧二府
為變召還京師惟遼王至遂留之於是天下勤王兵稍集
始戰猶有勝負及勢不可支　朝廷乃謫其官以求兵解
尋召復嗣君出走泰追之不及奔廣德州語在王叔英傳
既而被執泰抗辭不屈遂族誅

黃子澄

黃子澄名湜以字行江西分宜人也少從邑人歐陽貞受
易同與學受尚書清江梁寅受春秋博學負俊聲游鄉校
同舍避席嘗賦寒江把釣畫及枯梅詩人爭傳誦之洪武
癸亥以膺貢入太學時方定科舉之制中京闈鄉試第二乙

文方印。

按：上海圖書館藏本書前有正德十一年張芹《備遺録引》、正德十五年黄佐《革除遺事序》、嘉靖四年敖英《題備遺續録》，此本皆脱。

歷代史纂左編一百四十二卷

（明）唐順之編輯

明嘉靖四十年（1561）胡宗憲刻公文紙印本

唐順之（1507—1560），字應德，又字義修，號荊川，明武進（今江蘇常州）人。明嘉靖八年會試第一，改庶吉士。後任兵部主事、右僉都御史、鳳陽巡撫等職。追謚襄文，世稱“荊川先生”。著有《荊川先生文集》。參見《明史》卷二百五。

半葉十行，行二十字。白口，四周單邊，單白魚尾。正文版心上鎸書名卷次，中鎸篇名和葉次，下鎸刻工和字數。框高 20.9 厘米，寬 14.5 厘米。

正文前有《荊川先生自序》，次接王畿《歷代史纂左編凡例并引》，署“東浙龍溪外史王畿選”，次接目録。目録後有明嘉靖四十年胡松《史纂左編後序》，末署“嘉靖辛酉秋，浙江右布政使滁上友人胡松序”。

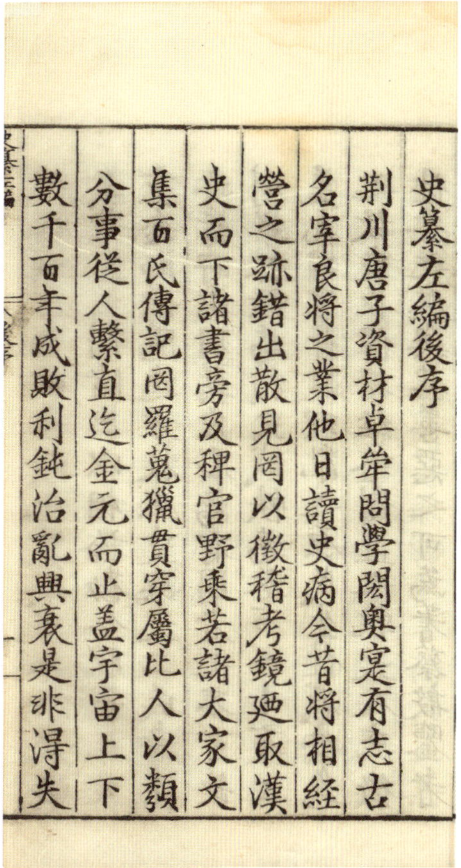
史纂左編後序
荊川唐子資材卓犖問學閎奧寔有志古
名宰良將之業他日讀史病今昔將相經
營之跡錯出散見罔以徵稽考鏡迺取漢
史而下諸書旁及稗官野乘若諸大家文
集百氏傳記罔羅蒐獵貫穿屬比人以類
分事從人繫直迄金元而止蓋宇宙上下
數千百年成敗利鈍治亂興衰是非得失

正文凡一百四十二卷。卷一至六：君；卷七至三十：相；卷三十一至三十六：名臣；卷三十七至四十二：謀臣；卷四十三至五十五：將；卷五十六至五十八：后、

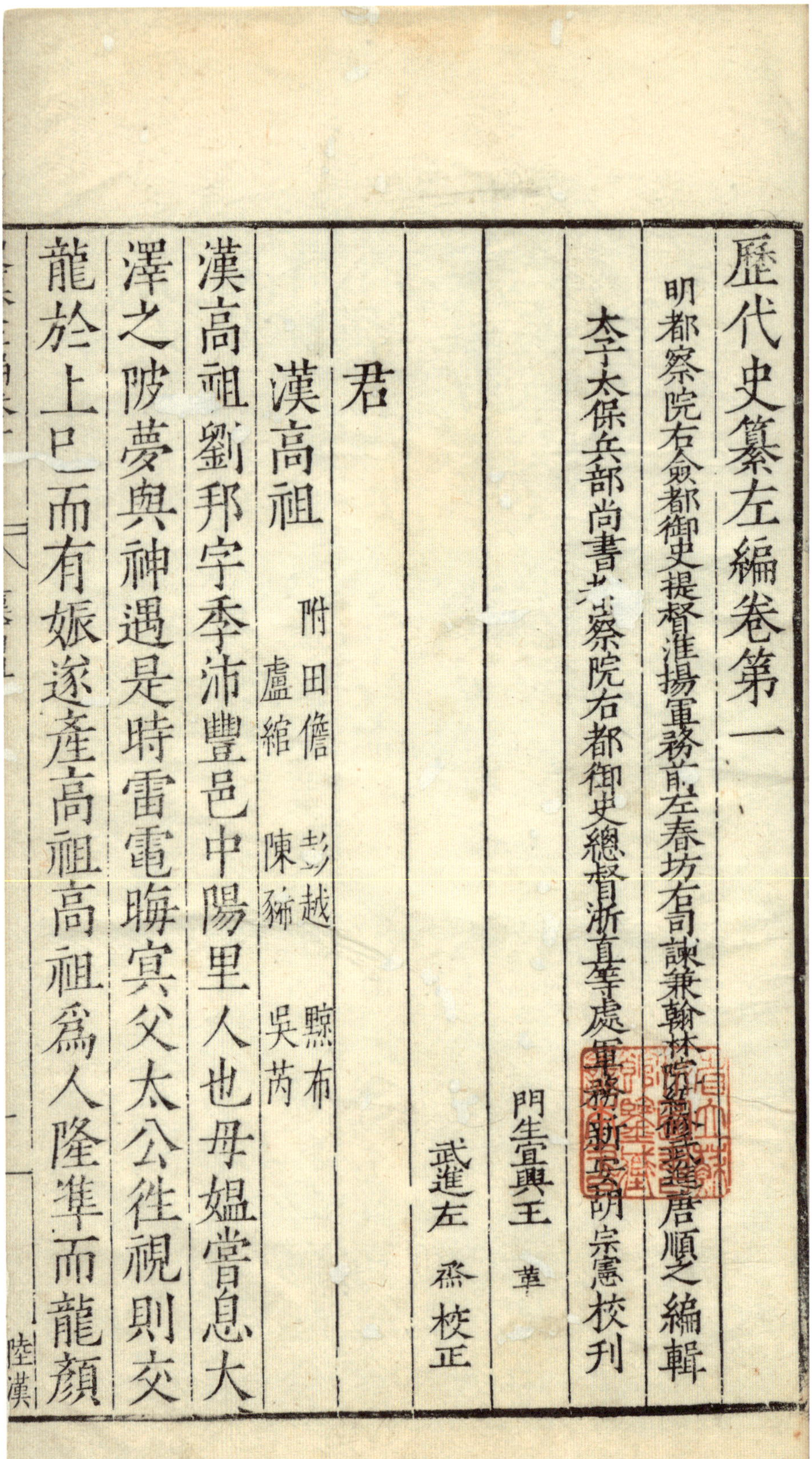
歷代史纂左編卷第一

明都察院右僉都御史提督淮揚軍務前左春坊右司諫兼翰林院編修武進唐順之編輯

太子太保兵部尚書都察院右都御史總督浙直等處軍務新安胡宗憲校刊

門生宜興王 革

武進左 孫 校正

君

漢高祖　附田儋　彭越　黥布　盧綰　陳豨　吳芮

漢高祖劉邦字季沛豐邑中陽里人也母媼嘗息大澤之陂夢與神遇是時雷電晦冥父太公往視則交龍於上已而有娠遂產高祖高祖爲人隆準而龍顏

公主；卷五十九至六十二：戚；卷六十三至六十四：儲；卷六十五至六十九：宗；卷七十至七十一：宦；卷七十二至七十三：幸；卷七十四至八十一：奸；卷八十二至八十七：簒；卷八十八至九十二：亂；卷九十三至九十四：莽；卷九十五至一百三：鎮；卷一百四至一百一十八：夷；卷一百一十九至一百二十九：儒；卷一百三十：隱逸；卷一百三十一：烈婦；卷一百三十二至一百三十四：方技；卷一百三十五至一百三十八：釋；卷一百三十九至一百四十二：道。卷端題“明都察院右僉都御史提督淮揚軍務前左春坊右司諫兼翰林院編修武進唐順之編輯，太子太保兵部尚書都察院右都御史總督浙直等處軍務新安胡宗憲校刊，門生宜興王革，武進左烝校正”。

胡宗憲（1512—1565），字汝欽，一字汝貞，號梅林，明南直隸徽州府績溪縣（今安徽績溪）人。明嘉靖十七年（1538）進士。官至兵部尚書兼都察院右都御史，加少保。萬曆追謚襄懋。

刻工：李潮、沈喬、章倫、何應芳、何祥、夏敖、金簡、黄鏡、夏文焕、黄鏜、陸漢、劉葉、鄭國祥、高良相、彭文、顧鈐、陳約、陳國祥、章意、章秦、章仁、夏榮、朱文正、章聰、金汝南、彭天恩、夏文瑞、王經、袁宏、郭昌言、柯喬、陸定、金簡、夏良、王明、陶秀、陶忠、陳汶、陳堂、陳滚、應鐘、夏霖、陶卿、夏俊、夏鸞、王昭、沈松、王橋、王楝、王材、葉恩、王汗、金文、周贇、朱廷敬、黄鎰、黄鈿、黄欽等。

《中國古籍善本書目》史部史抄類收録，編號爲史 7696。

名録號 04035。綫裝，一百二十册。部分爲公文紙印本。目録葉三十九至四十四抄配。

荆川先生批點精選漢書二卷

（明）唐順之撰

明嘉靖胡宗憲刻本

唐順之（1507—1560），字應德，又字義修，號荆川，明武進（今江蘇常州）人。嘉靖八年（1529）會試第一，改庶吉士。後任兵部主事、右僉都御史、鳳陽巡撫等職。追謚襄文，世稱“荆川先生”。著有《荆川先生文集》。參見《明史》卷二百五。

雙欄本。下欄半葉十行，行二十二字。白口，四周雙邊，單黑魚尾。版心中鎸書名、卷次、葉次。框高 19.2 厘米，寬 14.0 厘米。上欄鎸評注，框高 1.2 厘米。

正文前有明王畿《荆川批點精選史漢書序》，末署“山陰龍溪王畿書”。

胡宗憲（1512—1565），字汝欽，一字汝貞，號梅林，明南直隸徽州府績溪縣人。嘉靖十七年（1538）進士。官至兵部尚書兼都察院右都御史，加少保。萬曆追謚襄懋。

《中國古籍善本書目》史部史抄類收録，編號爲史 7896。

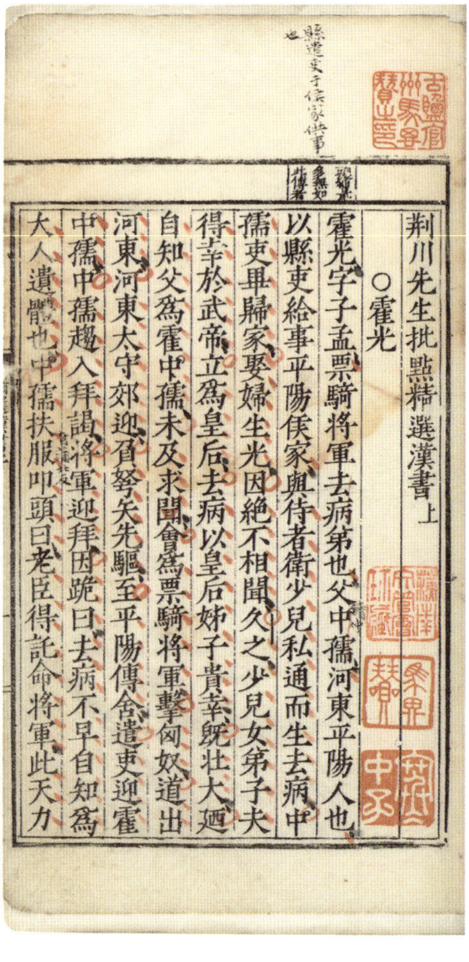
荆川先生批點精選漢書上
○霍光
霍光字子孟票騎将軍去病弟也父中孺河東平陽人也
以縣吏給事平陽侯家與侍者衛少兒私通而生去病中
孺吏畢歸家娶婦生光因絕不相聞久之少兒女弟子夫
得幸於武帝立爲皇后去病以皇后姊子貴幸旣壯大迺
自知父爲霍中孺未及求問會爲票騎将軍擊匈奴道出
河東河東太守郊迎負弩矢先驅至平陽傳舍遣吏迎霍
中孺中孺趨入拜謁将軍迎拜因跪曰去病不早自知爲
大人遺體也中孺扶服叩頭曰老臣得託命将軍此天力

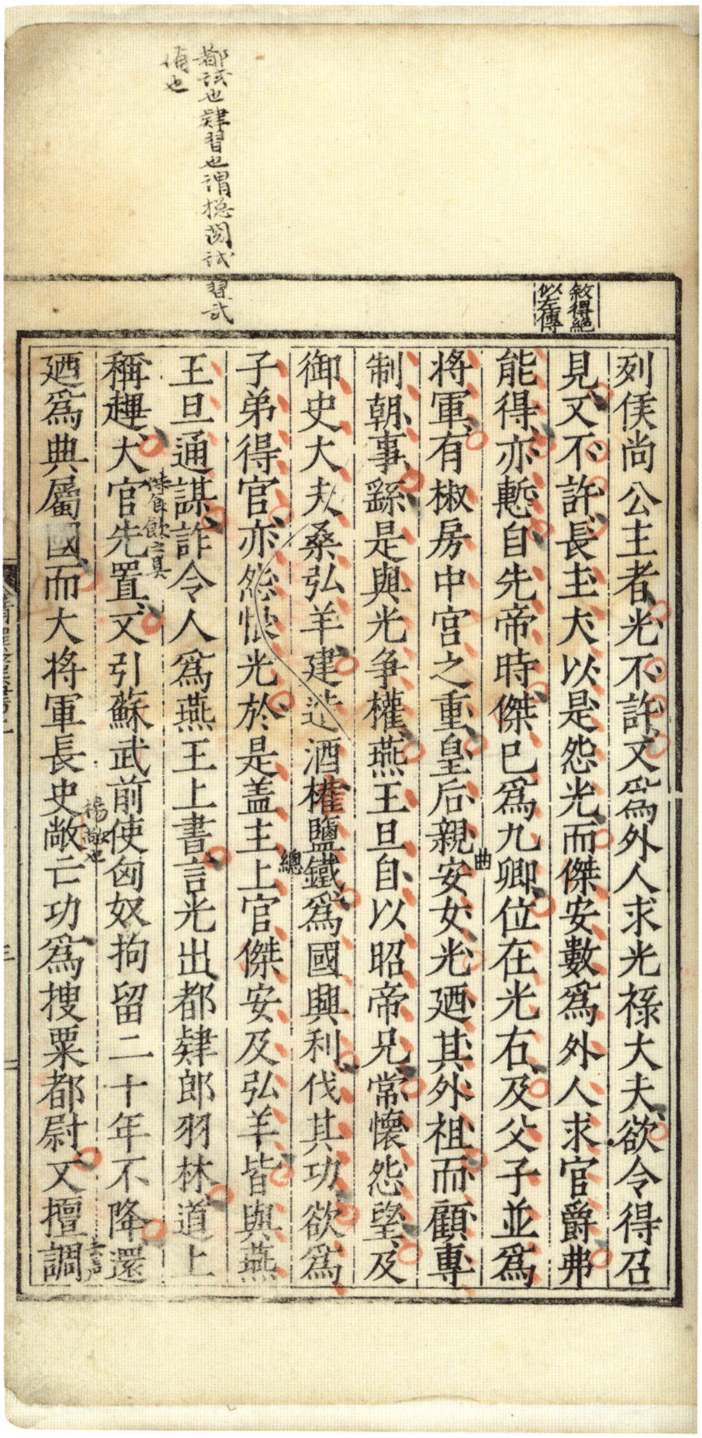

名録號 04082。綫裝，八册。有佚名墨筆批校、佚名朱筆圈點。

王畿序首葉鈐“寒 / 中子”白文方印、“馬思 / 贊”朱文方印；上卷卷端鈐“古鹽官 / 州馬思 / 贊之印”，下卷末葉鈐“紅藥山房 / 收藏私印”。

大明一統志九十卷

（明）李賢、萬安等纂修

明天順五年（1461）内府刻本

李賢（1409—1467），字原德，明鄧縣（今河南鄧州市）人。明宣德八年（1433）進士，官至吏部尚書、少保、大學士。謚文達。奉敕編《大明一統志》。另著有《天順日録》《古穰集》等。參見《明史》卷一百七十六。

萬安（1417—1489），字循吉，明眉州（今四川眉山市）

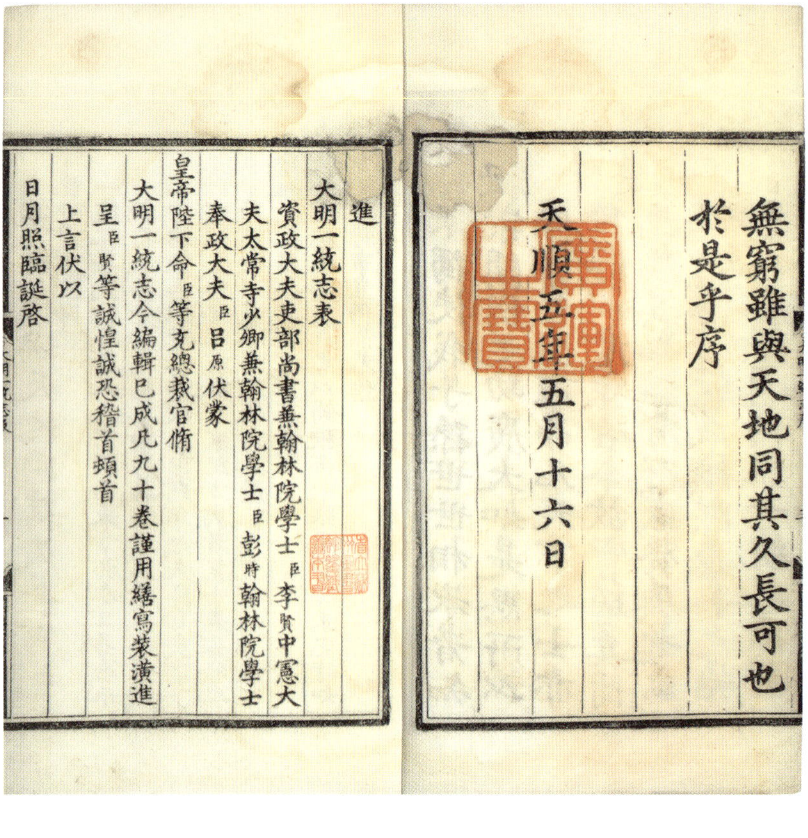
無窮雖與天地同其久長可也
於是乎序
天順五年五月十六日

進
大明一統志表
資政大夫吏部尚書兼翰林院學士臣李賢中憲大
夫太常寺少卿兼翰林院學士臣彭時翰林院學士
奉政大夫臣呂原伏蒙
皇帝陛下命臣等充總裁官脩
大明一統志今編輯已成凡九十卷謹用繕寫裝潢進
呈臣賢等誠惶誠恐稽首頓首
上言伏以
日月照臨誕啓

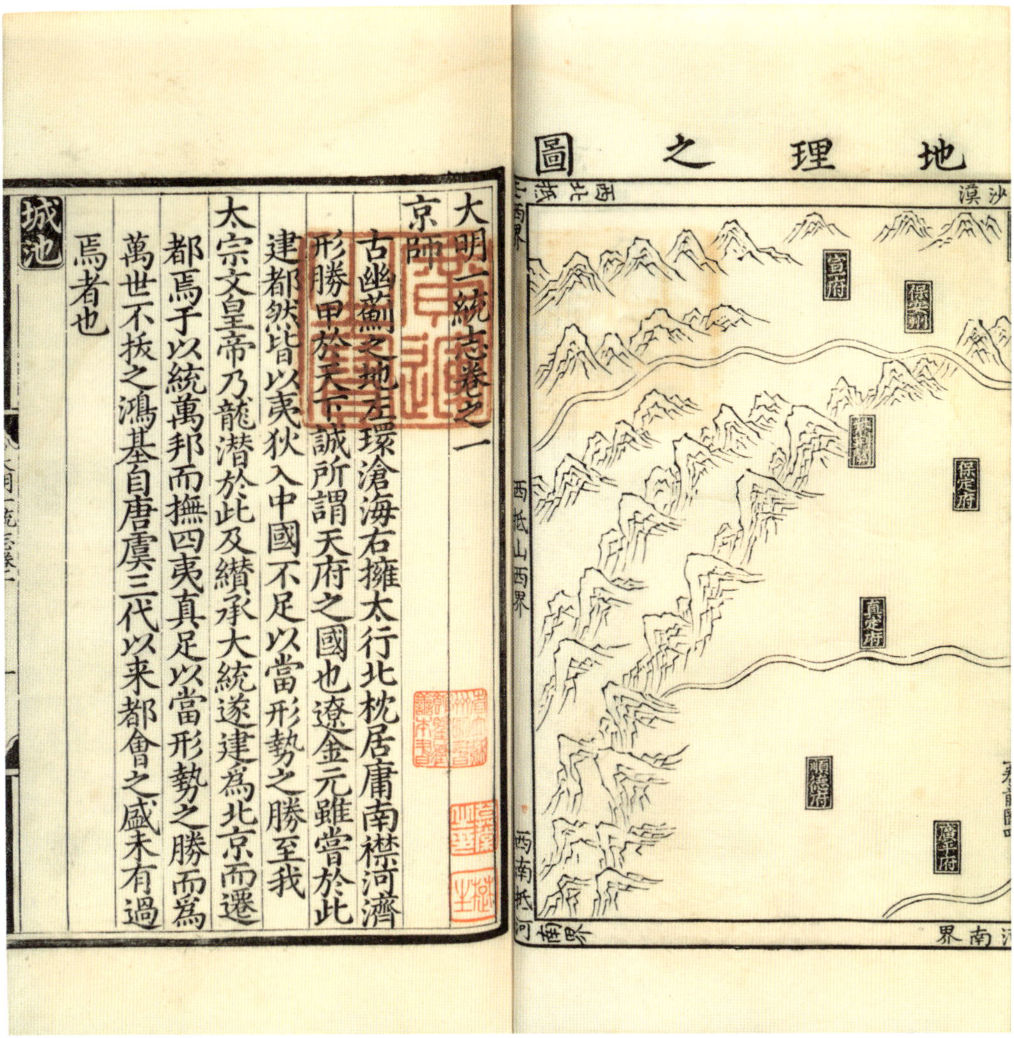
大明一統志卷之一
京師
古幽薊之地左環滄海右擁太行北枕居庸南襟河濟
形勝甲於天下誠所謂天府之國也遼金元雖嘗於此
建都然皆以夷狄入中國不足以當形勢之勝至我
太宗文皇帝乃龍潛於此及纘承大統遂建爲北京而遷
都焉于以統萬邦而撫四夷真足以當形勢之勝而爲
萬世不拔之鴻基自唐虞三代以来都會之盛未有過
焉者也
城池

人。明正統十三年（1448）進士。官至内閣首輔，卒贈太師，謚文康。參見《明史》卷一百六十八。

半葉十行，行二十二字，小字雙行同。粗黑口，四周雙邊，雙對花魚尾。版心中鐫書名、卷次、葉次。框高 26.7 厘米，寬 17.9 厘米。

正文前有明天順五年《御製大明一統志序》，末署“天順五年五月十六日”；後接《大明一統志圖叙》；次接明天順五年李賢等《進大明一統志表》，末署“天順五年四月十六日，資政大夫吏部尚書兼翰林院學士臣李賢等謹上表”；次接《奉勑修大明一統志官員職名》及《大明一統志目録》。

正文凡九十卷。卷一至五京師，卷六南京，卷七至十八中都，卷十九至二十一山西布政司，卷二十二至二十五山東布政司，卷二十六至三十一河南布政司，卷三十二至三十七陝西布政司，卷三十八至四十八浙江布政司，卷四十九至五十八江西布政司，卷五十九至六十六湖廣布政司，卷六十七至七十三四川布政司，卷七十四至七十八福建布政司，卷七十九至八十二廣東布政司，卷八十三至八十五廣西布政司，卷八十六至八十七雲南布政司，卷八十八貴州布政司，卷八十九至九十外夷。

傅增湘《藏園訂補郘亭知見傳本書目》卷五下："《明一統志》九十卷，明李賢等奉敕撰，天順五年刻大字本。"《中國古籍善本書目》史部地理類收録，編號爲 8098。

名録號 04115。綫裝，三十二册。存六十七卷（一至二十一、二十四至三十七、四十九至七十八、八十一至八十二）。

目録首葉鈐"獨山莫 / 氏銅井 / 文房之印"朱文方印，卷一首葉鈐"楚 / 生"朱文方印、"莫棠 / 之印"白文方印、"廣運 / 之寶"朱文大方印。

[正德]姑蘇志六十卷

(明)林世遠、王鏊等纂修

明嘉靖刻本

林世遠,字思紹,明廣東四會縣人。明成化十七年(1481)進士。歷任莆田、蕪湖、魏縣知縣,升監察御史,後任蘇州知府。

王鏊(1450—1524),字濟之,號守溪,晚號拙叟。明吴縣(今江蘇蘇州)人。明成化十一年進士,官至户部尚書、文淵閣大學士。卒贈太傅,謚文恪。著有《震澤先生集》。參見《明史》卷一百八十一。

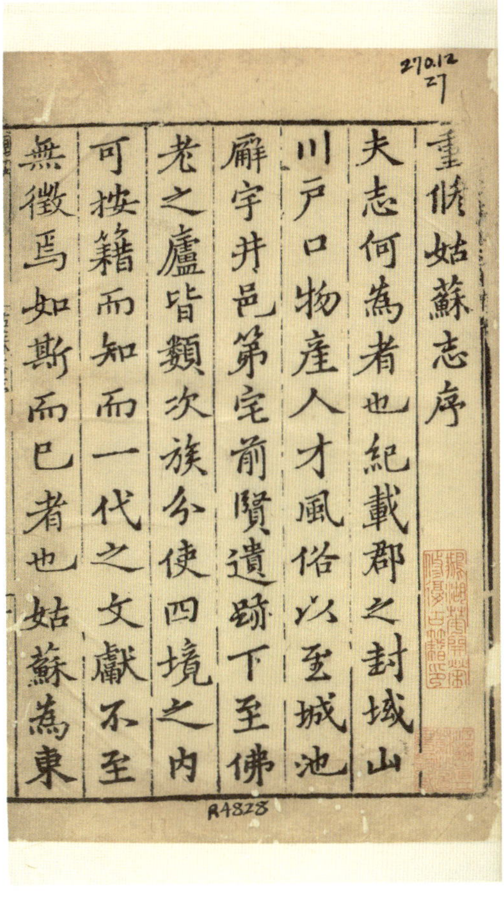
重修姑蘇志序
夫志何爲者也紀載郡之封域山
川户口物産人才風俗以至城池
廨宇井邑第宅前賢遺跡下至佛
老之廬皆類次族分使四境之内
可按籍而知而一代之文獻不至
無徵焉如斯而已者也姑蘇爲東

半葉十行,行二十字,小字雙行同。白口,左右雙邊,單黑魚尾。版心上鎸字數,中鎸書名卷次,下鎸葉次。框高22.5厘米,寬16.7厘米。

正文前有明正德元年(1506)王鏊《重修姑蘇志序》,末署"正德紀元二月之吉,嘉議大夫吏部右侍郎國史副總裁震澤王鏊序";再接舊序(趙汝談《吴郡志序》,末署"紹定二年十一月朔";宋濂《蘇州府志序》,末署"洪武十二年四月既望";劉昌《姑蘇郡邑志序》,末署"成化十年正月既望");再接《蘇州府城圖》

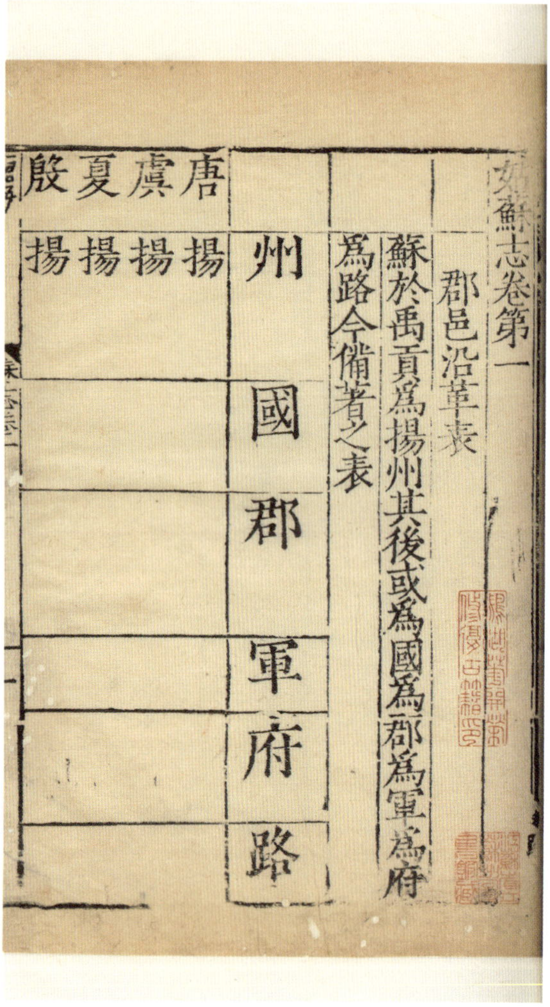
姑蘇志卷第一
郡邑沿革表
蘇於禹貢爲揚州其後或爲國爲郡爲軍爲府爲路今備著之表

	州	國	郡	軍	府	路
唐	揚					
虞	揚					
夏	揚					
殷	揚					

《蘇州府境圖》《修志名氏》及目録。正文後有正德元年杜啓《姑蘇志後序》，末署“正德元年四月朔，奉議大夫福建等處提刑按察司僉事致仕前南京山西道監察御史杜啓序”。

內容凡六十卷。卷一郡邑沿革表，卷二至四古今守令表，卷五至六科第表，卷七沿革、分野、疆域，卷八至九山，卷十水，卷十一至十二水利，卷十三風俗，卷十四户口、土産，卷十五田賦（課稅貢役附），卷十六城池，卷十七坊巷，卷十八鄉都（市鎮村附），卷十九至二十橋梁，卷二十一至二十三官署，卷二十四學校（書院附），卷二十五兵防，卷二十六倉場、驛遞，卷二十七至二十八壇廟，卷二十九至三十寺觀，卷三十一第宅，卷三十二園池，卷三十三古迹，卷三十四冢墓，卷三十五吴世家（封爵氏族附），卷三十六平亂，卷三十七至四十二宦迹，卷四十三至五十八人物（名臣、忠義、孝友、儒林、文學、卓行、隱逸、藝術、雜伎、游寓、列女、釋老），卷五十九紀事，卷六十雜事。

刻工：章享、勉、偉、壽、南、王、沈喬、唐、显、惠、中、李清、何、李宅、是、采、憲、受、仁、劉、李約、曾、彭、云、羊、袁、先、李耀、章訓、潮、楊、李安、洪相、夏文祥、張敖、吴江、章匊、夏淮、葉堂、章士。

《中國古籍善本書目》收録史部地理類，編號爲史 8504。

名録號 04142。綫裝，三十四册。

按：此書正德原刻，後板遭焚毁，嘉靖時重刻，又增補少量內容。

晉陵問一卷

（明）常志學撰　（明）周治隆注

明萬曆十二年（1584）李備刻本

常志學，字時伸，明武進（今江蘇常州）人。

周治隆，字鼎安，明武進（今江蘇常州）人。

半葉八行，行十八字，小字雙行同。白口，四周單邊，無魚尾。版心上鎸書名，下鎸葉次、字數。框高 20.4 厘米，寬 12.7 厘米。

正文前有書名葉，分兩欄，上欄左右鎸“常郡鎸 / 晉陵問”，中間鎸“甲申冬月新梓”，下欄爲李備識語；次接李雲瀧《晉陵問叙》，末署“南京國子監學正前署武進教事烏程劍泉李雲瀧元潤甫撰”；次接《晉陵郡邑城圖》，圖爲邑人周教摹。卷末有明萬曆十二年周治隆《跋晉陵問後》，末署“皇明萬曆甲申冬仲，邑後學周治隆跋”。

此書仿照柳宗元《晉問》體例，采用賦體散文問答形式，取郡志、家乘記載，以及故老傳聞，編輯成文，以補郡志之不足。

李備，字若周，明武進（今江蘇常州）人。

《中國古籍善本書目》史部地理類二收録，編號爲史 10881。

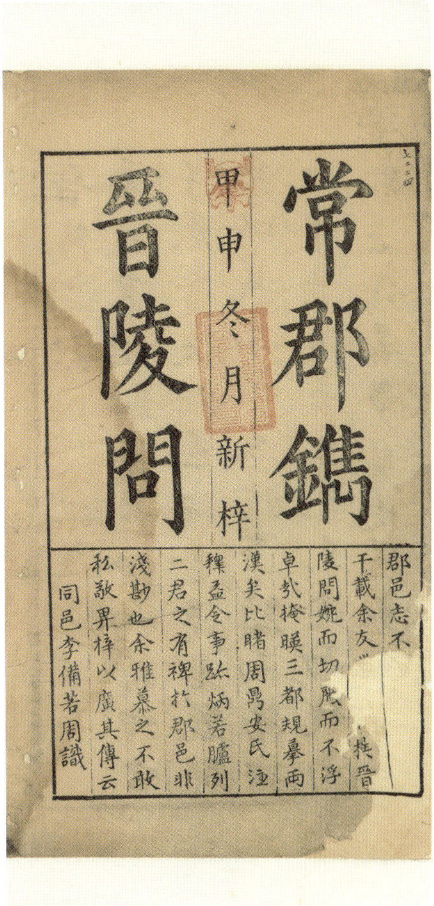
常郡鎸
甲申冬月新梓
晉陵問
郡邑志不
千載余友[illegible]撰晉
陵問姚而切胤而不浮
卓犖掩暎三都規摹兩
漢矣比睹周禺安氏注
釋孟令事跡炳若臚列
二君之有裨於郡邑非
淺尠也余雅慕之不敢
私敬畀梓以廣其傳云
同邑李備若周識

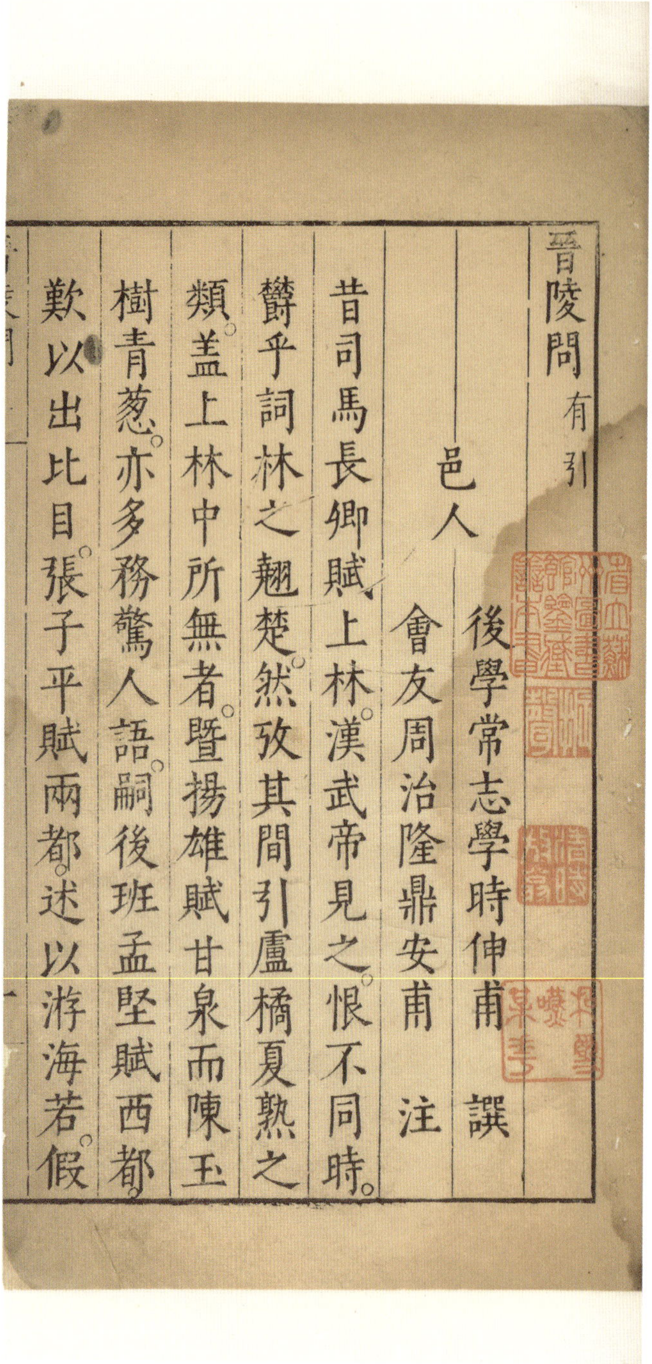
晉陵問 有引
邑人 後學常志學時伸甫 譔
會友周治隆鼎安甫 注
昔司馬長卿賦上林漢武帝見之恨不同時
欝乎詞林之翹楚然攷其間引盧橘夏熟之
類盖上林中所無者暨揚雄賦甘泉而陳玉
樹青葱亦多務驚人語嗣後班孟堅賦西都
歎以出比目張子平賦兩都述以游海若假

名録號 10311。綫裝，一册。

書名葉鈐“夢墨文房 / 圖書之印”朱文豎長方印、“安”朱文鼎形印；《晉陵郡邑城圖》首葉鈐“從 / 雅”朱文鼎形印；卷端鈐“和雪 / 嘯 / 某花”朱文長方印、“清時 / 放翁”白文正方印、“振 / 聲”白文正方印。

[康熙]崑山縣志二十卷

（清）杭允佳纂　（清）盛符升、葉奕苞等修

清鈔本

杭允佳，字仲選，清浙江上虞人。監生。清康熙二十二年（1683）任崑山縣令。參見［道光］《蘇州府志》卷五十七。

盛符升（1615—1700），字珍示，號誠齋，清江蘇崑山澱山湖人。清康熙三年進士，授内閣中書，移疾歸。起禮部主事，擢廣西道御史，旋罷歸。有《誠齋集》行世。參見乾隆《蘇州府志》卷六十。

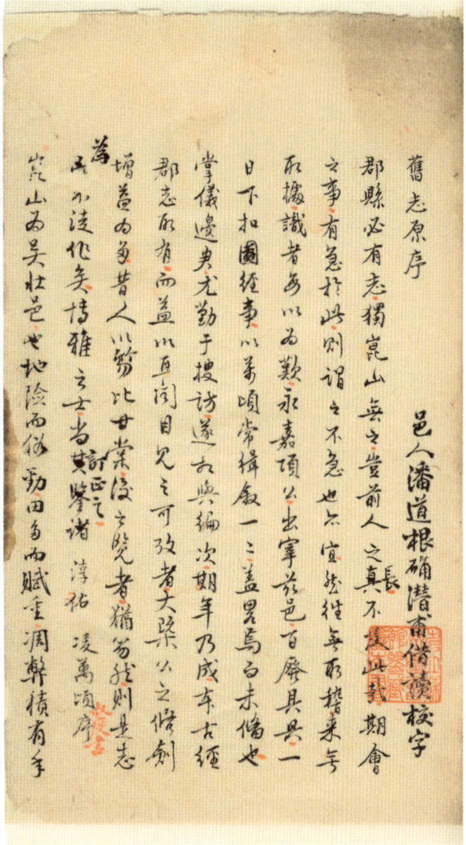
舊志原序　邑人潘道根確潛甫借讀校字
郡縣必有志獨崑山無之豈前人之真不長于此哉期會
之事有急於此則謂之不急也亦宜然往年所稽考無
所據識者每以為歎永嘉項公出宰茲邑百廢具興一
日下和圖經事以萬頃常拜叙一二蓋畏焉而未備也
掌儀邊夷尤勤于搜訪遂與編次期年乃成本古經
郡志所有而益以耳聞目見之可攷者大槩公之借劍
增益而多昔人以為比甘棠後之覽者猶為我則是志
之不徒作矣博雅之士尚其鑒諸訂正之　淳祐　凌萬頃序
崑山為吳壯邑也地險而俗勤田多而賦重凋弊積有年

葉奕苞（1629—1687），字九來，號二泉，别署群玉山樵，清崑山（今江蘇崑山）人。清康熙十八年應博學鴻儒試，不遇放歸。著有《金石録補》《鋤經堂集》。參見《吴中葉氏族譜》卷五十四小傳。

無欄格，半葉十行，行二十一字，小字雙行同。書高 31.7 厘米，寬 19.8 厘米。

正文前有《崑山縣原纂志稿姓氏》；次接舊志原序，首爲淳祐凌萬頃序，次接南宋淳祐十二年（1252）項公澤跋，末署“淳祐壬子中和節，東嘉項公澤謹跋”，次接謝公應跋，末署“是歲中秋日，合沙玉淵謝公

崑山縣志卷第一

崑山沿革表

崑古婁地婁為吳屬自武王封太伯于吳都句吳城姑蘇而婁為近地越滅吳故秦以吳屬会稽郡吳仍治吳領縣二十六婁其一也歷漢及晋總以婁名至梁大同而始称崑山自是以來為縣為州代有升降分割剖析僅存其半爲偹著之表

歷代	紀年	沿革	縣	州	郡
夏		楊州之域			
周	吳闔閭元年	勾吳	婁（傳曰星名地名以地有婁江上應婁宿故名）		
秦	始皇二十六年	分天下為三十六郡以吳屬會稽郡治吳領縣二十	婁（韻會吳地記婁別作嘍今嘉定）		

沿革

應謹跋”，次接元至正三年（1343）楊維禎序，末署“元至正三年春，會稽楊維禎序”，次接明宣德八年（1433）楊壽夫序，末署“宣德癸丑七月望日，行在翰林編修楊壽夫序”，次接明弘治十七年（1504）虞臣序，末署“時弘治甲子，邑人虞臣書”，次接同年吴祺序，末署“弘治十七年，知崑山縣事豐城吴祺書”，次接明嘉靖十七年（1538）方鵬序，末署“嘉靖十七年四月，邑後學方鵬謹序”，次接明萬曆四年（1576）申思科序，末署“萬曆四年冬十月朔旦，賜進士第文林郎知崑山縣事洧川申思科序”，次接同年王宇序，末署“萬曆丙子冬十月既望，賜進士出身中憲大夫奉敕整飭海州等處兵備遼東行太僕寺少卿致仕邑人王宇書”，又接明萬曆二年周世昌序，末署“萬曆二年甲戌長至日，邑後人汝南周世昌識”；次接目録。

卷一爲沿革表、沿革考、星野、疆域、山（附墩、墟）、水，卷二爲城池、公署、鄉保（附市鎮）、坊巷、橋梁、井泉，卷三爲水利，卷四爲户口、田賦上，卷五爲田賦下、徭役，卷六爲風俗（附占候、方言）、物産，卷七爲學校，卷八爲科第表（附武榜），卷九爲貢生、薦舉、恩典、蔭胄、兵防，卷十爲祀祠（附壇廟）、寺觀，卷十一爲塚墓、古迹、宅第園池，卷十二爲職官、名宦，卷十三爲名賢，卷十四爲名臣上，卷十五爲名臣下，卷十六爲節行、孝友，卷十七爲文學、隱逸，卷十八爲游寓、列女、藝術、方外，卷十九爲藝文上，卷二十爲藝文下（附雜記、祥异）。

《中國古籍善本書目》史部地理類一收録，編號爲史 8545。

名録號 07982。綫裝，二十册。

清顧惇量批并跋，潘道根朱墨筆校補，民國三年甲寅（1914）正月王德森題跋。

顧惇量（1713—1778），字萬陶，號壽峰，清江蘇崑山人。清乾隆十五年（1750）舉優貢。官甘泉教諭。潘道根（1788—1858），字潜夫，一字確潜，别號晚香，清江蘇崑山人。家貧，隱於醫。好讀書，皆手自校讎，聞善本异書，必借録副本，至老不休。尤留心地方文獻。王德森（1857—1943），字玉堂，號寶書，一號嚴士，又號鞠坪、歲寒生，晚號歲寒老人，室名市隱廬，江蘇崑山人。廩貢生。後絶意仕進，肆志於詩文。自幼涉獵醫書，精内、外、婦、幼各科。晚年寓居蘇州。

王德森題跋葉鈐有“市隱廬”朱文豎長方印。顧惇量題跋葉鈐有“惇 / 量”白文方印。《原纂志稿姓氏》葉鈐有“尋 / 詩書 / 正味”朱文圓印、“桂雲堂”朱文橢圓印。卷一疆域第十一葉鈐有“顧印 / 惇量”白文方印。

唐書直筆新例四卷
新例須知一卷

（宋）吕夏卿撰

清影宋鈔本

吕夏卿（1015—1068），字缙叔，宋泉州晋江人。宋慶曆二年（1042）舉進士，爲江寧尉。宋皇祐元年（1049）調充《唐書》編修，創世系諸表。宋嘉祐八年（1063）充史館檢討。熙寧初遷兵部員外郎知制誥，出知潁州。有《吕舍人文集》，已佚。參見《宋史》卷三百三十一。

半葉十四行，行二十五字。白口，左右雙邊，單黑魚尾。版心上書“唐書新例”，下記葉次、刻工。框高21.4厘米，寬14.5厘米。

据《郡齋讀書志》，本書乃吕夏卿在書局時所著。前三卷論紀、列傳、志纂修體例，卷四摘《舊書》繁文闕誤，末附《新例須知》一卷，略記《唐書》人數、字數、錢賦、志表等。

此書與民國十五年（1926）張氏擇是居影宋刻本比對，行款版式、版心刻工不差分毫，知爲影宋鈔。

刻工：李加謀、王益、朱言。

名録號08180。綫裝，一册。

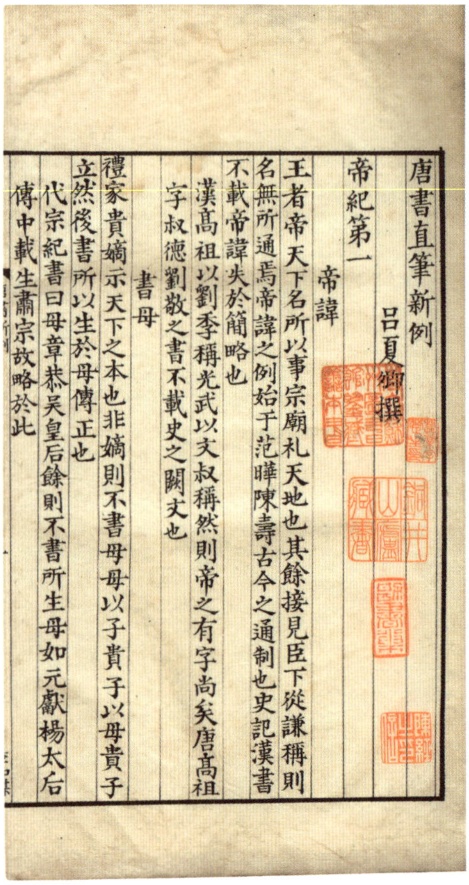
唐書直筆新例
呂夏卿撰
帝紀第一
帝諱
王者帝天下名所以事宗廟礼天地也其餘接見臣下從謙稱則名無所通焉帝諱之例始于范曄陳壽古今之通制也史記漢書不載帝諱失於簡略也
漢高祖以劉季稱光武以文叔稱然則帝之有字尚矣唐高祖字叔德劉敬之書不載史之闕文也
書母
禮家貴嫡示天下之本也非嫡則不書母母以子貴子以母貴子立然後書所以生於母傳正也
代宗紀書曰母章恭吳皇后餘則不書所生母如元獻楊太后傳中載生肅宗故略於此

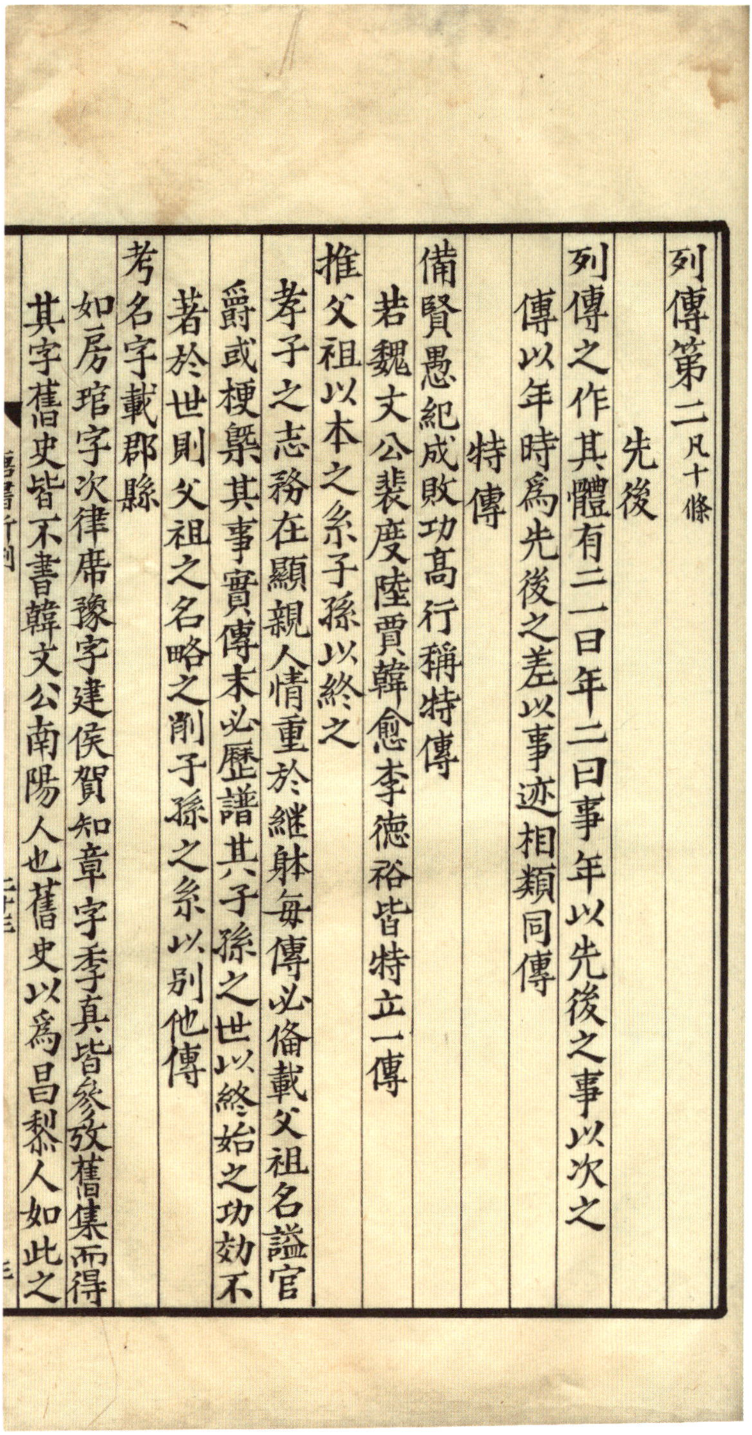
列傳第二凡十條

先後

列傳之作其體有二一曰年二曰事年以先後之事以次之

傳以年時爲先後之差以事迹相類同傳

特傳

備賢愚紀成敗功高行稱特傳

若魏文公裴度陸贄韓愈李德裕皆特立一傳

推父祖以本之系子孫以終之

孝子之志務在顯親人情重於繼躰每傳必備載父祖名謚官

爵或梗槩其事實傳末必歷譜其子孫之世以終始之功効不

著於世則父祖之名略之削子孫之系以別他傳

考名字載郡縣

如房琯字次律席豫字建侯賀知章字季真皆參攷舊集而得

其字舊史皆不書韓文公南陽人也舊史以爲昌黎人如此之

唐書新例

正文首葉鈐“陳經／之印／信”白文方印，“勘書巢”朱文長方印、“銅井／山廬／藏書”朱文方印、“莫棠字／楚生印”朱文長方印，全書末葉鈐“獨山莫氏銅／井文房藏書印”朱文長方印。

證道編摘畧不分卷

（明）唐樞撰　（明）鮑士龍、湯輅輯

明隆慶刻本

唐樞（1497—1574），字惟中，號一庵，明歸安（今浙江湖州）人。明嘉靖五年（1526）進士，授刑部主事。以疏争李福達事，斥爲民。隆慶初，復官。以年老，加秩致仕。有《木鐘臺集》行世。參見《明史》卷二百六。

鮑士龍、湯輅，皆唐樞門人，生平不詳。

半葉九行，行十八字。白口，四周單邊，單黑魚尾。版心鎸書名“證道”、葉次。框高18.8厘米，寬12.6厘米。

正文前有明隆慶三年（1569）范應期《證道編摘畧序》，末署“隆慶己巳秋八月既望，門人范應期拜手稽首謹序”，次接唐樞《證道編摘畧》序，末署“一菴唐樞書”。

唐樞認爲編史必須證道，不證道則方人而玩物，非史也。因取自秦至元千百年史實，加以評説折衷。論人先大體而略末行，論政究本原而窮弊原，論事功必觀學術，論心迹必審事幾，以廣其達、其辨、其

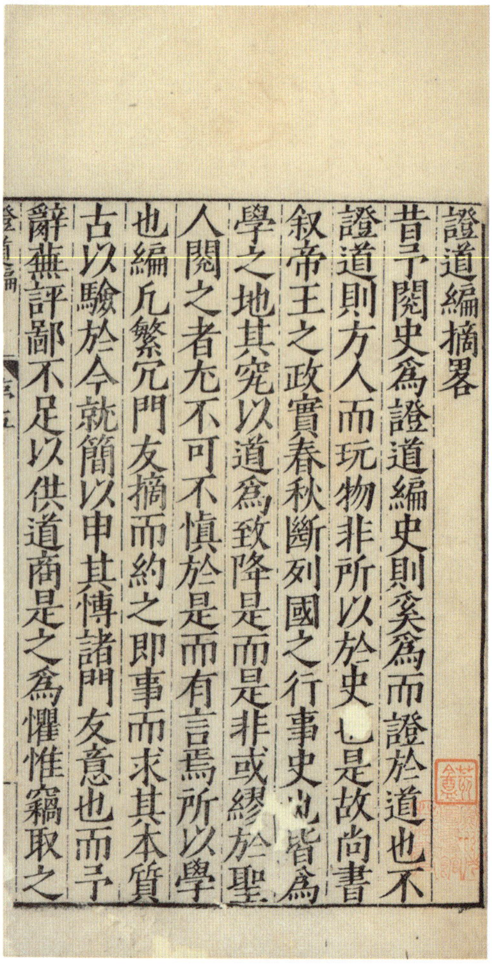

證道編摘畧
昔予閱史爲證道編史則奚爲而證於道也不
證道則方人而玩物非所以於史也是故尚書
叙帝王之政實春秋斷列國之行事史也皆爲
學之地其究以道爲致降是而是非或繆於聖
人閱之者尤不可不慎於是而有言焉所以學
也編凡繁宂門友摘而約之即事而求其本質
古以驗於今就簡以申其傳諸門友意也而予
辭蕪評鄙不足以供道商是之爲懼惟竊取之

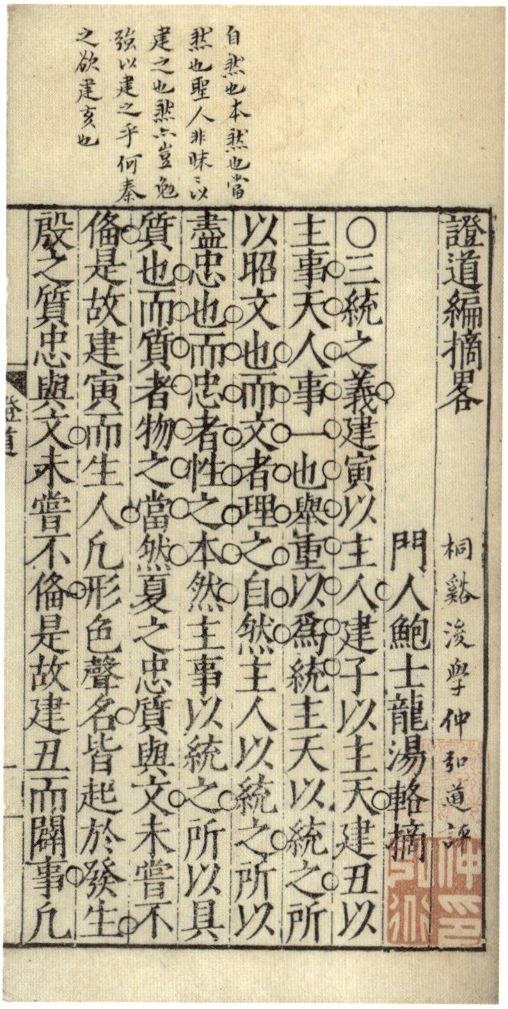

斷、其悉。因尺帙繁富，門人鮑士龍等取其要，截爲此書。

刻工：中、廷。

《中國古籍善本書目》史部史評類收録，編號爲史 15506。

名録號 08187。綫裝，一册。

此本有清仲弘道評，又有清光緒三年（1877）陳其榮題識。

仲弘道，字門一，號改菴，清浙江嘉興桐鄉人。清順治五年（1648）拔貢。陳其榮，字桂廎。清浙江嘉興人。清光緒六年舉人。張之洞門生。

范應期序首葉鈐有“施嵩 / 之印”白文方印、“平施氏”白文豎長方印。唐樞序首葉鈐有“荄 / 盦”朱文方印。正文卷首鈐有“仲印 / 弘道”白文方印。

按，《四庫全書存目叢書》子部 162 册有《木鐘臺集》初集十種十卷再集十種十一卷雜集十種十卷，此即其中之一。

石鼓文正誤四卷

（明）陶滋撰

明嘉靖十二年（1533）錢貢刻本

陶滋（1484—1538），字時雨，明山西絳州人。明正德九年（1514）進士，官至兵部郎中。參見《明史》卷二百一。

半葉大字三行四字，中字九行二十字，小字雙行九行二十字。白口，四周單邊，無魚尾。版心上鎸書名“石鼓文”，中鎸卷次，下鎸葉次。框高 20.5 厘米，寬 14.5 厘米。

正文前有明正德十三年陶滋《石鼓文正誤序》，末署“正德戊寅秋九月望，古絳陶滋時雨甫序”。正文後有明嘉靖十二年錢貢《書刻石鼓正誤後》，末署“嘉靖癸巳孟秋上浣，驛守少江道人蘄水錢貢手書”；次接正德十五年陶滋《石鼓文正誤序》，末署“正德庚辰春三月七日，汾亭子陶滋書”。

内容凡四卷。卷一爲鼓文，卷二爲正誤，卷三爲王厚之撰《疑辯》；卷四附韋應物、韓愈、蘇軾等人所作《石鼓歌》《石鼓詩》。

《中國古籍善本書目》史部金石類收録，編號爲史 14819。

名録號 04343。綫裝，二册。

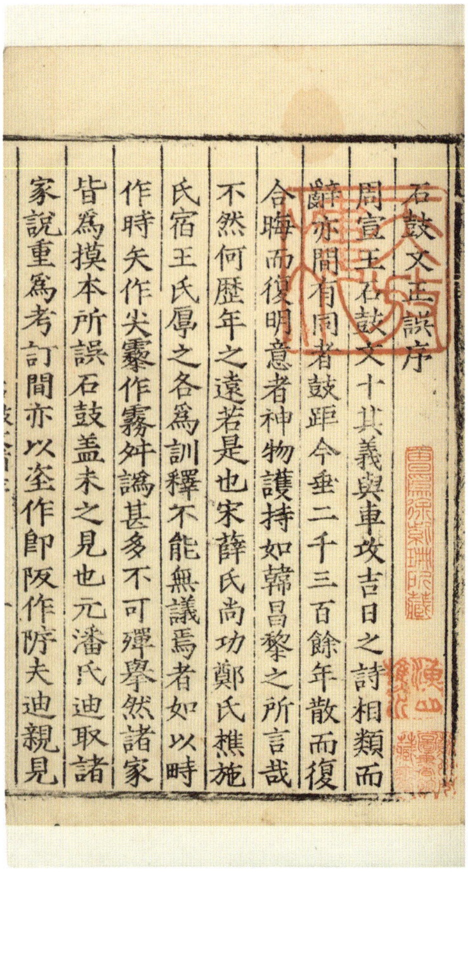
石鼓文正誤序
周宣王石鼓文十其義與車攻吉日之詩相類而
辭亦間有同者鼓距今垂二千三百餘年散而復
合晦而復明意者神物護持如韓昌黎之所言哉
不然何歷年之遠若是也宋薛氏尚功鄭氏樵施
氏宿王氏厚之各爲訓釋不能無議焉者如以時
作時矢作尖霿作霧舛譌甚多不可殫舉然諸家
皆爲摸本所誤石鼓蓋未之見也元潘氏迪取諸
家說重爲考訂間亦以坙作卽阪作阬夫迪親見

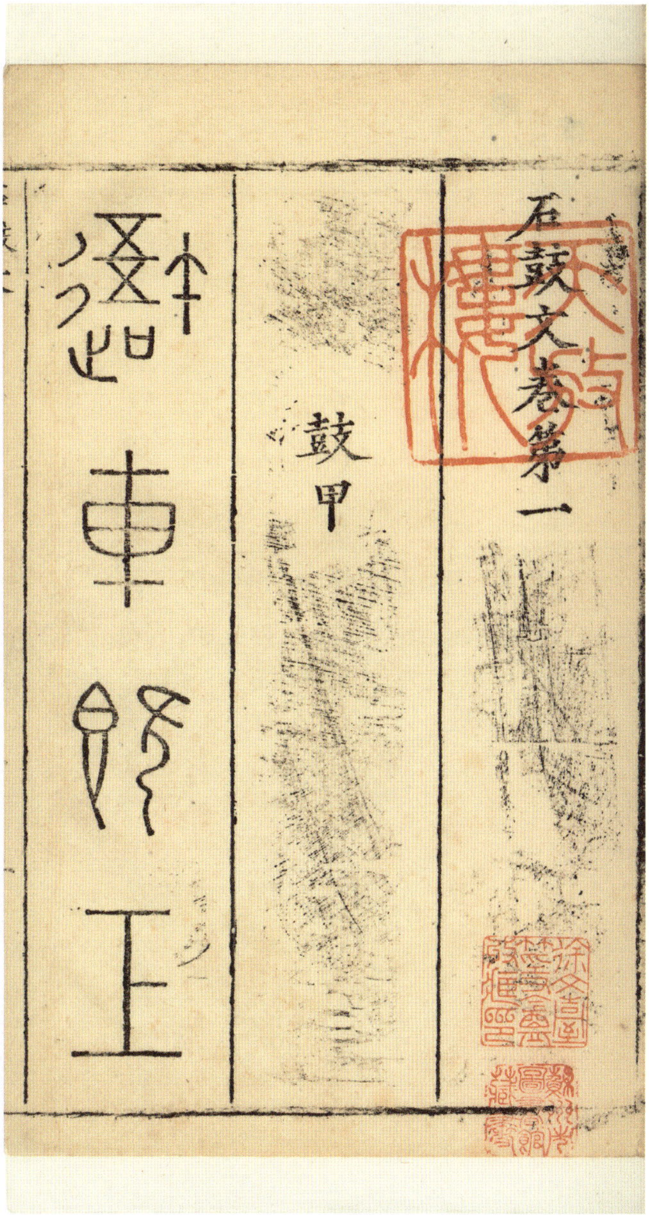

首册封面貼“石鼓文正誤，絳陽陶 / 氏家藏”木刻題簽，鈐“台 / 州”朱文方印。第二册護葉貼趙烈文題“石鼓文正誤四卷明 / 陶滋撰，明正德年 / 刻本”，鈐“天 / 放”朱文橢圓印。

《石鼓文正誤序》首葉鈐“漁山 / 樵水”朱文方印、“曾爲徐紫珊所藏”朱文長方印、“天放樓”朱文方印；序末鈐“陽湖趙烈文字惠父號能静僑 / 於海虞築天放樓收庋文翰之記”朱文長方印；卷一首葉鈐“徐文臺 / 竹隱庵 / 收藏印”朱文方印。

集古印譜五卷印正附説一卷

（明）甘暘編撰

明萬曆二十四年（1596）自刻鈐印本

甘暘，又名旭，字旭甫，號寅東，明江寧（今江蘇南京）人。隱居雞籠山，工篆書，精治印，尤嗜秦漢印璽，受何震影響至深。編有《集古印正》《印章集説》《甘氏印集》等。

正文行款不一。白口，四周雙邊，無魚尾。版心上鎸書名“集古印譜”，中鎸卷次，下鎸葉次。框高20.5厘米，寬13.1厘米。

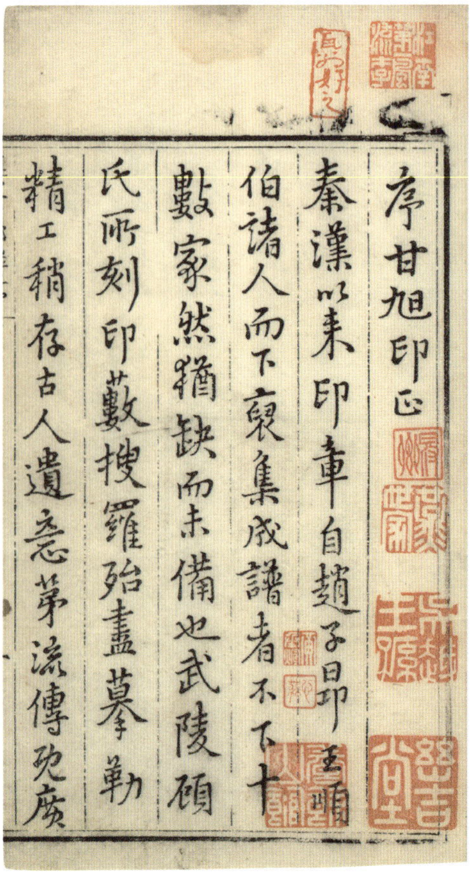
序甘旭印正
秦漢以來印章自趙子昂王順
伯諸人而下裒集成譜者不下十
數家然猶缺而未備也武陵顧
氏所刻印藪搜羅殆盡摹勒
精工稍存古人遺意第流傳既廣

正文前有明萬曆二十二年徐熥《序甘旭印正》，末署“萬曆甲午冬，閩徐熥撰”；次接明萬曆二十四年孫旭《集古印正序》，署“萬曆丙申秋七月望，蓮華外史孫旭書”；次接明萬曆二十四年甘暘《集古印正自叙》，署“萬曆丙申秋日，秣陵甘暘叙”；次接《集古印譜凡例》；次接朱印《秦傳國璽制》。

是書乃甘暘依秦漢原印摹刻，共一千七百餘方。每葉二至九印，下注釋文。

《中國古籍善本書目》史部金石類收録，編號爲史15219。

集古印譜卷之一

秣陵甘暘　旭編

溧陽張沛孟雨校

秦漢小璽

疢疾除永康休萬壽寧白玉盤螭鈕　其文製作精妙乃李斯小篆非漢已後之物決爲秦璽無疑也亦嘗入清閟閣

名録號 10356。綫裝，五册。

封面有瓦翁題簽，署“甘氏集古印譜萬曆刻本”。瓦翁（1908—2008），原名衛東晨。江蘇蘇州人。著名書法家。工治印，又精小楷。此書爲瓦翁所贈。

《序甘旭印正》首葉鈐“幽吉/堂”白文方印、“吴越/王孫”白文方印、“燕/世家”白文方印、“得/卿”朱文方印、“江南/第一風/流才子”白文方印、“養餘/山館”白文方印、“心/葵”朱文方印、“黄/承煊”白文方印、“瓦翁好之”朱文豎長方印；《集古印正序》首葉鈐“長/樂”白文方印；《集古印正自敘》首葉鈐“竇/伯”白文方印、“敬/弌”朱文方印、“潘/恕”白文方印、“士龍/印”白文方印、“容/齋”朱文方印，末葉鈐“大樹/將軍/之後”白文方印、“多病不/勝/衣”白文方印、“瓦翁”朱文豎長方印；凡例首葉鈐“馮梅/數印”白文方印、“雲/飛”白文方印、“汲古/閣”朱文方印，末葉鈐“長/樂”白文大方印；《秦傳國璽制》首葉鈐“馮/斑”白文方印、“馮斑印”白文方印、“馮/生”朱白文方印、“履/長”朱文方印、“宜子孫”朱文豎長方印；卷一首葉鈐“錢孫/艾印”白文方印、“荒廬”朱文方印、“烟雲/共養”朱文方印、“瓦/翁”白文方印；卷二末葉鈐“錢氏幽/吉堂收/藏印記”朱文方印、“偉/山/箋”白文方印等。

宣和集古印史八卷

（明）來行學輯

明萬曆二十四年（1596）來氏寶印齋刻鈐印本

來行學，字顔叔。明浙江蕭山人。喜治印。

白口，四周單邊，無魚尾。書口鎸隸書書名“宣和印史”及卷次、各卷標題、葉次。框高 19.5 厘米，寬 12.8 厘米。

書前屠隆《宣和集古印史官印序》，末署“娑羅園居士屠隆緯真甫撰”，次接來行學《宣和集古印史自序》，次接明萬曆二十四年來行學《刻宣和集古印史官印例》十五章，末署“萬曆丙申長至日西陵來行學顔叔識”，次接元至正二十五年（1365）揭汯《吴氏印譜序》，末署“至正二十五年五月甲子，豫章揭汯書”，次接王沂《楊氏印譜序》，末署“襄陰王沂師魯撰”，次接明萬曆三年王穉登《顧氏印藪序》，末署“乙亥秋日，太原王穉登序”，次接明萬曆二十四年來行學《刻秦璽自序》，末署“丙申長至日，西陵來行學書”，次接明萬曆二十四年來行學《秦璽考》，末署“萬曆丙申長至日書”，次接《秦璽》正文，次接《集古印史》正文，末附《銅虎符》《鈕製》及《印

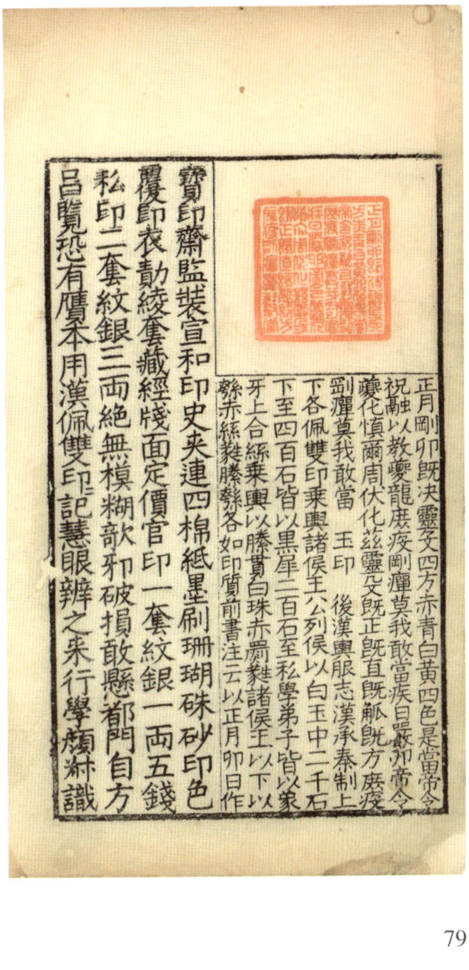
正月剛卯既決靈殳四方赤青白黃四色是當帝令祝融以教夔龍庶疫剛癉莫我敢當疾日嚴卯帝令夔化慎爾周伏化茲靈殳既正既直既觚既方庶疫剛癉莫我敢當　玉印　後漢輿服志漢承秦制上下各佩雙印乘輿諸侯王公列侯以白玉中二千石下至四百石皆以黑犀二百石至私學弟子皆以象牙上合絲乘輿以縢貫白珠赤罽蕤諸侯王以下以綠赤絲蕤縢綠各如印質前書注云以正月卯日作

寶印齋監裝宣和印史夾連四棉紙墨刷珊瑚硃砂印色覆印衣勤綾套藏經牋面定價官印一套紋銀一兩五錢私印二套紋銀三兩絕無模糊欹邪破損敢懸都門自方呂覽恐有贋本用漢佩雙印記慧眼辨之來行學顔叔識

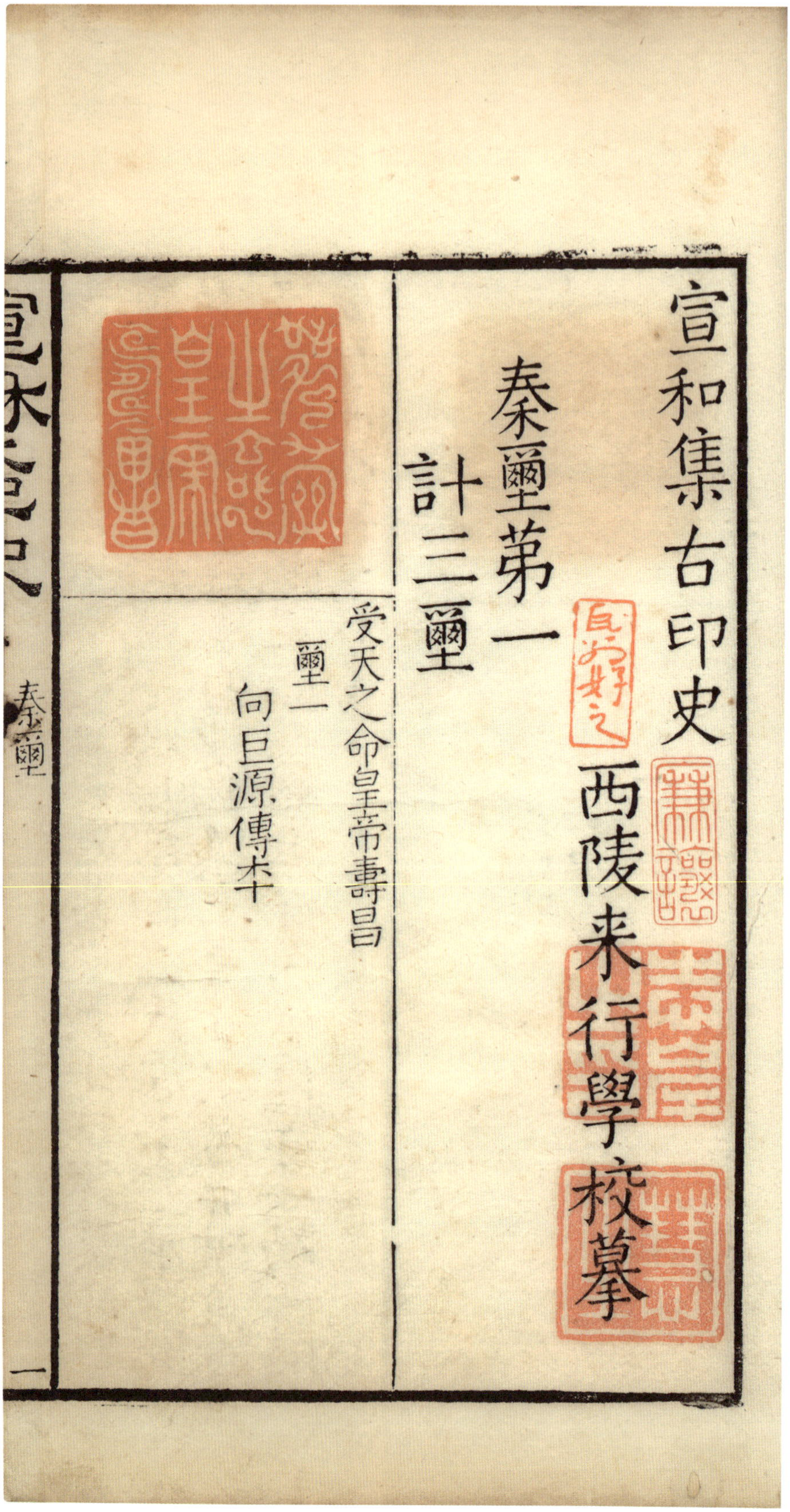

宣和集古印史

西陵来行學校摹

秦璽第一

計三璽

受天之命皇帝壽昌

璽一

向巨源傳本

則》。每卷皆有單獨目録。

此書卷一爲小璽、卷二爲王印、君印、公印、侯印，卷三爲伯印、子印、男印、三公印、相印、卿印、大夫印、尹印、太守印、刺史印、御史印，卷四爲史印、郎印、宰印、令印、長印，卷五爲佐印、尉印、丞印、使者印、謁者印、僕射印、事印、參軍印、文學印、士印、父老印、府印、監印、倉印、青宫僚屬印，卷六爲將軍印、將印、督印，卷七爲軍印、都尉印、校尉印、司馬印、軍曲印、侯印，卷八爲蠻夷王印、蠻夷君印、蠻夷侯印、蠻夷將軍印、蠻夷將印、蠻夷督印、蠻夷尉印、蠻夷長印、蠻夷邑長印、蠻夷仟長印、蠻夷佰長印、蠻夷三老印、館閣印、年紀印，總計六十類，每印皆有釋文、鈕製及考證。

扉頁牌記作“寶印齋監裝宣和印史夾連四綿紙墨刷珊瑚硃砂印色 / 覆印衣勣綾套藏經牋面定價官印一套紋銀一兩五錢 / 私印二套紋銀三兩絶無模糊欹邪破損敢懸都門自方 / 吕覽恐有贗本用漢佩雙印印記慧眼辨之來行學顔叔識”，旁鈐剛卯、嚴卯印記及釋文；《印則》末葉牌記作“寶印齋監製珊瑚琥珀真珠硃砂印色每兩實價 / 五錢硃砂印色每兩實價二錢 / 西陵來行學顔叔識并書 / 寶印齋藏板徐安刊”。寶印齋，來行學室名。

刻工：徐安。

《中國古籍善本書目》史部金石類收録，編號爲史 15220。

名録號 10357。綫裝，八册。

瓦翁題簽。此書爲瓦翁所贈。

《秦璽》正文卷端鈐有“慧 / 生”白文方印、“志岸 / 之印”白文方印、“廉讓”朱文豎長方印、“瓦翁好之”朱文豎長方印。

容齋隨筆五集總序

知贛州寺簿洪公伋以書來曰　從祖文敏公由右史出守是邦今四十餘年矣伋何幸遠繼其後官閑無事取　文敏隨筆紀録自一至四各十六卷五則絶筆之書僅有十卷悉鋟木于郡齋用以示邦人爲想像抵掌風流宛然如在公其爲我識之僕頃備數憲幕留贛二年至之日　文敏去才旬月不及識也而經行之地筆墨飛動人誦其書家有其像平易近民之政悉能言之有許不平者如許之於其父而謁其所欲者如謁之於其母後十五年　文敏爲翰苑出鎮淛東僕

子部

鄭州圖書館鑑藏善本

賈誼新書三卷／和靖先生語録三卷／程氏家塾讀書分年日程三卷綱領一卷／新刊憲臺釐正性理大全七十卷／程志十卷／大儒心學語録二十七卷／閑闢録十卷／新刊性理集要八卷／新刊性理會要十卷／堂廡箴銘二卷／兵機纂八卷／農書六卷／虚白齋印廐□卷／印雋二卷／金一甫印選不分卷／蘇氏印略三卷／承清館印譜初集一卷續集一卷／印範一卷／胡氏篆艸一卷／研林鐵書一卷／黄易自存印譜一卷／過雲樓書畫記不分卷／亳州牡丹史四卷／淮南子二十八卷／容齋隨筆十六卷續筆十六卷／重刊明心寶鑑二卷／丹鉛續録十二卷／聚善傳芳録八卷／正楊四卷／古今論畧十卷／何氏語林三十卷／百氏統要四卷／一齋日紀四卷／追維往事録二卷／醉古堂劍掃十二卷／韻府羣玉二十卷／修辭指南二十卷／古今圖書編一百三十四卷／群仙要語纂集不分卷／莊子删註六卷／周易參同契解箋三卷／天主聖教聖人行實七卷／賈誼新

賈誼新書三卷

（西漢）賈誼撰

明前期刻本

賈誼（前 200—前 168），西漢洛陽（今屬河南）人。少有才名，文帝初被召爲博士，遷太中大夫。因遭權臣讒毀，貶爲長沙王太傅，故世稱賈長沙、賈太傅。後被召回長安任梁懷王太傅。梁懷王墮馬死，誼抑鬱而亡。善爲政論文，作有名篇《過秦論》《論積貯疏》等，辭賦以《鵩鳥賦》《弔屈原賦》最爲著名。參見《史記》卷八十四。

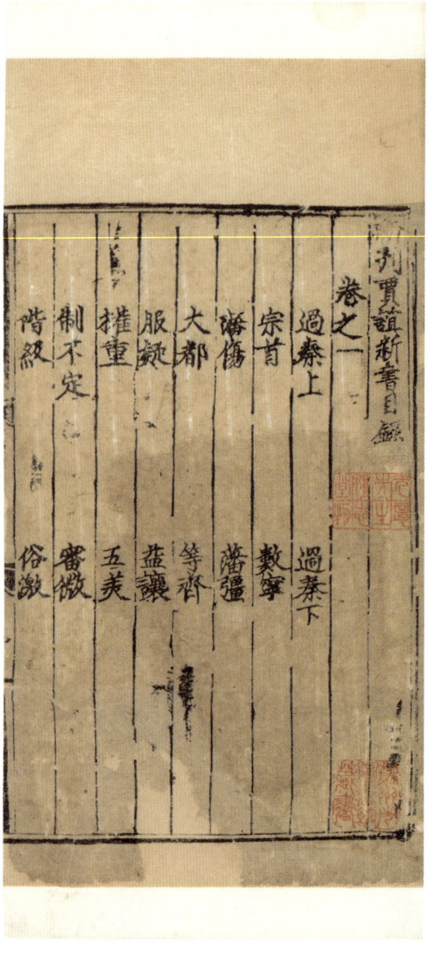
卷之一
過秦上　過秦下
宗首　數寧
藩傷　藩彊
大都　等齊
服疑　益讓
權重　五美
制不定　審微
階級　俗激

半葉十行，行二十一字，小字雙行同。粗黑口，四周雙邊，雙順黑魚尾。版心上黑口鎸“三墦文錦”（首卷首葉、二葉無），魚尾間鎸書名卷次，下魚尾下鎸葉次。板框高 20.2 厘米，寬 13.1 厘米。

書分三卷，共五十八篇（闕三篇）。卷一共二十六篇：過秦上、過秦下、宗首、數寧、藩傷、藩彊、大都、等齊、服疑、益讓、權重、五美、制不定、審微、階級、俗激、時變、瑰瑋、孽產子、銅布、壹通、屬遠、親疏危亂、憂民、解縣、威不信；卷二共十八篇：匈奴、勢卑、淮難、無蓄、鑄錢、傳職、保傅、

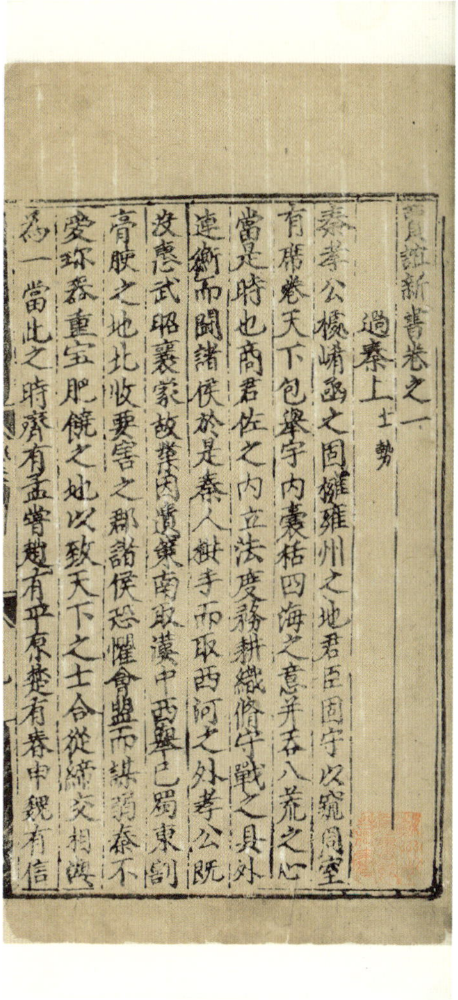
賈誼新書卷之一
過秦上 士勢
秦孝公據崤函之固擁雍州之地君臣固守以窺周室
有席卷天下包舉宇内囊括四海之意并吞八荒之心
當是時也商君佐之内立法度務耕織修守戰之具外
連衡而鬬諸侯於是秦人拱手而取西河之外孝公既
没惠武昭襄蒙故業因遺策南取漢中西舉巴蜀東割
膏腴之地北收要害之郡諸侯恐懼會盟而謀弱秦不
愛珍器重寶肥饒之地以致天下之士合從締交相與
為一當此之時齊有孟嘗趙有平原楚有春申魏有信

連語、輔佐、問孝（闕）、禮、容經、春秋、先醒、耳痺、諭誠、退讓（闕）、君道；卷三共十四篇：官人、勸學、道術、六術、道德説、大政上、大政下、修政語上、修政語下、礼容語上（闕）、礼容語下、胎教、立後義、傳。其中解縣、大政下目録闕漏。

傅增湘《藏園訂補郘亭知見傳本目録》有載：“《賈誼新書》三卷。漢賈誼撰。明正德、嘉靖間閩中刊本。十行二十一字，黑口，四周雙邊。凡五十五篇，闕三篇。”

名録號 12617。綫裝。三册。卷三第三十四葉上半葉闕。

按：此本校以明弘治十八年（1505）吴郡沈頡刻本，同闕《退讓》篇，目録行款相似且同闕“解縣”，二本疑出同一系統。此本空闕處沈本往往不闕，而沈本墨釘處，此本或空闕，或增改。

和靖先生語録三卷

（宋）尹焞撰

明鈔本

尹焞（1071—1142），字彦明，一字德充，宋洛（今河南洛陽）人。少師事程頤。靖康初，种師道薦召京師，賜號和靖處士。紹興初，歷崇政殿説書、禮部侍郎兼侍講。著有《和靖先生集》《論語解》。參見《宋史》卷四百二十八。

黑格箋紙，半葉十一行，行二十字。白口，左右雙邊，雙對黑魚尾。框高 20.0 厘米，寬 13.3 厘米。

正文前有南宋淳熙二年（1175）朱熹《和靖先生語録序》，末署“淳熙乙未孟冬初吉，新安朱熹序”。

正文凡三卷。卷上、中爲祁寬録，卷下爲吕堅中録。二人皆尹氏弟子。

文中“玄”字不避諱。

《中國古籍善本書目》子部儒家類收録，編號爲子 494。

名録號 08254。綫裝，一册。

序首葉鈐“東吴 / 文獻 / 世家”朱文方印、“王 / 汜”白文圓形印、“楚生 / 第三”朱文方印、“獨山 / 莫棠”朱文方印。卷一首葉鈐“龔印 / 時焕”朱文方印、“獨山莫氏銅 / 井文房藏書印”朱文長方印。卷下末葉鈐“崑山 / 龔氏 / 家藏”白文方印、“省 / 齋”朱文方印。

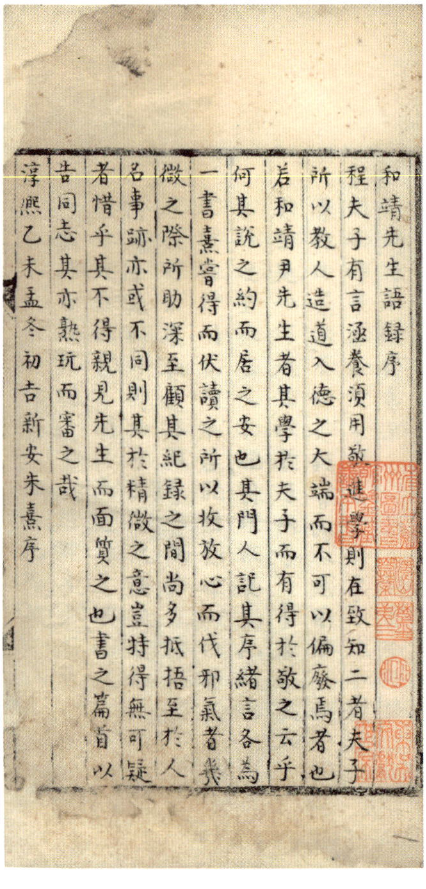
和靖先生語録序

程夫子有言涵養須用敬進學則在致知二者夫子所以教人造道入德之大端而不可以偏廢焉者也若和靖尹先生者其學於夫子而有得於敬之云乎何其説之約而居之安也其門人記其序緒言各爲一書熹嘗得而伏讀之所以收放心而伐邪氣者幾微之際所助深至顧其紀録之間尚多抵牾至於人名事跡亦或不同則其於精微之意豈特得無可疑者惜乎其不得親見先生而面質之也書之篇首以告同志其亦熟玩而審之哉

淳熙乙未孟冬初吉新安朱熹序

和靖先生語録卷上　門人祁寛居之録

寛問近時學者專主易數蓋昔有專以此學成書流傳於世寛亦不知其説嘗為人見困不知可學否其至處如何先生曰數乃明易一事爾其至只是要明理聖人恐人不能明理故設象也數也皆使人即此以明其理今若能明其理何以學為且如人欲到某處其道路固不一既有人指一捷徑道得到某處則可矣不可已由捷徑到後却更要去迂路上行也若有閑工夫更行迂路也不妨只是行來行去却只到這處況行有多少般數也至如近世人將數便作箇死法非也即數可推廣如大

程氏家塾讀書分年日程三卷綱領一卷

（元）程端禮撰

明刻本

程端禮（1271—1345），字敬叔，又字敬禮，號畏齋，元鄞縣（今屬浙江）人。舉薦爲建平、建德縣教諭，歷稼軒、江東兩書院山長，後任鉛山州學教諭，生徒甚多。以台州路儒學教授致仕歸里。著有《春秋本義》《畏齋集》等。參見嘉靖《寧波府志》卷三十。

半葉九行，行二十二字，小字雙行同。黑口，左右雙邊，雙對黑魚尾。版心中鐫書名、卷次、葉次。框高21.6厘米，寬15.0厘米。

正文前有元延祐二年（1315）程端禮序，末署“延祐二年八月，鄞程端禮書於池之建德學”。次接《程氏家塾讀書分年日程綱領》一卷。

正文凡三卷。卷一依朱熹讀書法，規定讀經之程序；卷二爲讀文讀史之程序，末附五種表格，注明每日功課之綱要；卷三録王柏所輯《正始之音》，闡明辨析音義之方法。

《中國古籍善本書目》子部儒家類收録，編號爲子679。

名録號08300。綫裝，二册。存三卷（一至二、綱領一卷）。

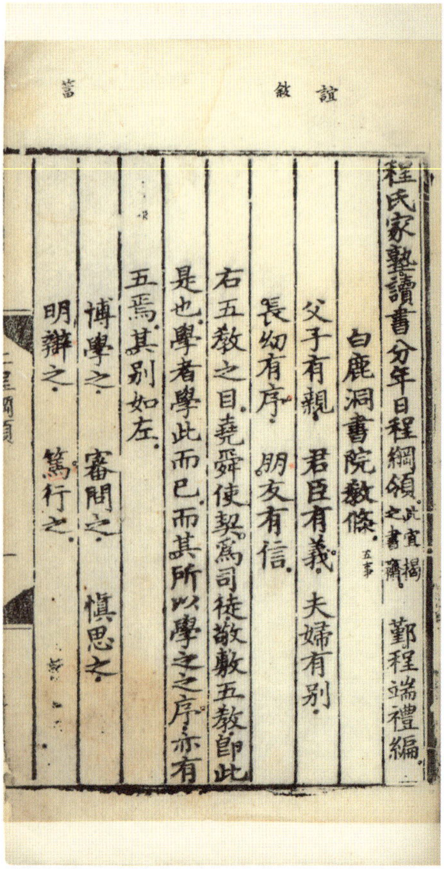
程氏家塾讀書分年日程綱領 此實揭之書齋 鄞程端禮編
白鹿洞書院教條 五事
父子有親 君臣有義 夫婦有別
長幼有序 朋友有信
右五教之目堯舜使契爲司徒敬敷五教即此
是也學者學此而已而其所以學之之序亦有
五焉其別如左
博學之 審問之 愼思之
明辨之 篤行之

程氏家塾讀書分年日程卷一

鄞程　端禮　述

日程節目·主朱子教人讀書法六條修其
分年·主朱子寬著期限緊著課程之說修

八歲未入學之前

讀性理字訓　程逢原增廣者

日讀字訓綱三五段此乃朱子以孫
芝老能言作性理絕句百首教
之之意以此代世俗蒙求千字
文最佳又以朱子童子須知貼

新刊憲臺釐正性理大全七十卷

（明）胡廣等撰

明嘉靖三十一年（1552）余氏自新齋刻本

胡廣（1370—1418），字光大，號晃庵，明江西吉水人。明建文二年（1400）舉進士第一，授翰林學士。累官至文淵閣大學士。卒謚文穆。有《胡文穆集》。參見《明史》卷一百四十七。

半葉十一行，行二十四字，小字雙行同。白口，四周雙邊，雙順黑魚尾。版心上鎸“性理大全”及卷次，中鎸篇名，下鎸葉次。框高 19.8 厘米，寬 13.0 厘米。

正文前有明永樂十三年（1415）十月初一日《御製性理大全序》，次接永樂十三年胡廣等人《進書表》，末署“永樂十三年九月十五日，翰林院學士兼左春坊大學士奉政大夫臣胡廣等謹上”，次接《先儒姓氏》，次接奉敕纂修者姓名，次接目録。

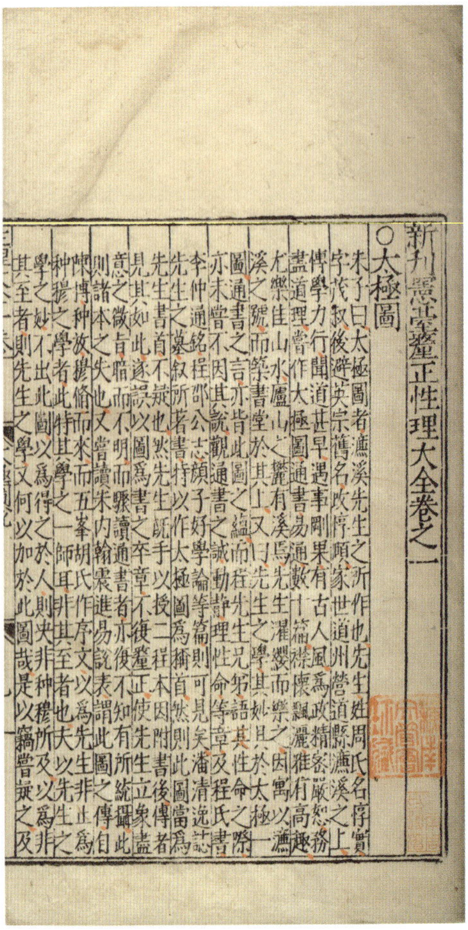
新刊憲臺釐正性理大全卷之一
○太極圖
朱子曰太極圖者濂溪先生之所作也先生姓周氏名惇實
字茂叔後避英宗舊名改惇頤家世道州營道縣濂溪之上
博學力行聞道甚早遇事剛果有古人風爲政精密嚴恕務
盡道理嘗作太極圖通書易通數十篇襟懷飄灑雅有高趣
尤樂佳山水廬山之麓有溪焉先生濯纓而樂之因寓以濂
溪之號而築書堂於其上又曰先生之學其妙具於太極一
圖通書之言亦皆此圖之縕而程先生兄弟語其性命之際
亦未嘗不因其説觀通書之誠動靜理性命等章及程氏書
李仲通銘程邵公志顔子好學論等篇則可見矣潘清逸誌
先生之墓敘所著書特以作太極圖爲稱首然則此圖當爲
先生書首不疑也然先生既手以授二程本因附書後傳者
見其如此遂誤以圖爲書之卒章不復釐正使先生立象盡
意之微旨暗而不明而驟讀通書者亦復不知有所總攝此
則諸本之失也又嘗讀朱内翰震進易説表謂此圖之傳自
陳摶种放穆脩而來而五峯胡氏作序文以爲先生非止爲
种穆之學者此特其學之一師耳非其至者也夫以先生之
學之妙不出此圖以爲得之於人則決非种穆所及以爲非
其至者則先生之學又何以加於此圖哉是以竊嘗疑之及

卷一爲太極圖，卷二、卷三爲通書，卷四爲西銘，卷五、卷六爲正蒙，卷七至卷十三爲皇極經世書，卷十四至卷十七易學啓蒙，卷十八至卷二十一家禮四，卷二十二、

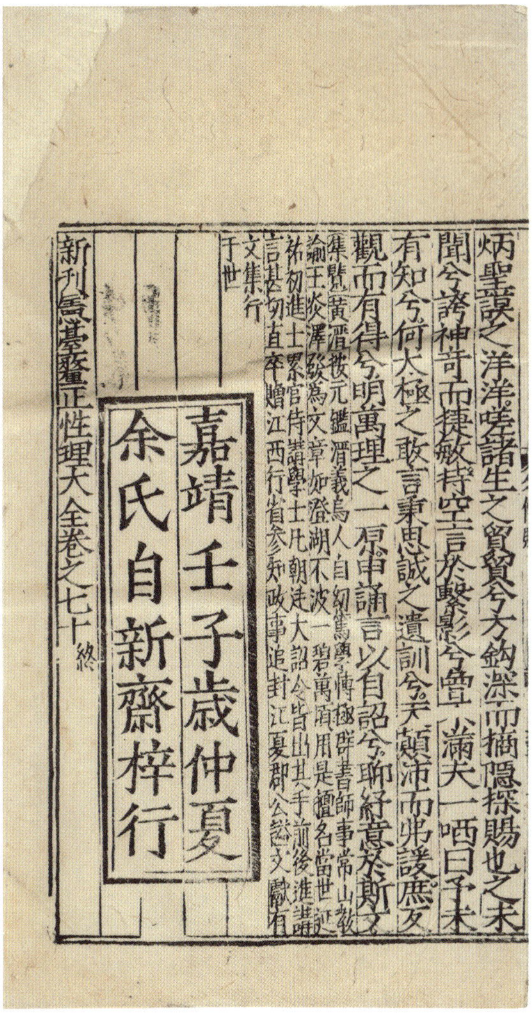

卷二十三律吕新書，卷二十四、卷二十五爲洪範皇極内篇，卷二十六、卷二十七爲理氣，卷二十八爲鬼神，卷二十九至卷三十七性理，卷三十八爲道統、聖賢，卷三十九至卷四十二爲諸儒，卷四十三至卷五十六爲學，卷五十七、卷五十八爲諸子，卷六十至卷六十四爲歷代，卷六十五爲君道，卷六十六至六十九爲治道，卷七十爲詩、文。

卷七十末葉鎸“嘉靖壬子歲仲夏 / 余氏自新齋梓行”刻書牌記。自新齋，明嘉靖間建陽余氏書坊名。

《中國古籍善本書目》子部儒家類收録，編號爲子 725。

名録號 04458。綫裝，三十二册。

御製序首葉鈐有“周氏 / 履潛”白文方印、“子昭 / 之印”朱白文方印；首卷卷端鈐有“濟南周 / 氏履潛”朱文竪長方印。

程志十卷

（明）崔銑撰

明嘉靖刻本

崔銑（1478—1541），字子鍾，號後渠、少石、洹野，明河南安陽人。明弘治十八年（1505）進士，選庶吉士，授編修，預修《孝宗實録》。書成，出爲南京吏部主事。後任南京國子監祭酒，歷南京禮部右侍郎。卒，贈禮部尚書，謚文敏。著有《洹詞》《晦菴文鈔續集》等。參見《明史》卷二百八十二。

半葉十行，行二十字，小字雙行同。白口，四周單邊，菱形單白魚尾。版心上鎸“程志”，中鎸卷次，下鎸葉次。框高 20.3 厘米，寬 14.0 厘米。

前有目録，後有明嘉靖三年（1524）崔銑撰序，末署“嘉靖甲申秋七月庚辰，後渠崔銑謹書於鷄鳴書舍”。

正文分十六篇：卷一籲録第一，卷二東見第二，卷三憶録第三、酢録第四、語輯第五，卷四洛議第六，卷五師訓第七，卷六入關第八、己巳録第九、語輯第十，卷七元承編第十一，卷八迪録第十二、孚先録第十三、師説第十四，卷九餘言第十五，卷十德行第十六。

《中國古籍善本書目》子部儒家類收録，編號爲子 802。

名録號 08326。綫裝，四册。

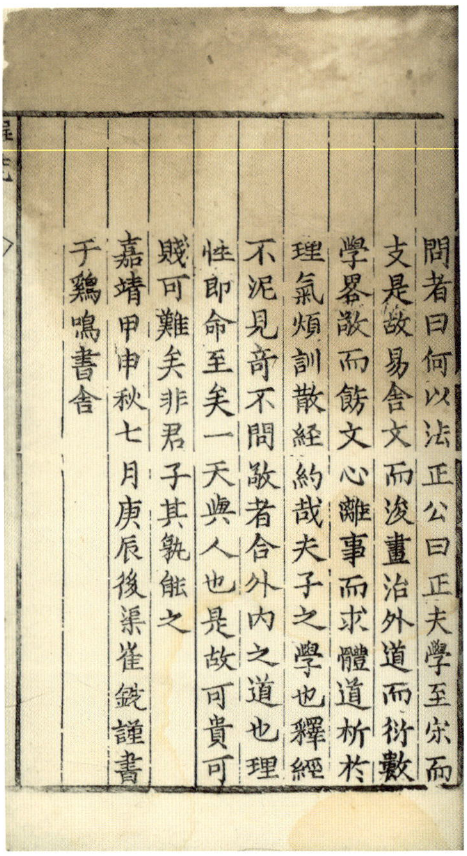
問者曰何以法正公曰正夫學至宋而
支是故易舍文而後畫治外道而術數
學畧散而餙文心離事而求體道析於
理氣煩訓散經約哉夫子之學也釋經
不泥見奇不問敬者合外內之道也理
性即命至矣一天與人也是故可貴可
賤可難矣非君子其孰能之
嘉靖甲申秋七月庚辰後渠崔銑謹書
于鷄鳴書舍

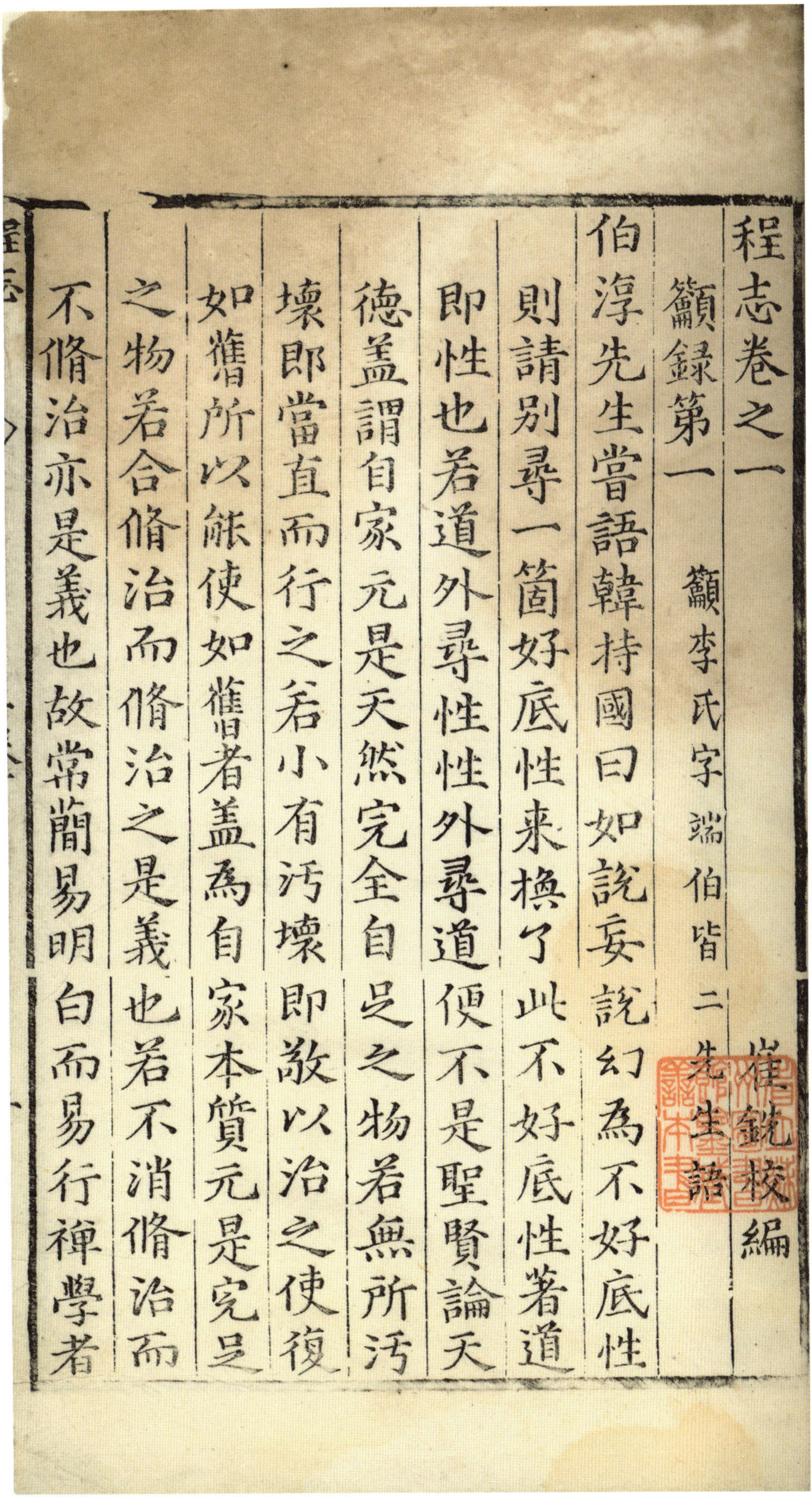

程志卷之一　　崔銑校編

籲録第一　　籲李氏字端伯皆二先生語

伯淳先生嘗語韓持國曰如說妄說幻為不好底性

則請別尋一箇好底性來換了此不好底性著道

即性也若道外尋性性外尋道便不是聖賢論天

德蓋謂自家元是天然完全自足之物若無所汚

壞即當直而行之若小有汚壞即敬以治之使復

如舊所以能使如舊者蓋為自家本質元是完足

之物若合脩治而脩治之是義也若不消脩治而

不脩治亦是義也故常簡易明白而易行禪學者

大儒心學語録二十七卷

（明）王蓂輯

明嘉靖二十八年（1549）撫州儒學刻本

王蓂，字時禎，號東石，明江西金溪人。明正德六年（1511）進士。歷任禮部主事、浙江提學副史、南京禮部祠祭司郎中。著有《東石講學録》等。參見《國朝獻徵録》卷八十四王紹元《浙江提學副使王公蓂墓志銘》。

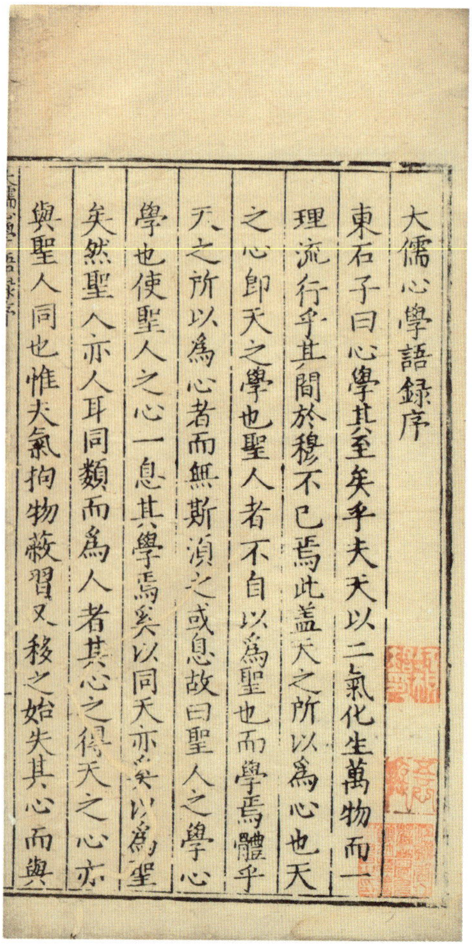
大儒心學語録序
東石子曰心學其至矣乎夫天以二氣化生萬物而一
理流行乎其間於穆不已焉此蓋天之所以為心也天
之心即天之學也聖人者不自以為聖也而學焉體乎
天之所以為心者而無斯須之或息故曰聖人之學心
學也使聖人之心一息其學焉奚以同天亦奚以為聖
矣然聖人亦人耳同類而為人者其心之得天之心亦
與聖人同也惟夫氣拘物蔽習又移之始失其心而與

半葉十行，行二十一字。白口，四周雙邊，無魚尾。版心上鎸“大儒心學語録”、卷次，下記葉次。框高 21.2 厘米，寬 12.8 厘米。

正文前有明嘉靖二十七年王蓂《大儒心學語録序》，末署“嘉靖二十七年戊申夏四月望日，後學金谿王蓂謹序”，次接明嘉靖二十八年章衮《新刊大儒心學語録序》，末署“嘉靖己酉孟夏朔旦，賜進士出身中憲大夫奉敕提督學校陝西按察司副使臨川章衮汝明撰”，次接同年顧霑《大儒心學語録序》，末署“嘉靖己酉孟夏朔旦，賜進士第撫州府知府後學吴中顧霑謹撰”，次接王蓂撰《大儒心學語録首紀》，末署“撫州府儒學訓導楊演、生員

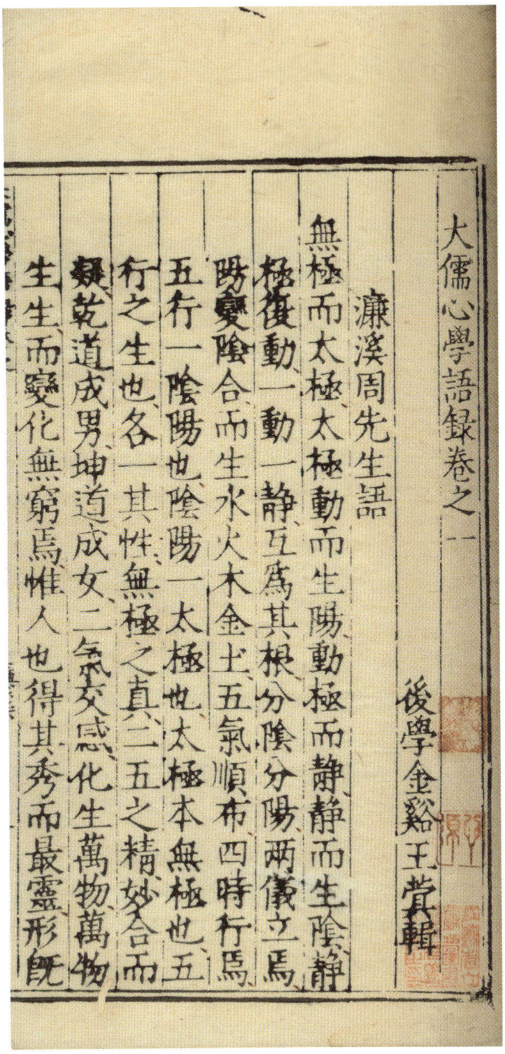

高應乾、吴朝楨校刊”。

全書截取理學諸家語録，卷一爲濂溪周先生語，卷二爲明道程先生語，卷三爲伊川程先生語，卷四爲明道伊川二先生語，卷五爲横渠張先生語，卷六爲康節邵先生語，卷七爲龜山楊先生語，卷八爲上蔡謝先生語，卷九爲藍田吕先生語，卷十爲和靜尹先生語，卷十一爲豫章羅先生語，卷十二爲延平李先生語，卷十三爲五峰胡先生語，卷十四、卷十五爲晦庵朱先生語，卷十六、卷十七爲象山陸先生語，卷十八爲南軒張先生語，卷十九爲東萊吕先生語，卷二十爲勉齋黄先生語，卷二十一爲九峰蔡先生語，卷二十二爲北溪陳先生語，卷二十三爲西山真先生語，卷二十四爲敬軒薛先生語，卷二十五爲康齋吴先生語，卷二十六爲白沙陳先生語，卷二十七爲敬齋胡先生語。

撫州府儒學始於北宋，宋慶曆四年（1044）知州馬尋建。明代始改稱府學。

《中國古籍善本書目》子部儒家類收録，編號爲子 822。

名録號 04475。綫裝，十八册。

王蓂序首葉鈐有“吾心 / 齋”朱文方印、“穎 / 錩印”白文方印。卷一卷端鈐“心 / 源”朱文方印。

閑闢録十卷

（明）程曈撰

明嘉靖四十三年（1564）程纘洛刻本

程曈（1480—1560），字啓皦，號峨山、練江，明安徽休寧富溪人。著有《新安學繫録》等。參見施璜《還古書院志》卷七。

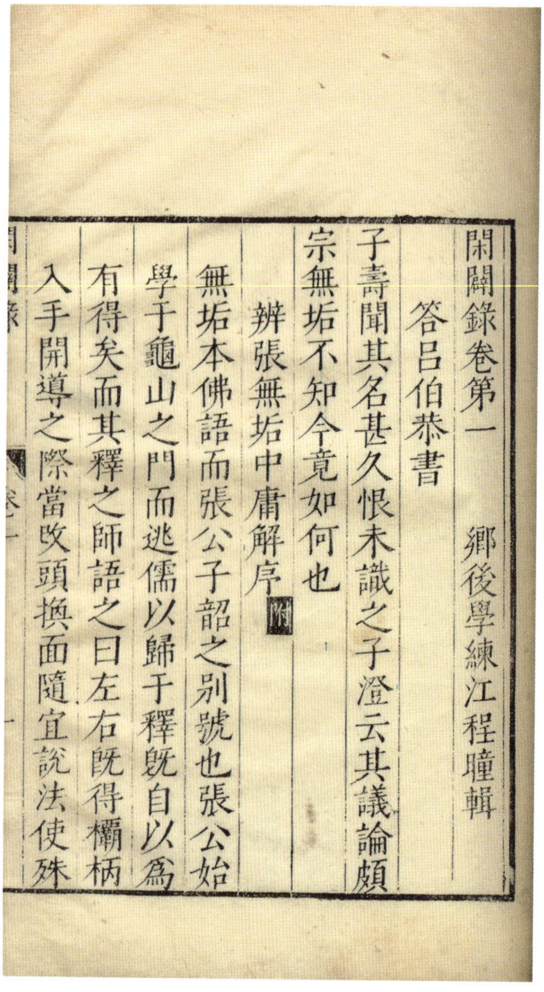
閑闢録卷第一　　鄉後學練江程曈輯
答吕伯恭書
子壽聞其名甚久恨未識之子澄云其議論頗
宗無垢不知今竟如何也
辨張無垢中庸解序　附
無垢本佛語而張公子韶之别號也張公始
學于龜山之門而逃儒以歸于釋既自以爲
有得矣而其釋之師語之曰左右既得欛柄
入手開導之際當改頭换面隨宜説法使殊

半葉九行，行十八字，小字雙行同。白口，左右雙邊，單黑魚尾。版心上鎸“閑闢録”，中鎸卷次，下鎸葉次。框高 17.8 厘米，寬 13.7 厘米。

書前有明正德十年（1515）新安程曈《閑闢録序》，末署“正德乙亥四月既望，新安程曈序”；次接目録；次接明嘉靖四十三年程纘洛《刻閑闢録後》，末署“嘉靖甲子春二月丁未，孤子纘洛百拜謹書”。

程纘洛，字連肖，明安徽休寧人。

《四庫全書總目》儒家類存目二：“是編録朱子集中辨正异學之語，以闢陸、王之説，凡九卷。其末一卷，則雜取《宋史》以下諸家之論朱、陸者，

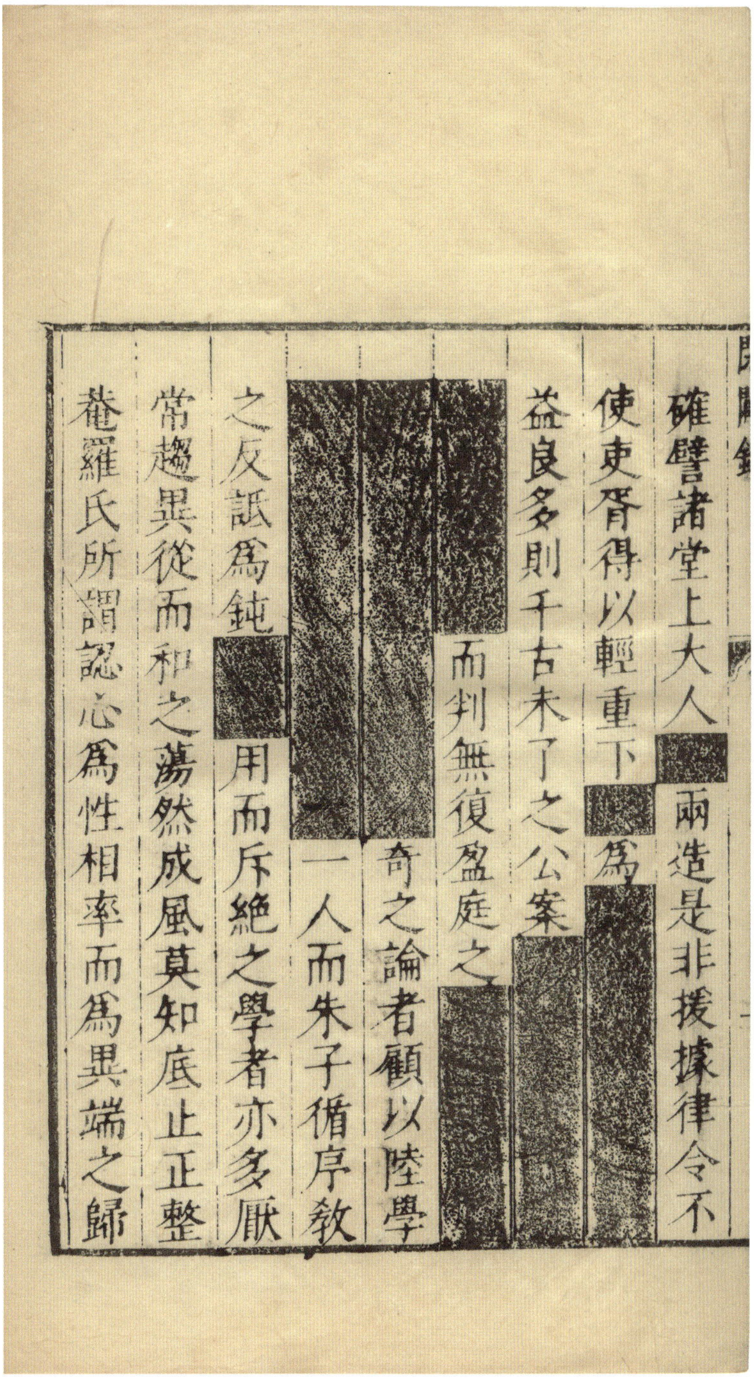
確譬諸堂上大人[redacted]兩造是非援據律令不
使吏胥得以輕重下[redacted]爲[redacted]
益良多則千古未了之公案[redacted]
[redacted]而判無復盈庭之[redacted]
[redacted]奇之論者顧以陸學
[redacted]一人而朱子循序教
之反詆爲鈍[redacted]用而斥絶之學者亦多厭
常趨異從而和之蕩然成風莫知底止正整
菴羅氏所謂認心爲性相率而爲異端之歸

立説不爲不正，而門户之見太深，詞氣之間，激烈已甚，殊非儒者氣象。與陳建《學蔀通辨》均謂之善罵可也。”

《中國古籍善本書目》子部儒家類收録，編號爲子 834。

名録號 04478。綫裝，四册。

新刊性理集要八卷

（明）詹淮輯

明李廷海刻本

詹淮，號柏山，明婺源慶源人。明隆慶貢生。泰州學正。參見康熙《婺源縣志》卷三。

框分上下欄，上欄評注，字數不等，下欄正文半葉十一行，行二十六字，小字雙行同。上下黑口，四周單邊，單白魚尾。版心上方鎸書名“性理集要”及卷次，中間鎸篇名，下鎸葉次。框高 19.3 厘米，寬 12.9 厘米，上欄高 2.4 厘米。

目録前有明嘉靖四十年（1561）詹淮撰《性理集要序》，末署“嘉靖辛酉歲春正月望日，新安詹淮序”，次接目録，次接明成祖朱棣《御製序》。

正文八卷，卷一爲太極圖、通書；卷二爲西銘、正蒙；卷三爲皇極經世、無名公傳、漁樵問答；卷四爲易學啓蒙、家禮、律吕新書、洪範皇極、理氣、天文、地理（潮汐附）、鬼神、性命；卷五爲道統、聖賢、諸儒、小學、爲學總論；卷六爲教人、人倫、六經、讀書法、史學、字學、科舉之學、論詩、論文、諸子；卷七爲歷代（自

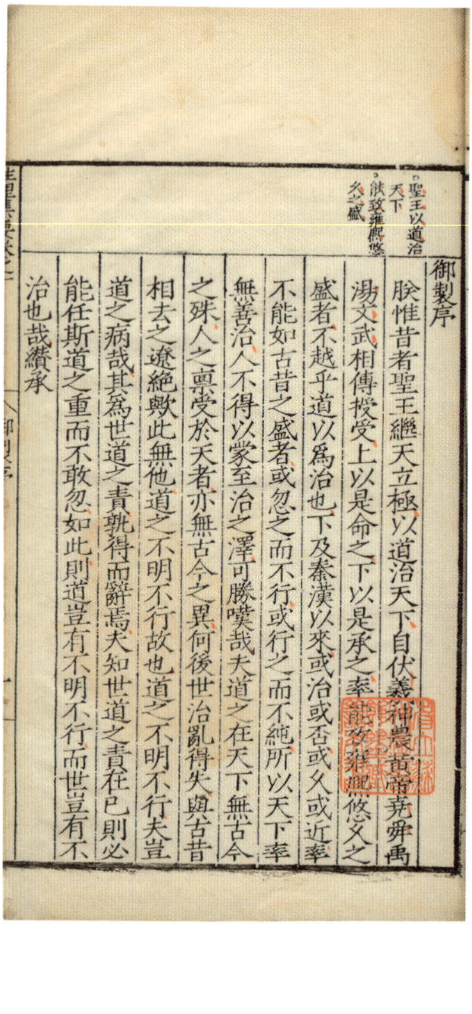
聖王以道治天下
能致雍熙悠久之盛

御製序

朕惟昔者聖王繼天立極以道治天下自伏羲神農黃帝堯舜禹湯文武相傳授受上以是命之下以是承之率能致雍熙悠久之盛者不越乎道以爲治也下及秦漢以來或治或否或久或近率不能如古昔之盛者或忽之而不行或行之而不純所以天下率無善治人不得以蒙至治之澤可勝嘆哉夫道之在天下無古今之殊人之稟受於天者亦無古今之異何後世治亂得失與古昔相去之遼絕歟此無他道之不明不行故也道之不明不行夫豈道之病哉其爲世道之責孰得而辭焉夫知世道之責在己則必能任斯道之重而不敢忽如此則道豈有不明不行而世豈有不治也哉纘承

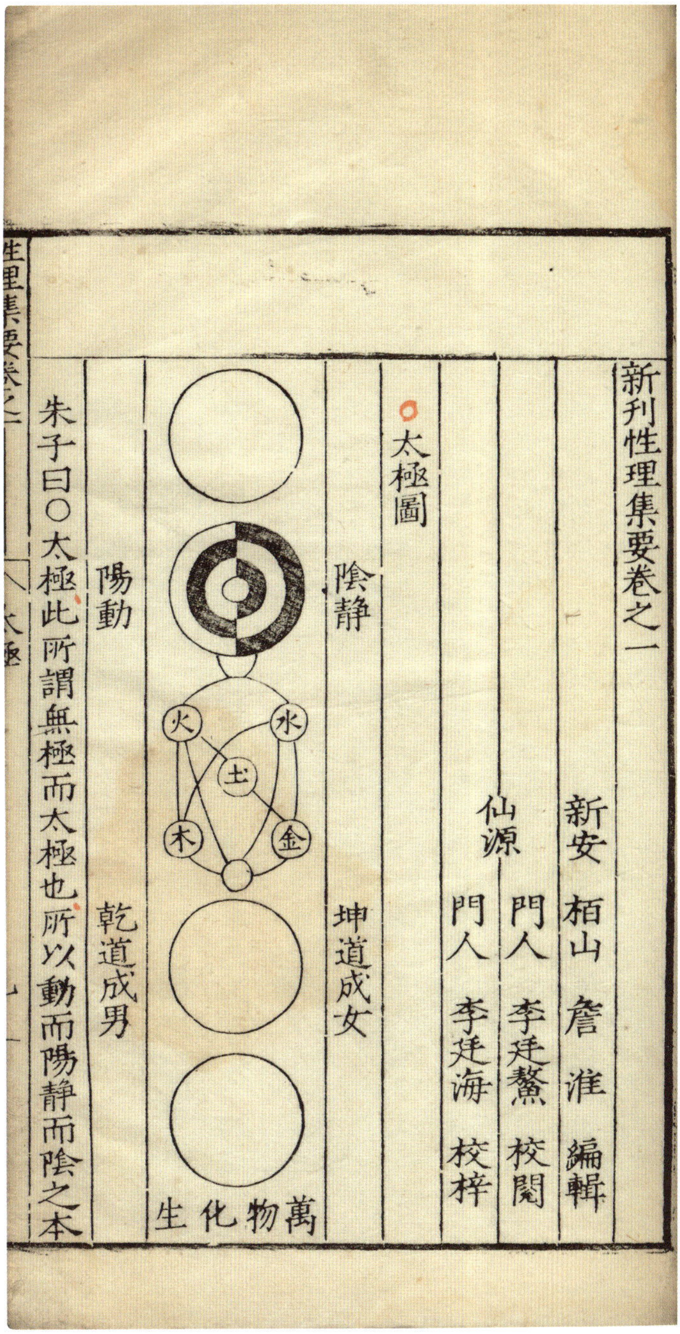
新刊性理集要卷之一
新安　栢山　詹淮　編輯
仙源　門人　李廷鰲　校閲
門人　李廷海　校梓
○太極圖
陰静
坤道成女

萬物化生
陽動
乾道成男
朱子曰○太極此所謂無極而太極也所以動而陽静而陰之本
性理集要卷之一　太極

唐虞君臣至宋君臣而止）；卷八爲君道、臣道、治道、詩、贊、銘。

李廷海，明嘉靖間仙源人。

《中國古籍善本書目》子部儒家類收録，編號爲子 864。

名録號 04484。綫裝，十六册。全書有佚名朱筆圈點批校。卷八末《自新銘》後有佚名墨筆補“拙賦”一條。

新刊性理會要十卷

（明）游遜編

明嘉靖三十四年（1555）余氏自新齋刻本

游遜，字以禮，號立軒，明婺源濟溪人。諸生。著有《四書説詮》等。參見康熙《婺源縣志》卷九《學林》。

框分上下兩欄，上欄評注，半葉十二行，行五字，下欄正文半葉十二行，行二十三字，小字雙行同。白口，四周雙邊，雙順黑魚尾。版心上方鎸“性理會要”及卷次，中鎸篇名，下鎸葉次。框高20.2厘米，寬12.7厘米，上欄高2.4厘米。

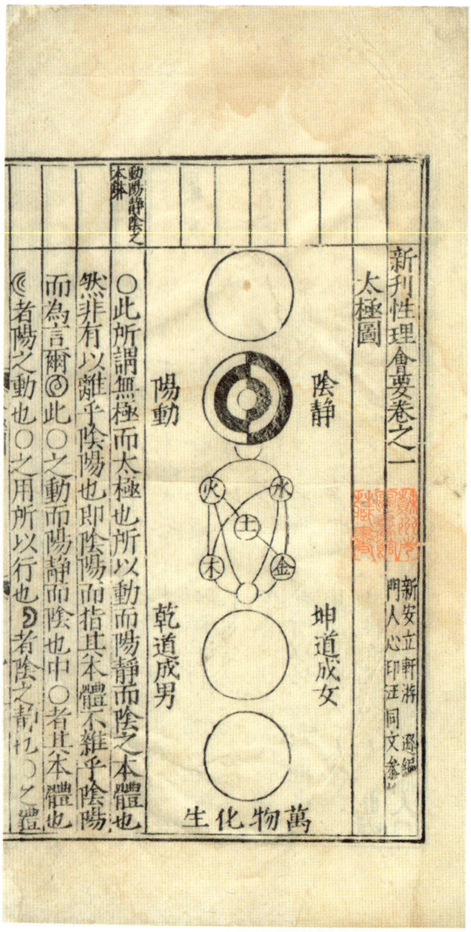
新刊性理會要卷之一
太極圖
新安立軒游遜編
門人心印汪同文參
陰靜
陽動
火
水
土
木
金
坤道成女
乾道成男
萬物化生
動陽靜陰之本體
○此所謂無極而太極也所以動而陽靜而陰之本體也
然非有以離乎陰陽也即陰陽而指其本體不雜乎陰陽
而為言爾◎此○之動而陽靜而陰也中○者其本體也
◐者陽之動也○之用所以行也◑者陰之靜也○之體

正文十卷，卷一爲太極圖，通書；卷二爲二程粹言；卷三爲正蒙；卷四爲皇極經世書；卷五爲易學啓蒙，附司馬光四禮與律吕新書；卷六爲天問地理；卷七爲爲學及諸子；卷八爲歷代；卷九爲君道；卷十爲詩、箴、銘。

《中國古籍善本書目》子部儒家類收録，編號爲子869。

名録號04485。綫裝，四册。卷十殘闕，存七葉。

新刊性理會要卷之二

二程粹言（類取大全及遺書易傳粹為一卷以繼周子）

性命道德

生物無不足之理

幾時添減得一分

贊與充塞又別是一件

只此別是天地之化

天地生物各無不足之理常思天下君臣父子兄弟夫婦有多少不盡分處○萬物皆備於我不獨人爾物皆然都自這裏出只是物不能推人則能推之雖能推之幾時添得一分不能推之幾時減得一分百理具在平鋪放著幾時道堯盡君道添得些君道多舜盡子道添得些孝道多元來依舊○凡言充塞云者却似箇有規模底體面將這氣充實之氣則只是氣更說甚充塞如化育則只是化育更說甚贊贊與充塞又却是別一件事也○言體天地之化已剩一體字只此便是天地之化不可對此箇別有天地○天人本無二不必

堂廡箴銘二卷

（明）李懋檜輯

明萬曆四十三年（1615）何慶元、黃元立刻本

李懋檜（1554—1624），字克蒼，號心湖，明福建安溪人。明萬曆八年進士。除六安知州，入爲刑部員外郎。因上疏言安宮闈等事忤上，又因反對禁止越職陳言，貶爲湖廣按察司經歷，歷禮部主事，以憂歸。二十年後起故官，進南京兵部郎中。天啓初，終太僕少卿。參見《明史》卷二百三十四。

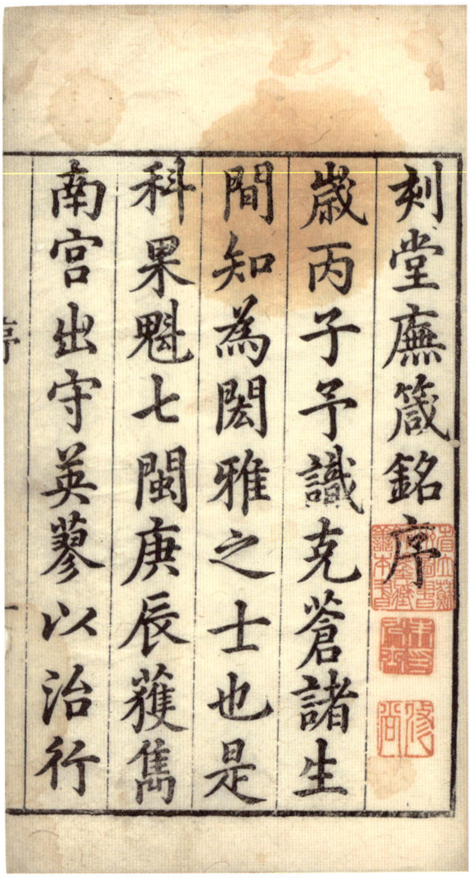
刻堂廡箴銘序
歲丙子予識克蒼諸生
閩知為閩雅之士也是
科果魁七閩庚辰獲雋
南宮出守英蓼以治行

半葉九行，行十八字。白口，四周單邊，單黑魚尾。版心上方録書名卷次，版心下方記葉次。框高19.8厘米，寬14.2厘米。

正文前有明萬曆二十年支大綸《刻堂廡箴銘序》，末署“萬曆壬辰夏月之吉，華平支大綸序”。次接同年胡定《堂廡箴銘序》，末署“萬曆壬辰秋八月一日，崇陽胡定序”。又接明萬曆四十三年黃元立《重刻堂廡箴銘叙》，末署“六安門人知漳郡詔安縣事黃元立頓首手書，萬曆乙卯孟秋之吉”。

此書取古人言行有裨於仕途者，各擬條目，分彙編輯。卷上列宰相（明內閣附）、尚書（明尚書附）、侍郎（明

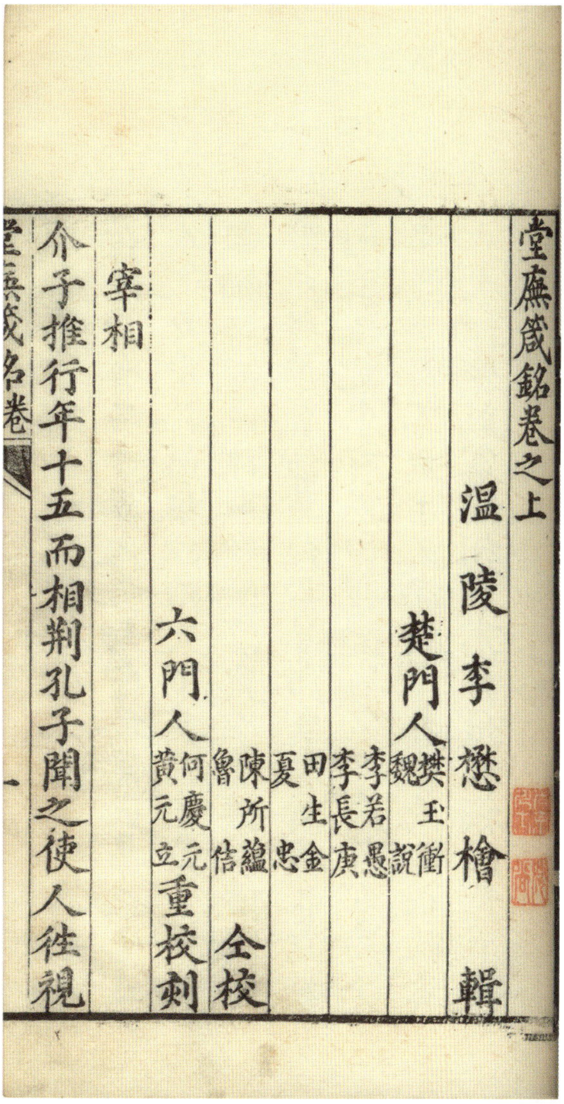

堂廡箴銘卷之上
溫陵李懋檜 輯
楚門人
李若愚
李長庚
田生金
陳所蘊
全校
六門人 何慶元 黄元立 重校刻
宰相
介子推行年十五而相荆孔子聞之使人往視

侍郎附)、曹郎(明曹郎附)、翰苑(明翰苑附)、九卿(明九卿附)、中書(明中書附)、使臣、國學(明國學附)、博士、給諫(明給諫附)、中丞御史(明中丞御史附)、侍御史(明侍御史附)、鹽監(明鹽監附)、榷關、督運(明督運附)、巡撫(明巡撫附)、藩臬、明學校、郡守、郡佐、司理、州刺史。卷下列縣令、佐領、儒官、宗室、貴戚、將帥、宦官(明宦官附)、隱居、家法、書館、仕學通用。

何慶元，字長人，明六安州(今屬安徽)人。明萬曆二十六年進士。授工部主事，歷郎中，出爲雲南按察副使。著有《遽來室存稿》。

黄元立，明六安州(今屬安徽)人。明萬曆四十一年任福建詔安知縣。另刻有明夏宏撰《字考》一書。

《中國古籍善本書目》子部儒家類收録，編號爲子 911。

名録號 10401。綫裝，六册。《刻堂廡箴銘序》首葉鈐“修 / 尚”朱文方印、“朱印 / 人士”白文方印；《重刻堂廡箴銘叙》末葉鈐“萬古 / 青山 / 只麽青”朱文方印、“飛觴 / 醉月”白文方印；卷上首葉鈐“名宗 / 居士”白文方印。

兵機纂八卷

（明）郭光復撰

明萬曆二十七年（1599）刻本

郭光復（？—1616），字一陽，明直隸固安（今河北固安）人。明萬曆十七年（1589）進士。授户部主事，歷員外郎、揚州知府、淮徐兵備副使、山西右參政。調寧武道，升左布政、都察院右副都御史，巡撫遼東。卒贈兵部左侍郎。明崇禎三年（1630）加贈正議大夫。另著有《倭情考略》等。參見康熙《固安縣志》卷五。

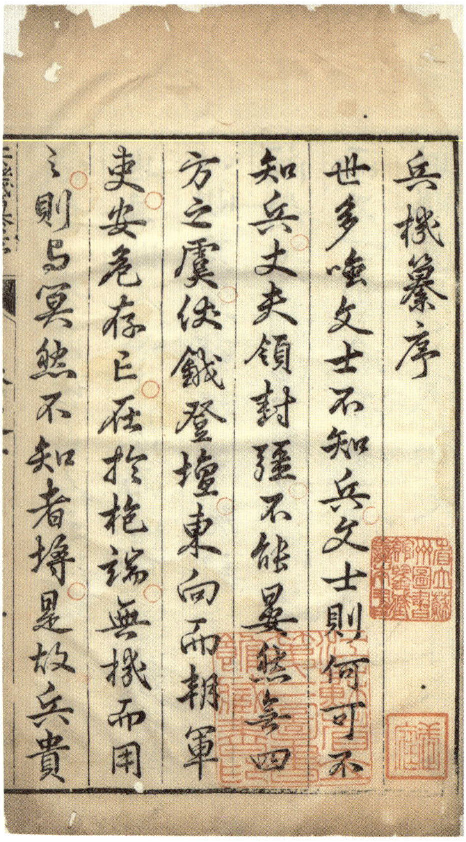
兵機纂序
世多嗤文士不知兵文士則何可不
知兵丈夫領封疆不能晏然無四
方之虞伏鉞登壇東向而揖軍
吏安危存亡在於枹端無機而用
之則與冥然不知者埒是故兵貴

半葉十行，行二十字，小字雙行同。白口，四周單邊，單黑魚尾。版心上方鎸書名，中間鎸卷次，下鎸葉次。框高21.0厘米，寬15.1厘米。

書前有明萬曆二十七年周維京撰《兵機纂序》，末署“萬曆己亥孟秋，清源周維京撰於彭城公署”。次接同年郭光復撰《刻兵機纂引》，末署“萬曆歲次己亥仲夏之吉，淮徐兵備山東按察司副使郭光復撰於彭城公署”。後接凡例七條。次接總目，每卷前又有單卷目録。書後有明萬曆二十七年徐鑾《兵機纂後序》，末署“萬曆己亥冬十一月，屬下吏揚州府推官徐鑾謹撰”。

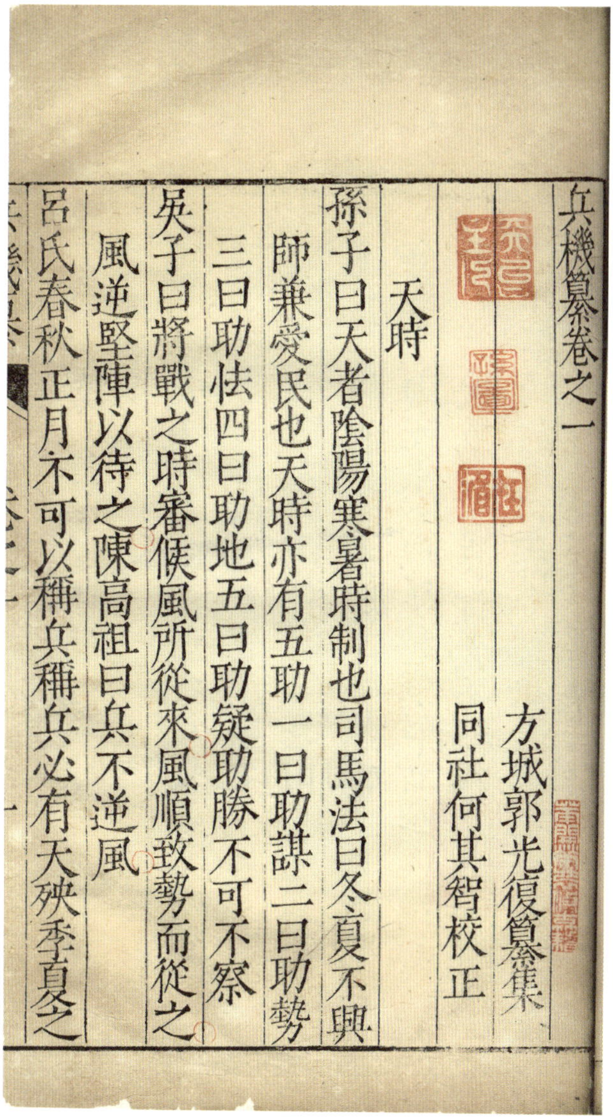

兵機纂卷之一
方城郭光復纂集
同社何其智校正
天時
孫子曰天者陰陽寒暑時制也司馬法曰冬夏不興師兼愛民也天時亦有五助一曰助謀二曰助勢三曰助怯四曰助地五曰助疑助勝不可不察
吳子曰將戰之時審候風所從來風順致勢而從之風逆堅陣以待之陳高祖曰兵不逆風
呂氏春秋正月不可以稱兵稱兵必有天殃季夏之

全書分八卷，乃彙集子史韜略諸書，凡古今將略兵法，皆概括精要。目凡百六十有奇。每目先以經傳證以言，次以子史實以仁，次以兵法斷以理。自春秋戰國至明，條分縷析，甚爲明瞭。

《中國古籍善本書目》子部兵家類收録，編號爲子 1259。

名録號 08351。綫裝，十六册。

《兵機纂序》首葉鈐“武／庭”朱文方印，《刻兵機纂引》首葉鈐“聽禽／樓主人”白文方印、“一／飛”朱文方印、“文／冲”白文方印，卷一首葉鈐“在／湄”朱文方印、“孫圖”朱文長方印、“天台／主人”白文長方印。

農書六卷

（明）施大經撰

明刻本

施大經，字天卿，號石渠，又號玉屏，明閘港（今屬上海）人。明萬曆十三年（1585）舉人，任丹徒教諭，遷瑞州府通判、惠州通判，以崇州府審理致仕。有《秋水村莊詩稿》傳世。參見嘉慶《松江府志》卷五十四。

半葉九行，行二十字，小字雙行同。白口，四周單邊，單白魚尾。版心上鎸“閲古編”，下鎸葉次和字數。框高 21.0 厘米，寬 13.9 厘米。

正文後有《跋農書》，署“九山道人跋語”。

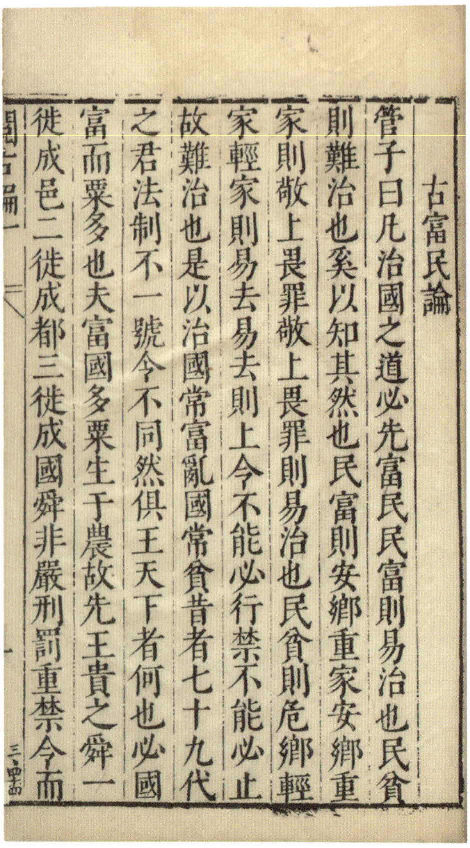
古富民論
管子曰凡治國之道必先富民民富則易治也民貧
則難治也奚以知其然也民富則安鄉重家安鄉重
家則敬上畏罪敬上畏罪則易治也民貧則危鄉輕
家輕家則易去易去則上令不能必行禁不能必止
故難治也是以治國常富亂國常貧昔者七十九代
之君法制不一號令不同然俱王天下者何也必國
富而粟多也夫富國多粟生于農故先王貴之舜一
徙成邑二徙成都三徙成國舜非嚴刑罰重禁令而

正文凡六卷，卷前有目録。卷一目録首葉佚，約爲上古民事記、秦置郡縣記、漢建吴封記等；卷二爲兩漢郡縣卷，包含漢世民事記、宦迹記、郡賢記、江南人瑞記，東吴人物記、六朝人物記；卷三爲浙西蘇州卷，包含唐民事記、宦迹記、郡賢記、僑隱記、五代；卷四爲浙西秀州卷，包含宋民事記、宦迹記、郡賢記、元民事記、宦迹記、僑隱記、僞吴記、附前賢六贊；卷五爲南直松江卷，包含國朝聖政憫農記、郡譜、

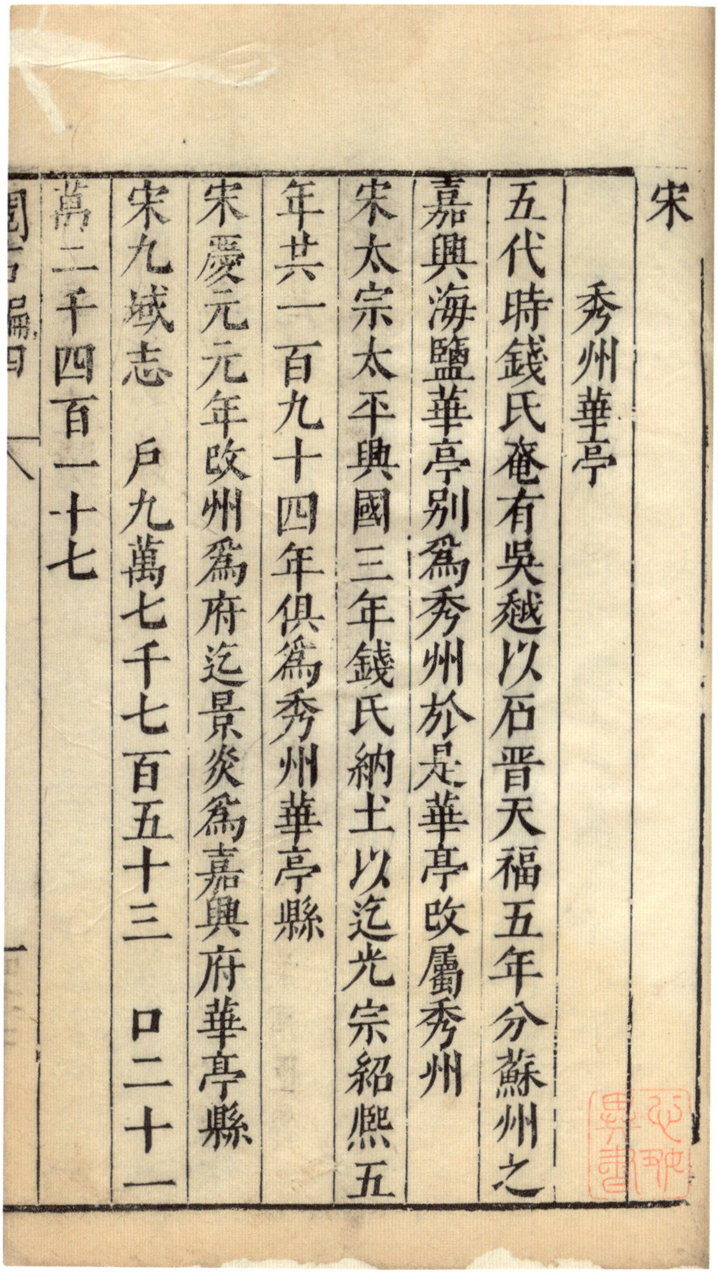

宋
秀州華亭
五代時錢氏奄有吳越以石晉天福五年分蘇州之
嘉興海鹽華亭別爲秀州於是華亭改屬秀州
宋太宗太平興國三年錢氏納土以迄光宗紹熙五
年共一百九十四年俱爲秀州華亭縣
宋慶元元年改州爲府迄景炎爲嘉興府華亭縣
宋九域志　戶九萬七千七百五十三　口二十一
萬二千四百一十七
閲古編四

田賦記、宦迹記；卷六爲南直松江卷，包含山水崖略記十六篇。

《千頃堂書目》著録“施大經澤谷《閲古農書》六卷”。《中國古籍善本書目》子部農家類收録，編號爲子 1609。

名録號 08362。綫裝，六册。

卷四首葉鈐“心好 / 異書”朱文方印，跋末葉鈐“留爲 / 永寶”朱文方印、“阮氏之 / 章”朱文方印。

虚白齋印庛□卷

（明）王應騏集篆

明萬曆刻鈐印本

王應騏，號玄都道人。餘不詳。

白口，四周單邊，無魚尾。版心上録“虚白齋印庛”，下録“王氏家藏”。框高 21.4 厘米，寬 14.0 厘米。

本書爲王氏所藏集古印譜，除去殘闕，尚存印章五百十三方，印下皆附朱文釋文。

名録號 12659。綫裝，二册。此書既往破損嚴重，部分印章、釋文闕失。

封面有瓦翁題簽。此書爲瓦翁所贈。

封面鈐“衛 / 瓦翁”白文方印，正文卷端鈐“瓦翁好之”朱文豎長方印。

按，臺北“國家圖書館”亦藏有《虚白齋印庛》上下二卷，前有明萬曆三十六年（1608）苕溪陳毓序，稱王應騏“出自名家，幼游湖海，好古博物，性嗜六書之癖”，但版式、所收印章與此本迥异。

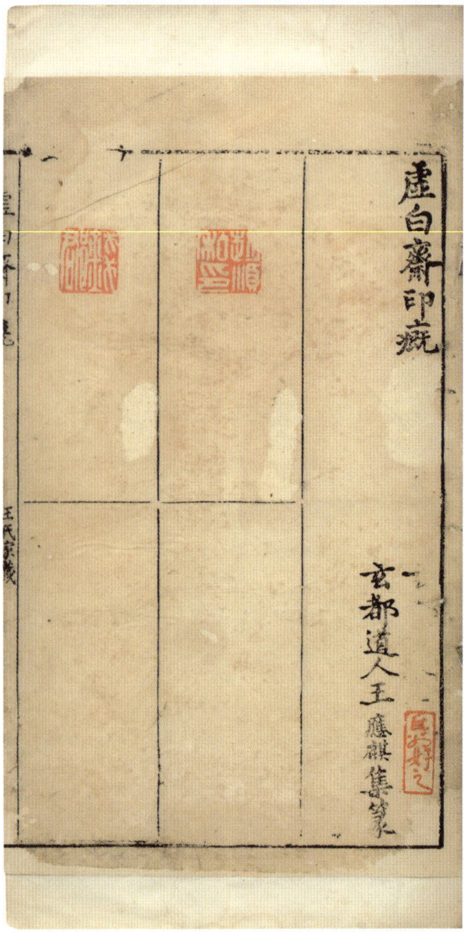

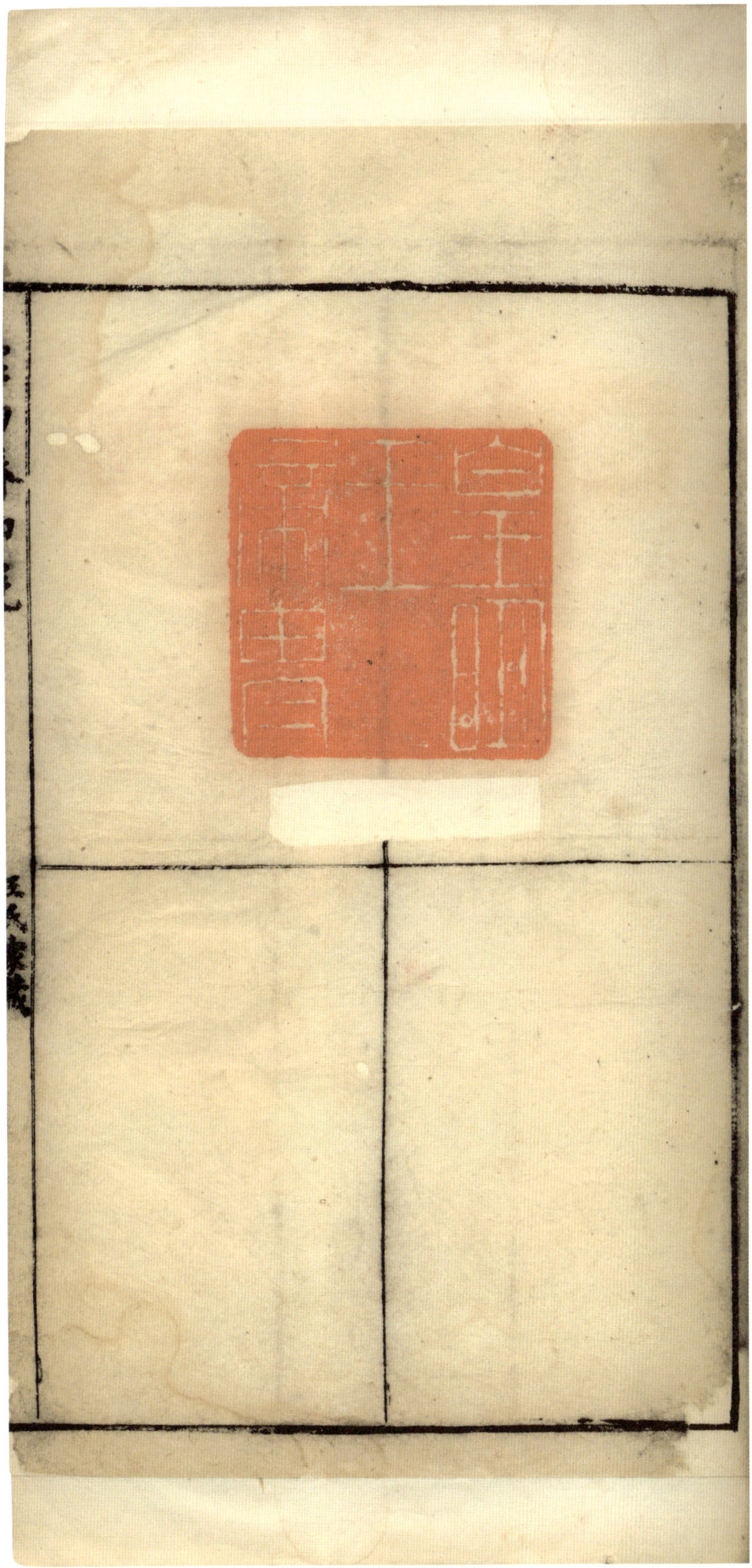

印雋二卷

（明）梁袠篆

明刻鈐印本

梁袠，字千秋，明末江蘇揚州人，居南京，刻印爲生。何震入室弟子。參見周亮工《印人傳》卷一。

白口，四周單邊，無魚尾。框高 20.3 厘米，寬 13.8 厘米。

此書收録之印多爲摹刻何震之作。每印均有釋文。

名録號 11759。綫裝，二册。

此書爲瓦翁所贈。

卷端鈐“瓦翁好之”朱文長方印。

按，美國哈佛燕京圖書館藏有《印隽》四卷本，與此本内容相同而分卷不同。四卷本之卷一卷二即此本之卷上，餘即卷下。兩本似出同板而版式稍异。四卷本版心上方鎸書名卷次，下方鎸葉次，此本無。此本卷端書名下方鎸卷次，四卷本無。未知哪本在先，哪本剜改。四卷本前有序文三篇，李維楨序末署“萬曆庚戌中秋，長洲韓道亨書”，又鎸“新都黄一森刻”，祝世禄序末鎸“新安黄一森鎸”；俞安期序末署“庚戌孟春既望，俞安期識”。

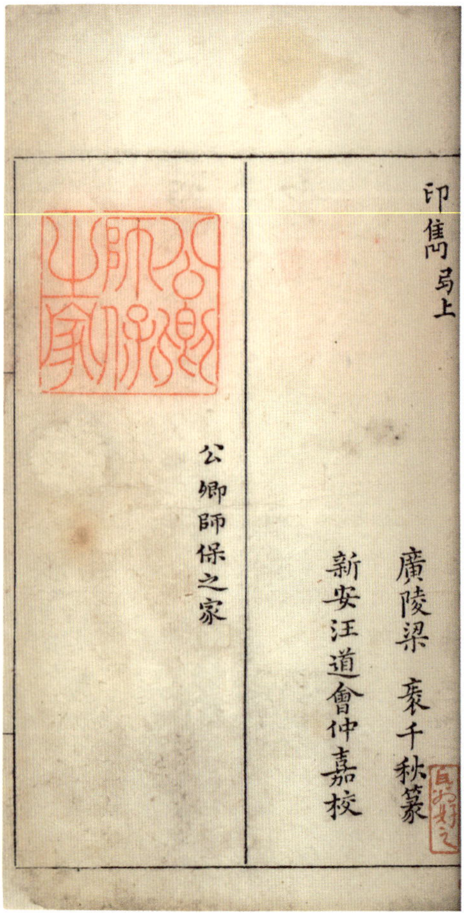

爾時居士

匡山讀書處

金一甫印選不分卷

（明）金光先篆刻并輯

明萬曆刻鈐印本

金光先，字一甫，明安徽休寧人。工六書，精篆籀之學，善刻印，致力於秦漢印，形神俱得，自成一家。參見周亮工《印人傳》卷一。

白口，左右雙邊，無魚尾。版心鎸“金一甫印選”。框高 20.5 厘米，寬 14.5 厘米。

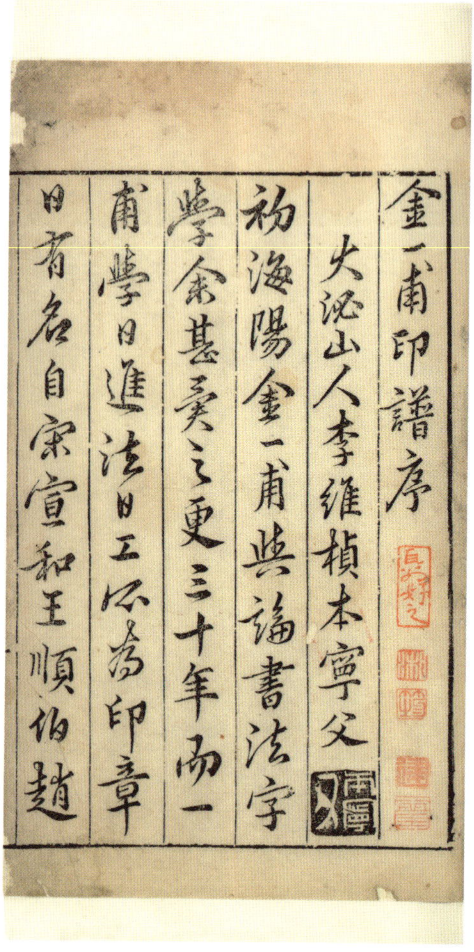
金一甫印譜序
大泌山人李維楨本寧父
初海陽金一甫與論書法字
學余甚奚之更三十年而一
甫學日進法日工以為印章
日有名自宋宣和王順伯趙

正文前有明李維楨《金一甫印譜序》，末署“通家李營易書”，次接明萬曆二十二年（1594）王穉登《金一甫印譜序》，末署“萬曆甲午秋日，太原王穉登撰，門人陳旃書”，次接明鄒迪光《金一甫印選小序》，末署“梁谿鄒迪光彦吉父撰”，次接明萬曆四十年趙宧光《金一甫印譜序》，末署“萬曆壬子初夏，寒山凡夫趙宧光堇識，杜大綬書”，次接明萬曆四十年金光先《復古印選自序》，末署“萬曆壬子孟冬，書於石城静憩軒”，次接《金一甫印章論》，次接印選正文。

金氏有志金石篆刻之學，因取秦漢真印及顧從德《印藪》中精妙

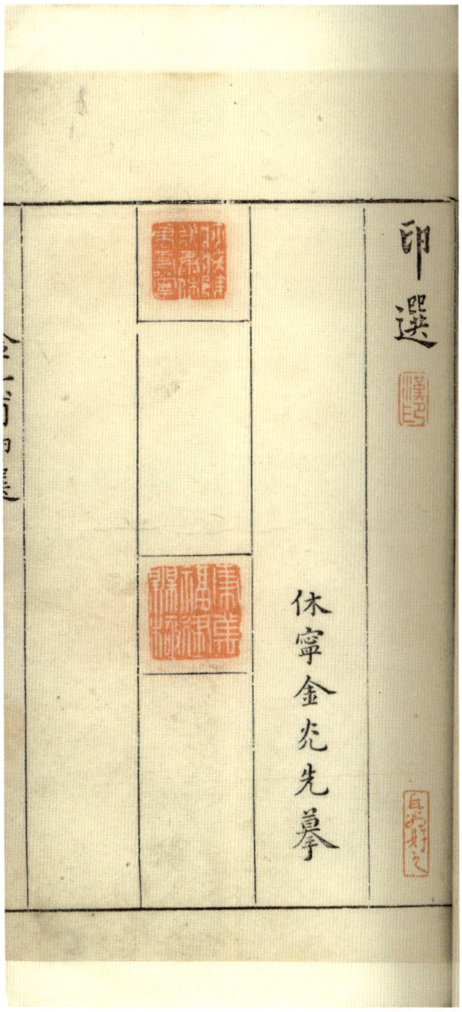

者加以摹刻，章法、筆法、刀法皆追遠古意。

《中國古籍善本書目》子部藝術類收録，編號爲子4850。

名録號10463。綫裝，一册。

封面有乙酉（1945）張樞題簽，扉頁有瓦翁過録周亮工《印人傳》之文，書後有甲申（2004）秋九月既望瓦翁題跋。張樞（1909—1991），字星階，又字辛稼，號霜屋老農。江蘇蘇州人。曾任蘇州國畫院院長。工花鳥。此書爲瓦翁所贈。

封面鈐"星階"朱文豎長方印，李維楨序首葉鈐"建"（朱文）、"霞"（白文）方印、"湘"（白文）、"筠"（朱文）方印、"瓦翁好之"朱文豎長方印，瓦翁題跋後鈐"日/利"白文方印。

按，國家圖書館、西泠印社亦有藏本，但印章數量、順序皆與此本不同。

蘇氏印略三卷

（明）蘇宣篆刻并輯

明萬曆四十五年（1617）刻鈐印本

蘇宣（1553—約 1626），字爾宣，一字嘯民，號泗水、朗公，明新安（今安徽歙縣）人。師從文彭學習書法刻印，後取法漢印，開創泗水派篆刻，與文彭、何震齊名印壇。

白口，四周單邊，無魚尾。正文版心上鎸書名，下鎸卷次。框高 20.0 厘米，寬 14.5 厘米。

卷一前有明萬曆四十五年丁巳蘇宣《印略自叙》，末署“丁巳立夏日，眉山蘇宣爾宣父題”。卷一後有萬曆三十七年王穉登跋，末署“己酉清明後三日，王穉登題”；次接萬曆二十一年董嗣成跋，末署“萬曆癸巳八月，吴興董嗣成識”。卷二前有萬曆四十五年馬維紹《蘇君爾宣印略序》，末署“萬曆丁巳春日，羼提生平湖馬維紹撰并書”；卷二後有黄汝亨跋，末署“江夏黄汝亨貞父”。卷三前有陸淘《印略小叙》，末署“當湖陸淘撰”；次接潘拒《印略序》，末署“茗上藻升潘拒手述”；次接曹徵庸《印略叙》，末署“湖人遠生曹徵庸”；次接萬曆四十五年俞恩燁《蘇爾宣先生印略叙》，

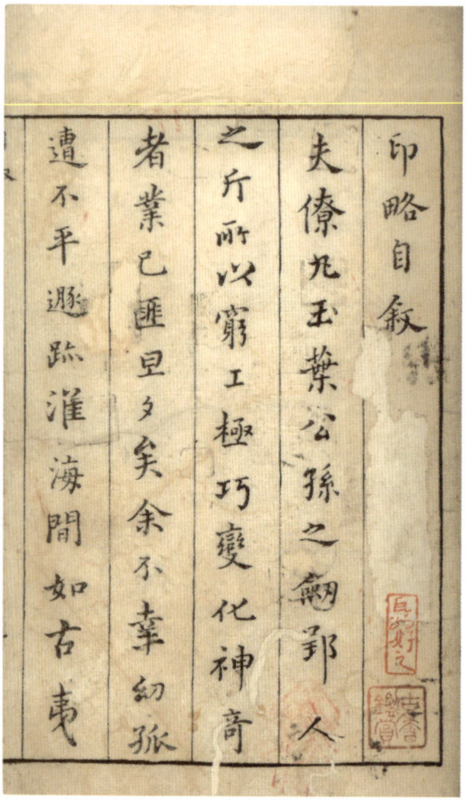

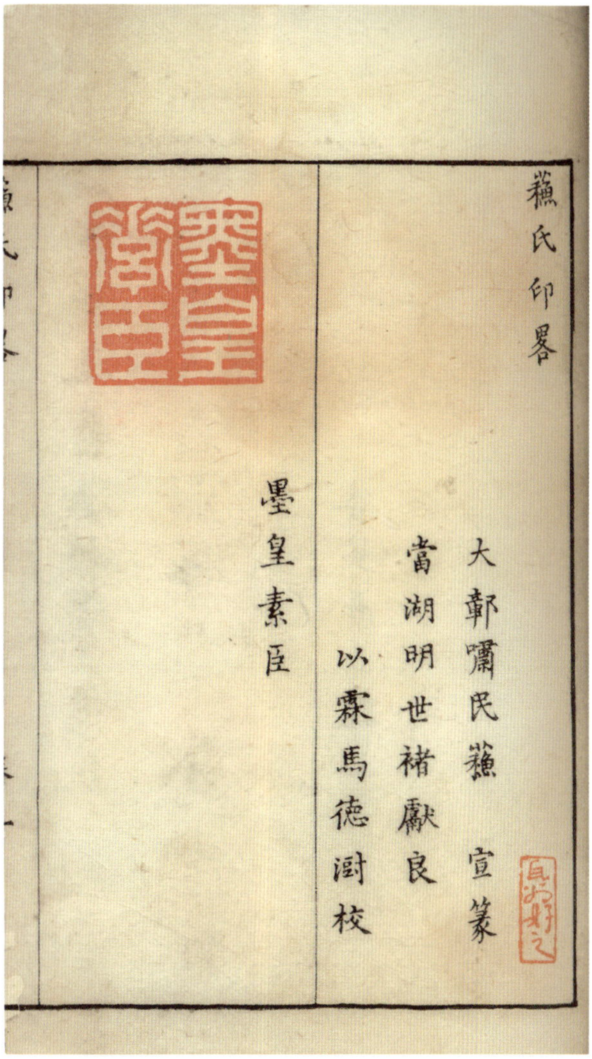
蘓氏印畧

大鄣嘯民蘓宣篆

當湖明世褚獻良

以霖馬德澍校

墨皇素臣

末署“丁巳仲夏初一日，平湖社弟俞恩燁撰”；次接施鳳來《叙蘇君爾宣印略》，末署“當湖友人施鳳來羽王父題”，卷三後有沈潅跋，署“西吴沈潅仲雨書”。

正文凡三卷，卷一收印七十九方，卷二收印一百六十六方，卷三收印一百十五方。

《中國古籍善本書目》子部藝術類收録，編號爲子 4856。

名録號 12664。綫裝，三册。馬維紹序首葉、陸淘序、潘拒序、曹徵庸序、俞恩燁序、施鳳來序皆抄配。

封面有瓦翁題簽。此書爲瓦翁所贈。

封面題簽鈐“瓦 / 祥”朱文方印，《印略自叙》首葉鈐“古香 / 鑑賞”朱文方印、“瓦翁好之”朱文豎長方印。

承清館印譜初集一卷
續集一卷

（明）張灝輯

明刻鈐印本

張灝，一名素，字古民、夷令，號白於山人、平陵居士等，明江蘇太倉人。南京工部尚書張輔之之子。幼承庭訓，少時以貴冑子弟身份補諸生，精通經學。齋堂爲學山堂、承清館。參見陳繼儒《學山堂印譜叙》。

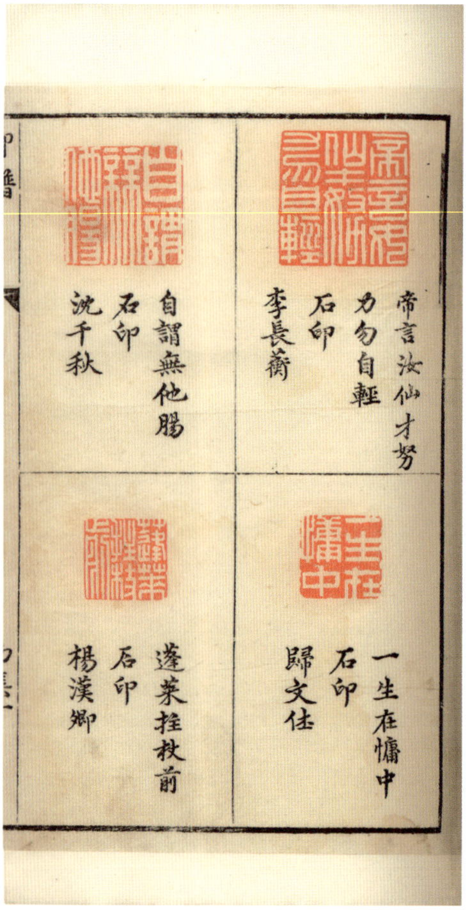

白口，四周單邊，單黑魚尾。正文版心上鐫“印譜”，下鐫“初集 / 續集”及葉次。框高 22.2 厘米，寬 13.8 厘米。

《初集》正文前有張峽《承清館印譜序》、陳元素《印譜題辭》、張嘉《印譜引》、舒曰敬《序印譜》、張灝《自叙》，後有李繼貞《印譜跋》、王在公《印譜跋》、王伯稠《書印譜後》、李吴滋《印譜跋》、徐日久《承清館印譜跋語》、金在鎔《書承清館印譜後》；《續集》正文前有管珍《印譜續集引》、張壽朋《題辭》、陸文獻《印譜續集題辭》、歸昌世《印譜續集序》、黄元會《序印譜續集》、張大復《序印譜續集》、

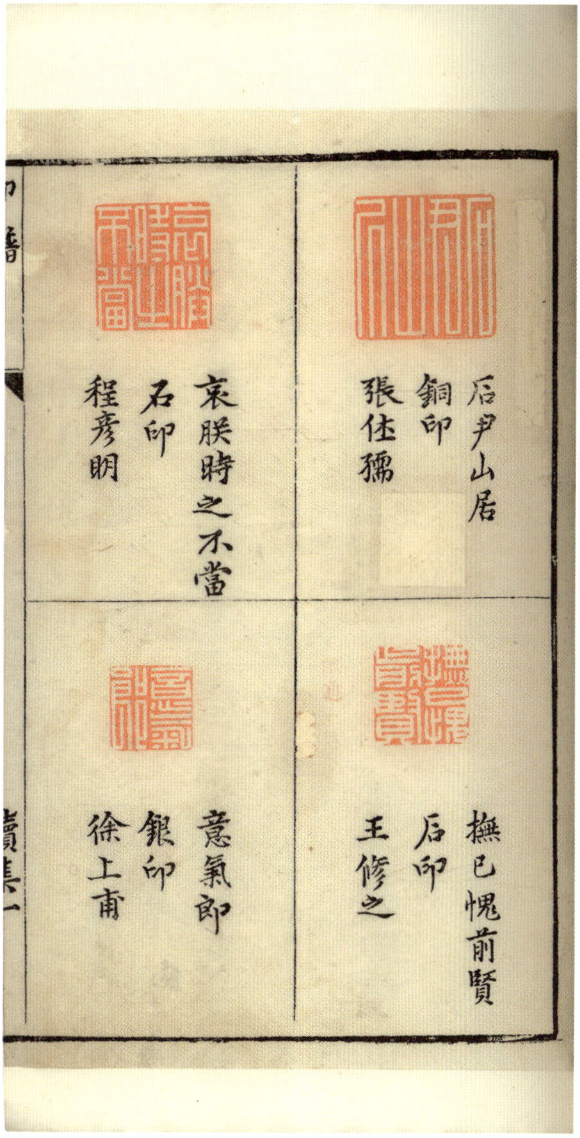

張灝《印譜續集自叙》，後有薄澹儒《跋承清館印譜續集》、錢龍錫《印譜續集跋》、王志堅《跋印譜續集》、陸獻明《題張長君印譜續集後》、王瑞璋《跋印譜續集》、高夢兆《印譜續集跋》。

二集皆張灝所集同時代名人鎸印刻章，每集各二百餘方，每印下注釋文、印質及作者。

《中國古籍善本書目》子部藝術類收録，編號爲子4852。

名録號 11763。綫裝，二册。

封面有瓦翁題字，署“承清館印譜初續集 / 萬曆刻本婁東張灝輯 / 海虞鐵琴銅劍樓善本書目著録 / 瓦翁”。《續集》封面有瓦翁題跋。此書爲瓦翁所贈。

封面鈐“閒邪存誠”朱文方印、“種紙 / 山房”白文方印。張崍《承清館印譜序》首葉鈐“一日思 / 君 / 十二時”朱文方印、“瓦翁好之”朱文豎長方印。《續集》封面題跋有“瓦翁”朱文豎長方印。

印範一卷

（明）程正辰摹　（明）程應祥集

明崇禎七年（1634）刻鈐印本

程正辰，字伯拱，明海陽（安徽休寧）人。

程應祥，字曰吉，餘不詳。

白口，四周單邊，無魚尾。版心上鎸“印範”。框高 22.4 厘米，寬 15.0 厘米。

正文前有明崇禎七年江造舟《印範序》，末署“崇禎甲戌流火月，寧痴子江造舟撰并書”。次接明崇禎七年程有翺《印範序》，末署“甲戌天孫渡河前二日，程有翺季鵬父撰，皡天居士程家彦簡子父書”。

此書收録程正辰印章四十二方，多爲閑章，左爲印章，右爲釋文。

此書爲程應祥所輯，程有翺序云：“族子伯拱幼慕篆籀，志存復古，遍游吴越，凡有鎸刻，捉刀則反，躊躇滿志，以故神俊可續漢貂。再侄曰吉悦之，集平日所蓄三百有奇，題曰《印範》以視人。”

刻工：黄于皋。

名録號 12657。綫裝，一册。

此書爲瓦翁所贈。

江序首葉鈐“瓦翁好之”朱文豎長方印。

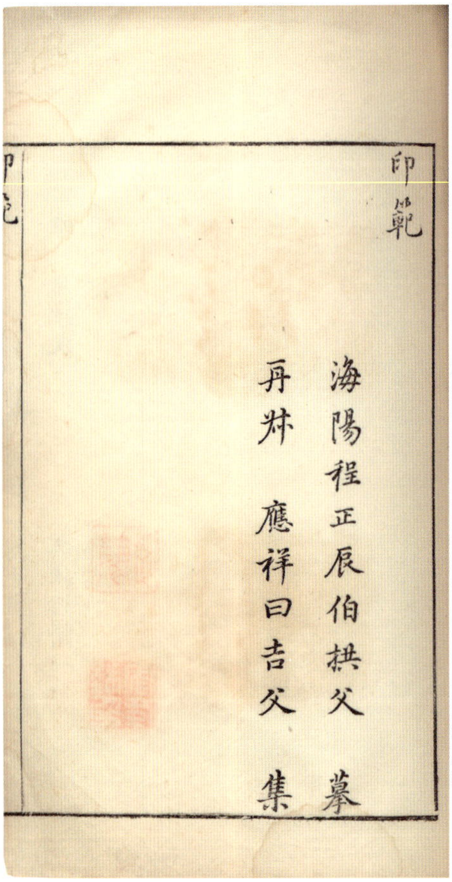

放鶴種梅花

一丘一壑自謂過之

胡氏篆艸一卷

（清）胡正言篆刻

清初蒂古堂刻鈐印本

胡正言（1584—1674），字曰從，號十竹齋主人，明安徽休寧人。寓居南京。明末著名雕版家，刻有《十竹齋箋譜》《十竹齋書畫譜》。參見［康熙］《上元縣志》卷二十四。

白口，四周單邊，無魚尾。版心上鎸“胡氏篆草”，下鎸葉次及“蒂古堂”。框高 18.2 厘米，寬 12.0 厘米。

正文前有顧夢游序，末署“社末顧夢游”。

此書收録胡正言篆刻印章一百四十八方，前半葉爲鈐印，後半葉爲釋文。

《西諦書話》著録，言其附於《十竹齋印存》末，皆爲閑章。《販書偶記續編》卷十亦著録，云：“無印書年月，約順治間蒂古堂印本。”本書瓦翁題跋則稱“刻於萬曆三十八年庚戌”，“胡氏旹年二十七歲”。

名録號 12665。綫裝，一册。序首葉殘闕。

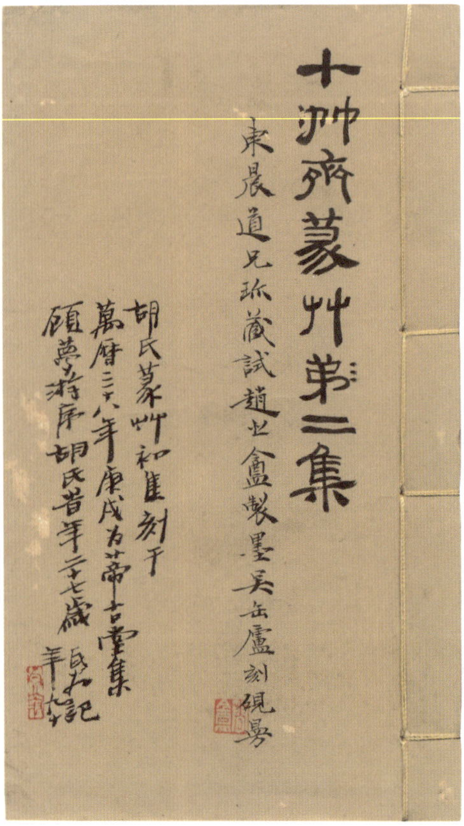

封面有沙曼翁題簽、瓦翁題跋。沙曼翁（1916—2011），原名古痕，號苦茶。滿族，姓愛新覺羅。生於

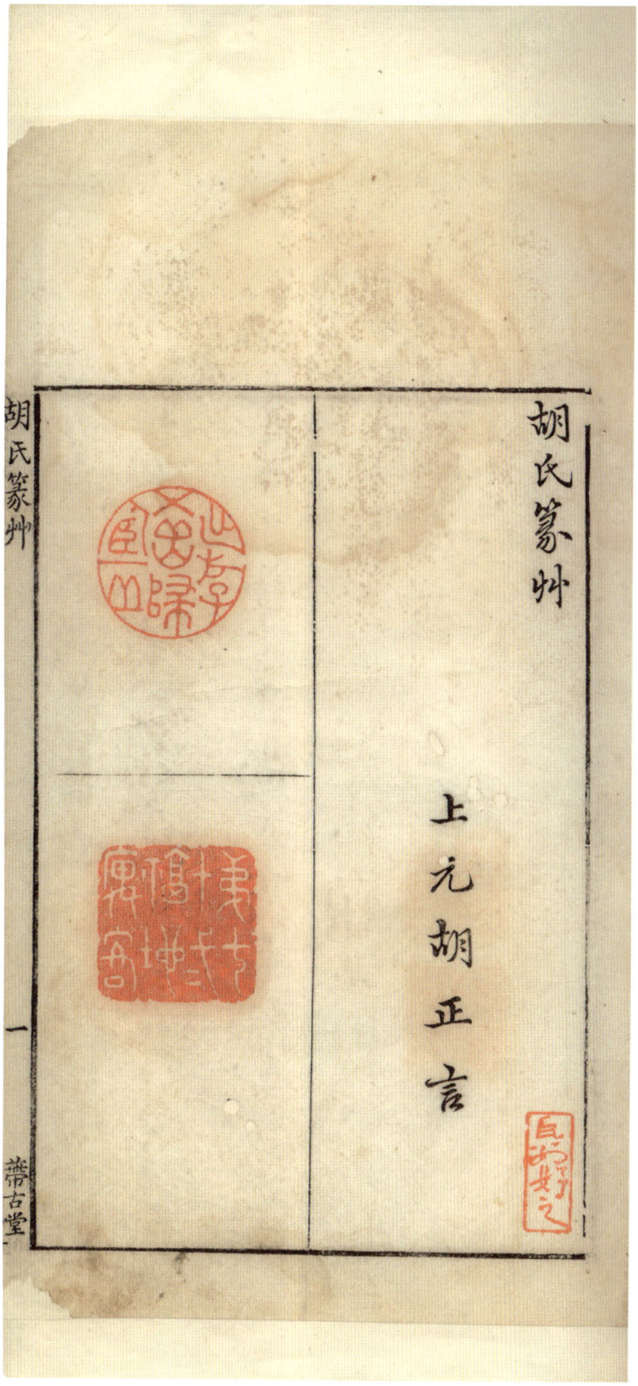

鎮江，居於蘇州。善書畫篆刻，曾獲中國書法蘭亭獎終身成就獎。此書爲瓦翁所贈。

封面鈐“苦茶”白文豎長方印、“簡/盦”白文方印、“瓦翁”朱文長方印。正文首葉鈐“瓦翁好之”朱文豎長方印。

研林鐵書一卷

（清）丁敬篆刻

清鈐印本

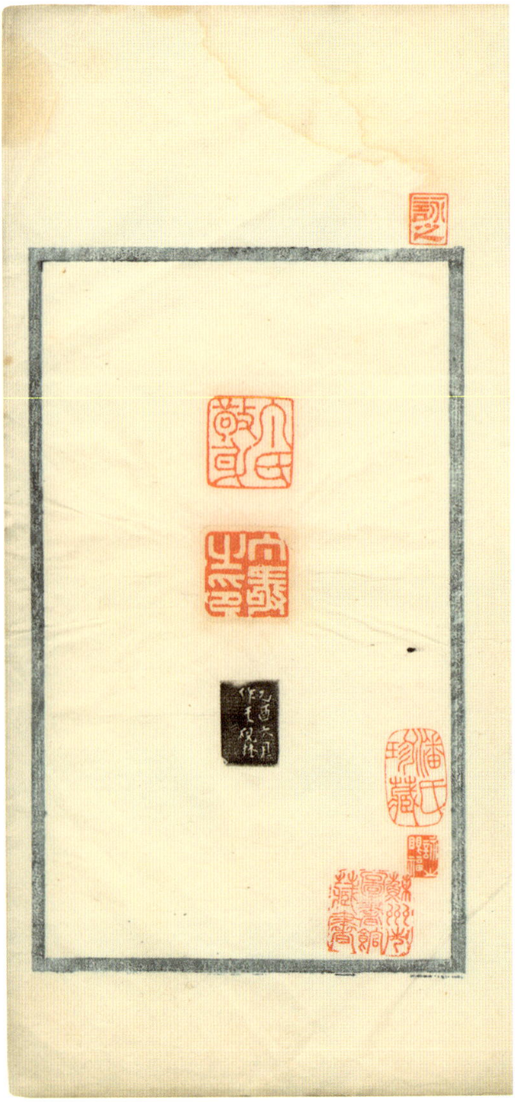

丁敬（1695—1765），字敬身，號龍泓山人、鈍丁、鈍老、敬叟、孤雲石叟、丁居士、玉几翁等，清浙江錢塘（今杭州）人。精鑒識，富收藏，工書善詩，尤精篆刻，爲"西泠八家"之首。有《武林金石録》《研林詩集》等著作存世。參見《國朝先正事略》卷四十一。

藍框剪貼本。框高 18.0 厘米，寬 13.0 厘米。

此書共録丁氏印章二十方，自邊款看，多爲其晚年作品。

《中國古籍善本書目》子部藝術類收録，編號爲子 4939。

名録號 10466。綫裝，一册。

卷末有徐康過録丁敬小傳，又有清同治十三年（1874）徐康跋，末署"甲戌正月，徐康記"。

徐康（1814—？），字子晋，號窳叟，清長洲（今屬江蘇蘇州）

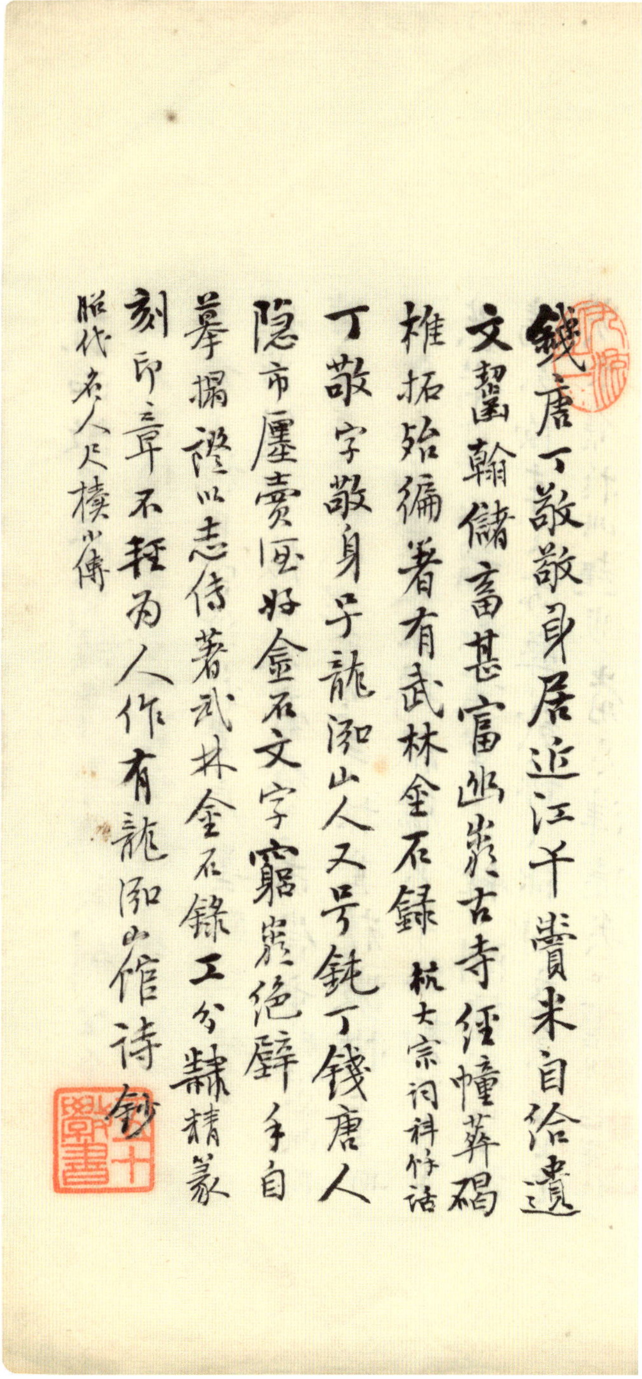
錢唐丁敬敬身居近江干賣米自給遺
文蠹翰儲畜甚富幽巖古寺經幢碑碣
椎拓殆徧著有武林金石録 杭大宗詞科餘話
丁敬字敬身號龍泓山人又号鈍丁錢唐人
隱市廛賣酒好金石文字窮巖絕壁手自
摹搨證以志傳著武林金石録工分隸精篆
刻印章不輕爲人作有龍泓山館詩鈔
昭代名人尺牘小傳

人。諸生。工詩畫、篆隸、刻印，尤精鑒別書畫金石，兼通岐黄。

首葉鈐“詠之 / 眼福”白文方印，“潘氏 / 珍藏”朱文不規則圓形印，“詠之”朱文豎長方印。小傳葉鈐“九流 / 之一”朱文橢圓印，“五十 / 學書”朱文方印。題跋葉鈐“徐康 / 之印”白文方印。

黄易自存印譜一卷

（清）黄易篆刻

清鈐印本

黄易（1744—1802），字大易，號小松，又號秋盦，清浙江仁和（今杭州）人。官山東運河同知。工隸書，精篆刻，爲“西泠八家”之一。有《秋景庵主印譜》等存世。參見《清史稿》卷四百八十六。

無版框、行格。開本高26.2厘米，寬14.8厘米。

此書共收録黄氏印章四十六方，上爲鈐印，朱文，下爲邊款，墨文。

名録號10464。綫裝，一册。

末葉鈐有“眉老/寓目”朱文長方印。

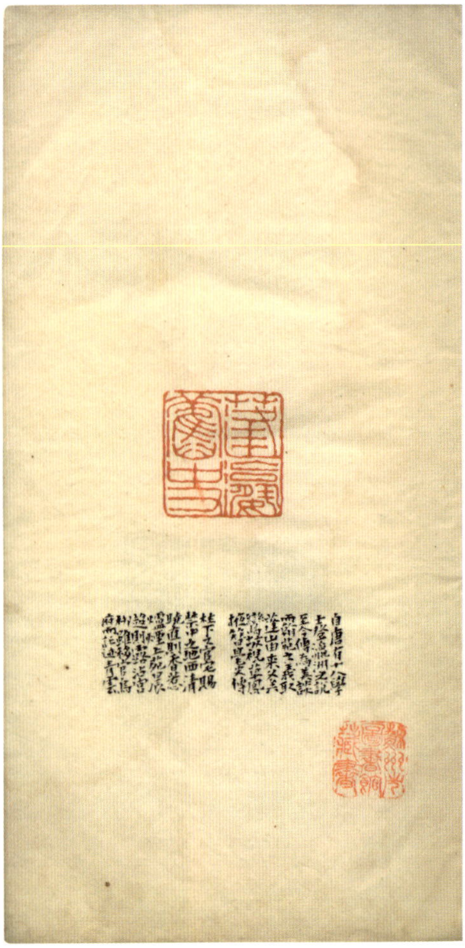

昔越國汪公圎世彧文起兵
保障柔祥郡衛民生運宣
欽數州咸蒙其澤厥後
肆命有唐大啟吉宇奉
庙食百世不絶其能識天
命知時務為後武爾王乎

集捷夫越後先同軌也
以嘗系少於越國惟佐與
有韓盎普人所稱緯存爽
風昔原終近年千為作此
卯以贈其在詩曰無庶兩
祖印氤潭歟五戊莖為

過雲樓書畫記不分卷

（清）顧文彬撰

稿本

顧文彬（1811—1889），字蔚如，號子山、紫珊，晚號艮庵，清元和（今屬江蘇蘇州）人。清道光二十一年（1841）進士，授刑部主事、福建司郎中、湖北武昌鹽法道、浙江寧紹台兵備道。著有《眉綠樓詞》等。參見民國《吴縣志》卷六十八下。

藍格箋紙。半葉十行，行十七至二十一字不等。白口，四周單邊，無魚尾。版心下鎸“過雲樓筆記”。框高 19.4 厘米，寬 13.4 厘米。

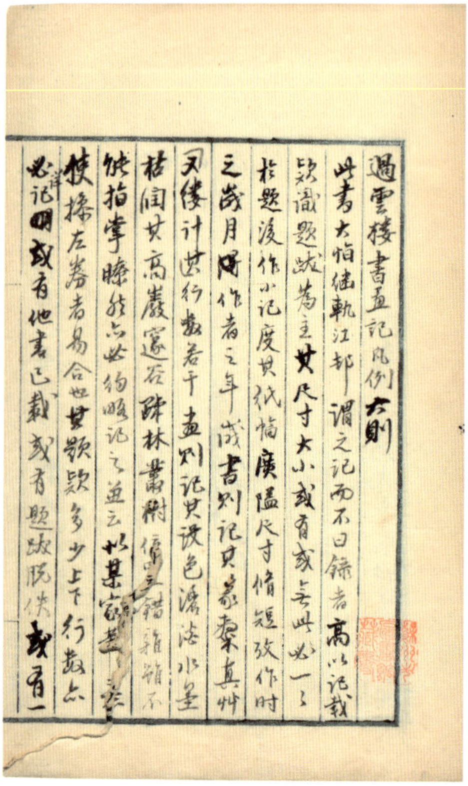

正文前有《過雲樓書畫記凡例六則》。

此書所記皆過雲樓舊藏書畫作品，以款識題跋爲主，兼録名人藏章、破舊程度、遞藏流傳、書體設色等。《過雲樓書畫記》另有刻本，與此本頗有不同。

《中國古籍善本書目》子部藝術類收録，編號爲子 4396。

名録號 08446。毛裝，四册。

正文《蘇文忠乞居常州奏狀》等處鈐“西津”朱文豎長方印。

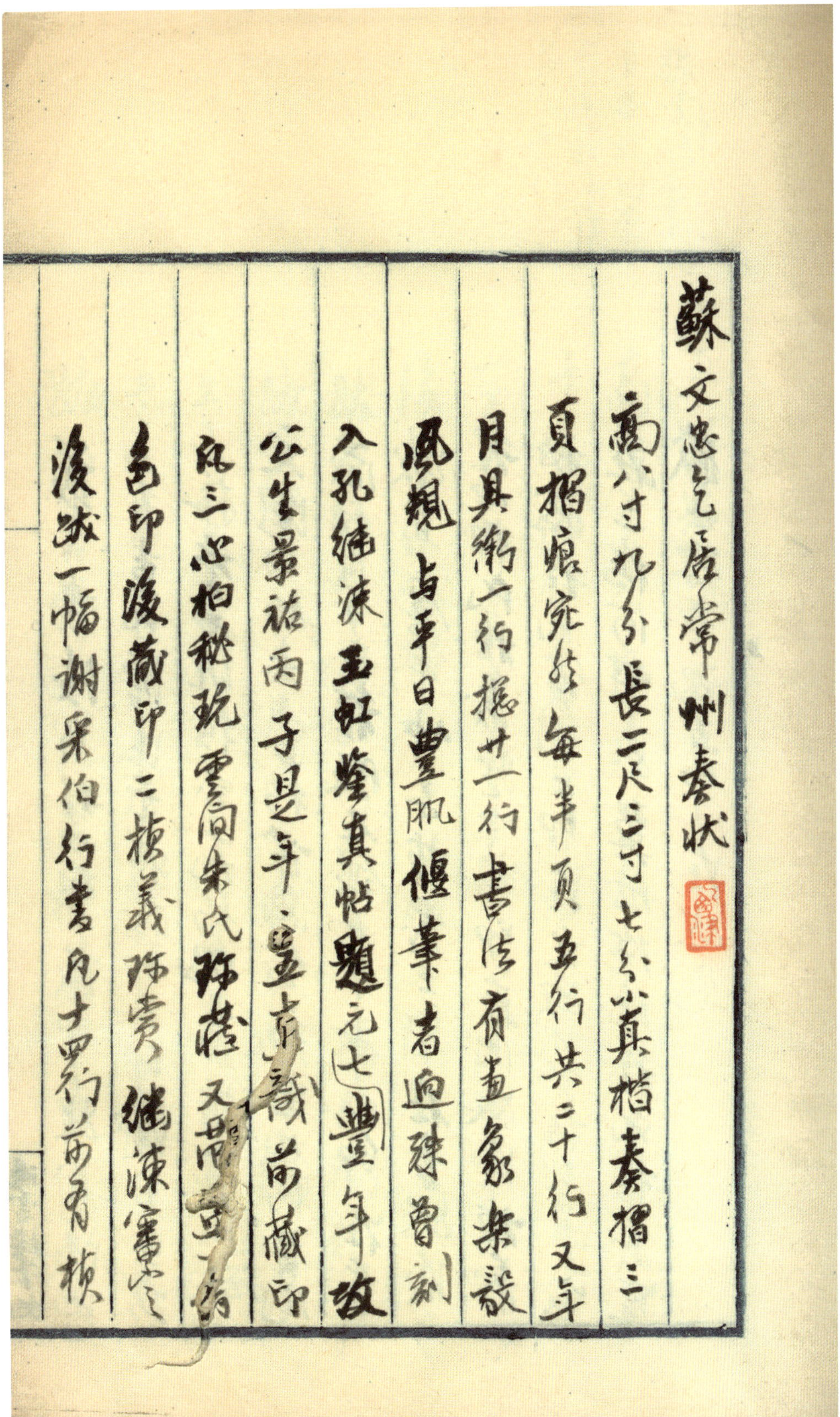

蘇文忠公居常州奏狀

高八寸九分長二尺三寸七分小真楷奏摺三頁摺痕宛然每半頁五行共二十行又年月具銜一行摠廿一行書法有畫象樂毅風規與平日豐肌偃筆者迥殊曾刻入孔繼涑玉虹鑑真帖題元七豐年攷公生景祐丙子是年、盖[illegible]九歲前藏印孔三心柏秘玩雲間朱氏珍藏又[illegible]白印後藏印二楨義珍賞繼涑審定後跋一幅謝采伯行書凡十四行前有楨

亳州牡丹史四卷

（明）薛鳳翔著

明萬曆刻本

薛鳳翔，字公儀，明安徽亳州人。萬曆間以例貢入仕途，官至鴻臚寺少卿。不久解職還鄉，以讀書、種花自娛，廣泛搜集牡丹，盡心培育，費時數年，寫成《亳州牡丹史》。參見乾隆《亳州志》卷九。

半葉九行，行十八字，小字雙行同。白口，四周單邊，單白魚尾。版心上鐫書名，中鐫卷次，下鐫葉次。框高 21.4 厘米，寬 14.0 厘米。

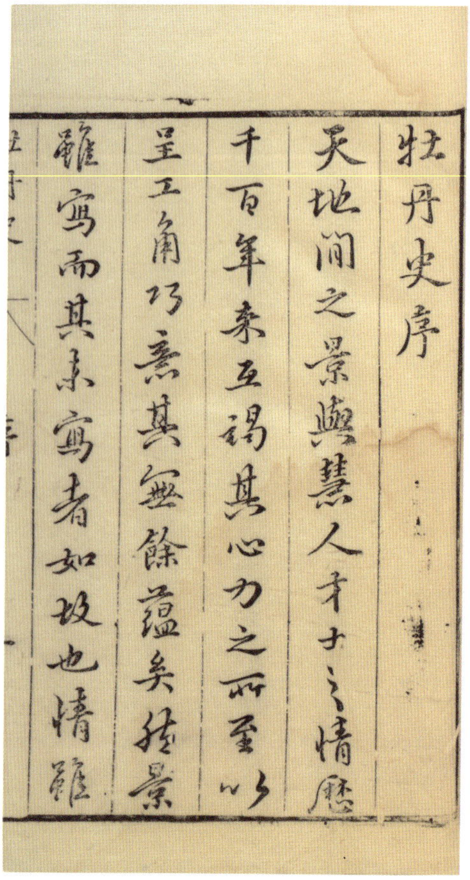
牡丹史序
天地間之景與慧人才士之情歷
千百年來互竭其心力之所至以
呈工角巧盡其無餘蘊矣然景
雖寫而其未寫者如故也情雖

正文前有焦竑《牡丹史序》；次接袁中道《牡丹史序》；次接明萬曆四十一年（1613）鄧汝丹《牡丹史序》，末署“萬曆歲次癸丑桂月之朔，延陵友弟鄧汝丹撰、張嘉孺書”；次接明萬曆四十五年李胤華《牡丹史序》，末署“丁巳秋日，瓠菴李胤華題於長安之銀杏道宫”；再接《凡例》和《牡丹史標目》。正文後有李猶龍《牡丹史跋》。

正文凡四卷。卷一：紀、表一（花之品）、表二（花之年）、書八（一種、二栽、三分、四接、五澆、六養、七醫、八忌）、傳六（一神品、

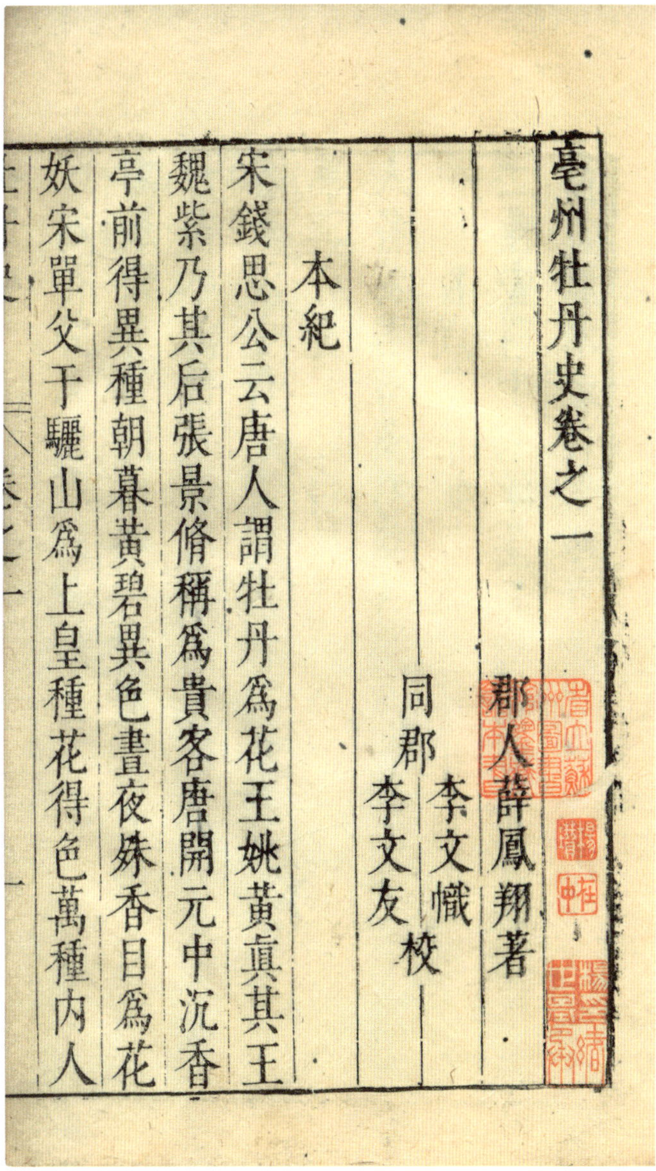
亳州牡丹史卷之一
郡人薛鳳翔著
同郡　李文熾
李文友　校
本紀
宋錢思公云唐人謂牡丹爲花王姚黄眞其王
魏紫乃其后張景脩稱爲貴客唐開元中沉香
亭前得異種朝暮黄碧異色晝夜殊香目爲花
妖宋單父于驪山爲上皇種花得色萬種内人

二名品、三靈品、四逸品、五能品、六具品、拾遺）、外傳（花之氣、花之種、花之鑒）；卷二：別傳（紀園、紀風俗）；卷三：花考、神异、方術；卷四：藝文志。

《中國古籍善本書目》子部譜録類收録，編號爲子 5381。

名録號 10473。綫裝，四册。

卷一首葉鈐“緒 / 承”朱文方印、“楊印 / 世基”白文方印、“在 / 中”朱文方印、“楊 / 瓚”白文方印，卷二首葉鈐“四明盧氏 / 抱經樓 / 藏書印”白文方印，跋末鈐“在中”朱文方印、“楊瓚 / 私印”白文方印。

淮南子二十八卷

（漢）劉安撰

明吴仲刻本

劉安（前 179—前 122），西漢沛郡豐（今江蘇豐縣）人。劉邦孫。漢文帝十六年（前 164）封淮南王。爲人好讀書鼓琴，廣招賓客，著書立説。後因謀反事敗自盡。參見《史記》卷一百一十八《淮南衡山列傳》。

半葉十行，行十九字。白口，左右雙邊，單黑魚尾。版心上鎸書名，中鎸篇名篇次，下鎸葉次。框高 18.3 厘米，寬 13.8 厘米。

前有目録，次接漢高誘《淮南子舊叙》。末卷後有按語一篇。

正文凡二十八卷，依次爲：原道訓上、原道訓下、俶真訓上、俶真訓下、天文訓上、天文訓下、地形訓上、地形訓下、時則訓上、時則訓下、覽冥訓、精神訓、本經訓、主術訓上、主術訓下、繆稱訓、齊俗訓、道應訓、氾論訓上、氾論訓下、詮言訓、兵略訓、説山訓、説林訓、人間訓、修務訓、泰族訓、要略。要略稱此書“紀綱道德，經緯人事，上考之天，下揆之地，中通諸理……足以觀終始矣”。各卷卷端俱有“明

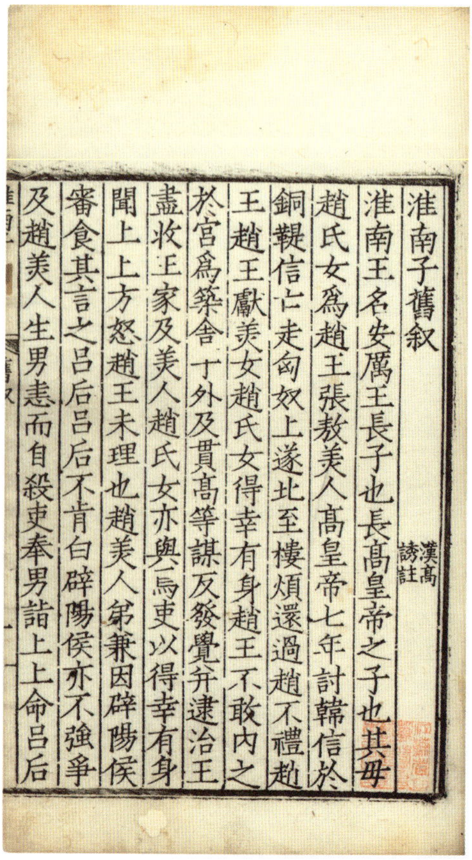

淮南子舊叙 漢高誘註

淮南王名安厲王長子也長高皇帝之子也其母
趙氏女爲趙王張敖美人高皇帝七年討韓信於
銅鞮信亡走匈奴上遂北至樓煩還過趙不禮趙
王趙王獻美女趙氏女得幸有身趙王不敢内之
於宫爲築舍于外及貫高等謀反發覺幷逮治王
盡收王家及美人趙氏女亦與焉吏以得幸有身
聞上上方怒趙王未理也趙美人弟兼因辟陽侯
審食其言之吕后吕后不肯白辟陽侯亦不強爭
及趙美人生男恚而自殺吏奉男詣上上命吕后

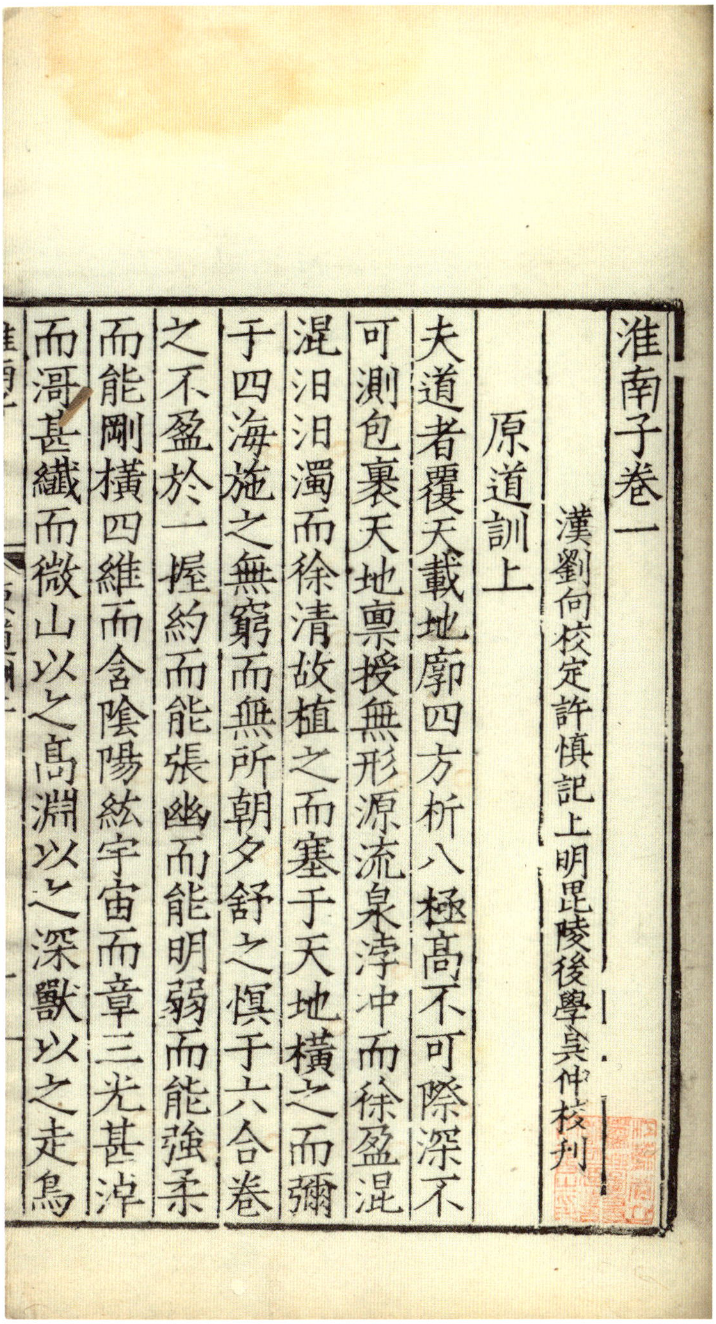
淮南子卷一
漢劉向校定許愼記上明毘陵後學吳仲校刊
原道訓上
夫道者覆天載地廓四方柝八極高不可際深不可測包裹天地稟授無形源流泉浡冲而徐盈混混汩汩濁而徐清故植之而塞于天地橫之而彌于四海施之無窮而無所朝夕舒之幎于六合卷之不盈於一握約而能張幽而能明弱而能強柔而能剛橫四維而含陰陽紘宇宙而章三光甚淖而滒甚纖而微山以之高淵以之深獸以之走鳥

毘陵後學吴仲校刊”字样。

吴仲（1482—1568），字亞甫，號劍泉，明江蘇武進人。明正德十二年（1517）進士。歷任處州知府、湖廣參政、南太僕寺少卿。

《中國古籍善本書目》子部雜家類收録，編號爲子 5601。

名録號 04730。綫裝，十二册。

容齋隨筆十六卷
續筆十六卷

（宋）洪邁撰　繆荃孫跋

宋嘉定五年（1212）章貢郡齋刻本

洪邁（1123—1202），字景盧，號容齋，又號野處，南宋饒州鄱陽（今江西省鄱陽县）人。洪皓季子。南宋紹興十五年（1145）進士。乾道間，累遷中書舍人，兼侍讀，直學士院，同修國史。南宋淳熙十三年（1186），爲翰林學士，上《四朝國史》。寧宗時，以端明殿學士致仕。卒贈光禄大夫，謚“文敏”。著有《野處類稿》《夷堅志》等。參見《宋史》卷三百七十三。

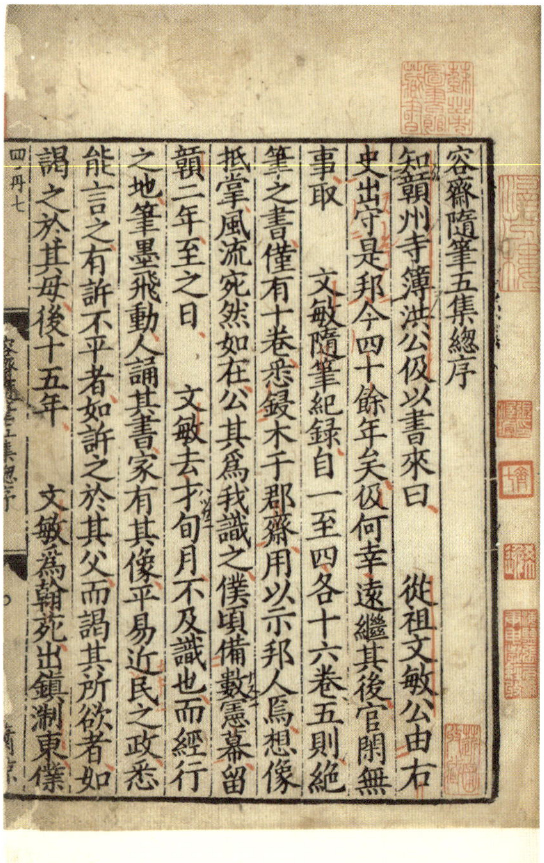
容齋隨筆五集總序
知贛州寺簿洪公伋以書來曰　從祖文敏公由右史出守是邦今四十餘年矣伋何幸遠繼其後官閑無事取　文敏隨筆紀録自一至四各十六卷五則絶筆之書僅有十卷悉録木于郡齋用以示邦人爲想像抵掌風流宛然如在公其爲我識之僕頃備數憲幕留贛二年至之日　文敏去才旬月不及識也而經行之地筆墨飛動人誦其書家有其像平易近民之政悉能言之有許不平者如許之於其父而謁其所欲者如謁之於其母後十五年　文敏爲翰苑出鎮淛東僕

半葉十行，行二十一字。白口，左右雙邊，雙順黑魚尾。版心上鎸字數，中鎸書名、卷次，下鎸葉次、刻工。框高22.5厘米，寬16.9厘米。

正文前有南宋嘉定五年（1212）何异《容齋隨筆五集總序》，末署“嘉定壬申仲冬初吉，寶謨閣直學士太中大夫提舉隆興府玉隆萬壽宫臨川何异謹序”；次接目録。《續筆》

容齋隨筆卷第一　二十九則

予老去習懶讀書不多意之所之隨即紀錄因其後先無復詮次故目之曰隨筆淳熙庚子鄱陽洪邁景盧

歐率更帖

臨川石刻雜法帖一卷載歐陽率更一帖云年二十餘至鄱陽地沃土平飲食豐賤衆士往往湊聚每日賞華恣口所須其二張才華議論一時俊傑殷薛二侯故不可言戴君國士出言便是月旦蕭中郎頗縱放誕亦有雅致彭君擒藻特有自然至如閣山神詩先輩亦不能加此數子遂無一在殊使痛心茲盖吾鄉故實也

正文前亦有目録，後有南宋紹熙三年（1192）洪邁序，末署“紹熙三年三月十日，邁序”。

《隨筆》凡十六卷，共三百二十九則，《續筆》凡十六卷，共二百四十九則。《四庫全書總目》稱其“自經史諸子百家以及醫卜星算之屬，凡意有所得，即隨手劄記，辯證考據，頗爲精確”。

刻工：蕭諒、鄧鼎、貴、蕭文超、黄遇、蕭文顯、茂、圭、黄珍、黄寬、劉源、肖譓等。

書中“匡”“朗”“勖”“樹”“玄”“弘”“讓”“殷”“徵”“慎”“貞”“桓”等字避諱缺筆。

《中國古籍善本書目》子部雜家類收録，編號爲子 6092。

名録號 00759。綫裝，十二册。

書末有清繆荃孫墨筆跋，時年七十五歲。繆荃孫（1844—1919），字炎之，又字筱珊，晚號藝風老人。江蘇江陰人。清光緒二年（1876）進士，授翰林院編修。先後掌南菁書院、濼源書院、南京鍾山書院、常州龍城書院。并籌建三江師範學堂、江南圖書館、京師圖書館。晚任《清史稿》總纂。著有《藝風堂藏書記》《藝風堂金石文字目》《藝風堂文集》等。

總序首葉鈐有“海鹽張元濟/庚申歲經收”朱文長方印、“希/逸”白文方印、“齊/七”朱文方印、“張印/澤瑺”白文方印、“涵芬樓”朱文長方印、“莚圃/收藏”朱文長方印，序末鈐“伏侯/在東/精力/所聚”朱文方印，目録首葉鈐“鞠山文庫”朱文長方印、“審美/珍藏”白文方印、“潛山/讀本”朱文方印、“後博/古堂所/藏善本”朱文方印、“荆溪田氏/藏書之印”朱文長方印、“他無/長物”白文方印、“田偉/後裔”朱文方印，《隨筆》卷一首葉鈐有“潛叟/秘笈”朱文方印，卷四卷端鈐“墨汁/因緣”朱文方印、“知論/物齋”朱文方印，卷七卷端鈐“行/可”白文方印、“徐恕/私印”白文方印，卷九首葉鈐“江夏/徐氏/文房”朱文方印；《續筆》目録首葉鈐有“曾歸徐/氏彊誃”朱文長方印，卷四首葉鈐“洪州/高士後”白文方印、“臧棱”朱文長方印，卷十六末葉鈐“伏侯/得之/日本”白文方印、“鄂渚徐氏/經籍金/石書畫記”朱文方印，繆荃孫跋鈐“雲自在堪”白文方印、“荃/孫”白文長方印。

按，是書宋刻《隨筆》《續筆》藏蘇州圖書館，國家圖書館亦藏《續筆》十六卷。

重刊明心寶鑑二卷

（明）范立本輯

明嘉靖三十二年（1553）曹玄刻本

范立本，明初浙江杭州人。生平不詳。

半葉九行，行十八字。上下黑口，四周雙邊，雙對黑魚尾。版心鐫葉次。框高 22.0 厘米，寬 15.5 厘米。

正文前有明洪武二十六年（1393）范立本《明心寶鑑序》，末署“洪武二十六年歲次癸酉二月既望，武林後學范立本序”，次接明嘉靖三十二年曹玄《重刊明心寶鑑序》，末署“大明嘉靖歲次癸丑仲秋上瀚之吉，守庵曹玄序”，次接目録。

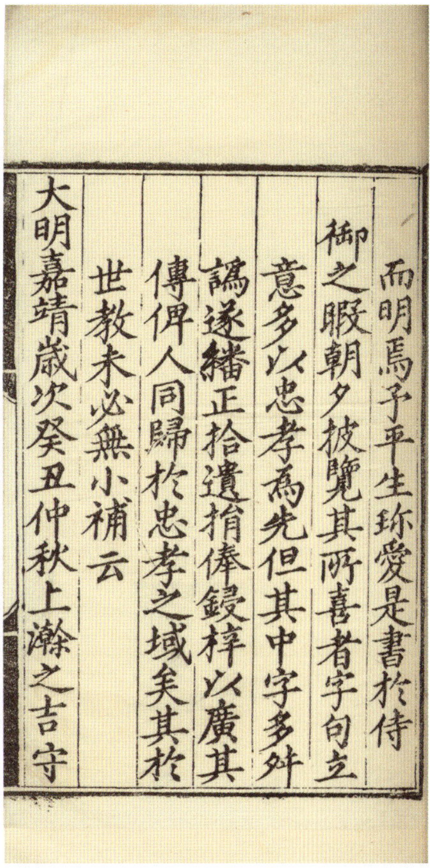
而明焉予平生珎愛是書於侍
御之暇朝夕披覽其所喜者字句立
意多以忠孝爲先但其中字多舛
譌遂繙正拾遺捐俸鋟梓以廣其
傳俾人同歸於忠孝之域矣其於
世教未必無小補云
大明嘉靖歲次癸丑仲秋上澣之吉守

内容分為上下二卷，共二十篇。上卷爲繼善篇第一、天理篇第二、順命篇第三、孝行篇第四、正己篇第五、安分篇第六、存心篇第七、戒性篇第八、勸學篇第九、訓子篇第十。下卷爲省心篇第十一、立教篇第十二、治政篇第十三、治家篇第十四、安義篇第十五、遵禮篇第十六、存信篇第十七、言語篇第十八、交友篇第十九、婦行篇第二十。

《中國古籍善本書目》子部雜家類收録，編號爲子 8236。

名録號 01900。綫裝，二册。

重刊明心寶鑑卷上

繼善篇第一 凡四十七條

子曰。為善者天報之以福。為不善者天報之以
禍。○尚書云。作善降之百祥。作不善降之百殃。
○徐神翁曰。積善逢善。積惡逢惡。仔細思量。天
地不錯。○善有善報。惡有惡報。若還不報。時辰
未到。○尚書云。作善自福生。作惡自灾生。福在
積善。禍在積惡。○平生積善天加善。若是愚頑
受禍殃。善惡到頭終有報。高飛遠走也難藏。○

丹鉛續録十二卷

（明）楊慎撰

明嘉靖刻本

楊慎（1488—1559）字用修，號月溪、升庵等，明四川新都人。明正德六年（1511）狀元，授翰林院修撰，參修《武宗實録》。明嘉靖三年（1524）因“大禮議”謫戍雲南永昌衛。穆宗時追贈光禄寺少卿。熹宗時追謚“文憲”。著述甚多，有《升庵集》等。參見《明史》卷一百九十二。

半葉十行，行十八字。黑口，四周單邊，無魚尾。版心中鎸書名、卷次，下鎸葉次。框高 18.2 厘米，寬 13.5 厘米。

正文前有明嘉靖十六年楊慎《丹鉛續録序》，末署“嘉靖丁酉冬十一月朔日，升庵楊慎書於高嶢别業之朝暉軒”。

楊慎考辨群書异同筆記之作，皆以“丹鉛”爲名。另有《餘録》十七卷、《閏録》九卷。後自删爲《摘録》十三卷，門人梁佐又合諸録爲《總録》二十七卷。正文卷一、卷二爲經説，卷三爲考證，卷四爲辨字，卷五爲評文，卷六爲雜説，卷七爲拾遺，卷八至十二則不分類。

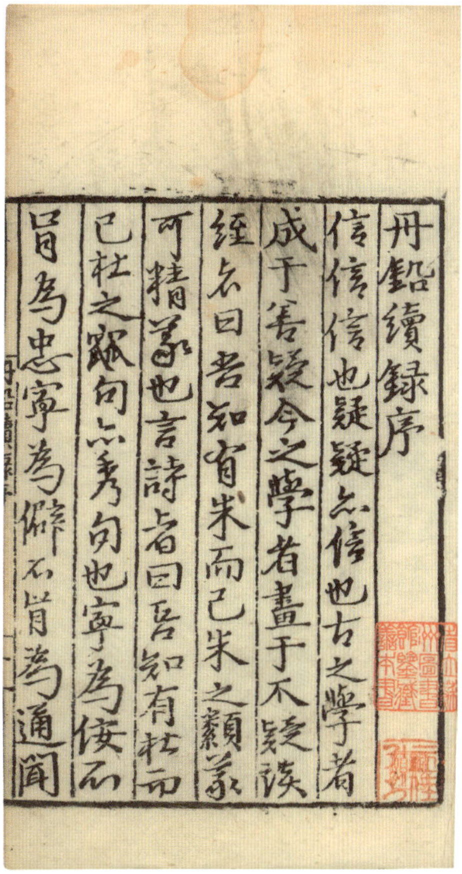
丹鉛續録序
信信信也疑疑亦信也古之學者
成于善疑今之學者畫于不疑誒
經亦曰者知首末而已末之類蒙
可精蒙也言詩者曰吾知有杜而
已杜之䠋句亦秀句也寧為倭而
旨為忠寧為僻不肯為通聞

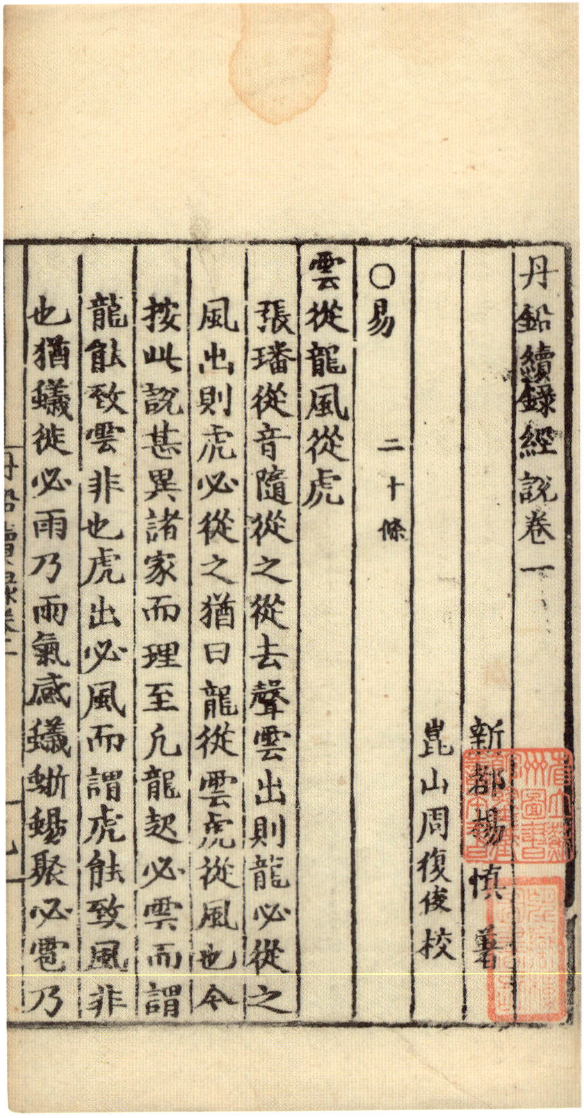
丹鉛續録經說卷一
新都楊慎著
崑山周復俊校
○易　二十條
雲從龍風從虎
張璠從音隨從之從去聲雲出則龍必從之
風出則虎必從之猶曰龍從雲虎從風也今
按此說甚異諸家而理至允龍起必雲而謂
龍能致雲非也虎出必風而謂虎能致風非
也猶蟻徙必雨乃雨氣感蟻蜥蜴聚必雷乃

《四庫全書總目》云：“慎以博洽冠一時，使其覃精研思，網羅百代，竭平生之力以成一書，虽未必追蹤馬、鄭，亦未必遽在王應麟、馬端臨下。而取名太急，稍成卷帙，即付棗梨，餖只爲編，飣成雜學。王世貞謂其工於證經而疏於解經，詳於稗史而忽於正史，詳於詩事而略於詩旨，求之宇宙之外而失之耳目之内，亦确論也。”

《中國古籍善本書目》子部雜家類收録，編號爲子 7129。

名録號 04773。綫裝，六册。

《丹鉛續録序》首葉鈐有“嗣 / 頤”朱文方印，首卷首葉鈐有“望嶽樓 / 圖書記”朱文長方印。

聚善傳芳録八卷

（明）賓卿輯

明萬曆三年（1575）賓文照刻本

賓卿（1496—？），字良佐，號見泉，明秀水（今浙江嘉興）人。素以孝聞。嘉靖間，部使者下郡邑旌其門。參見萬曆《嘉興府志》卷二十一。

半葉十行，行二十一字。白口，四周單邊，無魚尾。版心上鎸圓形分卷印記，内鎸八音之字，版心中鎸“聚善傳芳録”，版心下鎸方框，内鎸葉次。框高 18.2 厘米，寬 11.2 厘米。

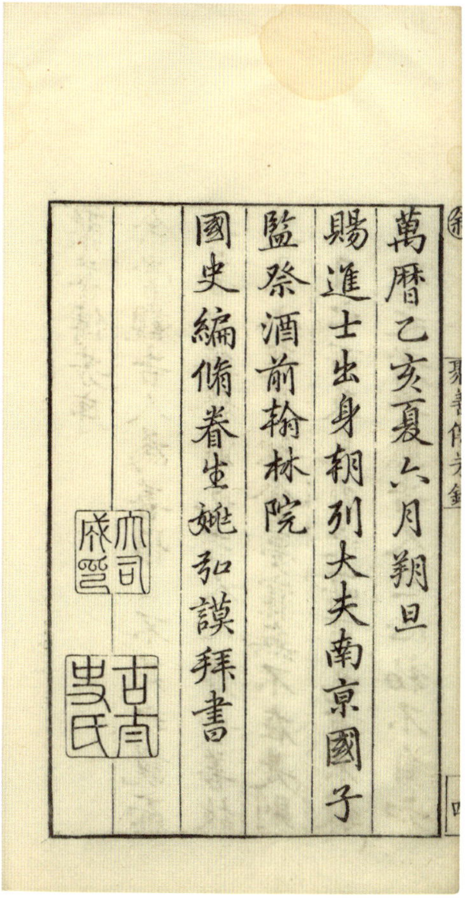
萬曆乙亥夏六月朔旦
賜進士出身朝列大夫南京國子
監祭酒前翰林院
國史編脩眷生姚弘謨拜書

正文前有明萬曆三年潘晟序，末署“萬曆乙亥季春朔日，賜進士及第資政大夫禮部尚書兼翰林院學士前國子監祭酒經筵日講官兼修玉牒國史總裁新昌潘晟撰”。次接同年姚弘謨序，末署“萬曆乙亥夏六月朔旦，賜進士出身朝列大夫南京國子監祭酒前翰林院國史編修眷生姚弘謨拜書”。次接包檉芳序，末署“賜進士前中憲大夫貴州按察司副使奉敕提督學校眷生包檉芳謹撰”。正文末有明萬曆三年沈伯龍序，末署“萬曆乙亥秋七月既望，賜進

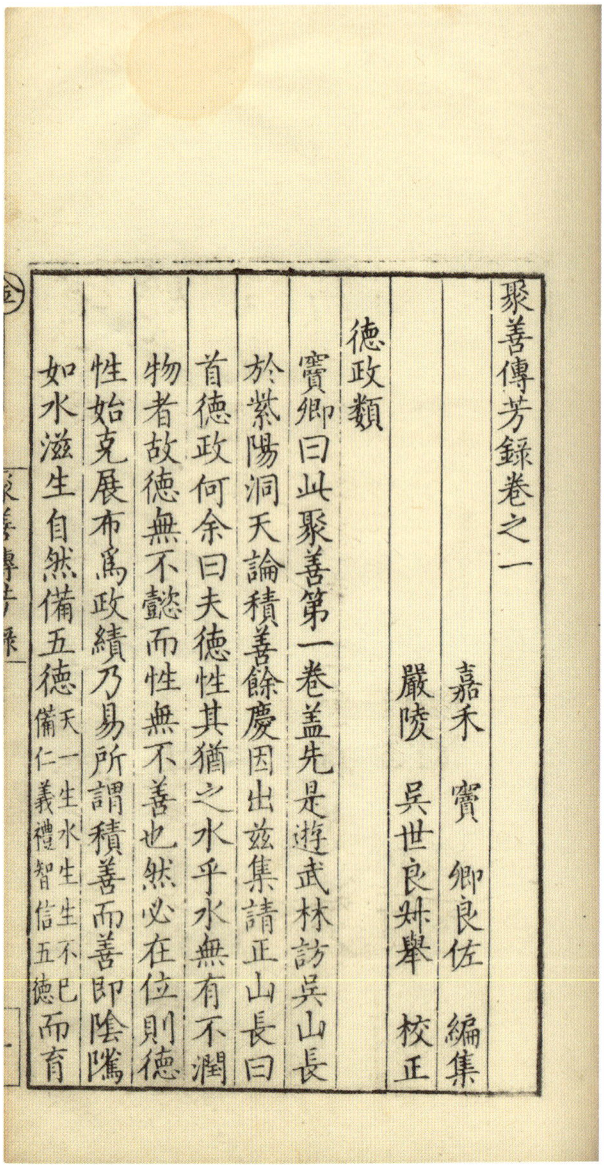
聚善傳芳録卷之一
嘉禾　竇　卿良佐　編集
嚴陵　吳世良弅舉　校正
德政類
竇卿曰此聚善第一卷盖先是遊武林訪吳山長於紫陽洞天論積善餘慶因出兹集請正山長曰首德政何余曰夫德性其猶之水乎水無有不潤物者故德無不懿而性無不善也然必在位則德性始克展布焉政績乃易所謂積善而善即陰騭如水滋生自然備五德天一生水生生不已而育備仁義禮智信五德

士出身朝議大夫四川布政司右參議前工科左給事中眷生沈伯龍拜書”。

正文按金、石、絲、竹、匏、土、革、木分卷。類分德政、救灾、忠烈、孝義、濟人、愛物、容忍、報德八門。

沈伯龍序云：“乃嗣光禄君季泉式承父令，志秉大公，謀諸梓以遠其傳。”竇文照，字子明，號季泉。明浙江秀水人。竇卿子。明萬曆二十年進士，任光禄寺丞。輯有《竇子紀聞類編》。

《中國古籍善本書目》子部雜家類收録，編號爲子 7723。

名録號 10513。綫裝，八册。

正楊四卷

（明）陳耀文撰

明隆慶三年（1569）刻本

陳耀文（1524—1605），字晦伯，號筆山，明河南確山人。明嘉靖二十九年（1550）進士，授中書舍人，選工科給事中。數上危言，忤時相意，謫魏縣丞，量移淮安推官，寧波、蘇州二府同知。遷南京户部郎中，後出爲淮陽兵備副使，治盜有功，尋升陝西行太僕寺卿，遂請告歸，抵家杜門，日事著述。另著有《天中記》《學圃藼蘇》《學林就正》《經典稽疑》《花草粹編》等。參見民國《確山縣志》卷十八。

半葉十行，行二十字。白口，四周雙邊，單黑魚尾。版心上鐫書名，版心中鐫卷次，下鐫葉次。框高 17.7 厘米，寬 13.6 厘米。

正文前有明隆慶三年李蓘《正楊序》，末署“隆慶三年歲在己巳夏四月廿五日，順陽李蓘子田甫謹纂，長洲文彭書”。書後有同年陳耀文《後語》，末署“隆慶己巳孟冬望，天中筆山山人陳耀文書於敦悦堂”。

正楊者，正楊慎《丹鉛總録》之誤，凡一百五十條。

《四庫提要》云：“耀文考正

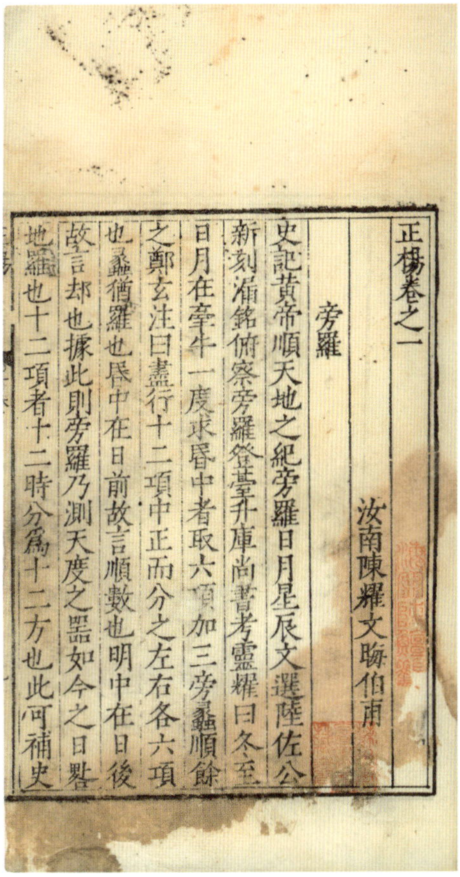
正楊卷之一

汝南陳耀文晦伯甫

旁羅

史記黄帝順天地之紀旁羅日月星辰文選陸佐公新刻漏銘俯察旁羅登臺升庫尚書考靈耀曰冬至日月在牽牛一度求昬中者取六項加三旁蠡順餘之鄭玄注曰蠡行十二項中正而分之左右各六項也蠡猶羅也昬中在日前故言順數也明中在日後故言却也據此則旁羅乃測天度之器如今之日晷地羅也十二項者十二時分爲十二方也此可補史

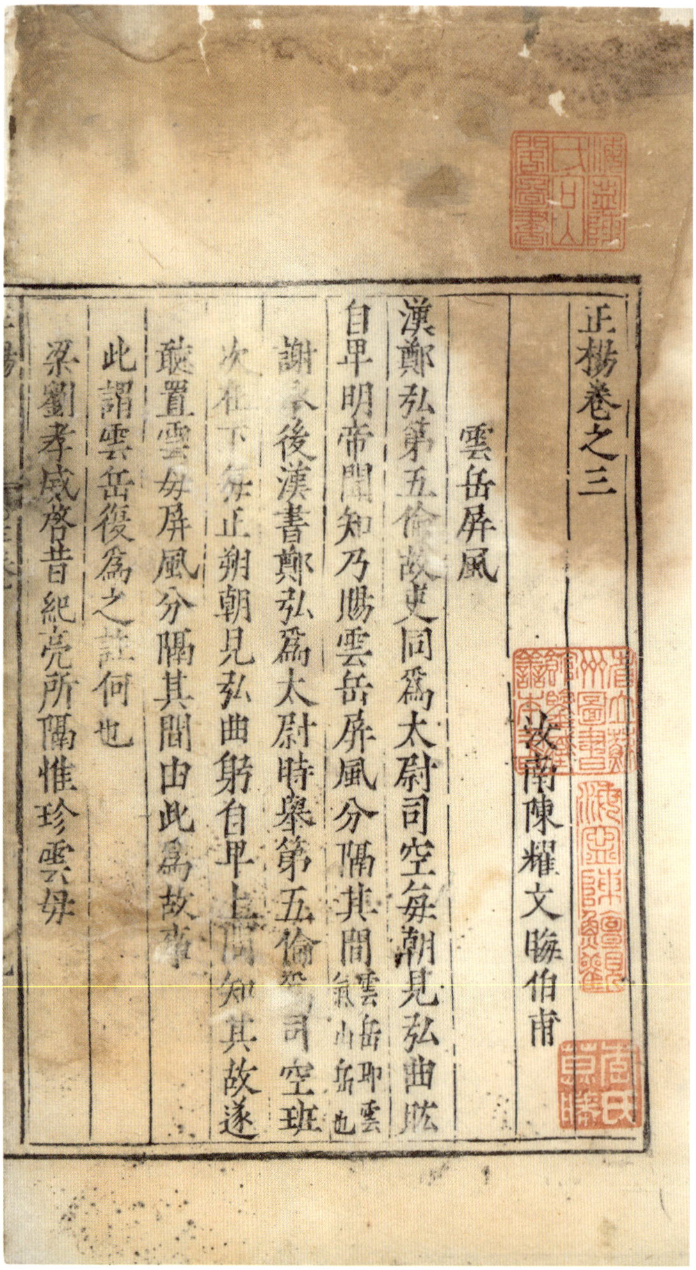
正楊卷之三
汝南陳耀文晦伯甫
雲岳屏風
漢鄭弘第五倫故吏同爲太尉司空每朝見弘曲肱自卑明帝聞知乃賜雲岳屏風分隔其間雲岳取雲氣山岳也
謝承後漢書鄭弘爲太尉時舉第五倫爲司空班次在下每正朔朝見弘曲躬自卑上聞知其故遂聽置雲母屏風分隔其間由此爲故事
此謂雲岳復爲之註何也
梁劉孝威啓昔紀亮所隔惟珍雲母

其非，不使轉滋疑誤於學者，不爲無功。然釁起争名，語多攻訐，醜詞惡謔，無所不加。雖古人掎摭搆争如吴縝之糾《新唐書》者，亦不至是。殊乖著作之體。”

《中國古籍善本書目》子部雜家類收録，編號爲子 7143。

名録號 10503。綫裝，二册。有墨筆圈點批校。

首卷首葉鈐“海寧陳鱣觀”朱文長方印，卷三首葉鈐“李氏 / 莫勝”白文方印、“海寧陳 / 氏向山 / 閣圖書”朱文方印。

古今論畧十卷

（明）張珍編

明嘉靖十九年（1540）楊上林刻本

張珍（1504—？），字聘之，號碧山，明南直隸丹陽（今江蘇丹陽）人。明嘉靖十四年進士。授工部主事，遷户部郎中。參見［光緒］《丹陽縣志》卷十七。

半葉十一行，行二十字。下黑口，四周雙邊，單黑魚尾。版心上鎸“古今論畧”及卷次，中鎸葉次。框高 18.8 厘米，廣 13.4 厘米。

正文前有明嘉靖十九年楊上林《古今論畧叙》，末署“嘉靖庚子歲夏五月朔，賜進士第徵仕郎户科給事中山陽楊上林書”，次接《古今論畧凡例》及目録。

正文卷一至卷四論學，共三十五條；卷五至卷十論政，共四十九條。每條首列經史之文以爲前言，次列己意予以解説，類似性理諸書。

楊上林，字子浙，號龍津。明南直隸山陽（今江蘇淮安）人。嘉靖十四年進士。任長興令，歷户科給事中、吏部科都給諫。

《中國古籍善本書目》子部雜家類收録，編號爲子 7147。

名録號 01876。綫裝，十册。

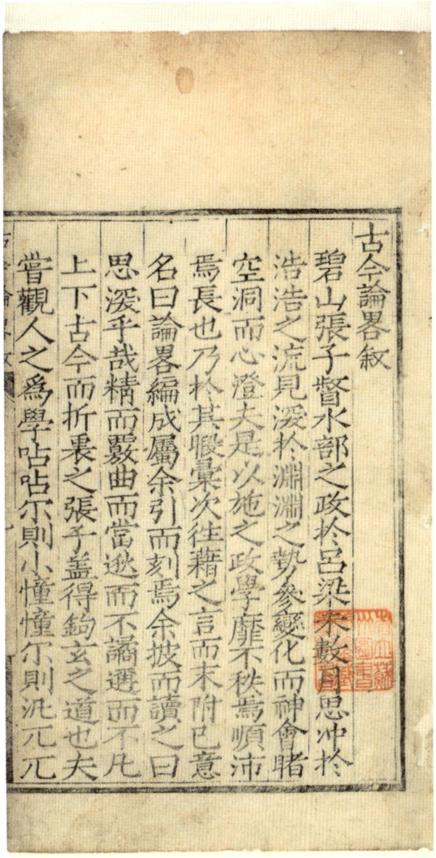
古今論畧叙
碧山張子督水部之政於呂梁未數月思冲於
浩浩之流見濬於淵淵之勢參變化而神會睹
空洞而心澄夫是以施之政學靡不秩焉順沛
焉長也乃於其暇彙次往籍之言而末附己意
名曰論畧編成屬余引而刻焉余披而讀之曰
思濬乎哉精而覈曲而當遜而不謫遷而不凡
上下古今而折衷之張子蓋得鈎玄之道也夫
嘗觀人之爲學呫呫尔則小憧憧尔則汎兀兀

古今論畧卷之一

雲陽碧山張玠編次

爲學捴論

前言

書大禹謨曰人心惟危道心惟微惟精惟一允執厥中○又曰安汝止惟幾惟康其弼直惟動丕應徯志以昭受上帝天其申命用休○說命王人求多聞時惟建事學于古訓乃有獲事不師古以克永世匪說攸聞惟學遜志務時敏厥脩乃來允懷于兹道積于厥躬惟斆學半念終始典于學厥德脩罔覺監于先王成憲其永無愆○易曰君子學以

何氏語林三十卷

（明）何良俊撰

明嘉靖二十九年（1550）何氏清森閣刻本

何良俊（1506—1573），初字登之，改字元朗，號柘湖，又號清溪漫叟、紫溪真逸，明華亭（今上海松江）人。明嘉靖貢生，薦授南京翰林院孔目，仕途失意，遂隱居著述。著有《四友齋叢説》等。參見《明史》卷二百八十七。

半葉十行，行二十字，小字雙行同。白口，左右雙邊，雙對黑魚尾。版心中鎸“何氏語林”、卷次、葉次，版心下鎸刻工。框高 20.9 厘米，寬 15.3 厘米。

正文前首有墨筆抄録《欽定四庫全書總目提要》。次接明嘉靖三十年文徵明《何氏語林序》，末署“辛亥四月之望，文徵明書”。

正文分三十卷，卷一至三德行，卷四至五言語，卷六政事，卷七至十文學，卷十至十一言志，卷十二至十三方正，卷十四雅量，卷十五識鑒、卷十六至十七賞譽，卷十八品藻，卷十九箴規，卷二十栖逸，卷二十一捷悟、博識、豪爽，卷二十二夙惠、賢媛、容止，卷

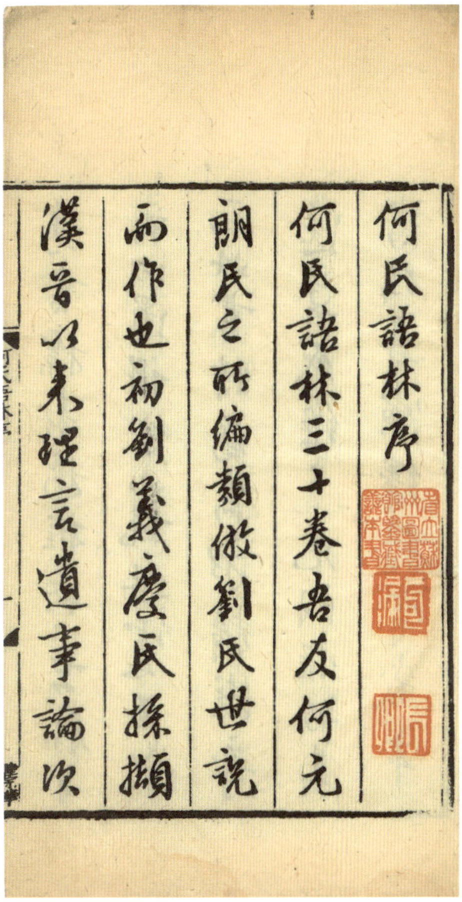
何氏語林序
何氏語林三十卷吾友何元
朗氏之所編類倣劉氏世説
而作也初劉義慶氏採擷
漢晋以來理言遺事論次

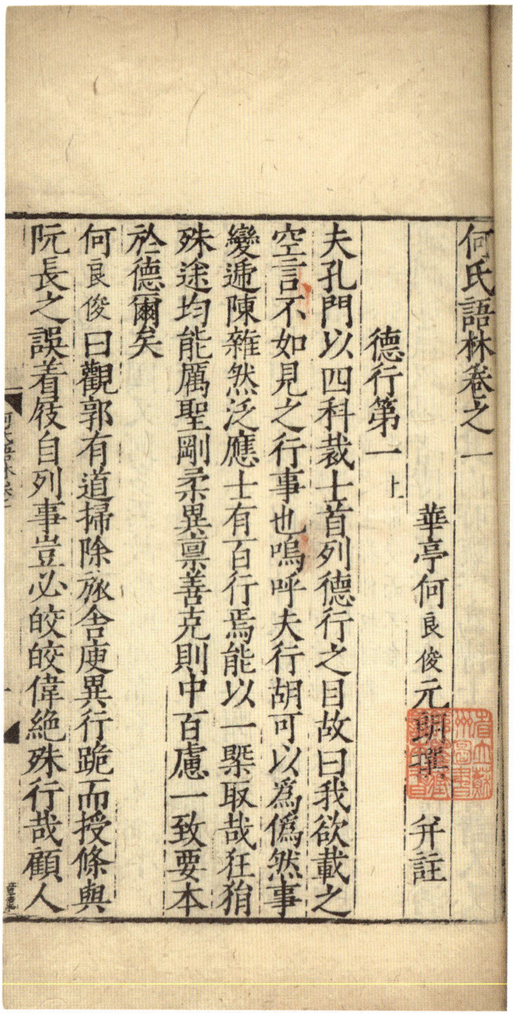
何氏語林卷之一
華亭何良俊元朗撰幷註
德行第一上
夫孔門以四科裁士首列德行之目故曰我欲載之空言不如見之行事也嗚呼夫行胡可以爲僞然事變遞陳雜然泛應士有百行焉能以一槩取哉狂狷殊途均能厲聖剛柔異禀善克則中百慮一致要本於德爾矣
何良俊曰觀郭有道掃除旅舍庾異行跪而授絛與阮長之誤着屐自列事豈必皎皎偉絕殊行哉顧人

二十三自新、術解、巧藝，卷二十四企羡、寵禮、傷逝，卷二十五任誕，卷二十六簡傲，卷二十七排調，卷二十八輕詆，卷二十九假譎、黜免、儉嗇、侈汰、忿狷、讒險，卷三十尤悔、紕漏、惑溺、仇隙。

刻工：陸宗華、楊仁、楊淳、章意、張仲、姚、後、顧、春、沈、承、何、朱、國、厚、儀、恩等。

卷三末葉有“嘉靖庚戌華亭柘湖/何氏繙經堂雕梓”牌記。卷十八末葉有“何氏清森閣雕梓”牌記。

繙經堂，何良俊室名。清森閣，何良俊藏書樓，有藏書四萬卷。

《中國古籍善本書目》子部雜家類收録，編號爲子7702。

名録號08539。綫裝，八册。佚名朱筆圈點。

序言首葉鈐“長/卿”“句/漏”白文方印。

百氏統要四卷

（明）張烈文彙編

明嘉靖刻本

張烈文，字元焕，號晴湖，明蒙化府（今雲南巍山縣）人。明嘉靖三十二年（1553）進士。初任嘉興縣令，升南京户部主事，轉北直井陘兵備道按察副使。輯有《百氏統要》《文海流奇》。參見康熙《蒙化府志》卷五。

半葉十二行，行二十四字。白口，左右雙邊，無魚尾。版心中鎸書名、卷次、篇名、葉次。框高 20.2 厘米，寬 14.2 厘米。

無序跋，正文前有目録。

正文凡四卷，共四十篇。卷一爲道原、心澄、飭身、幾微、審學、仰古、經表、禮樂、天徵、情定，卷二爲物分、時止、仕進、語諺、擬喻、君辯、覈才、逸欲、敦内、政統，卷三爲正分、子民、體任、嘉納、本業、武貫、治財，卷四爲罰麗、制章、通漕、水備、馬牧、遏盜、理遠、荒恤、形勝、珍异、讒邪、謚則、史裁。

《中國古籍善本書目》子部雜家類收録，編號爲子 8237。

名録號 04812。綫裝，七册。

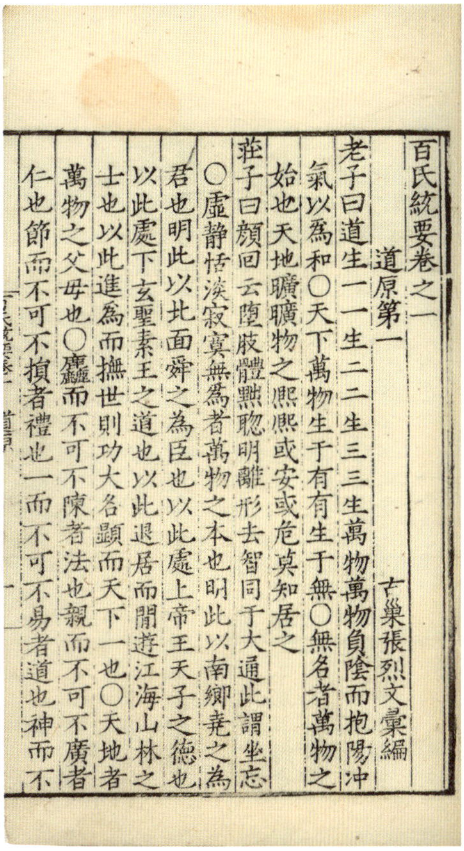
百氏統要卷之一
道原第一　古巢張烈文彙編
老子曰道生一一生二二生三三生萬物萬物負陰而抱陽冲氣以爲和〇天下萬物生于有有生于無〇無名者萬物之始也天地曠曠物之熈熈或安或危莫知居之
莊子曰顔回云墮肢體黜聰明離形去智同于大通此謂坐忘〇虛靜恬淡寂寞無爲者萬物之本也明此以南鄉堯之爲君也明此以北面舜之爲臣也以此處上帝王天子之德也以此處下玄聖素王之道也以此退居而閒遊江海山林之士也以此進爲而撫世則功大名顯而天下一也〇天地者萬物之父母也〇麤而不可不陳者法也親而不可不廣者仁也節而不可不損者禮也一而不可不易者道也神而不

文子曰往古来今謂之宙四方上下謂之宇道在其中而莫知其所故見不遠者不可以言大知不慱者不可與論至○天圓而無端故不得觀其形地方而無涯故莫能窺其門

子華子曰渾淪鴻濛道之所以爲宗也包含偏覆天之所以爲大也聦明顯融帝之所以爲功也道無依阿天無從違帝無決擇

淮南子曰天地運而相通萬物總而爲一能知一則無一之不知也不能知一則無一之能知也

譚子曰萬物一物也萬神一神也斯道之至矣

列子曰有生不生有化不化不生者能生生不化者能化化生者不能不生化者不能不化故常生常化常生常化者無時不生無時不化陰陽爾四時爾

一齋日紀四卷

（明）方瑜撰

明嘉靖四十二年（1563）刻本

方瑜，字元忠，號一齋、暉山，明安徽歙縣人。明嘉靖二十三年進士。任南寧知府，纂輯有《南寧府志》十一卷。參見［康熙］《徽州府志》卷九。

半葉十行，行十九字。白口，首卷首葉爲左右雙邊，其餘爲四周雙邊，單白魚尾、單黑魚尾兼有。正文版心上鎸卷次，中鎸葉次。框高 18.9 厘米，寬 14.5 厘米。

正文前有董傳策《一齋日紀序》，末署“廓然子董傳策書”；次接明嘉靖四十二年陳大綸《刻一齋日紀序》，署“嘉靖癸亥陽至日朗寧，郡人法劍子陳大綸謹序”。正文後有方瑜識。

正文凡四卷。陳大綸序曰：“余莊閱之，委若干萬言，輯爲四卷，雖往古及今遺事，靡不考據詳正，立論精確，足能式訓辨理，切裨時政。間與先儒异同，然大都發明其藴，自成一家，非勦説傳會以沽名者也。”

刻工：汪、江。

《中國古籍善本書目》子部雜家類收録，編號爲子 7148。

名録號 04774。綫裝，四册。

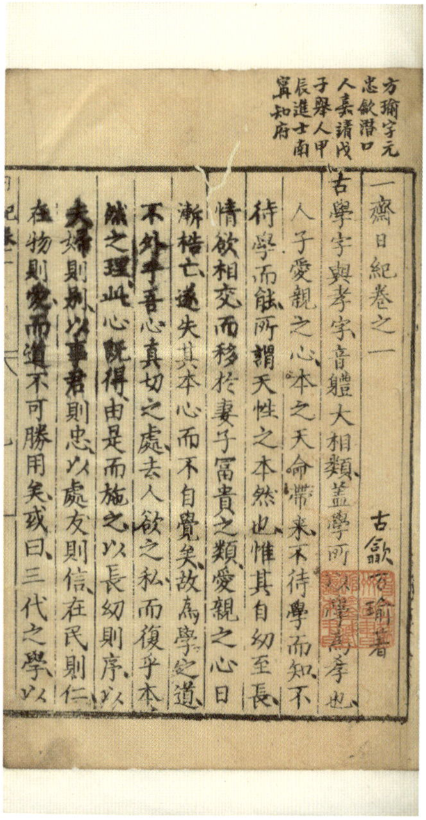
方瑜字元忠歙潛口人嘉靖戊子舉人甲辰進士南寧知府
一齋日紀卷之一　古歙方瑜著
古學字與孝字音體大相類蓋學所以學爲孝也
人子愛親之心本之天命帶來不待學而知不
待學而能所謂天性之本然也惟其自幼至長
情欲相交而移於妻子富貴之類愛親之心日
漸梏亡遂失其本心而不自覺矣故爲學之道
不外乎吾心真切之處去人欲之私而復乎本
然之理此心既得由是而施之以長幼則序以
夫婦則別以事君則忠以處友則信在民則仁以
在物則愛而道不可勝用矣或曰三代之學以

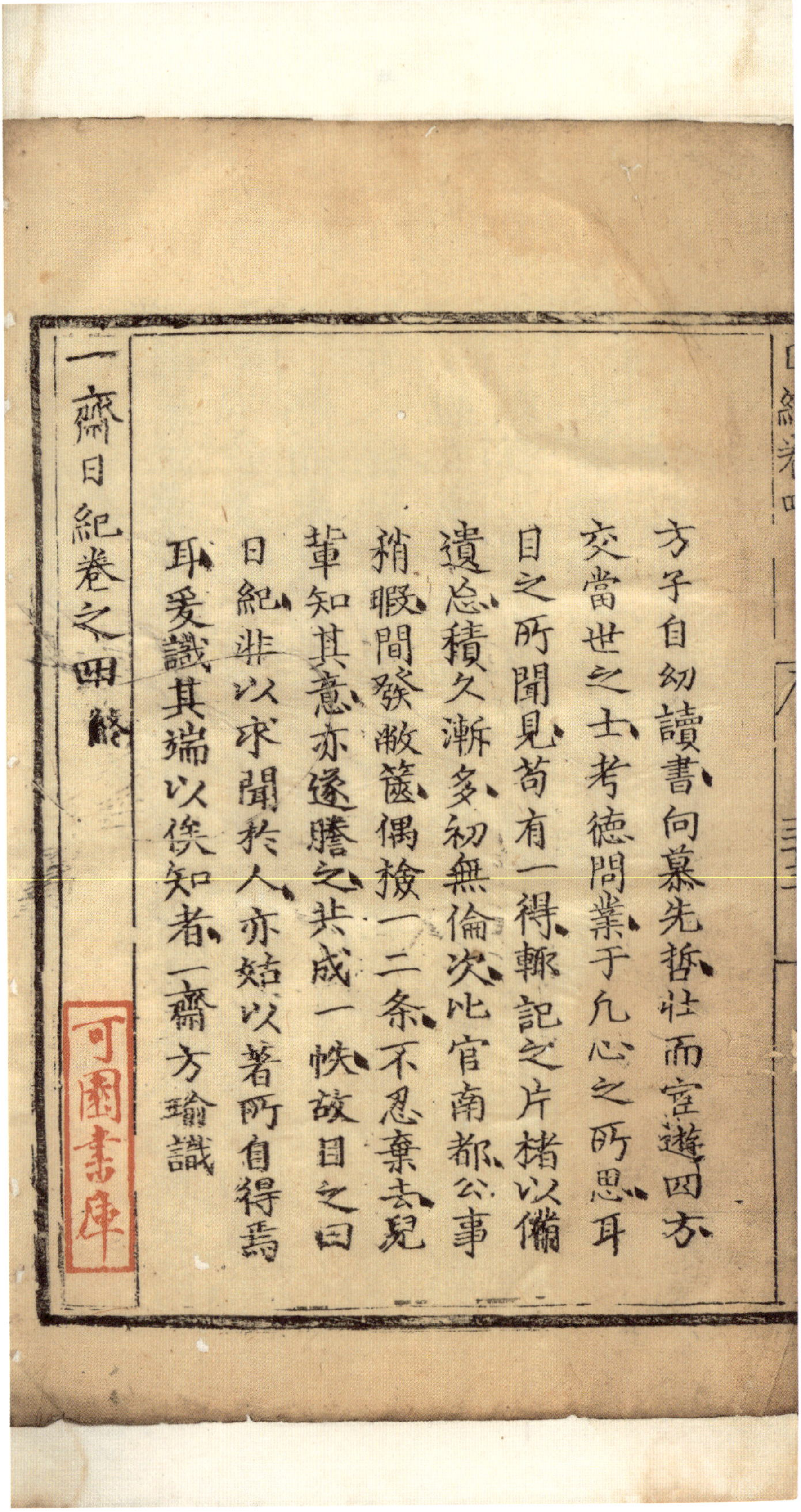

方子自幼讀書向慕先哲壯而宦遊四方交當世之士考德問業于凡心之所思耳目之所聞見苟有一得輒記之片楮以備遺忘積久漸多初無倫次比官南都公事稍暇間發敝篋偶撿一二条不忍棄去兒輩知其意亦遂謄之共成一帙故目之曰日紀非以求聞於人亦姑以著所自得焉耳爰識其端以俟知者一齋方瑜識

一齋日紀卷之四終

追維往事録二卷

（清）陸文衡撰

稿本

陸文衡（1578—？），字坦持、中臺，號嗇庵，明江蘇吴江（今屬蘇州）人。明萬曆四十七年（1619）進士，授工部都水司主事。天啓中擢福建福州府知府。明崇禎元年（1628）升浙江參政，轉四川按察使，升山西右布政。明亡入清後，杜門不出，以著述自娱。參見乾隆《震澤縣志》卷十六。

全書寫於毛太紙上，無板框。半葉八行，行字數不等。書高 25.9 厘米，寬 21.0 厘米。

正文前有清順治十五年（1658）陸文衡序，末署“戊戌歲除前三日，嗇庵老人書”。

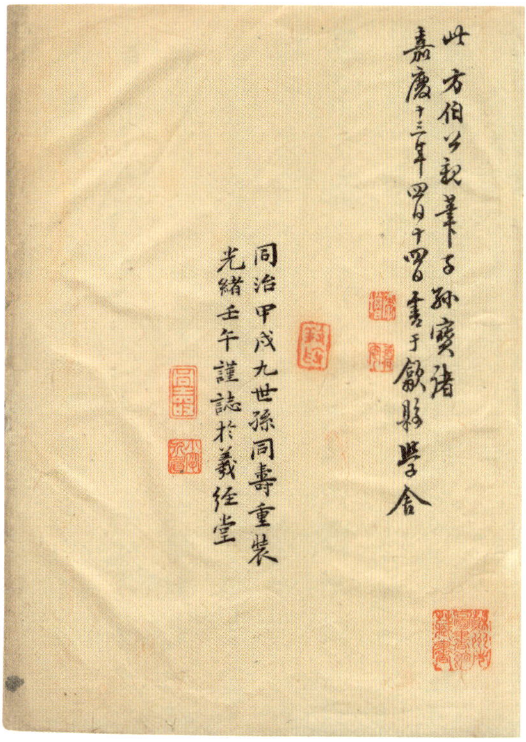

此書爲陸氏追憶往事、感觸見聞而作，多記明末社會及官場逸事。光緒時經其裔孫同壽删改，改爲《嗇庵隨筆》，刊刻流行。

《中國古籍善本書目》子部雜家類收録，編號爲子7793。

名録號 08546。綫裝，二册。

第一册内封有清嘉慶十三年（1808）陸泰增題識、清光緒八年（1882）陸同壽題識，

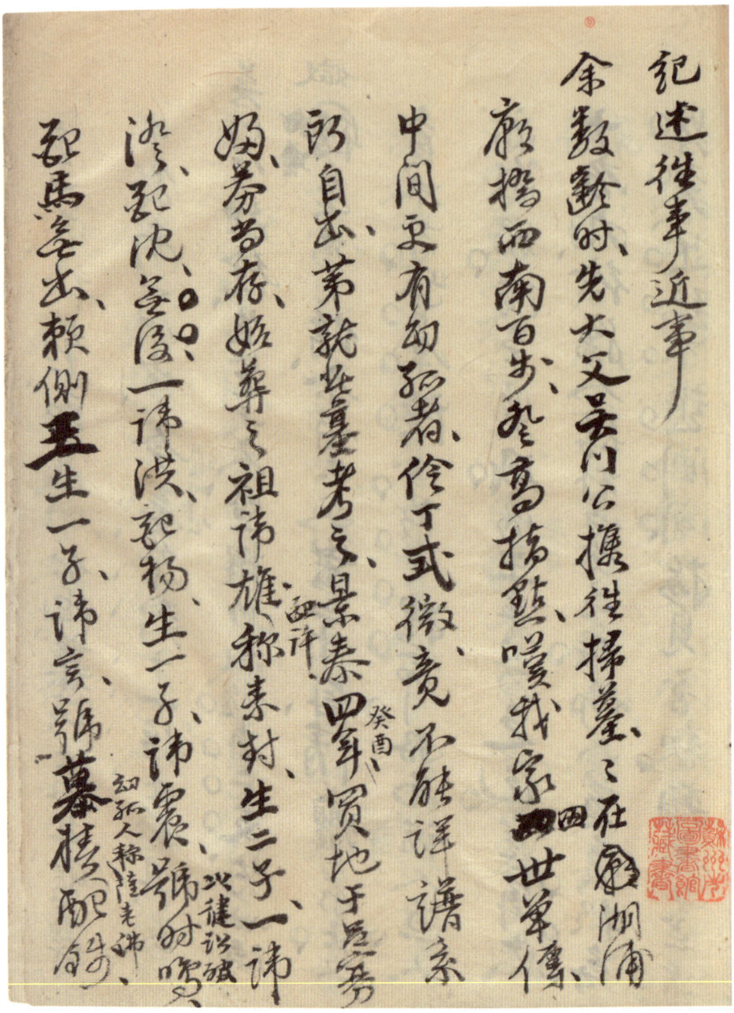
記述往事近事

第一册末葉有清光緒九年陸迺普題識。第二册内封有清嘉慶九年陸泰增題識、清光緒八年陸同壽題識。

陸泰增（1754—1829），字巨瞻，號澹安，清吴江（今屬江蘇蘇州）人。清乾隆四十二年（1777）舉人。官安徽廣德州學政。著有《苜蓿偶談》《客窗偶吟》等。陸同壽（1837—1901），字敏貽，號介眉，清吴江（今屬江蘇蘇州）人。以監生從徵河南、安徽、秦隴等地，叙功保舉浙江道員。陸迺普（1812—1889），字南臨，號秋丞，晚號鴨闌舊主，清震泽（今屬江蘇吴江）人。咸豐初，入欽差大臣勝保行營。清同治元年（1862）署陝州直隸州知州。兩屬安廬滁和道，加布政使銜。

第一册内封鈐有“澹／安”朱文方印、“泰／增”白文方印、“養取”朱文豎長方印、“小字／介眉”朱文方印、“同壽”白文豎長方印。

醉古堂劍掃十二卷

（明）陸紹珩輯

明天啓四年（1624）刻三色套印本

陸紹珩，又作陸珩，字衷白，一字湘客，明末吴江（今屬江蘇蘇州）人。參見本書自叙。

半葉九行，行二十字。白口，左右雙邊，無魚尾。框高22.5厘米，寬14厘米。格欄爲竹簡樣式。

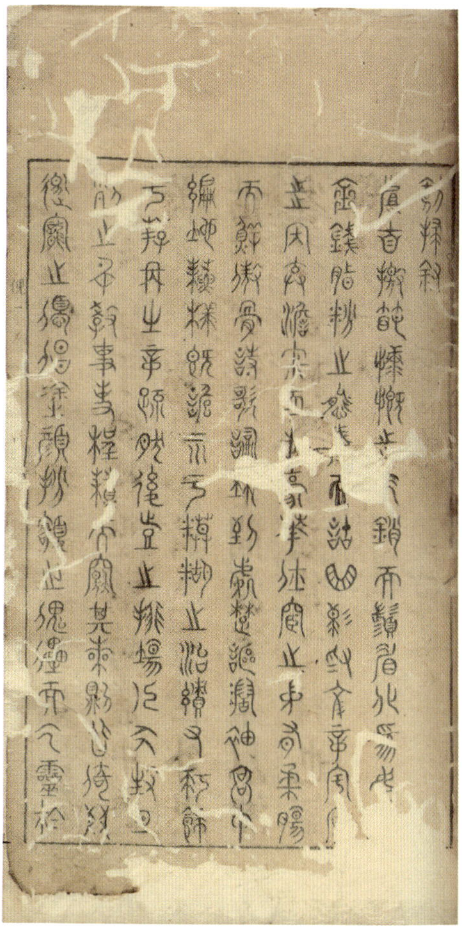

書前有明天啓四年（1624）任大冶撰《劍掃引》，末署“甲子立冬日，天台任大冶天卿父題於金陵白雲冷署”。次接汝調鼎序，末署“古吴友人汝調鼎石臣父題於靈谷寺之精舍”。次接陳國琉序，末署“同邑陳國琉撰”。次接倪點篆文序，末署“友弟倪點題於桃葉渡醉唫樓，海虞姜渭公武甫篆”。次接何其孝序，末署“秣陵友弟何其孝”。次接陸紹璉《劍掃引》，末署“兄璉題於有美堂”。次接倪煌序，末署“鴛湖倪煌題”。次接徐履吉序，末署“南州後裔徐履吉題”。次接朱鴻跋，末署“一簣山人朱鴻跋”。次接屠嘉慶題詞，末署“平江屠嘉慶公祐氏題”。次接顧廷栻題詞，末署“友

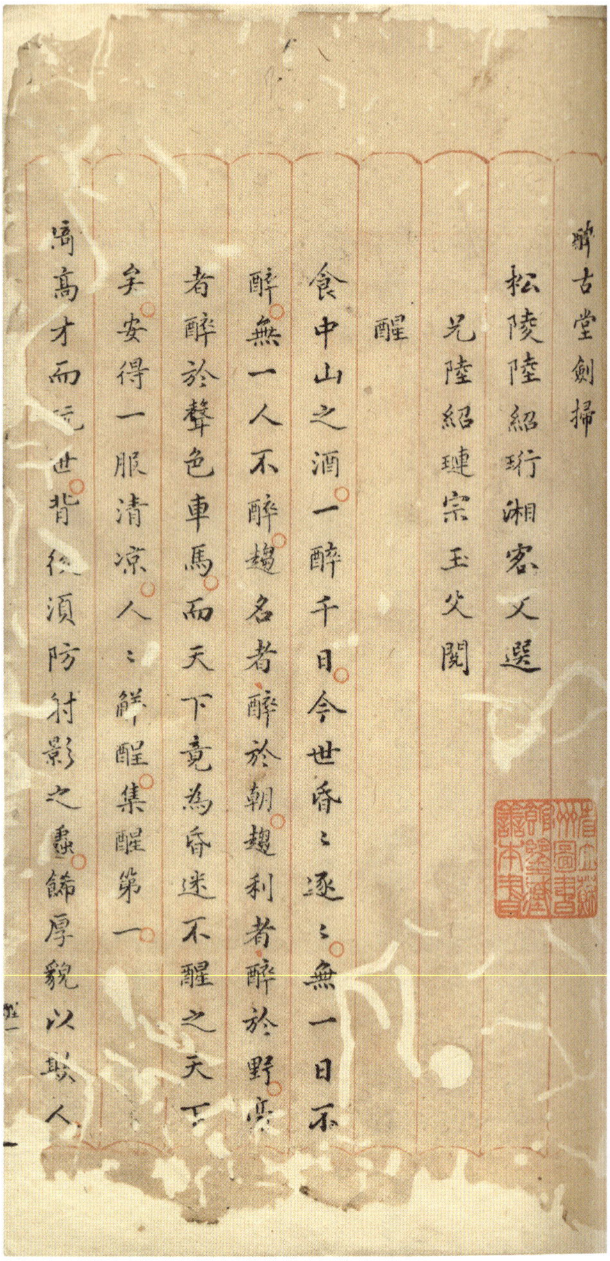
醉古堂劍掃
松陵陸紹珩湘客父選
兄陸紹璉宗玉父閱
醒
食中山之酒一醉千日今世昏昏逐逐無一日不醉無一人不醉趨名者醉於朝趨利者醉於野豪者醉於聲色車馬而天下竟為昏迷不醒之天下矣安得一服清凉人人解醒集醒第一
倚高才而玩世背後須防射影之蟲飾厚貌以欺人

弟顧廷栻題”。次接明天啓四年陸紹珩自序，末署“時甲子重陽，陸珩題”。次接凡例八條，末署“醉古堂天隨世孫識”。次接《參閱姓氏》，次接目次。次接《劍掃采用書目》。

正文分醒、情、峭、靈、素、景、韵、奇、綺、豪、法、倩十二部。

《中國古籍善本書目》子部雜家類收録，編號爲子8354。

名録號01902。綫裝，四册。

有佚名批校。

封面末筆題“劍掃，惺是重裝”。

封面鈐“惺是/龕”白文方印。任大冶《引》首葉鈐“留耕堂/鮑珍藏/書畫印”朱文方印。末卷末葉鈐“勳圖/陸左”白文方印。

按，《醉古堂劍掃》，後被書商竊取，改名《小窗幽記》，盛行於世。而原本反被掩蓋，存世絶少。國家圖書館亦有藏本，裝訂順序頗有不同，文字亦少异。

韻府羣玉二十卷

（元）陰時夫輯　（元）陰中夫注

明嘉靖三十一年（1552）荆聚刻本

陰時夫（1250—？），名時遇，一作幼遇，字時夫，號勁弦，元江西奉新人。陰中夫，名幼達，字中夫，號復春，時遇兄。參見［雍正］《江西通志》卷六十七。

半葉十行，行字不等，小字雙行，行二十九字。上下黑口，四周雙邊，雙順花魚尾。版心中鐫卷次，下記葉次。框高 20.8 厘米，寬 13.2 厘米。

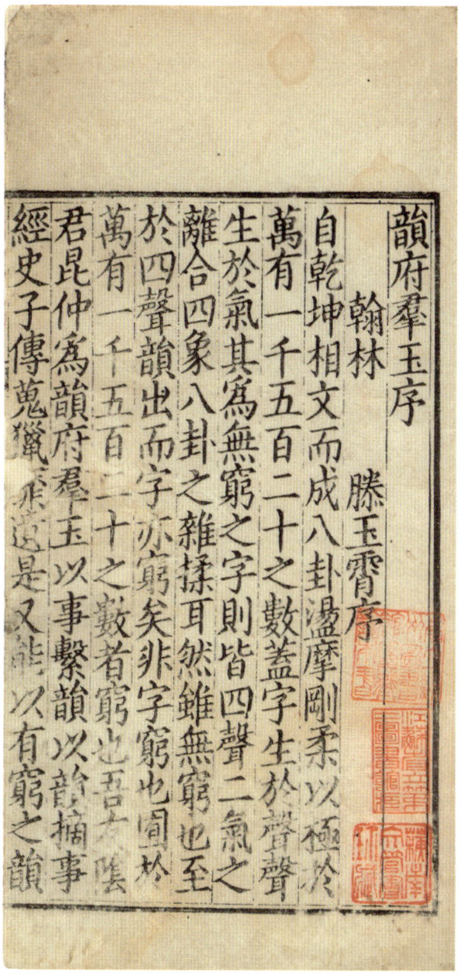
韻府羣玉序
翰林　滕玉霄序
自乾坤相文而成八卦盪摩剛柔以極於
萬有一千五百二十之數蓋字生於聲聲
生於氣其爲無窮之字則皆四聲二氣之
離合四象八卦之雜揉耳然雖無窮也至
於四聲韻出而字亦窮矣非字窮也囿於
萬有一千五百二十之數者窮也吾友陰
君昆仲爲韻府羣玉以事繫韻以韻摘事
經史子傳蒐獵無遺是又能以有窮之韻

凡例前有滕賓《韻府羣玉序》，末署“翰林滕賓序”。次接元至大三年（1310）姚雲序，末署“至大庚戌臈，江村姚雲”。次接趙孟頫題詞。次接元大德十一年（1307）陰竹埜序，末署“大德丁未春，前進士竹埜倦翁八十四歲書於聚德樓”。次接元延祐元年（1314）陰幼達自序，末署“延祐改元甲寅秋鄉試後五日，幼達書”。次接陰時遇自序。次接《增修韻府羣玉凡例》，次接《韻府羣玉該載事目》，次接目録。

此書以平水韵編排，共一百零

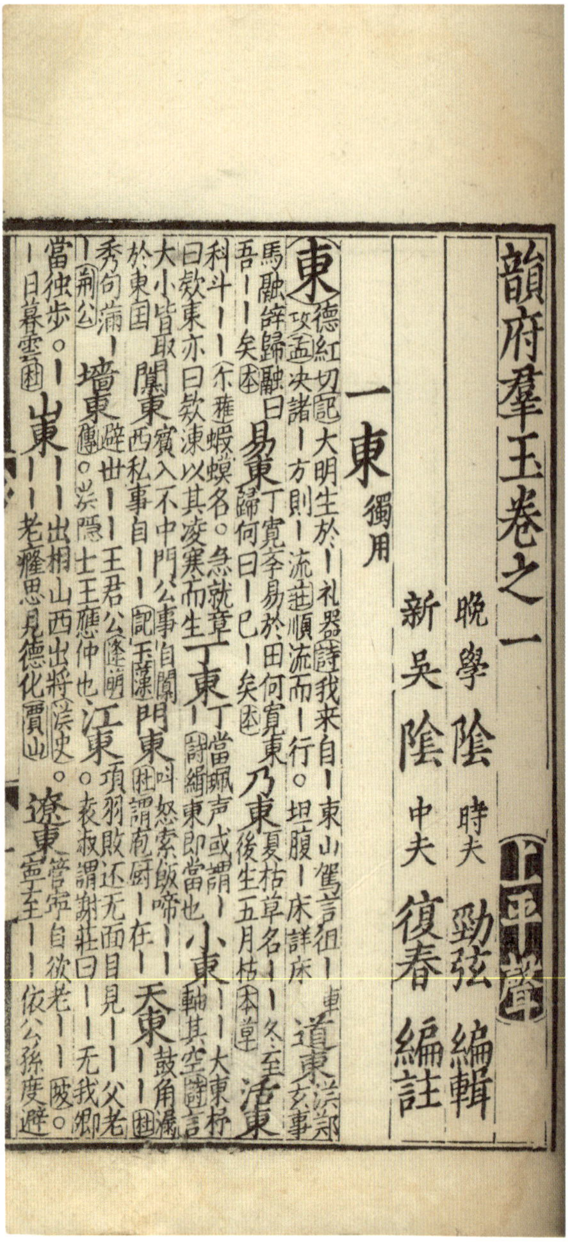
韻府羣玉卷之一
上平聲
晚學陰時夫勁弦編輯
新吳陰中夫復春編註
一東 獨用

六韵。每韵分詞條若干，以末字爲韵，分隸於各韵之下。詞條之下，注明例句及出處。引文又分兩類，“韵下事目”分天文、地理、時令、歲名、人物、人事、氏族、人名、身體、官職、性行、壽典、百穀、飲食、服飾、宫室、器用、舟車、文學、經籍、技術、禽獸、鱗介、昆蟲、竹木、花果、珍寶、燈火、顔色、數目等。“韵下類目”，分音切、散事、事韵、活套、卦名、書篇、詩篇、年號、歲名、地理、人名、姓氏、草木、禽獸、鱗介、昆蟲、樂名、曲名等。此書對後世韵書影響頗深，《永樂大典》《佩文韵府》皆參考此書體例。

天一閣亦藏此書，有嘉靖壬子仲冬朔旦春山荆聚《重刊韵府群玉引》，此本脱。荆聚，號春山居士，明嘉靖間河北保定安肅人。另刻有《草堂詩餘》《雍熙樂府》等書。

《中國古籍善本書目》子部類書類收録，編號爲子9602。

名録號08603。綫裝，二十册。

修辭指南二十卷

（明）浦南金輯

明嘉靖三十六年（1557）浦氏五樂堂刻萬曆張象賢重修本

浦南金，字伯兼，明嘉定（今上海）人。明嘉靖元年（1522）舉人。博學工文，由歸安教諭擢國子助教。有《詩學正宗》存世。參見康熙《嘉定縣志》卷十五。

半葉九行，行十八字，小字雙行同。白口，左右雙邊，單黑魚尾。版心上鎸字數，中間鎸書名、卷次、葉次，下鎸“五樂堂”三字。框高 18.5 厘米，寬 13.2 厘米。

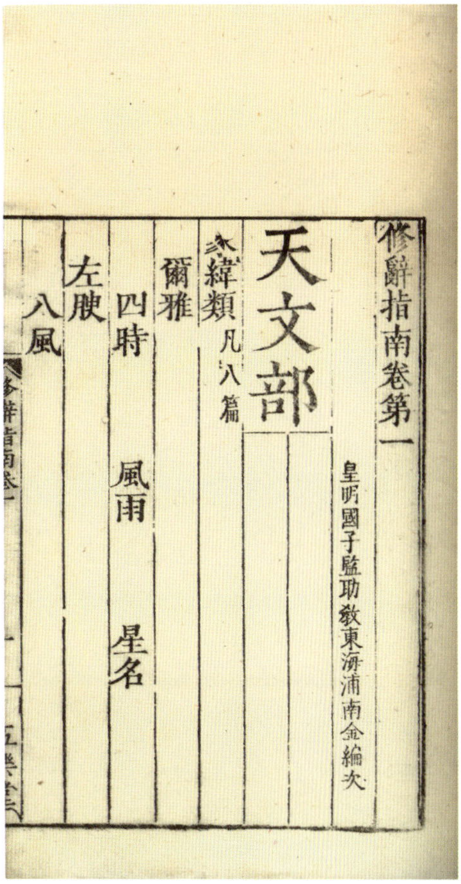
修辭指南卷第一
皇明國子監助教東海浦南金編次
天文部
象緯類 凡八篇
爾雅
四時 風雨 星名
左腴
八風

書前有張鼎思撰《重校正修辭指南》，末署“賜進士第兵科都給事中前翰林院庶吉士侍經筵官慎吾張鼎思撰”，次接目録。

此書爲類書，卷一爲天文部（象緯、歲時、災祥、祭禱），卷二爲地理部（邑里、山川），卷三爲人物部（親戚、君臣、良賤、婦人、往昔），卷四爲宫室（宫殿、堂室、旅寓），卷五爲器用部（器皿、舟車），卷六爲音樂部，卷七軍旅部（兵戎、戰陳、盟要），卷八草木部（蔬穀、果木），卷九鳥獸部（羽族、毛群、魚龍），卷十爲通用部（發語、雙字），卷十一爲人事部（賢否、寵

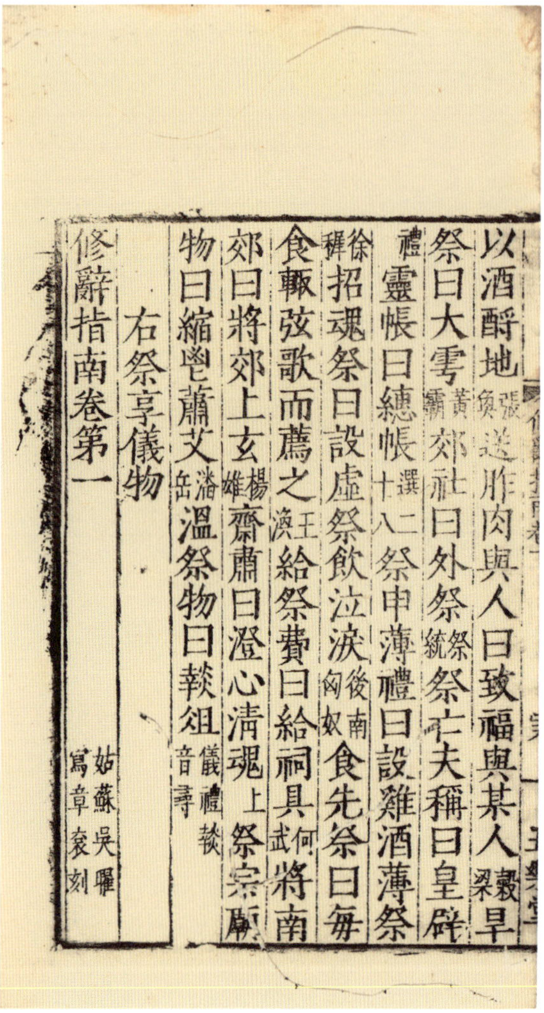
以酒酹地（張衡）送胙肉與人曰致福與某人（穀梁）早
祭曰大雩（黃霸）郊社曰外祭（祭統）祭亡夫稱曰皇辟
（禮）靈帳曰繐帳（選二十八）祭中薄禮曰設雞酒薄祭
（徐稚）招魂祭曰設虛祭飲泣淚（後南匈奴）食先祭曰每
食輒弦歌而薦之（王濟）給祭費曰給祠具（何武）將南
郊曰將郊上玄（楊雄）齋肅曰澄心清魂（上）祭宗廟
物曰縮鬯蕭艾（潘岳）漚祭物曰藙俎（儀禮藙音詩）
右祭享儀物
修辭指南卷第一　姑蘇吳曜寫　章袞刻

辱、吉慶、凶喪、交際、動静），卷十二爲制令部，卷十三爲職守部（設官、共職），卷十四爲刑法部（法制、刑獄），卷十五爲貨寶部，卷十六爲文學部，卷十七爲身體部（髮膚、言語），卷十八爲冠服部，卷十九爲酒食部（食品、酒漿），卷二十藝術部，凡二十部四十類三百二十六篇。

每卷卷末有刻工姓名。刻工：吴曜（寫工）、章袞、袁宏、章儒、李顯、章亨、袁宸、唐誥、章慶、章聰、周瓚、周春、章權、夏文德。

五樂堂，浦南金室名。張鼎思序云：“浦君往矣，今是書之板，偶爲余侄象賢得之，若獲十朋，珍藏愛玩，亦不靳廣布同志，將使浦君嘉惠之意，永永弗蓁也。”張象賢，字齊之。明蘇州人。另刻有《皇輿考》《古文苑》《淮南鴻烈解》等書。

名録號 04943。綫裝，十二册。

古今圖書編一百三十四卷

（明）章潢輯

明抄本

章潢（1527—1608），字本清，明江西南昌人。主白鹿洞書院講席，明萬曆三十三年（1605）薦授順天府學訓導。門人私謚“文德先生”。著有《周易象義》《詩經原體》《春秋竊義》等。參見《明史》卷二百八十三。

藍格箋紙。半葉十行，行二十四字。白口，四周單邊，單白魚尾。版心中題寫書名卷次。框高 23.4 厘米，寬 13.7 厘米。

正文前有《圖書全編自叙》，次接《目録》，次接《圖書編原》，次接《凡例》，次接《采輯考證書目》，皆署“南昌後學章潢編”。

正文凡一百三十四卷。卷一至十七爲經義，卷十八至三十五爲天道，卷三十六至七十九爲地道，卷八十至一百三十三爲人道，卷一百三十四爲易學象類編、學詩多識。

《中國古籍善本書目》子部類書類收録，編號爲子 9849。

名録號 04945。綫裝，五十四册。

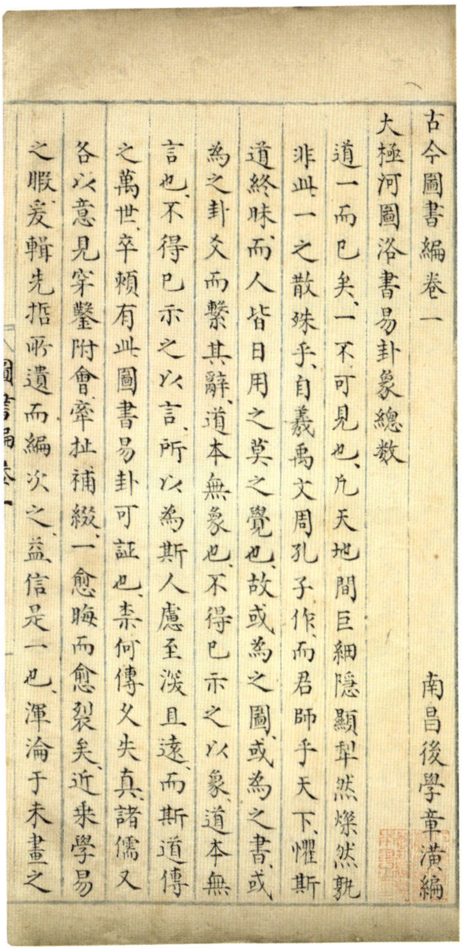
古今圖書編卷一　南昌後學章潢編
大極河圖洛書易卦象總敘
道一而已矣一不可見也凡天地間巨細隱顯犁然燦然孰
非此一之散殊乎自羲禹文周孔子作而君師乎天下懼斯
道終昧而人皆日用之莫之覺也故或為之圖或為之書或
為之卦爻而繫其辭道本無象也不得已示之以象道本無
言也不得已示之以言所以為斯人慮至深且遠而斯道傳
之萬世卒賴有此圖書易卦可證也柰何傳久失真諸儒又
各以意見穿鑿附會牽扯補綴一愈晦而愈裂矣近來學易
之暇爰輯先哲所遺而編次之益信是一也渾淪于未畫之

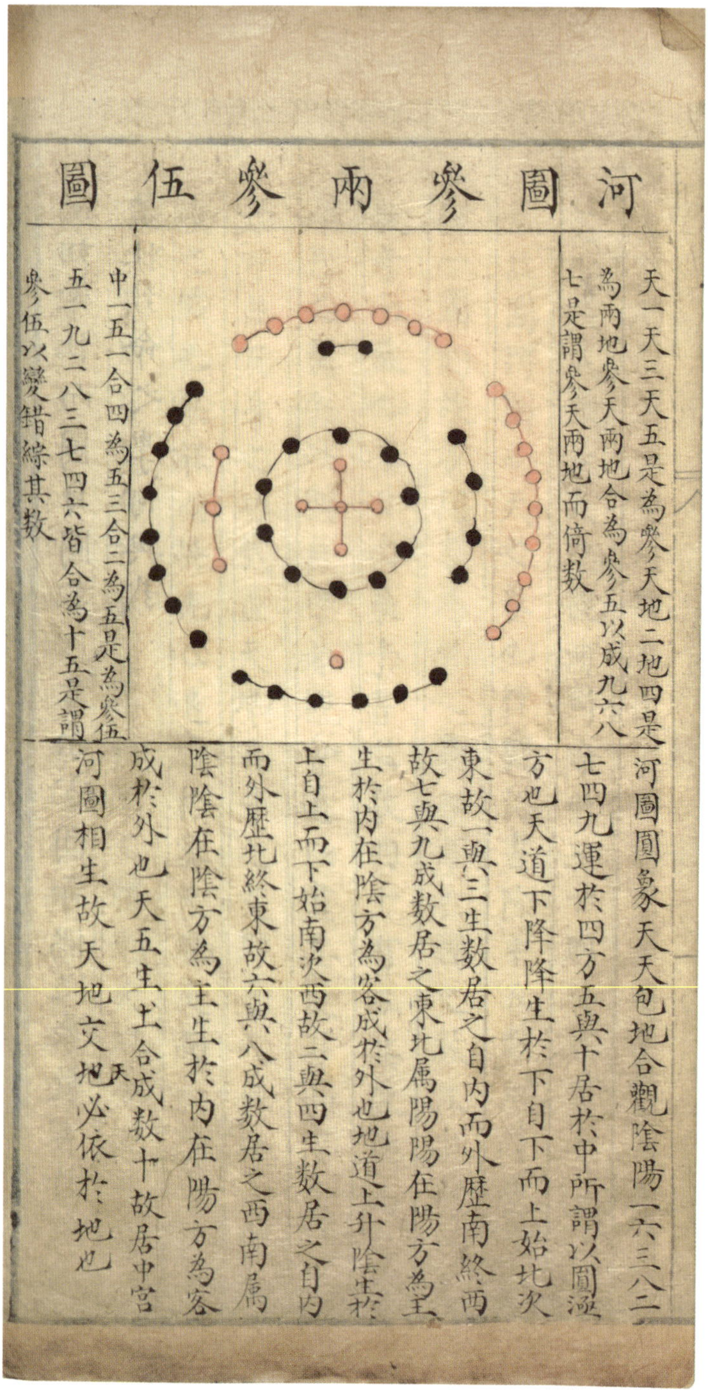
河圖參兩參伍圖

天一天三天五是為參天地二地四是為兩地參天兩地合為參五以成九六八七是謂參天兩地而倚數

中一五一合四為五三合二為五是為參伍五一九二八三七四六皆合為十五是謂參伍以變錯綜其數

河圖圓象天天包地合觀陰陽一六三八二七四九運於四方五與十居於中所謂以圓涵方也天道下降生於下自下而上始北次東故一與三生數居之自内而外歷南終西故七與九成數居之東北屬陽陽在陽方為主生於内在陰方為客成於外也地道上升陰生於上自上而下始南次西故二與四生數居之自内而外歷北終東故六與八成數居之西南屬陰陰在陰方為主生於内在陽方為客成於外也天五生土合成數十故居中宮河圖相生故天地交天必依於地也

存九十一卷（一至十一、十三至二十、二十二至三十三、三十六至四十、六十六至一百二十）。

按，《圖書編》另有刻本，與此本頗有不同。南潯蔣氏《傳書堂書志》亦著録此書，云“未刊時之清稿本”。蔣氏藏書闕卷與此本同，應即一本。

群仙要語纂集不分卷

（元）董漢醇編

明弘治十七年（1504）刻本

董漢醇，號還初道人，元末明初人。生平不詳。

半葉十行，行二十字。上下黑口，四周雙邊，三黑魚尾。版心中鎸題名及葉次。框高 20.2 厘米，寬 13.5 厘米。

正文前有明弘治十七年馮夔《要語序》，末署“明弘治十七年歲在甲子六月望日，賜進士出身户部員外郎錫山馮夔書”；次接明成化二十年（1484）丁元吉《重刊群仙要語序》，末署“旹成化甲辰秋九月望，勅封徵仕郎中書舍人京口丁元吉書於九鶴仙房”；次接明宣德九年（1434）吴長古《重刊群仙要語纂集序》，末署“宣德九年龍集甲寅三月中澣，隆陽宫全真道者復玄子吴長古焚香拜書”；次接目録；次接元大德十年（1306）董漢醇《群仙序》，末署“大德丙午四月望日，修真下士還初道人董漢醇謹序”。

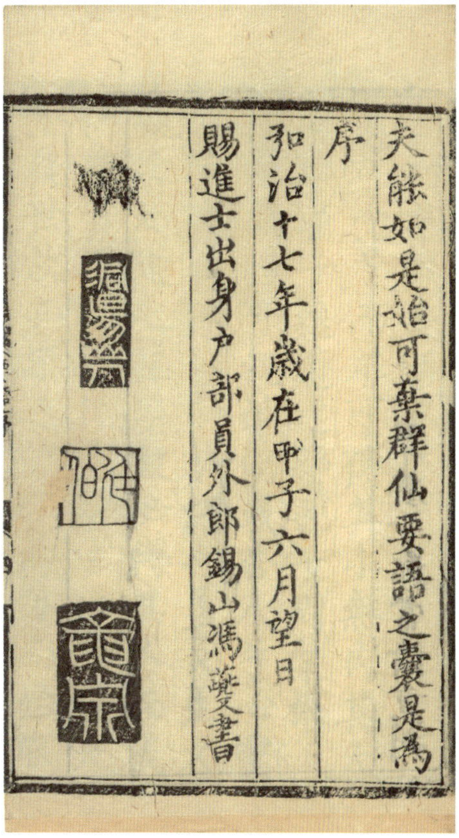
夫能如是始可棄群仙要語之囊是爲
序
弘治十七年歲在甲子六月望日
賜進士出身户部員外郎錫山馮夔書

正文不分卷，共二十一篇。分别爲太上日用經、關尹子節要、譚景昇化書、吴尊師玄綱論、虚静天師心説（大道歌附）、重陽祖師論

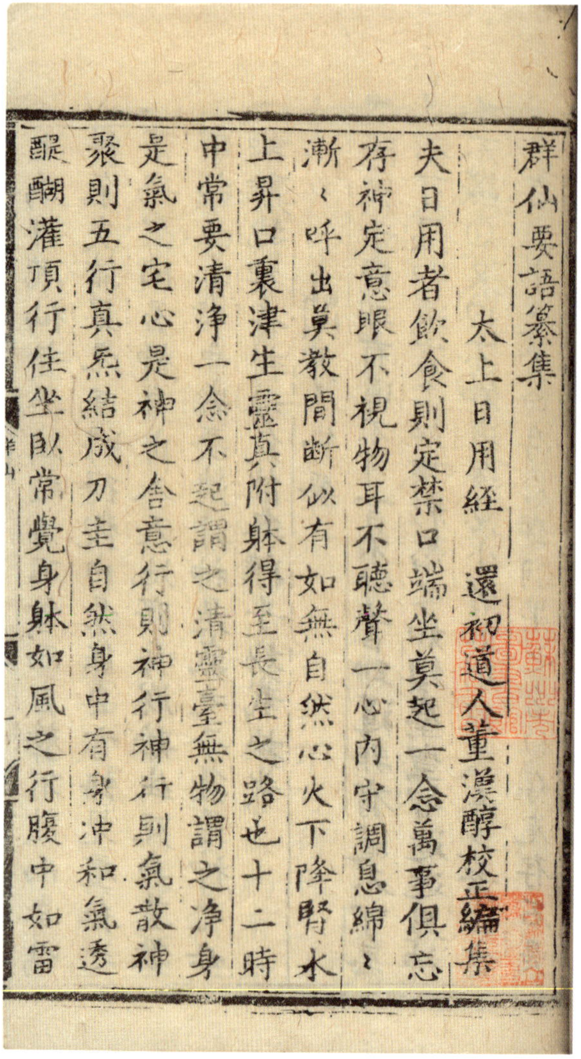
群仙要語纂集
太上日用經　還初道人董漢醇校正編集
夫日用者飲食則定禁口端坐莫起一念萬事俱忘
存神定意眼不視物耳不聽聲一心内守調息綿〻
漸〻呼出莫教間斷似有如無自然心火下降腎水
上昇口裏津生靈真附躰得至長生之路也十二時
中常要清淨一念不起謂之清靈臺無物謂之淨身
是氣之宅心是神之舍意行則神行神行則氣散神
聚則五行真炁結成刀圭自然身中有身沖和氣透
醍醐灌頂行住坐臥常覺身躰如風之行腹中如雷

打坐、司馬真人坐忘論（坐忘銘、坐忘樞翼附）、曹仙姑大道歌、然先生論八関節（還真集附）、白玉蟾玄関顯秘論、丹陽馬真人直言、譚真人語録、長生劉真人直言、丘真人西州寄書（直言、學仙記附）、太玄真人雜語（直言附）、清和尹真人語録、楊大師論六通、栖雲先生論冲和、栖雲先生後集、劉先生開迷論、離峰老人語録。

馮序後有“翠虚子鄭常清重刊”字樣。鄭常清，弘治時方士。嘗重刻《化書》六卷。

《中國古籍善本書目》子部道家類收録，編號爲子 1214。

名録號 01993。包背裝，一册（首尾皆有缺葉）。

丁序末葉鈐“壽祺 / 經眼”白文方印。

莊子刪註六卷

（明）吕繼儒撰

明萬曆刻本

吕繼儒，字明谷，明浙江新昌人。明萬曆七年（1579）受聘修邑志。後授吴興學博。著有《經説》《學通十纂》等。參見康熙《紹興府志》卷五十。

雙欄本，上欄鎸評注。下欄半葉九行，行十八字，小字雙行同。白口，四周單邊，單白魚尾。版心上鎸題名，中鎸卷次，下鎸葉次，再下鎸刻工及字數。框高22.1厘米，寬13.9厘米，上欄高2.7厘米。

正文前有明萬曆十九年許孚遠《莊子刪註叙》，末署“萬曆辛卯仲春上浣之吉，敬庵居士德清許孚遠書”；次接明萬曆十二年吕繼儒《莊子刪註題辭》，末署“皇明萬曆甲申歲，越新昌後學吕繼儒書”；次接《凡例》。

正文凡六卷：卷一至二爲内篇，卷三至四爲外篇，卷五至六爲雜篇。

刻工：雲、義、沈。

《中國古籍善本書目》子部道家類收録，編號爲子11787。

名録號10545。綫裝，十二册。

許序首葉鈐“沈韵/齋藏/書印”朱文方印、“韵齋/長壽”朱文方印。

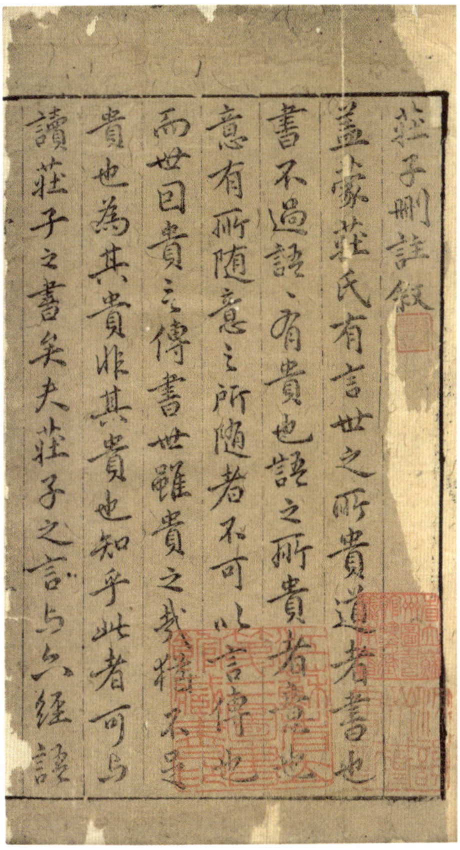
莊子刪註敘
蓋蒙莊氏有言世之所貴道者書也
書不過語、語有貴也語之所貴者意也
意有所隨意之所隨者不可以言傳也
而世因貴言傳書世雖貴之我猶不足
貴也爲其貴非其貴也知乎此者可與
讀莊子之書矣夫莊子之言與六經謬

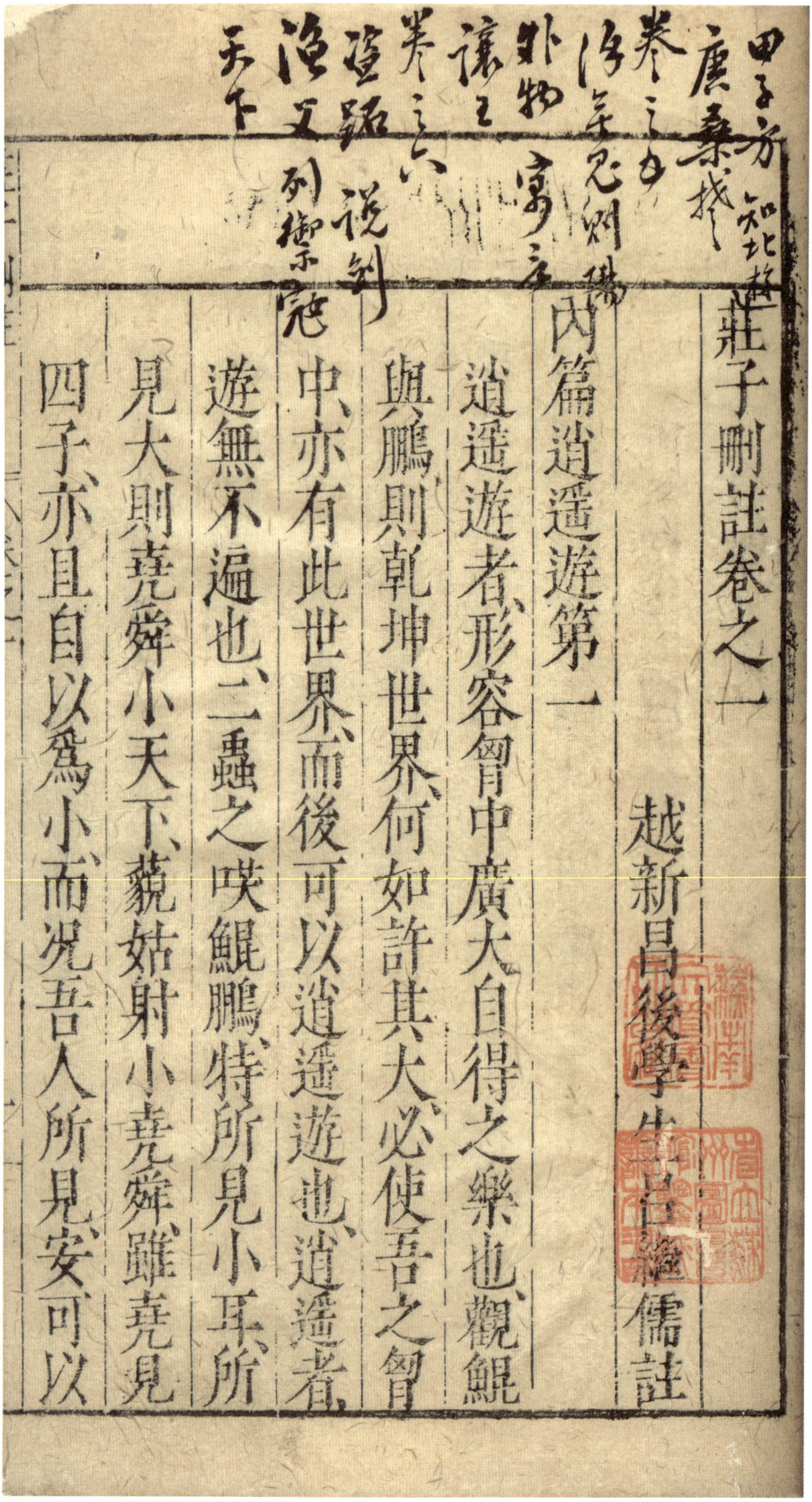

莊子刪註卷之一

越新昌後學生[illegible]儒註

內篇逍遥遊第一

逍遥遊者、形容胷中廣大自得之樂也、觀鯤與鵬、則乾坤世界何如許其大、必使吾之胷中亦有此世界、而後可以逍遥遊也、逍遥者、遊無不遍也、二蟲之哾鯤鵬、特所見小耳、所見大則堯舜小天下、藐姑射小堯舜、雖堯見四子、亦且自以爲小、而况吾人所見安可以

周易參同契解箋三卷

（漢）魏伯陽撰　（明）張文龍解　（明）朱長春箋

明萬曆四十年（1612）刻朱印本

魏伯陽（151—221），本名翱，字伯陽，自號雲牙子，東漢會稽上虞（今浙江省紹興市）人。尚書魏郎之子。出身高門望族，生性好道。著有《周易參同契》。參見葛洪《神仙傳》。

張文龍，字小乾，明陝西潼關人。

朱長春，字太復，號苻子，明浙江烏程人。明萬曆十一年進士，歷常熟、信陽等知縣，官刑部主事。有文名，好仙學佛。著有《管子権》。參見乾隆《烏程縣志》卷六。

半葉八行，行十八字，小字雙行同。白口，四周雙邊，無魚尾。版心上鐫書名，中鐫卷次，下鐫葉次。框高21.9厘米，寬14.5厘米。

正文前有明萬曆四十年朱長春《周易參同契解序》，末署“萬曆壬子上冬朔旦，書於碧湖玄栖印玉樓中”；次接明嘉靖四十五年（1566）張文龍《周易參同契注解序》，末署“明嘉靖四十五年秋十月十二日，潼關小乾張文龍序”；次接明萬曆四十年朱長春《周

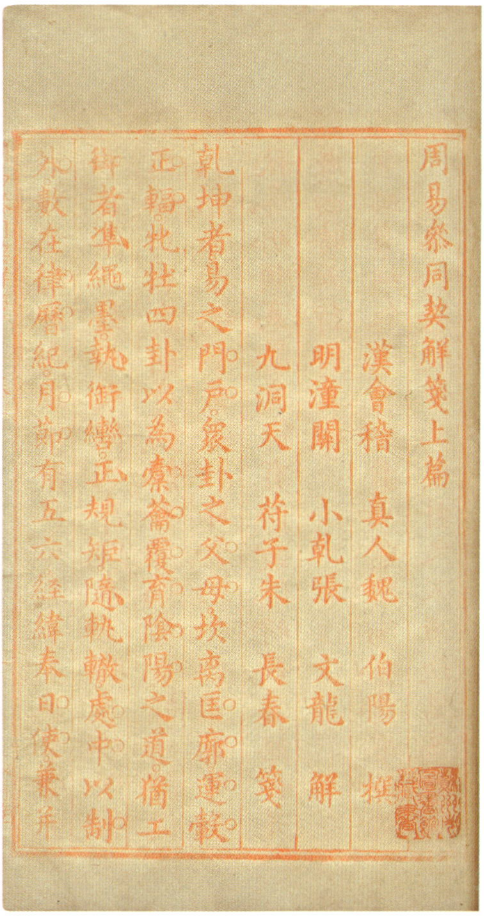
周易參同契解箋上篇
漢會稽　真人魏　伯陽　撰
明潼關　小乾張　文龍　解
九洞天　苻子朱　長春　箋
乾坤者易之門戶衆卦之父母坎离匡廓運轂
正軸牝牡四卦以爲槖籥覆冒陰陽之道猶工
御者準繩墨執銜轡正規矩隨軌轍處中以制
外數在律曆紀月節有五六經緯奉日使兼并

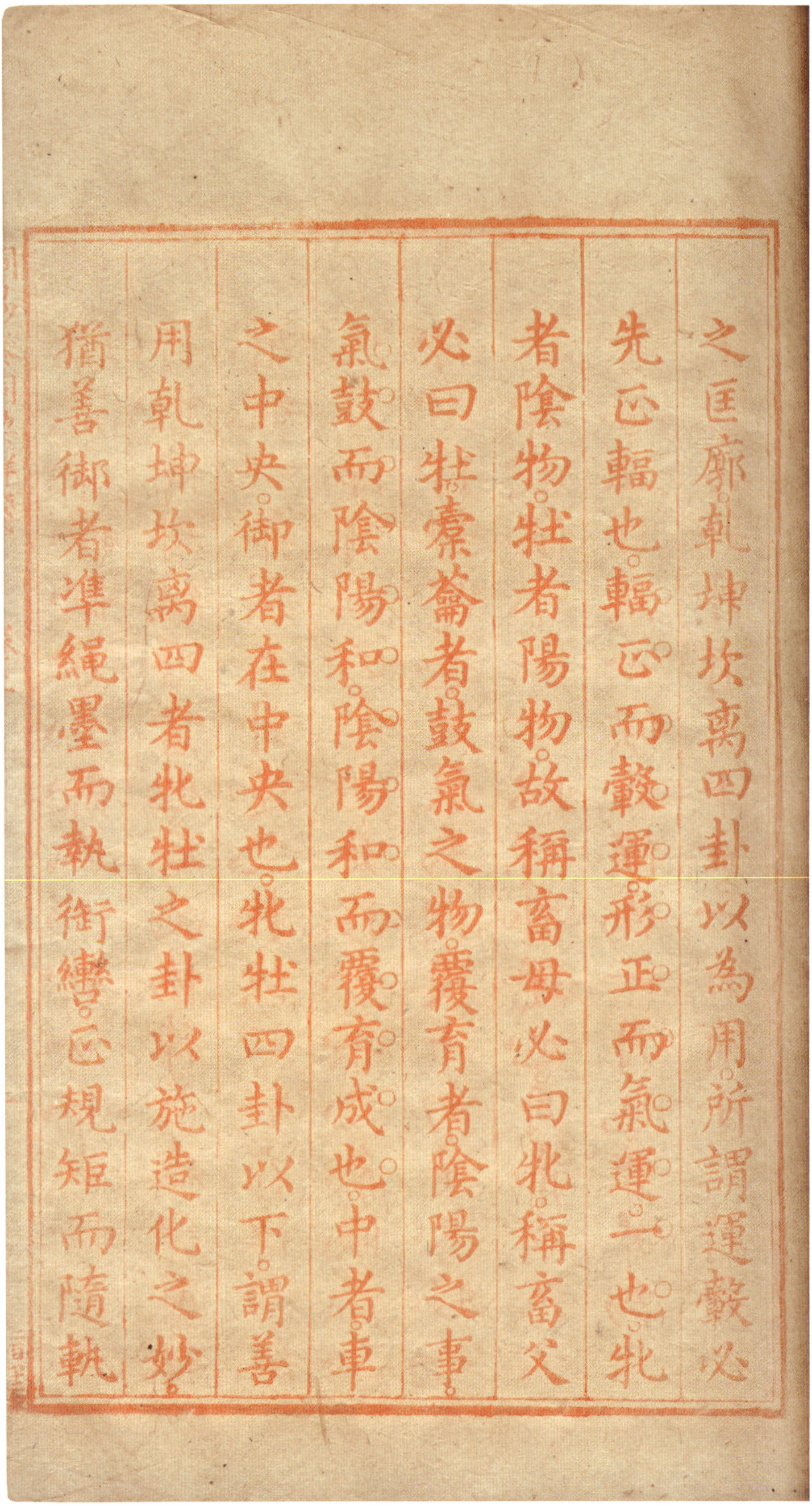
之匡廓乾坤坎离四卦以為用所謂運轂必
先正輻也輻正而轂運形正而氣運一也牝
者陰物牡者陽物故稱畜母必曰牝稱畜父
必曰牡橐籥者鼓氣之物覆育者陰陽之事
氣鼓而陰陽和陰陽和而覆育成也中者車
之中央御者在中央也牝牡四卦以下謂善
用乾坤坎离四者牝牡之卦以施造化之妙
猶善御者準繩墨而執銜轡正規矩而隨軌

易參同契箋自序》，末署“萬曆四十年壬子陽月朔旦，五湖道民朱長春太復甫著，吴興後學毛士來書”；次接明萬曆四十年張惟任《周易參同契解序》，末署“萬曆壬子歲桂月之吉，不肖孤惟任拜手稽首謹識”。正文後有張維樞《周易參同契解後跋》，末署“吴興守清源張維樞頓首謹跋”；次接明萬曆四十年朱長春《契箋後叙》，末署“萬曆壬子長至前十日，苻子朱長春著”；再接楊慎著《古文參同契序》。

正文凡三卷。上篇：乾坤設位章第一、日月懸象章第二、聖人上觀章第三、君臣御政章第四、煉己立基章第五、明知兩竅章第六、明辨邪正章第七、龍虎兩弦章第八、金返歸性章第九、二土全功章第十、同類合體章第十一、三聖前識章第十二、金丹刀圭章第十三、水火性情章第十四；中篇：陰陽精氣章第十五、君子居室章第十六、晦朔合符章第十七、爻象功用章第十八、養性立命章第十九、二氣感化章第二十、關鍵三寶章第二十一、傍門無功章第二十二、流珠金華章第二十三、如審遭逢章第二十四、姹女黄芽章第二十五、男女相胥章第二十六、四者混沌章第二十七、卯酉刑德章第二十八、君子好逑章第二十九；下篇：聖賢伏煉章第三十、法象成功章第三十一、鼎器妙用章第三十二、補塞遺脱章第三十三、自做啓後章第三十四。

《中國古籍善本書目》子部道家類收録，編號爲子 11960。

名録號 08632。綫裝，三册。

天主聖教聖人行實七卷

（意大利）高一志撰

明崇禎二年（1629）武林超性堂刻本

高一志（1566—1640），字則聖，意大利人。意語名 Alfonso Vagnoni。明萬曆三十三年（1605）抵澳門，後赴南京傳教。中文名初爲王豐肅，字一元。明萬曆四十四年南京教案後，被驅逐押解至澳門。明天啓四年（1624）重入内地，改今名。因南京相識人多，避往山西傳教，卒葬絳州。另著有《空際格致》《教要解略》《寰宇始末》等。

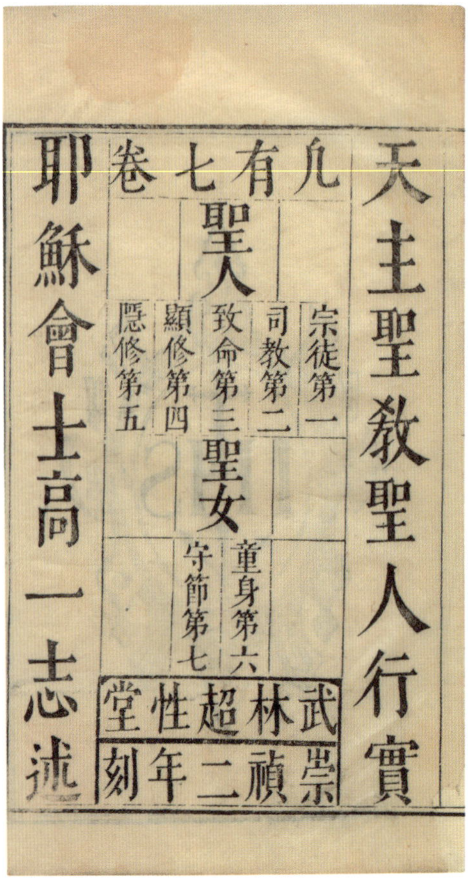
天主聖教聖人行實
凡有七卷
聖人
宗徒第一 司教第二 致命第三 顯修第四 隱修第五
聖女
童身第六 守節第七
武林超性堂
崇禎二年刻
耶穌會士高一志述

半葉九行，行二十字。白口，左右雙邊，單黑魚尾。版心上鎸“聖人行實”，中鎸卷名、卷次，下鎸葉次、篇名。框高 21.1 厘米，寬 14.8 厘米。

書前有明崇禎二年（1629）高一志《聖人行實自序》，末署“崇禎己巳孟秋，耶穌會士高一志述”，次接目録。

此書記天主教聖人、聖女七十四人行實，卷一宗徒十四人，卷二司教十二人，卷三致命十二人，卷四顯修六人，卷五隱修六人，卷六童身十二人，卷七守節十二人。

每卷卷末皆題“崇禎二年，武林天主聖教超性堂新刻”。内封鎸

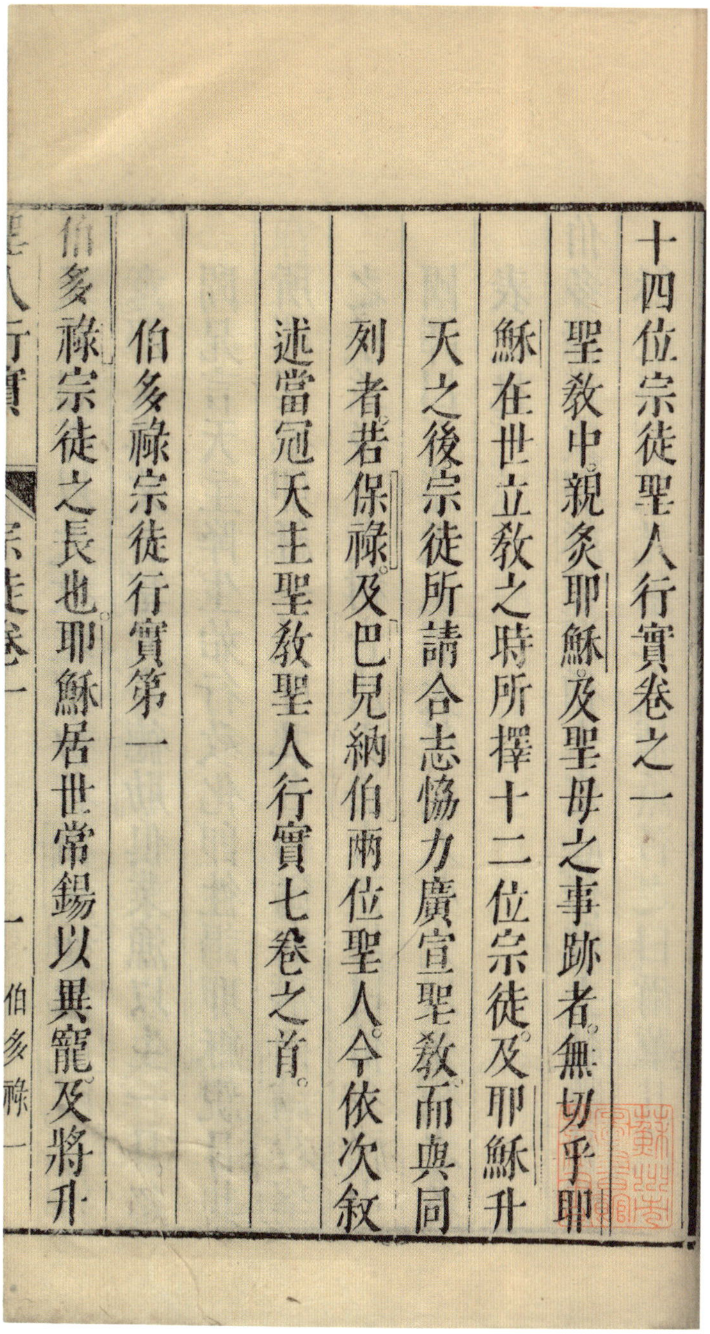
十四位宗徒聖人行實卷之一
聖教中親炙耶穌及聖母之事跡者無切乎耶穌在世立教之時所擇十二位宗徒及耶穌升天之後宗徒所請合志恊力廣宣聖教而與同列者若保祿及巴兒納伯兩位聖人今依次叙述當冠天主聖教聖人行實七卷之首

伯多祿宗徒行實第一
伯多祿宗徒之長也耶穌居世常錫以異寵及將升

有牌記“武林超性堂，崇禎二年刻”。

武林超性堂，杭州天主堂。明末清初刊刻艾儒略、高一志、李之藻等人著作多種。

《中國古籍善本書目》子部釋家類附收録，編號爲子 11513。

名録號 08640。綫裝，七册。

王狀元集百家注編年杜陵詩史目錄

拙翁文府

集部

陶淵明集十卷附録二卷／梁昭明太子文集五卷／唐沈佺期詩集七卷／孟浩然詩集二卷／類箋唐王右丞詩集十卷文集四卷集外編一卷年譜一卷唐諸家同詠集一卷贈題集一卷歷朝諸家評王右丞詩畫鈔一卷／王狀元集百家注編年杜陵詩史三十二卷／杜工部七言律詩不分卷／韋刺史詩集十卷附録一卷／孟東野詩集十卷聯句一卷／韓文公文抄十六卷／增廣注釋音辯唐柳先生集四十三卷別集一卷外集一卷附録一卷／節孝先生文集三十卷節孝先生語一卷節孝集事實一卷附載一卷／蘇長公小品四卷／止齋先生奥論八卷／太師誠意伯劉文成公集二十卷／畦樂先生詩集一卷附録一卷／泊菴先生文集十六卷附録一卷／坦菴先生文集八卷／彭惠安公文集十一卷／荷亭文集十四卷／世篤堂稿六卷外集一卷風雲亭稿二卷外集一卷／貞翁淨稿十二卷附録一卷／周恭肅公集十六卷附録一卷／泰泉集六十卷／豐山集四十卷／祐山先生文集十卷／方山先生文録二十二卷／海樵先生全集

陶淵明集十卷

（晋）陶潜撰

附録二卷

明嘉靖二十四年（1545）龔雷刻本

陶潛（約 365—427），字元亮，私謚“靖節”，世稱靖節先生，晋潯陽柴桑（今江西九江）人。閑静少言，不慕榮利。好讀書，性嗜酒。起爲州祭酒，不堪吏職，自解歸，躬耕自資。復爲參軍、彭澤令。參見《晋書》卷九十四。

半葉九行，行十七字。白口，左右雙邊，單黑魚尾。版心中鎸“陶”、卷次、葉次。框高 18.7 厘米，寬 14.5 厘米。

書前有梁蕭統《陶淵明集序》。末有楊休之《北齊楊休之序録》，次接宋庠《宋朝宋丞相私記》。

卷一爲四言詩九首，卷二爲五言詩三十首，卷三爲五言詩三十九首，卷四爲擬古、雜詩等詩四十八首，卷五爲賦、辭三首，卷六爲記、傳、贊、述十三首，卷七爲傳、贊五首，卷八爲疏、祭文四首，卷九、卷十爲《集聖賢群輔録》。附録卷上爲《靖節徵士誄》《靖節先生傳》《靖

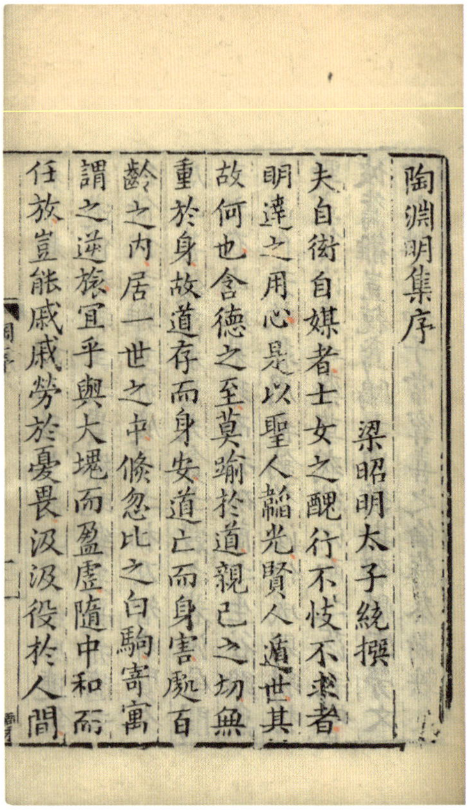
陶淵明集序
梁昭明太子統撰
夫自衒自媒者士女之醜行不忮不求者明達之用心是以聖人韜光賢人遁世其故何也含德之至莫踰於道親己之切無重於身故道存而身安道亡而身害處百齡之內居一世之中倏忽比之白駒寄寓謂之逆旅宜乎與大塊而盈虛隨中和而任放豈能戚戚勞於憂畏汲汲役於人間

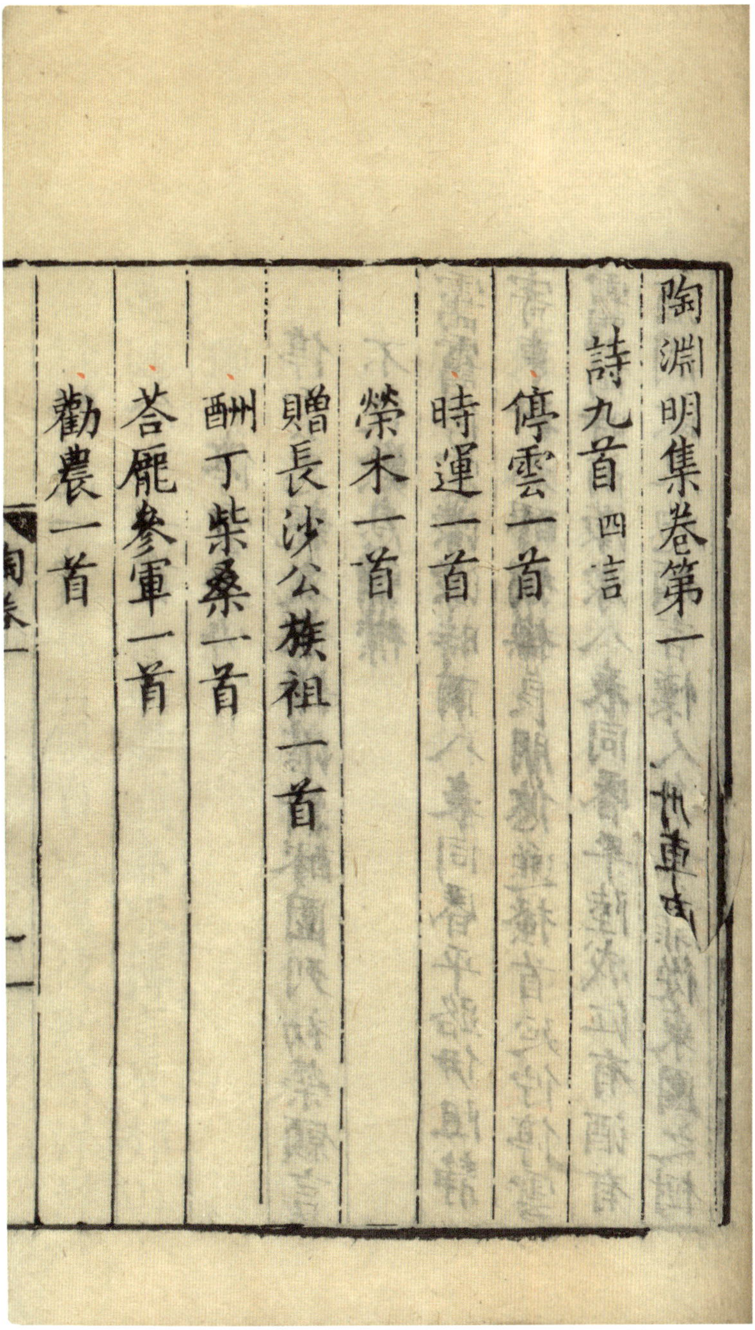
陶淵明集卷第一
詩九首 四言
停雲一首
時運一首
榮木一首
贈長沙公族祖一首
酬丁柴桑一首
荅龐參軍一首
勸農一首

節先生年譜》，卷下爲《曾紘説》《斜川辨》《集總論》。

龔雷，字明威，明嘉靖間長洲（今江蘇蘇州）人。另刻有《鮑氏國策校注》。

刻工：周永。

《中國古籍善本書目》集部漢魏六朝别集類收録，編號爲集 286。

名録號 08674。綫裝，二册。佚名朱筆批校。

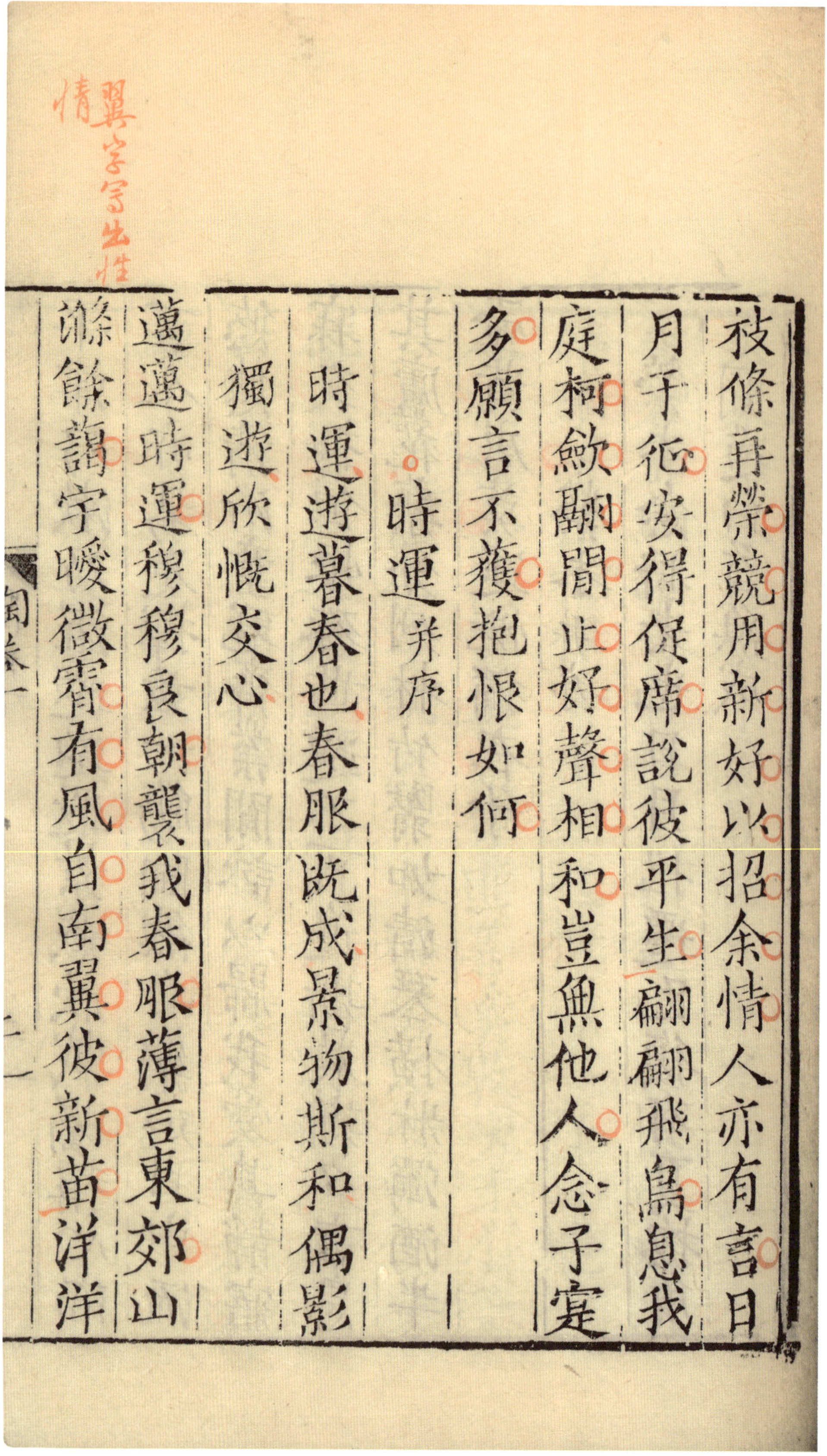

翼字寫生性情

枝條再榮競用新好以招余情人亦有言日
月于征安得促席說彼平生翩翩飛鳥息我
庭柯斂翮閒止好聲相和豈無他人念子寔
多願言不獲抱恨如何

時運 并序

時運遊暮春也春服既成景物斯和偶影
獨遊欣慨交心

邁邁時運穆穆良朝襲我春服薄言東郊山
滌餘靄宇曖微霄有風自南翼彼新苗洋洋

陶卷一　二

梁昭明太子文集五卷

（南朝梁）蕭統撰

明遼國寶訓堂刻本

蕭統（501—531），字德施，小字維摩，南蘭陵（今江蘇武進）人。南朝梁武帝長子。卒謚昭明。編纂有《文選》六十卷。參見《南史》卷五十三。

半葉八行，行十六字，小字雙行同。細黑口，左右雙邊，單黑魚尾。版心上鎸“昭明集”，中鎸卷次及葉次。框高 18.4 厘米，寬 13.3 厘米。

正文前有《梁簡文帝昭明太子集序》《梁劉孝綽昭明太子集序》《梁簡文帝上昭明太子集别傳等表》《梁蕭子範求撰昭明太子集表》。卷末有宋淳熙八年（1181）袁説友後跋，末署“淳熙八年歲在辛丑八月望日，郡刺史建袁説友書”，次接明嘉靖三十四年（1555）周滿《昭明太子集序》，末署“嘉靖乙卯午月，雲南按察使前進士成都周滿撰”。

卷一爲賦、古樂府、詩，卷二爲詩，卷三啓、書，卷四爲疏、議、序，卷五爲《令旨解二諦義》《令旨解法身義》。

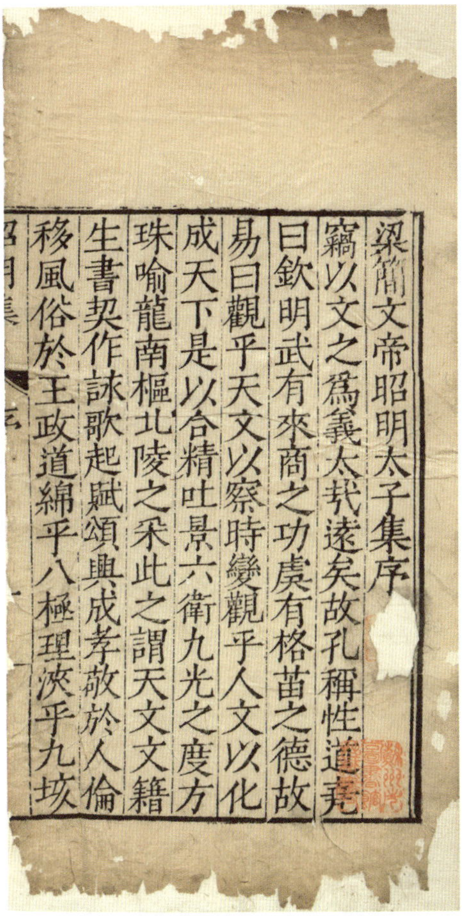
梁簡文帝昭明太子集序
竊以文之爲義大哉遠矣故孔稱性道堯
曰欽明武有來商之功虞有格苗之德故
易曰觀乎天文以察時變觀乎人文以化
成天下是以含精吐景六衛九光之度方
珠喻龍南樞北陵之采此之謂天文文籍
生書契作詠歌起賦頌興成孝敬於人倫
移風俗於王政道綿乎八極理浹乎九垓

首卷卷端鎸“大明遼國寶訓堂

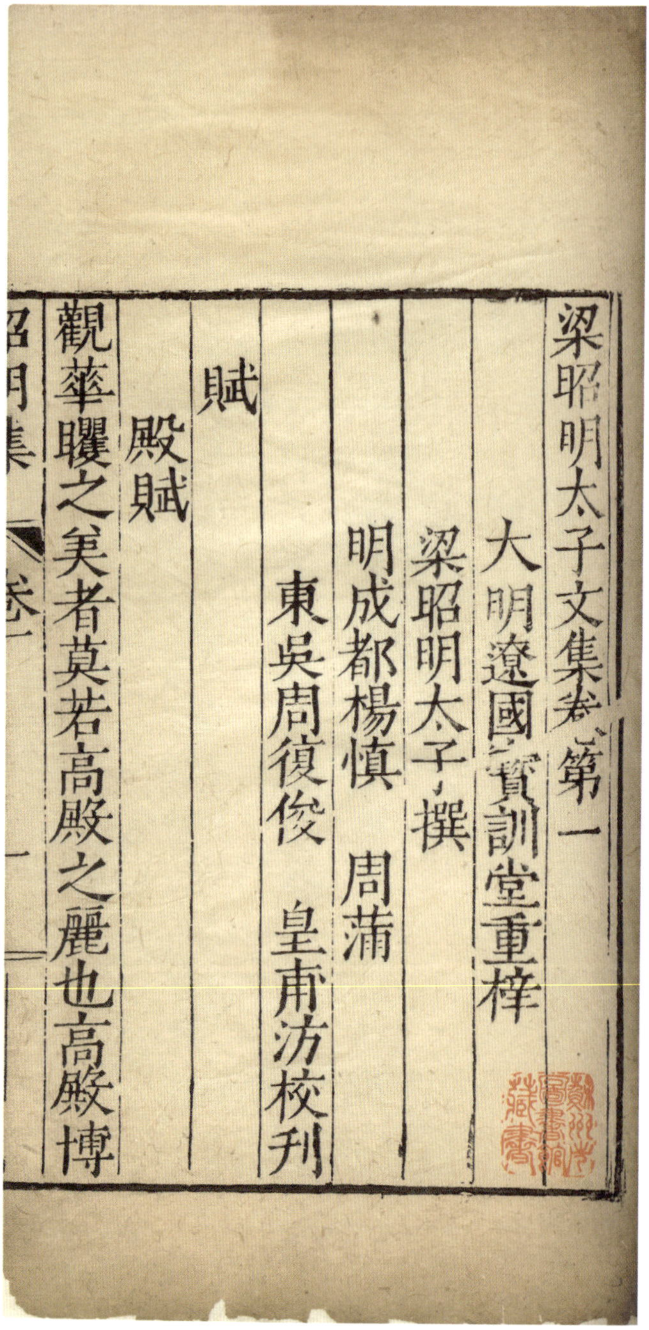
梁昭明太子文集卷第一
大明遼國寶訓堂重梓
梁昭明太子撰
明成都楊慎　周蒲
東吳周復俊　皇甫汸校刊
賦
殿賦
觀華矚之美者莫若高殿之麗也高殿博
昭明集　卷一

重梓”刻書牌記。

遼國寶訓堂，明代遼藩室名。遼藩初封遼東，靖難之役後改封荆州，明隆慶二年（1568）除封。

《中國古籍善本書目》集部漢魏六朝别集類收録，編號爲集 462。

名録號 05119。綫裝，二册。

唐沈佺期詩集七卷

（唐）沈佺期撰

明刻本

沈佺期（约 656—约 715），字雲卿，唐相州内黄（今河南内黄縣）人。唐高宗上元二年（675）進士，累遷考功員外郎、給事中。中宗神龍時召拜起居郎、修文館直學士，歷官中書舍人、太子少詹事。參見《舊唐書》卷一百九十中。

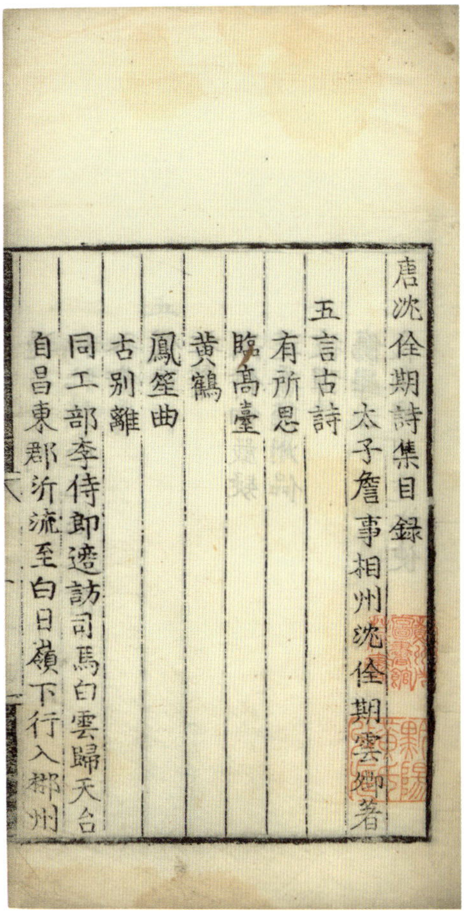
唐沈佺期詩集目録
太子詹事相州沈佺期雲卿著
五言古詩
有所思
臨高臺
黄鶴
鳳笙曲
古别離
同工部李侍郎適訪司馬白雲歸天台
自昌東郡沂流至白日嶺下行入郴州

半葉十行，行十六字。上下粗黑口，四周單邊，雙對白魚尾。版心中鎸葉次。框高 16.5 厘米，寬 12.3 厘米。

正文前有明正德十三年（1518）王廷相序，末署“正德戊寅三月朔日，後（浚）川王廷相序”，次接目録。

此書分五言古詩、七言古詩、五言律詩、五言排律、七言律詩、五言絶句、七言絶句七卷，收詩一百二十七首。

王廷相（1474—1544），字子衡，號浚川，明儀封（今河南蘭考）人。明弘治十五年（1502）進士，改庶吉士，授兵科給事中，官至兵部尚書。著有《王氏家藏集》。

《中國古籍善本書目》集部唐

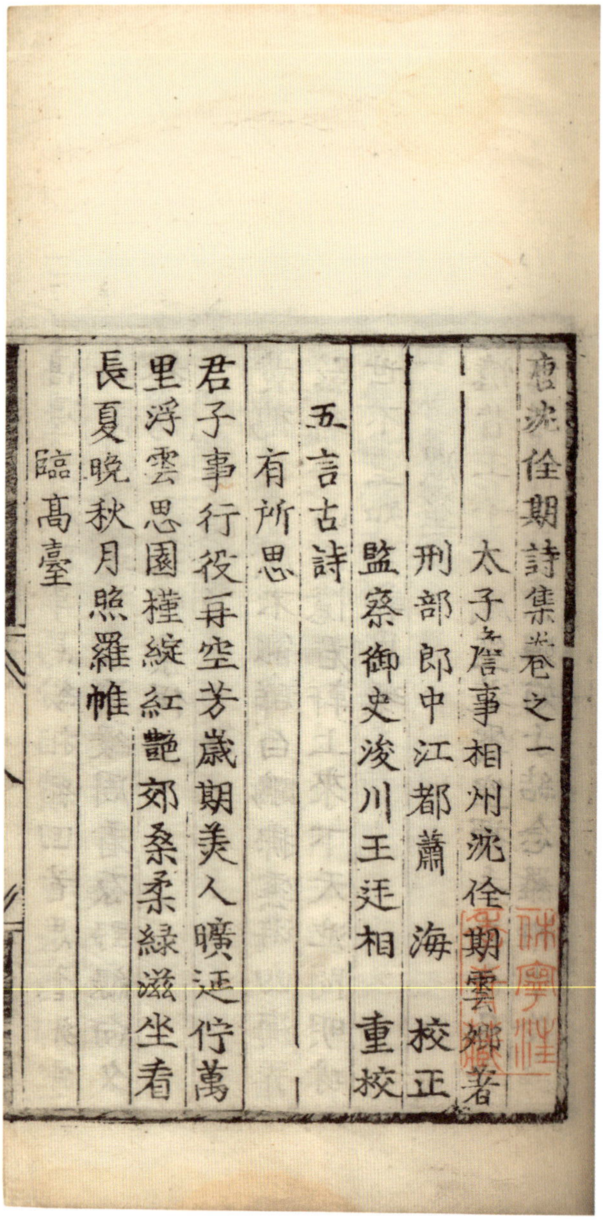
唐沈佺期詩集卷之一
太子詹事相州沈佺期雲卿著
刑部郎中江都蕭　海　校正
監察御史浚川王廷相　重校
五言古詩
有所思
君子事行役再空芳歲期美人曠延佇萬
里浮雲思園槿綻紅艷郊桑柔綠滋坐看
長夏晚秋月照羅帷
臨高臺

五代别集類收録，編號爲集 542。

名録號 05136。綫裝。一册。

王廷相序末葉鈐“休寧汪 / 季青藏”朱文長方印，目録首葉鈐“黟陽 / 黄氏 / 收藏”朱文方印。

按：此本舊定明正德十三年（1518）王廷相刻本，與國家圖書館藏王廷相刻本比對，字畫有异，序跋字體差别尤大。且“浚川”二字，此本作“後川”，誤，應是據王本重翻者。

孟浩然詩集二卷

（唐）孟浩然撰　（宋）劉辰翁（明）李夢陽評

明凌濛初刻朱墨套印本

孟浩然（689—740），名浩，以字行，號孟山人，唐襄州襄陽（今湖北襄陽）人，世稱“孟襄陽”。隱居鹿門山，以詩自適。年四十游京師，應試不第，還襄陽。後張九齡任荆州長史，署爲從事。不達而卒。有《孟浩然集》傳世。參見《新唐書》卷二百十六。

劉辰翁（1232—1297），字會孟，别號須溪，宋廬陵灌溪（今江西省吉安縣）人。南宋景定三年（1262）進士。曾任贛州濂溪書院山長、臨安府學教授。後薦居史館，又授太學博士，皆辭。宋亡後，隱居著書終老。《宋史·藝文志》載有《須溪先生全集》，已佚。參見《宋詩紀事》卷六十八。

李夢陽（1473—1530），字獻吉，號空同，祖籍河南扶溝，出生於慶陽府安化縣（今甘肅省慶城縣）。“前七子”領袖。明弘治七年（1494）進士。授户部主事。因不阿權貴上書直言，幾度入獄又起復。後被劾居家，延賓客，著詩文，縱射獵，名震海内。宸濠之亂平後，因作《陽春書院記》，

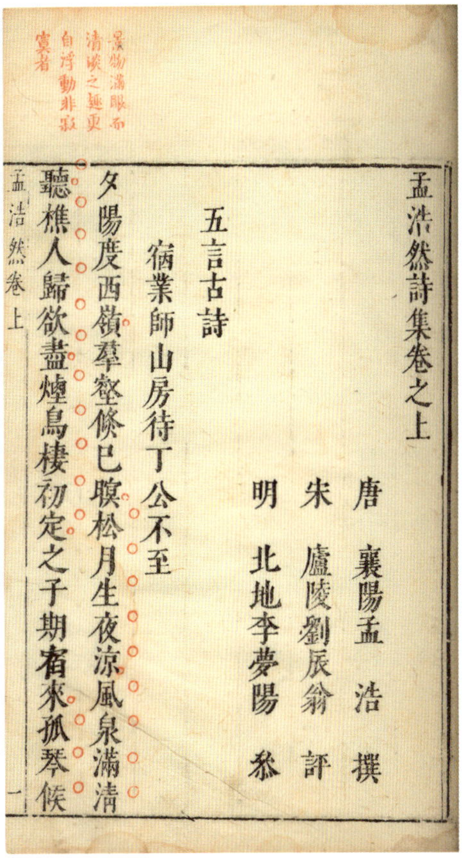
孟浩然詩集卷之上
唐　襄陽孟　浩　撰
宋　廬陵劉辰翁　評
明　北地李夢陽　叅
五言古詩
宿業師山房待丁公不至
夕陽度西嶺羣壑倏已暝松月生夜涼風泉滿清
聽樵人歸欲盡煙鳥棲初定之子期宿來孤琴候
景物滿眼而清淡之趣更自浮動非寂寞者
孟浩然卷上　一

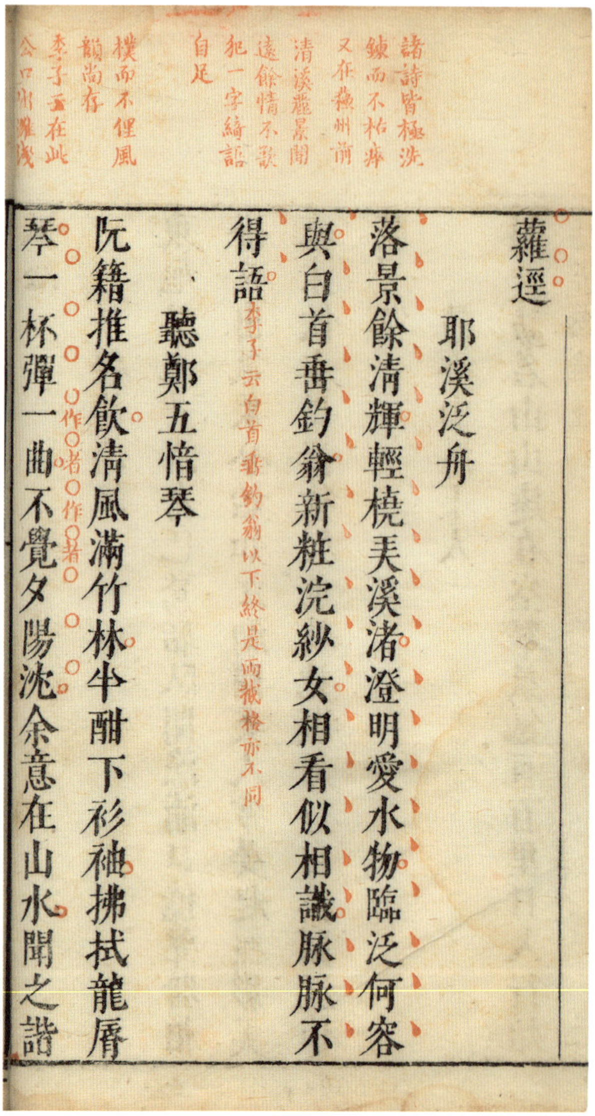

遭削籍。著有《空同集》等。參見《明史》卷二百八十六。

半葉八行，行十九字。白口，左右雙邊，無魚尾。版心上鐫書名卷次，版心下鐫葉次。框高 20.8 厘米，寬 14.8 厘米。

書前有唐王士源《孟浩然集序》，次接宋劉辰翁、明李夢陽、明李克嗣、明凌濛初跋。

全書按體分類，收五言古詩、五言律詩、七言古詩、七言律詩、五言絶句、七言絶句共二百六十一首。各卷前有目録。

《中國古籍善本書目》集部唐五代別集類收録，編號爲集 690。

名録號 08695。綫裝，二册。

類箋唐王右丞詩集十卷文集四卷集外編一卷

（唐）王維撰　（明）顧起經注

年譜一卷唐諸家同詠集一卷贈題集一卷歷朝諸家評王右丞詩畫鈔一卷

（明）顧起經輯撰

明嘉靖三十五年（1556）顧氏奇字齋刻本

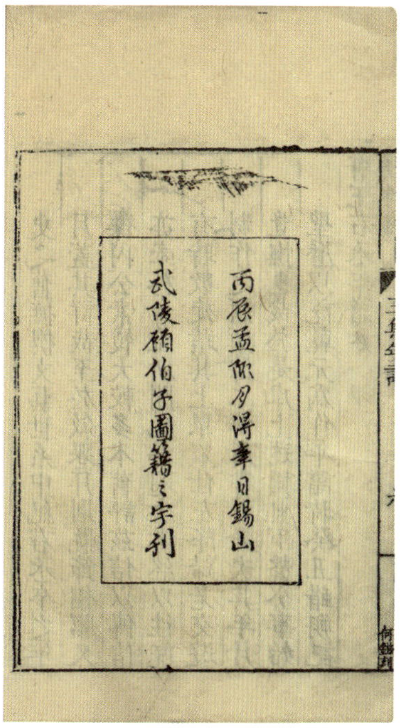

王維（699—761），字摩詰，唐太原祁（今山西祁縣）人。開元九年（721）進士，任太樂丞、監察御史、給事中等職，官至尚書右丞。世稱“王右丞”。參見《新唐書》卷二百二。

顧起經（1515—1569），字長濟，又字玄緯，號九霞，別號羅浮外史，明江蘇無錫人。曾任廣東鹽課副提舉。平生好藏書，家有奇字齋。參見光緒《無錫金匱縣志》卷二十二《文苑》。

半葉九行，行十八字，小字雙行同。黑口，左右雙邊，單黑魚尾。版心上鐫“奇字齋”，中鐫書名、卷次及葉次，下鐫刻

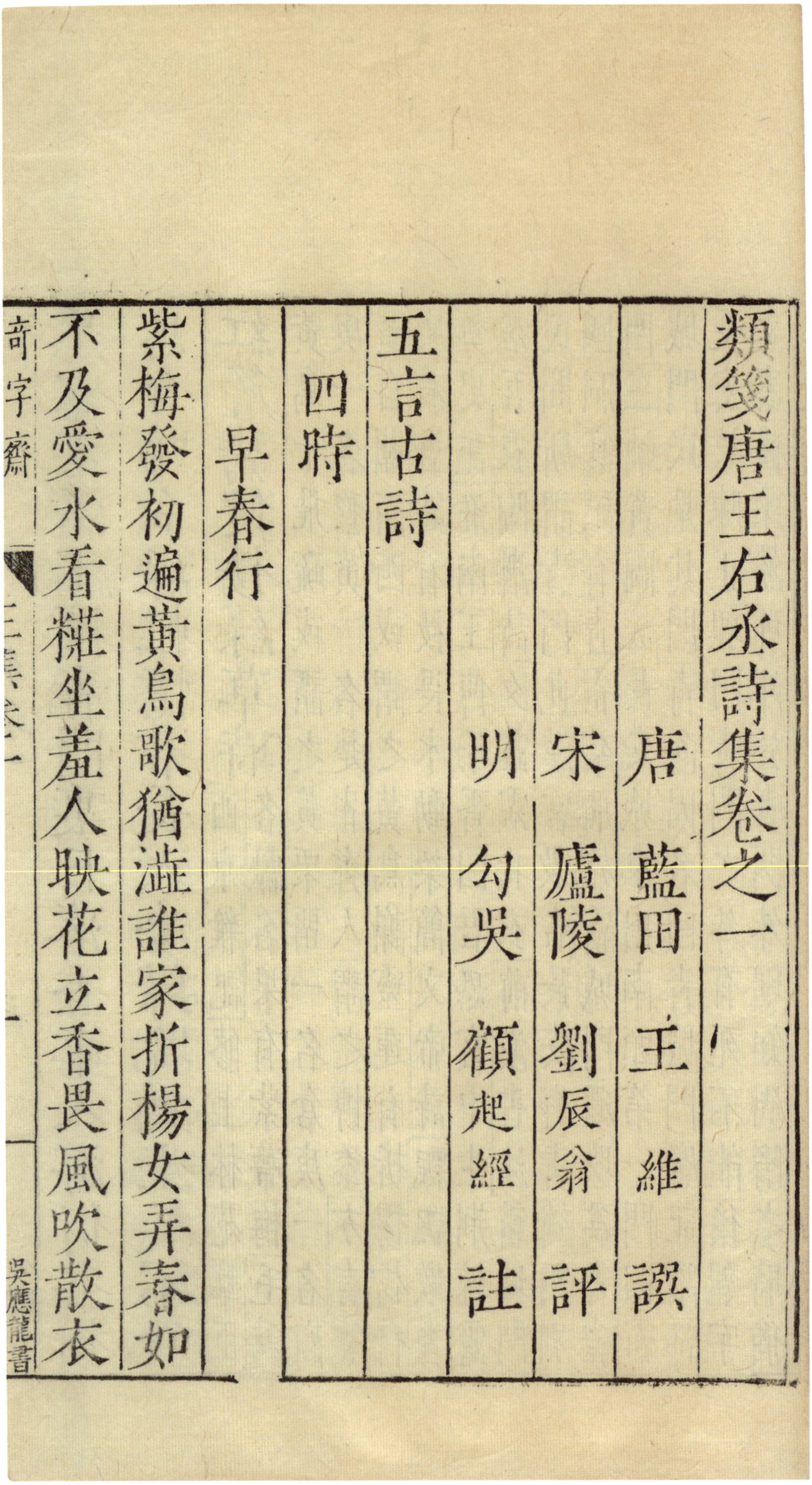
類箋唐王右丞詩集卷之一

唐　藍田　王　維　譔

宋　廬陵　劉辰翁　評

明　勾吳　顧起經　註

五言古詩

四時

早春行

紫梅發初遍黃鳥歌猶澁誰家折楊女弄春如

不及愛水看糚坐羞人映花立香畏風吹散衣

奇字齋　王集卷之一　一　吳應龍書

工姓名。框高 20.3 厘米，寬 15.3 厘米。

正文前有顧起經《題王右丞詩箋小引》，次接王縉《唐進王右丞集表》，次接唐代宗皇帝批答手敕，次接《舊唐書・文苑傳》本傳，次接《新唐書・文藝傳》本傳，次接《新唐書・宰相世系表》，次接《河東王氏世系圖》，次接《唐王右丞年譜》，次接《唐王右丞集外編》，次接《唐諸家同詠集》，次接《唐諸家題贈集》，次接《歷朝諸家評王右丞詩畫鈔》，次接《凡例》，次接《類箋唐王右丞詩集目録》，次接《唐王右丞文集標目》，次接《詩集》，次接《文集》。末有嘉靖三十五年（1556）顧起經跋，末署“歲丙辰日北至，夫湫山人顧起經跋”。

詩集卷一爲五言古詩（四時、山川、宫闕、田廬、應制、獻贈），卷二爲五言古詩（送别、旅思、釋氏、詠古、傷歎），卷三爲七言古詩（騷體、樂府、歌行贈送、詠懷、問答），卷四爲五言律詩（禁省、宗戚、居處、宴集、梵宇、遊眺、酬寄），卷五爲五言律詩（送别、旅次、閨情、吊挽），卷六爲五言排律（慶宴、游幸、朝省、閑居），卷七爲五言排律（仙梵、送行、閨情、懷悲），卷八爲七言律詩（宫殿、禽果、酬送、感懷、山墅、尋游），卷九爲五言絶句（川溪、宫闈、詠翫、贈别、答寄、軍戎、悲喜），卷十爲七言絶句（時序、嘲戲、寄送、邊將、慶悼）。文集卷一爲賦表狀露布，卷二爲書序記讚，卷三爲碑墓誌，卷四爲哀詞祭文。《詩集目録》及《詩集》卷一、卷二、卷三、卷四、卷五、卷七、卷八、卷十末有參校者姓氏里籍。

《小引》末有“嘉靖卅四年涂月白分錫武陵家墅刻”、《年譜》末有“丙辰孟陬月得辛日錫山／武陵顧伯子圖籍之宇刊”、《外編》末有“丙辰挾日刻”、《同詠集》末有“丙辰上元雕板”、《題贈集》末有“丙辰年初月人日付梓”、《凡例》末有“丙辰春孟月晦刊”、《詩集目録》末有“歲丙辰中春上旬顧氏奇石清漣山院刊”、《詩集》卷一末有“歲丙辰上巳初吉錫山顧氏刻於待沐園”、《詩集》卷二末“丙辰寎月上弦長康外圃刻”、《詩集》卷三末“丙辰春莫浹辰梓於宛在亭”、《詩集》卷四末“丙辰三月旬又八日立夏顧氏祇洹館刻”、《詩集》卷五末“丙辰余月四之日小滿刻於對山開卷之閣”、《詩集》卷七末“丙辰長嬴幾望水木清華亭刻”、《詩集》卷八末“丙辰夏五端三日鋟於木瓜亭”、《詩集》卷十末“丙辰皋月下浣之吉端居静思之堂刊”、《文集》卷一末“丙辰夏首顧伯子／付刻於圜鍛亭上”、《文集》卷二末“太歲在丙辰夏孟月尾錫山／顧起經與檇李陳策四覆校／於青藜閣中越月乃授之梓”、《文集》卷三末“丙辰端午思玄室刊”等刻書牌記。

寫工有吴應龍、沈恒、陸廷相，刻工有王誥、張邦本、何鑑、何鑰、何鈐、李焕、章亨、何應亨、夏文德、陸信、何應貞、何昇、何應元、王惟寀、何朝忠、何鎡、何鈿、何大節、何朝宗、袁宸、應鐘、俞汝霆、何瑞、夏昱、何待聘、顧廉、陳節等。

《中國古籍善本書目》集部唐五代別集類收録，編號爲集 626。

名録號 05146。綫裝，四册。

王狀元集百家注編年杜陵詩史三十二卷

（唐）杜甫撰　（宋）魯訔編年并注　題（宋）王十朋集注

宋刻本

杜甫（712—770），字子美，號少陵野老，唐襄陽（今屬湖北）人，曾祖時徙居河南鞏縣（今河南鞏義）。安史亂作，甫投奔肅宗，授左拾遺。後從嚴武於成都，在城西構浣花草堂。唐廣德二年（764），因嚴武之請，授檢校工部員外郎，後世故稱杜工部。武卒，蜀中大亂，甫流落荆湘而卒。詩與李白齊名，尤擅七律。有《杜工部集》傳世。參見《舊唐書》卷一百九十下。

魯訔（1099—1175），字季欽，宋秀州嘉興（今屬浙江）人。起家左迪功郎，歷餘杭縣主簿、大理少卿、江西轉運副使、福建提點刑獄公事等，以直敷文閣致仕。參見周必大《文忠集》卷三十四《魯公訔墓誌銘》。

王十朋（1112—1171），字龜齡，號梅溪，宋温州樂清（今屬浙江）人。南宋紹興二十七年（1157）狀元，授紹興府簽判，遷大宗正丞、起居郎、侍御史。歷知饒州、夔州、

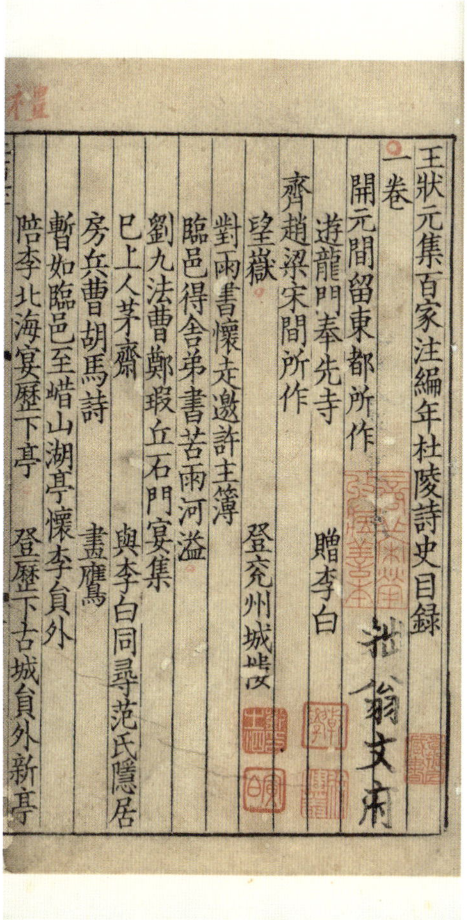
王狀元集百家注編年杜陵詩史目錄
一卷
開元間留東都所作
遊龍門奉先寺　贈李白
齊趙梁宋間所作
望嶽　登兖州城樓
對雨書懷走邀許主簿
臨邑得舍弟書苦雨河溢
劉九法曹鄭瑕丘石門宴集
已上人茅齋　與李白同尋范氏隱居
房兵曹胡馬詩　畫鷹
暫如臨邑至㟙山湖亭懷李員外
陪李北海宴歷下亭　登歷下古城員外新亭

王狀元集百家注編年杜陵詩史一卷

前劒南節度參謀宣義郎檢校尚書工部員外郎賜緋魚袋杜甫子美撰

嘉興魯訔編年并注

永嘉王十朋龜齡集注

開元間留東都所作

遊龍門奉先寺 魯訔曰龍門在西京河南縣地志曰闕塞山一名伊闕而俗名龍門

已從招提遊更宿招提境 王洙曰僧史後魏太武帝始光元年創立伽藍爲招提之號隋大業中改天下寺爲道場至唐復爲寺 師先生曰釋氏書招提菩薩皆古佛號故寺謂之招提或名伽藍或名道場其實一也

陰壑生靈籟 王昱曰莊子齊物篇汝聞人籟而未聞地籟汝聞地籟而未聞天籟注簫也音賴 王彥輔曰沈佺期西岳詩陰壑以永閉 師曰山南曰陽山北曰陰以其背陽故爲重陰沍寒之地風聲爲天籟水聲爲地籟笙竽爲人籟靈籟即風也靈者善也如雨曰靈雨

月林散清影 洙曰謝莊月賦聲林虛籟淪池滅波梁昭明太子鍾山解講曦出巖隱光月落林餘影 師曰萬物之影無如月影最清謂之金波蓋取其清也古云人間何處無風月繞到僧坊分外清蓋言奉先寺風聲月影皆佳致也

天闕 洙曰一作閱

象緯逼 蘇軾曰閱字當作闕或作闊蔡天啓云古本作闚史以管窺天王介甫云當作天閱劉雲卿爲清切蔡絛云韋述東都記龍

湖州、泉州。以龍圖學士致仕。謚忠文。有《梅溪先生前後集》傳世。參見《宋史》三百八十七。

半葉十三行，行二十一至二十二字不等，小字雙行，行二十七字。白口，左右雙邊，雙順黑魚尾。版心上鎸字數，中鎸卷次，下鎸葉次。框高 19.5 厘米，寬 13.0 厘米。

卷前有目録。全書凡三十二卷，收詩千餘首，依時間爲序歸類編排，依次爲"開元間留東都所作"（卷一），"齊趙梁宋間所作"（卷一），"天寶以來在東都及長安所作"（卷一至四），"天寶十五載丙申夏五月挈家避地鄜州及没賊中所作"（卷五），"至德二載丁酉在賊中所作"（卷五），"至德二載自賊中達行在所授拾遺以後所作"（卷六），"八月還鄜州及扈從還京所作"（卷六），"乾元元年戊戌春至夏五月在諫省所作"（卷七），"乾元元年夏六月出爲華州司功冬末以事之東都至乾元二年七月立秋後欲弃官所作"（卷八），"乾元二年秋七月弃官居秦州以後所作"（卷九至十），"乾元二年自秦州如同谷十二月一日紀行所作"（卷十一），"乾元二年十二月一日自隴右赴劍南紀行所作"（卷十一），"上元二年庚子在成都所作"（卷十一至十二），"上元二年辛丑在成都公年五十歲"所作（卷十三至十四），"暫如蜀州新津縣"所作（卷十五），"暫之漢州作"（卷十五至十六），"歸成都迎家遂徑往梓"所作（卷十六），"十一月往射洪縣通泉縣"所作（卷十六），"廣德元年癸卯春在梓之綿之閬復歸梓所作"（卷十七至十八），"自梓暫往閬"所作（卷十八），"廣德二年甲辰自梓州挈家再往閬州"所作（卷十九至二十），"春末再至成都作"（卷二十），"永泰元年乙巳"所作（卷二十一），"挈家下忠渝州所作"（卷二十一），"到雲安所作"（卷二十一），"大曆元年春後遷夔州所作"（卷二十二至二十三），"大曆二年丙午在夔州西閣"所作（卷二十四），"三月新自赤甲遷瀼西"所作（卷二十四至二十五），

“大曆二年秋在瀼西”所作（卷二十六至二十七），“大曆二年秋在夔所作”（卷二十八至二十九），“大曆三年戊申在夔所作”（卷二十九），“春末下荆州所作”（卷二十九至三十），“移居公安下岳陽所作”（卷三十），“大曆四年己酉在岳陽至潭遂如衡及復回潭所作”（卷三十），“二月至潭州所作”（卷三十一），“大曆五年庚戌在潭州”所作（卷三十二），“至衡州所作”（卷三十二），“三月自衡州暫往潭州”所作（卷三十二）。卷三十二又附“拾遺”三十九題四十一首。

《中國古籍善本書目》集部唐五代别集類收録，編號爲集 827。

名録號 01034。綫裝，十四册。卷四葉十五至十六，卷五葉一、葉三至六、葉十三、葉十五，卷十五葉八至九，卷十六葉一至二，卷二十六葉十二至十三、葉十九至二十一，卷二十七葉一，卷三十二葉二十五抄配。

全書有佚名紅筆圈點。書尾有清季振宜跋。季振宜（1630—1674），字詵兮，號滄葦。清江蘇泰興人。清順治四年（1647）進士，官至浙江道御史。清初著名藏書家，有《季滄葦藏書目》一卷。

楠木盒裝。盒盖刻“宋刻杜陵詩史 / 三十二卷十四册 / 建德周緝之姊聟贈於京邸 / 光緒戊申嘉平葱石題藏”。劉世珩（1874—1926），字聚卿，一字葱石，號楚園。安徽貴池人。清末著名藏書家、刻書家，藏書樓名“玉海堂”。刻書頗多，有《玉海堂景宋叢書》《聚學軒叢書》《暖紅室匯刻傳奇》等。

目録首葉鈐有“季振宜 / 藏書”朱文長方印、“拙翁文府”墨戳、“商丘宋犖 / 收藏善本”朱文長方印、“徐 / 健庵”白文方印、“乾 / 學”朱文方印、“寅 / 伯”朱文方印、“劉印 / 之泗”白文方印，目録末葉鈐有“之泗點勘”朱文長方印，首卷卷端鈐有“公 / 魯”朱文方印、“劉 / 之泗”白文方印、“蓺風 / 審定”朱文方印、“季振宜 / 字詵兮 / 號滄葦”朱文方印，首卷末葉鈐有“緯蕭草堂 / 藏書記”朱文長方印、“公魯 / 審定”朱文方印，首册封底襯葉鈐有“畏齋 / 藏書”朱文方印、“文石太史 / 珍藏圖書”朱文長方印、“華 / 夏”白文方印、“真賞”朱文葫蘆印，卷二十三末葉鈐有“承蔭宧”白文長方印，卷二十七卷端鈐有“公魯 / 校讀”白文方印，書末季跋處鈐有“振 / 宜”朱文方印。

杜工部七言律詩不分卷

（唐）杜甫撰　（明）郭正域批點

明閔齊伋刻三色套印本

杜甫（712—770），字子美，號少陵野老，唐襄陽人，曾祖時徙居河南鞏縣。安史亂作，甫投奔肅宗，授左拾遺。後從嚴武於成都，在城西構浣花草堂。廣德二年（764），因嚴武之請，授檢校工部員外郎，後世故稱杜工部。武卒，蜀中大亂，甫流落荆湘而卒。詩與李白齊名，尤擅七律。有《杜工部集》傳世。參見《舊唐書》卷一百九十下。

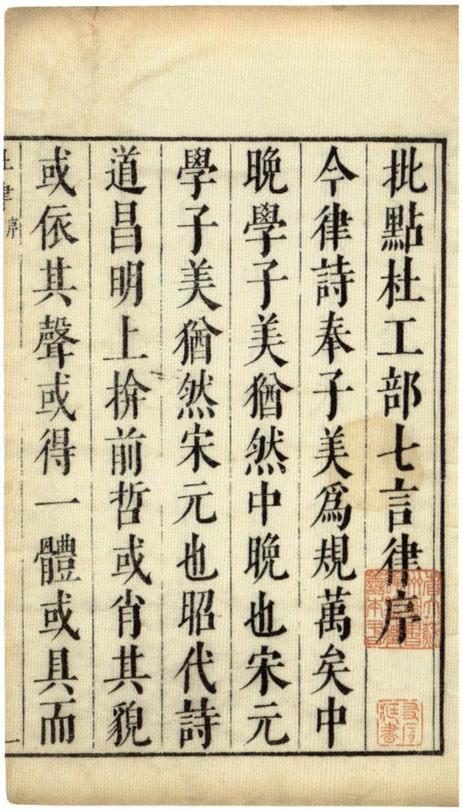
批點杜工部七言律序
今律詩奉子美爲規萬矣中
晚學子美猶然中晚也宋元
學子美猶然宋元也昭代詩
道昌明上掄前哲或肖其貌
或依其聲或得一體或具而
杜律序

郭正域（1554—1612），字美命，號明龍，明湖北江夏人。明萬曆十一年（1583）進士，授翰林院編修，官至禮部侍郎。贈太子少保，謚文毅。著有《批點考工記》《明典禮志》等。參見《明史》卷二百二十六。

半葉八行，行十八字。白口，左右雙邊，無魚尾。墨朱藍三色套印。版心上鎸“杜律”二字，下鎸葉次。框高 20.4 厘米，寬 15.5 厘米。

正文前有《批點杜工部七言律序》，署“江夏郭正域撰”；次接《杜子美七言律目》。正文後有“烏程閔齊伋識”。

正文不分卷，卷端題“杜子美七言律”，收録杜甫七言律詩

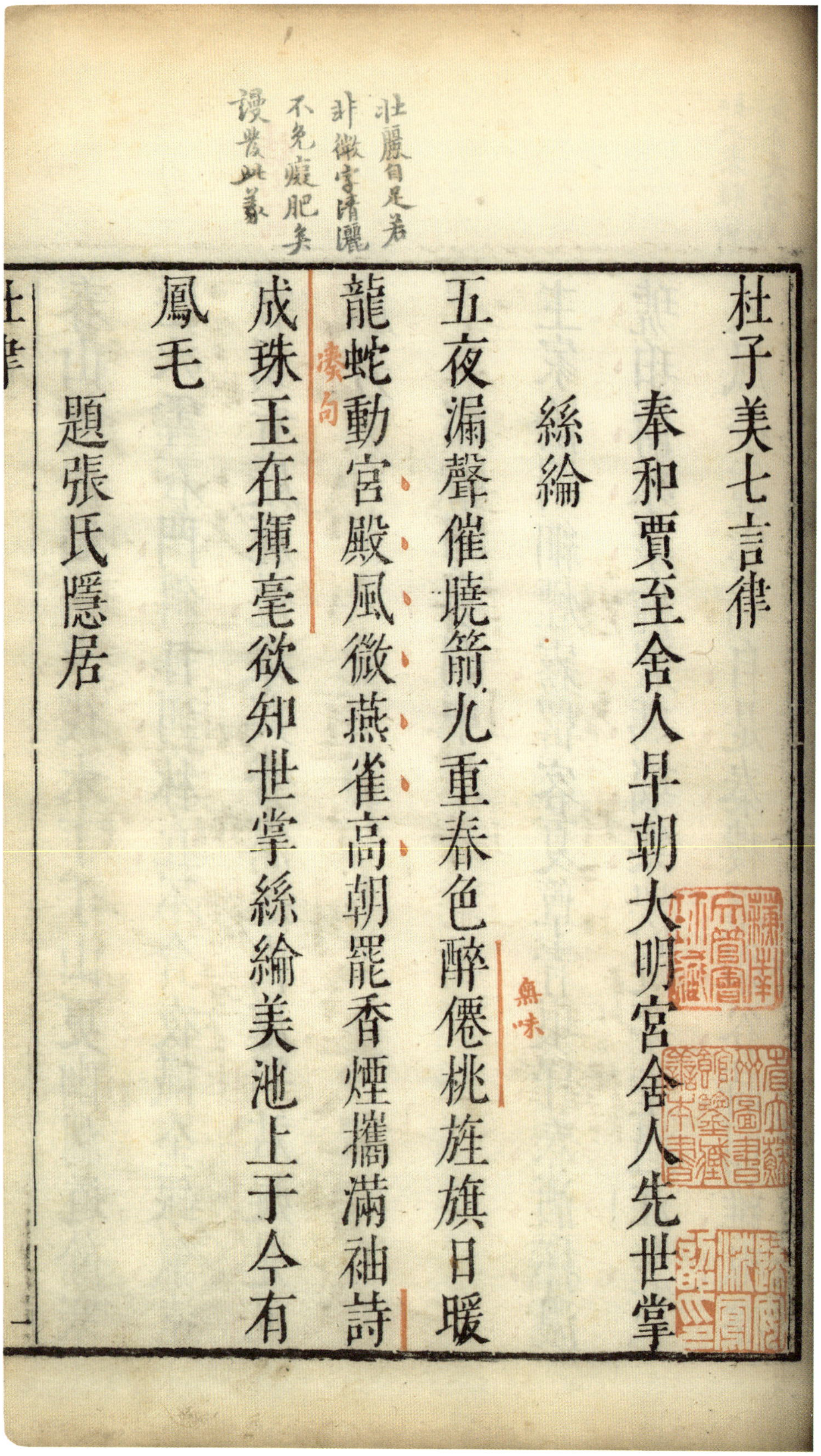
壯麗自足若非微字清灑不免癡肥矣謾發此義

杜子美七言律

奉和賈至舍人早朝大明宮舍人先世掌

絲綸

五夜漏聲催曉箭九重春色醉僊桃旌旗日暖

龍蛇動宮殿風微燕雀高朝罷香煙攜滿袖詩

成珠玉在揮毫欲知世掌絲綸美池上于今有

鳳毛

題張氏隱居

無味

凑句

杜律 一

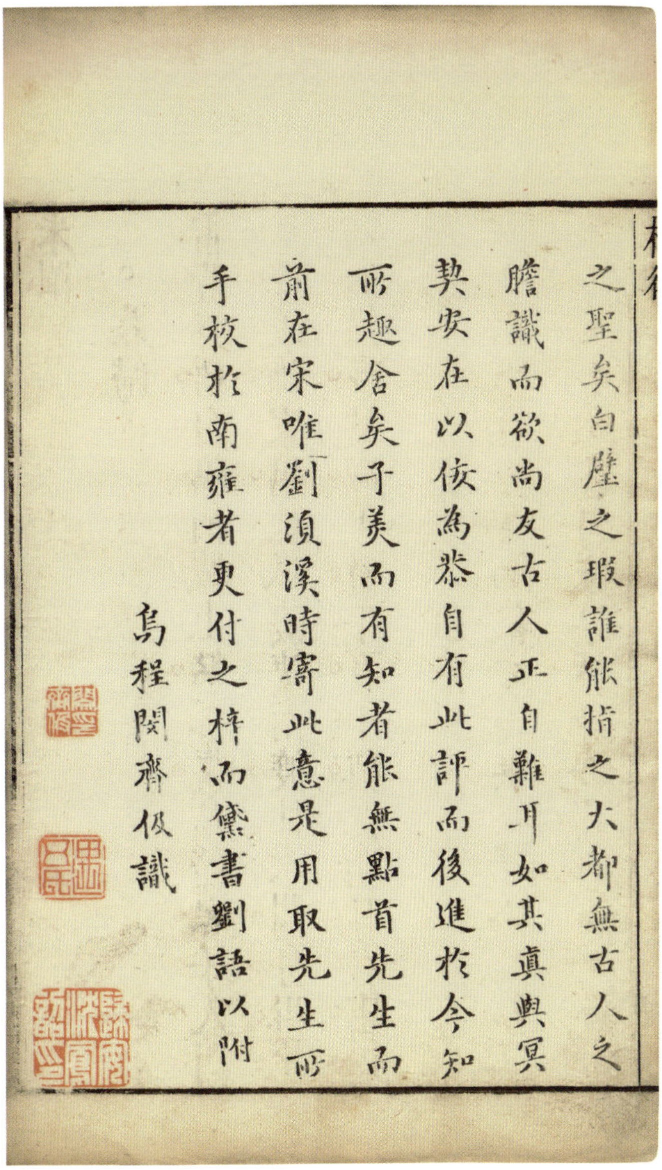
之聖矣白壁之瑕誰能指之大都無古人之
膽識而欲尚友古人正自難耳如其真與冥
契安在以傚爲恭自有此評而後進於今知
所趣舍矣予羨而有知者能無點首先生而
前在宋唯劉須溪時寄此意是用取先生所
手校於南雍者更付之梓而彙書劉語以附
烏程閔齊伋識

一百二十四題一百五十一首，大致以寫作年代編次，朱色爲郭正域評點，藍色爲劉辰翁評點。

閔齊伋（1580—1662），字及武，又字遇五，晚年自號三山誏客，明烏程（今屬浙江湖州）人。著有《六書通》。與族人閔齊華、閔象泰等人歷時二十餘年，刊刻印刷書籍上百種，多爲多色套印之書，精美爲一時之冠，謂之"閔本"。

名録號05252。綫裝，一册。

郭序首葉鈐"友石／藏書"朱文方印。正文首葉鈐"歸安／沈鳳／韶印"白文長方印。

韋刺史詩集十卷

（唐）韋應物撰

附録一卷

明嘉靖二十七年（1548）華雲太華書院刻本

韋應物（737—792），字義博，唐京兆杜陵（今陝西西安）人。歷京兆府功曹、比部員外郎、滁州刺史、江州刺史。入爲左司郎中。唐貞元四年（788）出任蘇州刺史，世稱“韋蘇州”。參見丘丹《唐故尚書左司郎中蘇州刺史京兆韋君墓誌銘并序》。

半葉十一行，行二十一字。白口，左右雙邊，單黑魚尾。版心上鎸“韋江州集”，中鎸卷次及葉次，下鎸“太華書院”及刻工。框高 18.2 厘米，寬 14.4 厘米。

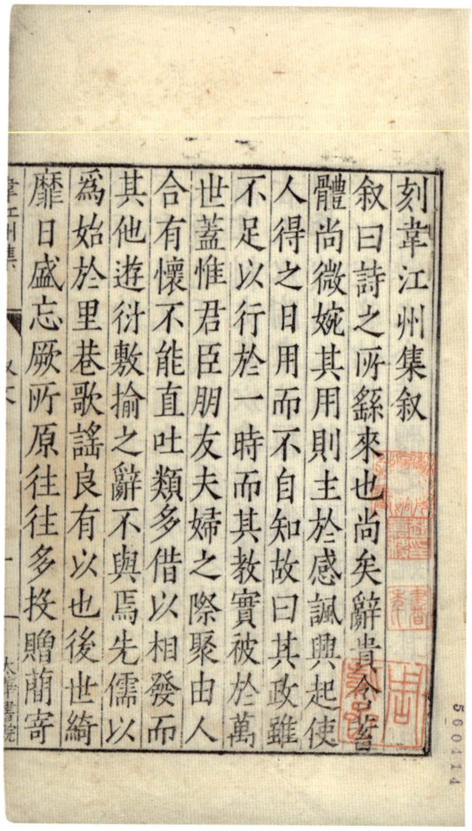
刻韋江州集敘
敘曰詩之所繇來也尚矣辭皆
體尚微婉其用則主於感諷興起使
人得之日用而不自知故曰其政雖
不足以行於一時而其教實被於萬
世蓋惟君臣朋友夫婦之際聚由人
合有懷不能直吐類多借以相發而
其他遊衍敖揄之辭不與焉先儒以
爲始於里巷歌謡良有以也後世綺
靡日盛忘厥所原往往多投贈酬寄
韋江州集　敘　一　太華書院

書前有明嘉靖二十七年華雲《刻韋江州集叙》，末署“嘉靖戊申五月望日，賜進士第承德郎户部山東清吏司主事晋陵華雲書”，次接《韋蘇州詩集目録》，次接嘉靖二十七年汪汝達識，末署“嘉靖戊申夏五月朔日，蒙泉汪汝達，少卿鄒夢桂校”，次接岳西華識，末署“岳西華復初謹識於光風霽月之樓”。

卷一爲古賦一首、雜擬詩二十一

韋刺史詩集卷第一

唐江州刺史韋應物著　明尚書戸部郎華雲校

古賦一首

冰賦

夏六月白日當午火雲四至金石灼爍玄泉潛沸雖深居廣厦珍簟輕箑而亦鬱鬱燠燠不能和平其氣陳王於是登别館散幽情招親友以高會尊仲宣爲客卿睹頒冰之適至喜煩暑之暫清王乃誇賓而歌曰含皎皎兮瓊玉姿氣凄凄兮奪天時飲之瑩骨兮何所思可進於賓請客卿爲寡人美而賦之客諾曰美則美矣而大王不識其短夫謂之瓊玉竊名器也氣奪天時干陰陽

首、燕集二十一首，卷二爲寄贈上六十二首，卷三爲寄贈下六十二首，卷四爲送别六十七首，卷五爲酬答五十九首、逢遇七首，卷六懷思十九首、行旅十首、感嘆三十一首，卷七爲登眺十五首、游覽五十八首，卷八爲雜興七十五首，卷九爲歌行上二十二首，卷十爲歌行下二十首、拾遺八首。

刻工有何瑞、何鈿、何應元、何敖、何鑰、曹祐、何鳳、何忠、何應亨、唐恩、何鑑、何鎡等。

華雲（1488—1560），字從龍，明江蘇無錫人。明嘉靖二十年（1541）進士。仕至刑部郎中。太華書院，爲華雲室名。

《中國古籍善本書目》集部唐五代别集類收録，編號爲集 784。

名録號 08713。綫裝，二册。

序首葉鈐"周 / 紫嵒"朱文方印、"書 / 年"朱文方印、"趙印 / 嘉稷"白文方印，首卷首葉鈐"安 / 石"朱文方印、"長 / 文"白文方印、"趙印 / 文然"朱文方印、"趙嘉 / 稷書 / 年選"白文長方印、"湖海 / 之士"朱文豎長方印，附録末葉鈐"長 / 文"朱文方印、"趙印 / 文然"白文方印。

孟東野詩集十卷

（唐）孟郊撰

聯句一卷

明嘉靖三十五年（1556）秦禾刻秦伯欽、秦伯鎡遞修本

孟郊（751—814），字東野，唐湖州武康（今屬浙江德清縣）人。唐貞元十二年（796）進士，調溧陽尉。工詩，與賈島并稱“郊寒島瘦”。有《孟東野詩集》傳世。參見《新唐書》卷一百七十六。

半葉九行，行十八字，小字雙行同。白口，四周單邊，無魚尾。版心上鎸書名、卷次，下鎸葉次。框高 18.5 厘米，寬 13.6 厘米。

正文前有宋景定三年（1262）國材《孟東野詩集序》，末署“景定壬戌，天台國材成德序”；次接宋敏求《孟東野詩集序》，末署“集賢校理常山宋敏求序”；次接南宋景定三年舒岳祥序，末署“景定壬戌九月望日，閬風舒岳祥書”；再接明嘉靖三十五年秦禾《刻孟東野詩集叙》，末署“嘉靖丙辰秋八月

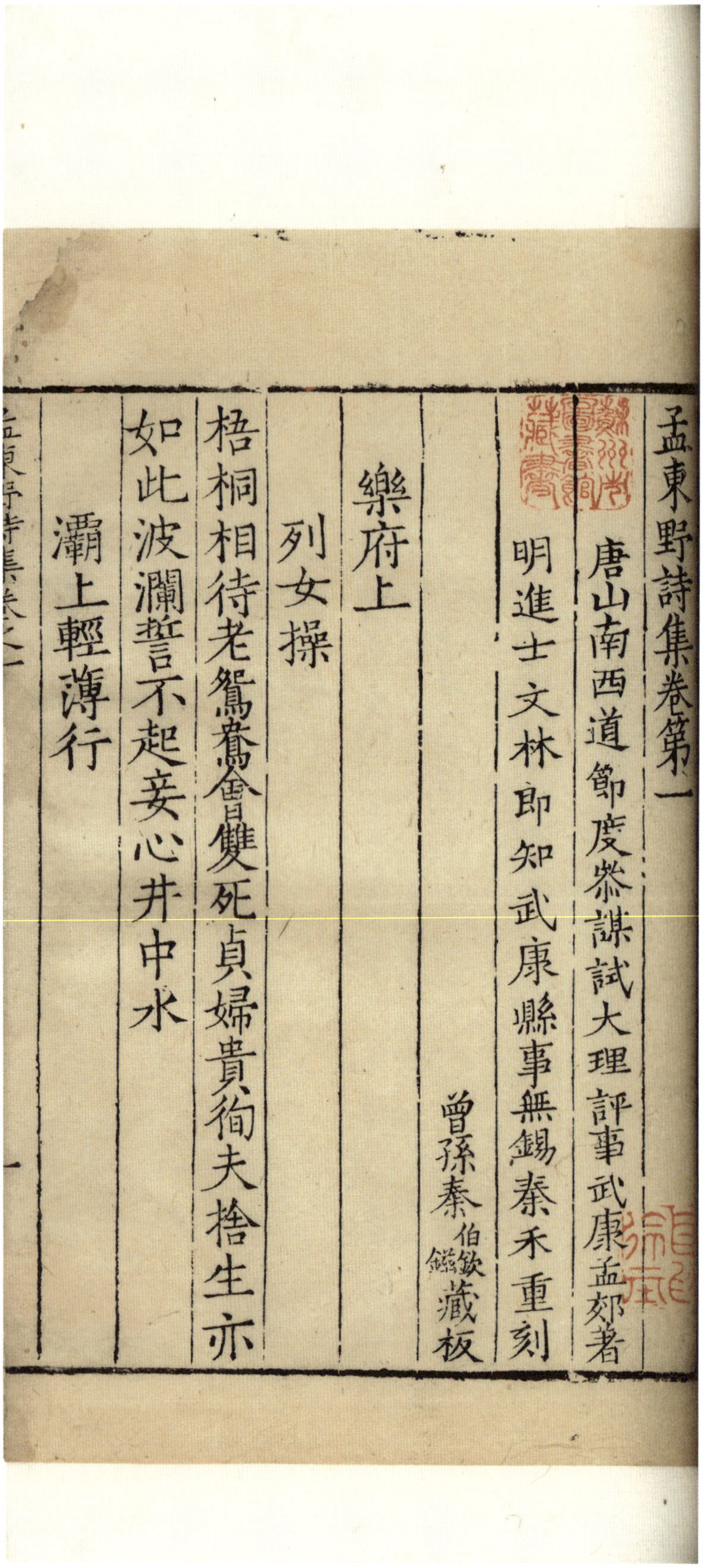
孟東野詩集卷第一

唐山南西道節度參謀試大理評事武康孟郊著

明進士文林郎知武康縣事無錫秦禾重刻

曾孫秦伯欽鎡藏板

樂府上

列女操

梧桐相待老鴛鴦會雙死貞婦貴徇夫捨生亦如此波瀾誓不起妾心井中水

灞上輕薄行

孟東野詩集卷之一　一

望日，賜進士第文林郎知武康縣事無錫秦禾書”；次接目録。

正文凡十卷。卷一樂府上，卷二樂府下、感興上，卷三感興下、詠懷上，卷四詠懷下、游適上，卷五游適下、居處，卷六行役、紀贈，卷七懷寄、酬客、送别上，卷八送别下，卷九詠物、雜題，卷十哀傷、聯句、贊、書。

秦禾（1517—1566），字子實，一字如農，號文橋，祖籍無錫。明嘉靖三十二年進士，歷官武康知縣、南京工部主事、浙江金華知府、雲南永昌知府，卒官。以子燿贈中憲大夫、太常寺少卿。

書名頁鎸“宋刻精鎸 / 東野集 / 本衙藏板”。

《中國古籍善本書目》集部唐五代别集類收録，編號爲集 1577。

名録號 05413。綫裝，四册。

首卷卷端鈐“良印 / 徐基”朱文方印。

按：本書《國家珍貴古籍名録》定爲嘉靖秦禾刻本，尚有疏漏。《孟東野詩集》共有三本，一本卷端題“秦禾重刻，趙觀校正”，應是初刻；一本但題“秦禾重刻”，應是重修之本；此本題“秦禾重刻，秦伯欽、秦伯鎡藏板”，當爲再修本。

韓文公文抄十六卷

（唐）韓愈撰　（明）茅坤評

明刻朱墨套印本

韓愈（768—824），字退之，唐河陽（今河南孟州）人。唐貞元八年（792）進士，兩任節度推官，遷監察御史。歷都官員外郎、史館修撰、中書舍人等職，累官至吏部侍郎。有《韓昌黎集》傳世。參見《新唐書》卷一百七十六。

茅坤（1512—1601），字順甫，號鹿門，明歸安（今浙江湖州）人。明嘉靖十七年（1538）進士。歷知青陽、丹徒兩縣，遷禮部主事，官至大名兵備副史。著有《茅鹿門先生文集》等。參見《明史》卷二百八十七。

半葉九行，行二十字。白口，四周單邊，無魚尾。版心上鎸“韓文”，中鎸卷次，下鎸葉次。框高 20.8 厘米，寬 14.5 厘米。

書前有茅坤序，末署“歸安鹿門茅坤題”。

録韓集中之表狀八首、書啓四十四首、序二十八首、記傳十二首、原議論十首、辯解説頌雜著二十二首、碑及墓誌碣銘四十首、哀辭祭文行狀八首，厘爲十六卷。

《中國古籍善本書目》集部唐

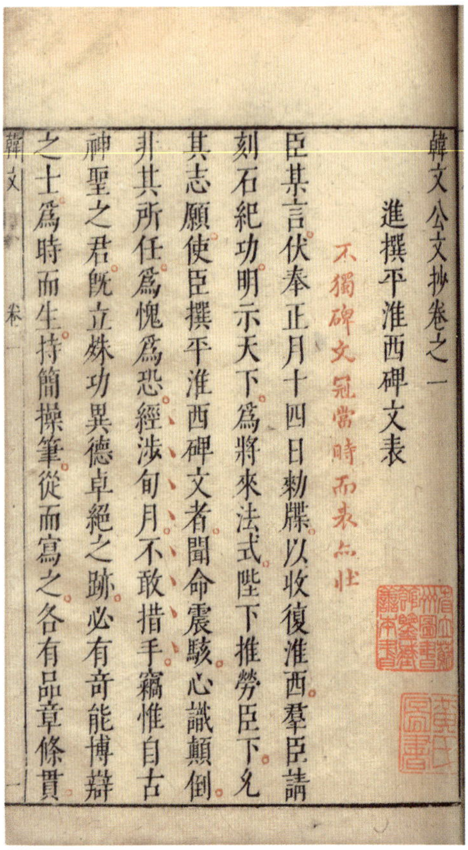
韓文公文抄卷之一
進撰平淮西碑文表
不獨碑文冠當時而表亦壯
臣某言伏奉正月十四日勑牒以收復淮西羣臣請刻石紀功明示天下爲將來法式陛下推勞臣下允其志願使臣撰平淮西碑文者聞命震駭心識顛倒非其所任爲愧爲恐經涉旬月不敢措手竊惟自古神聖之君既立殊功異德卓絶之跡必有奇能博辯之士爲時而生持簡操筆從而寫之各有品章條貫
韓文　卷一　一

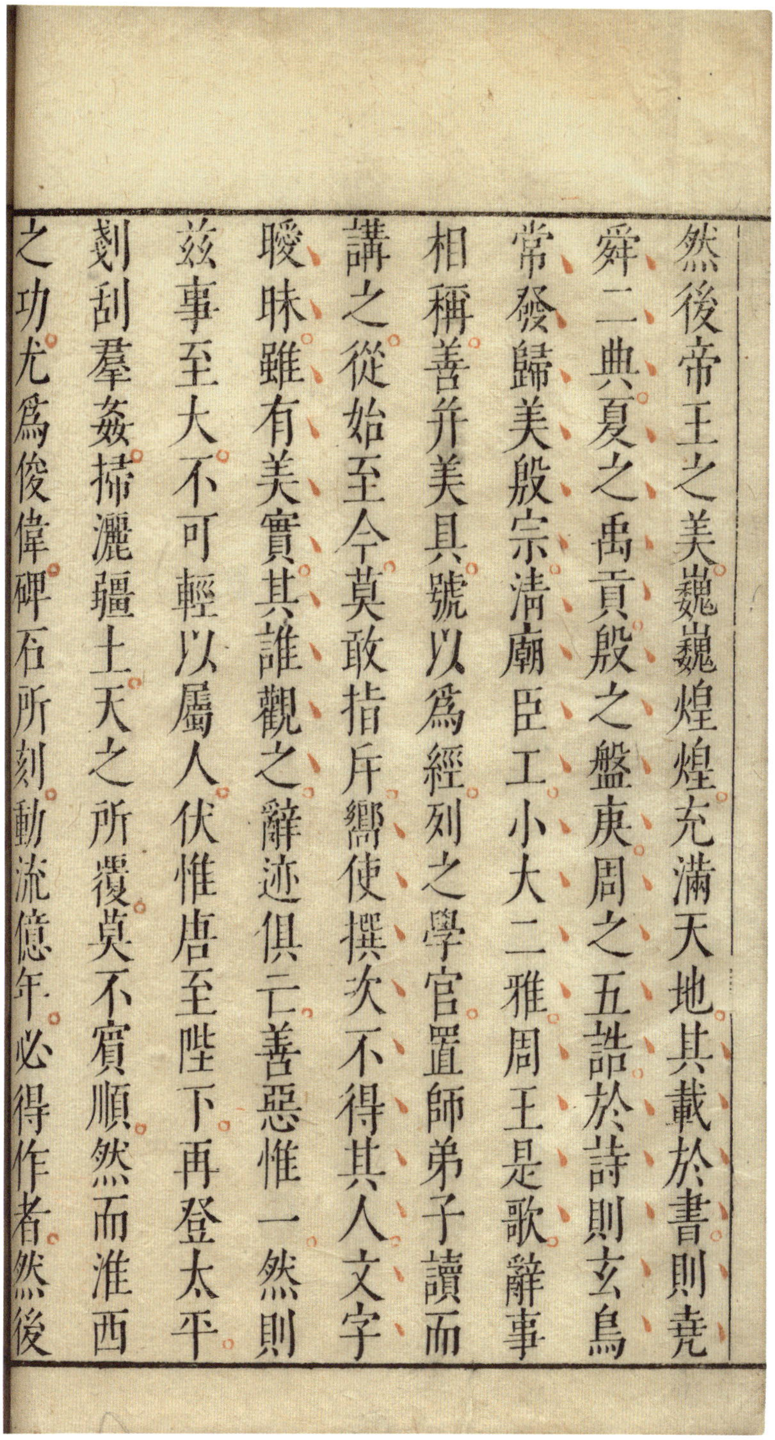
然後帝王之美巍巍煌煌充滿天地其載於書則堯
舜二典夏之禹貢殷之盤庚周之五誥於詩則玄鳥
長發歸美殷宗清廟臣工小大二雅周王是歌辭事
相稱善并美具號以爲經列之學官置師弟子讀而
講之從始至今莫敢指斥嚮使撰次不得其人文字
曖昧雖有美實其誰觀之辭迹俱亡善惡惟一然則
兹事至大不可輕以屬人伏惟唐至陛下再登太平
剗刮羣姦掃灑疆土天之所覆莫不賓順然而淮西
之功尤爲俊偉碑石所刻動流億年必得作者然後

五代别集類收録，編號爲集 1412。

名録號 05358。綫裝，八册。

首卷卷端鈐有“黄氏 / 圖書”朱文方印。

增廣注釋音辯唐柳先生集四十三卷别集一卷外集一卷

（唐）柳宗元撰　（宋）童宗説注釋　（宋）張敦頤音辯　（宋）潘緯音義

附録一卷

明刻本

柳宗元（773—819），字子厚，唐河東（今山西運城）人。唐貞元九年（793）進士。歷任藍田尉、監察御史、禮部員外郎等職，後貶爲永州司馬，徙柳州刺史。參見《新唐書》卷一百六十八。

童宗説，字夢弼，宋南城（今屬江西）人。南宋紹興二十一年（1151）進士，任袁州教授。參見正德《建昌府志》卷十六。

張敦頤（1097—1183），字養正。宋婺源（今屬江西）人。南宋紹興八年進士，授南劍州教授。參見張南俊《故衡陽郡太守張公埋文》。

潘緯，字仲寶，宋雲間（今上海松江）人。

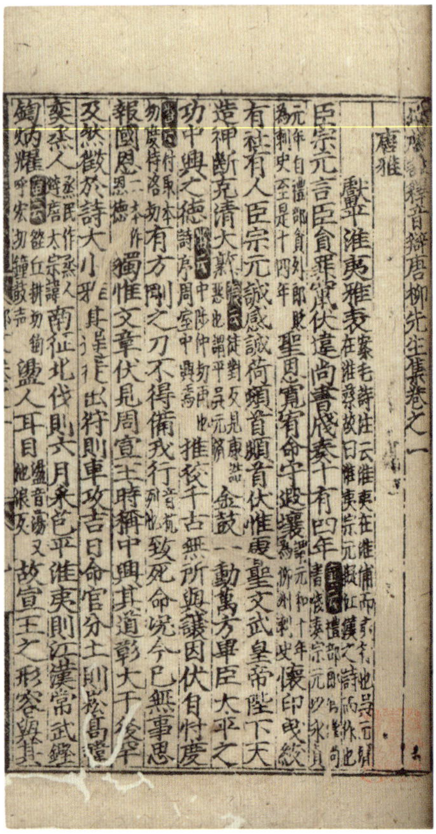
增廣注釋音辯唐柳先生集卷之一

雅

獻平淮夷雅表

臣宗元言臣負罪竄伏違尚書箋奏十有四年聖恩寬宥命守遐壤懷印曳紱有社有人臣宗元誠感誠荷頓首頓首伏惟睿聖文武皇帝陛下天造神斷克清大憝金鼓一動萬方畢臣太平之功中興之德推校千古無所與讓因伏自忖度有方剛之力不得備戎行致死命況今已無事思報國恩獨惟文章伏見周宣王時稱中興其道彰大于後及狀徽於詩大小雅其選徒出狩則車攻吉日命官分土則崧高韓奕烝人南征北伐則六月采芑平淮夷則江漢常武鏗鍧炳耀蕩人耳目故宣王之形容與其

卷三至卷四十三爲半葉十三行，行二十三字，其餘各卷爲半葉十三行，行二十六字，小字雙行同。上下粗黑口，四周雙邊，雙順花魚尾。框高 19.7 厘米，寬 13.1 厘米。

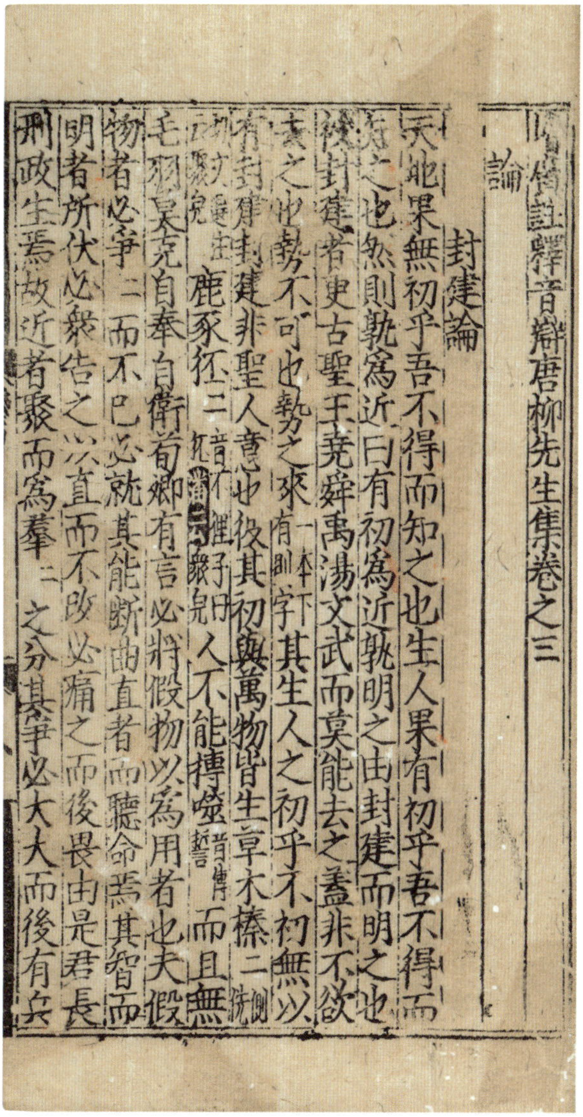
增廣註釋音辯唐柳先生集卷之三
論
封建論
天地果無初乎吾不得而知之也生人果有初乎吾不得而
知之也然則孰爲近曰有初爲近孰明之由封建而明之也
彼封建者更古聖王堯舜禹湯文武而莫能去之蓋非不欲
去之也勢不可也勢之來其生人之初乎不初無以
有封建封建非聖人意也彼其初與萬物皆生草木榛二
鹿豕狉二人不能搏噬而且無
毛羽莫克自奉自衛荀卿有言必將假物以爲用者也夫假
物者必爭二而不已必就其能斷曲直者而聽命焉其智而
明者所伏必衆告之以直而不改必痛之而後畏由是君長
刑政生焉故近者聚而爲羣二之分其爭必大大而後有兵

正文前有宋乾道三年（1167）陸之淵《柳文音義序》，末署“乾道三年十二月，吴郡陸之淵書”，次接劉禹錫《唐柳先生文集序》。

卷一爲雅詩歌曲，卷二爲賦，卷三爲論，卷四爲議辯，卷五、卷六爲碑，卷七爲碑銘，卷八爲行狀，卷九爲表銘碣誄，卷十爲誌，卷十一爲誌碣誄，卷十二爲墓表誌，卷十三爲墓誌，卷十四爲對，卷十五爲問答，卷十六爲説，卷十七爲傳，卷十八爲騷，卷十九爲吊贊箴戒，卷二十爲銘雜題，卷廿一爲題序，卷廿二至廿五爲序，卷廿六至廿九爲記，卷三十至三十四爲書，卷三十五、卷三十六爲啓，卷三十七、卷三十八爲表，卷三十九爲奏狀，卷四十、卷四十一爲祭文，卷四十二、卷四十三爲古今詩。别集爲《非國語》，外集爲佚文。

《中國古籍善本書目》集部唐五代别集類收録，編號爲集 1517。

名録號 08789。綫裝，八册。

按，《增廣注釋音辯唐柳先生集》明版甚多，本書卷三卷四版式不同，應是據别本補配。

節孝先生文集三十卷

（宋）徐積撰

節孝先生語一卷節孝集事實一卷附載一卷

清康熙六十年（1721）王邦采刻本

徐積（1028—1103），字仲車，宋楚州山陽（今江蘇淮安）人。宋治平四年（1067）進士，因聵疾不能仕。後薦爲孝廉，乃以揚州司户參軍爲楚州教授，轉和州防禦推官，改宣德郎。卒，賜謚節孝處士。著有《節孝先生文集》。參見《宋史》卷四百五十九。

半葉九行，行十八字。小字雙行，行二十三字。黑口，四周單邊，單黑魚尾。版心上鎸字數，中鎸卷次，下卷葉次。框高 16.4 厘米，寬 12.0 厘米。

正文前有宋淳祐十年（1250）王夬亨《序》，末署“淳祐庚戌冬，朝請大夫淮南東路提點刑獄公事兼淮南東路轉運判官王夬亨序”；次接《節孝先生文集目録》。

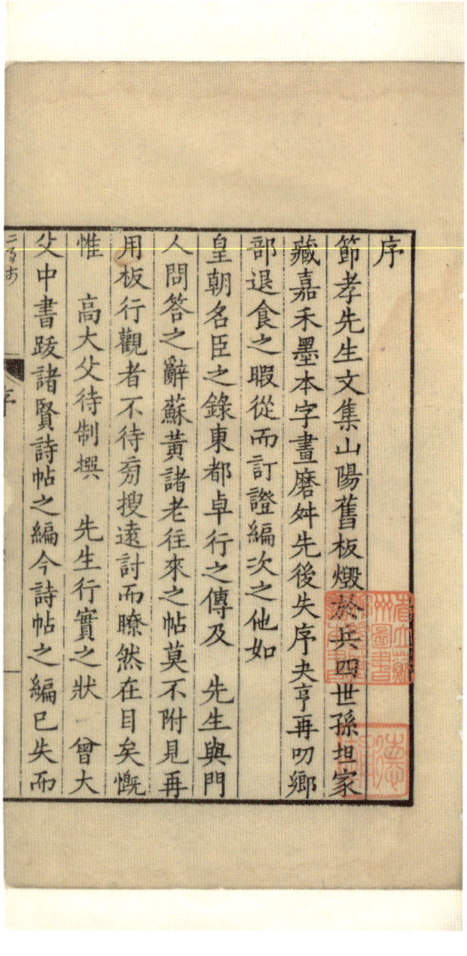
序
節孝先生文集山陽舊板燬於兵四世孫坦家
藏嘉禾墨本字畫磨姌先後失序夬亨再叨鄉
部退食之暇從而訂證編次之他如
皇朝名臣之錄東都卓行之傳及　先生與門
人問答之辭蘇黃諸老往來之帖莫不附見再
用板行觀者不待旁搜遠討而瞭然在目矣慨
惟　高大父待制撰　先生行實之狀　曾大
父中書跋諸賢詩帖之編今詩帖之編已失而

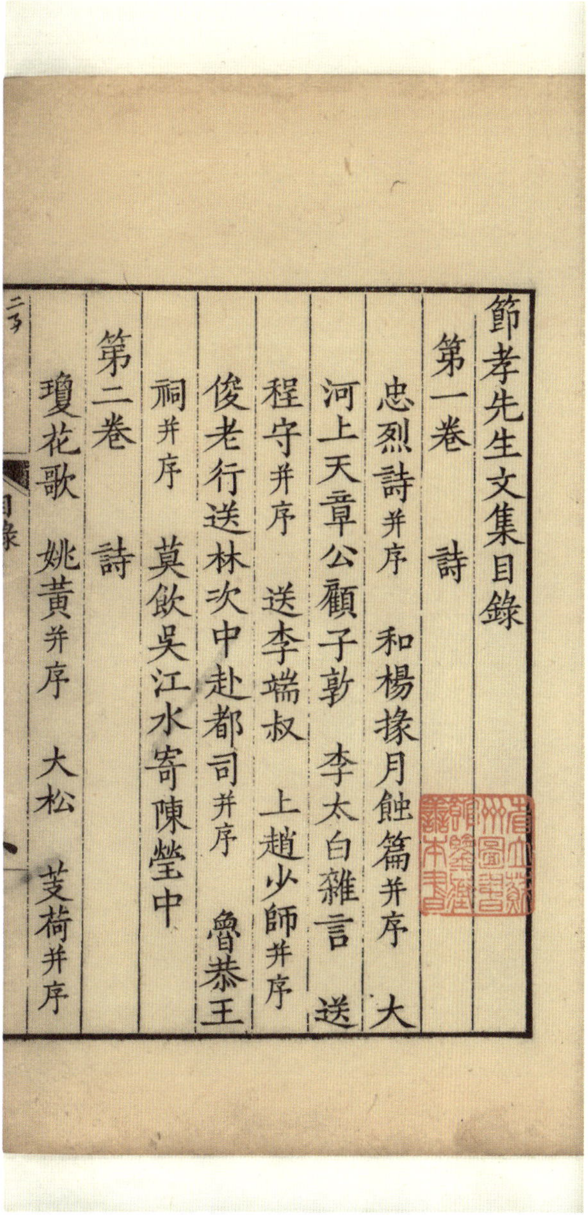
節孝先生文集目錄
第一卷　詩
忠烈詩并序　和楊掾月蝕篇并序　大
河上天章公顧子敦　李太白雜言　送
程守并序　送李端叔　上趙少師并序
俊老行送林次中赴都司并序　魯恭王
祠并序　莫飲吴江水寄陳瑩中
第二卷　詩
瓊花歌　姚黃并序　大松　芰荷并序

正文凡三十卷，卷一至十四爲古詩，卷十五至二十六爲律詩，卷二十七爲挽詞，卷二十八至三十爲雜文。

王邦采，字貽六，又字携鹿，晚年自署逸老，清江蘇無錫人。清康熙時諸生。通經史，工書畫。善鑒别金石書畫及版本真僞。

《中國古籍善本書目》集部宋别集類收録，編號爲集 2666。

名録號 08842。綫裝，十册。

序首葉鈐“德 / 輔”朱文方印。

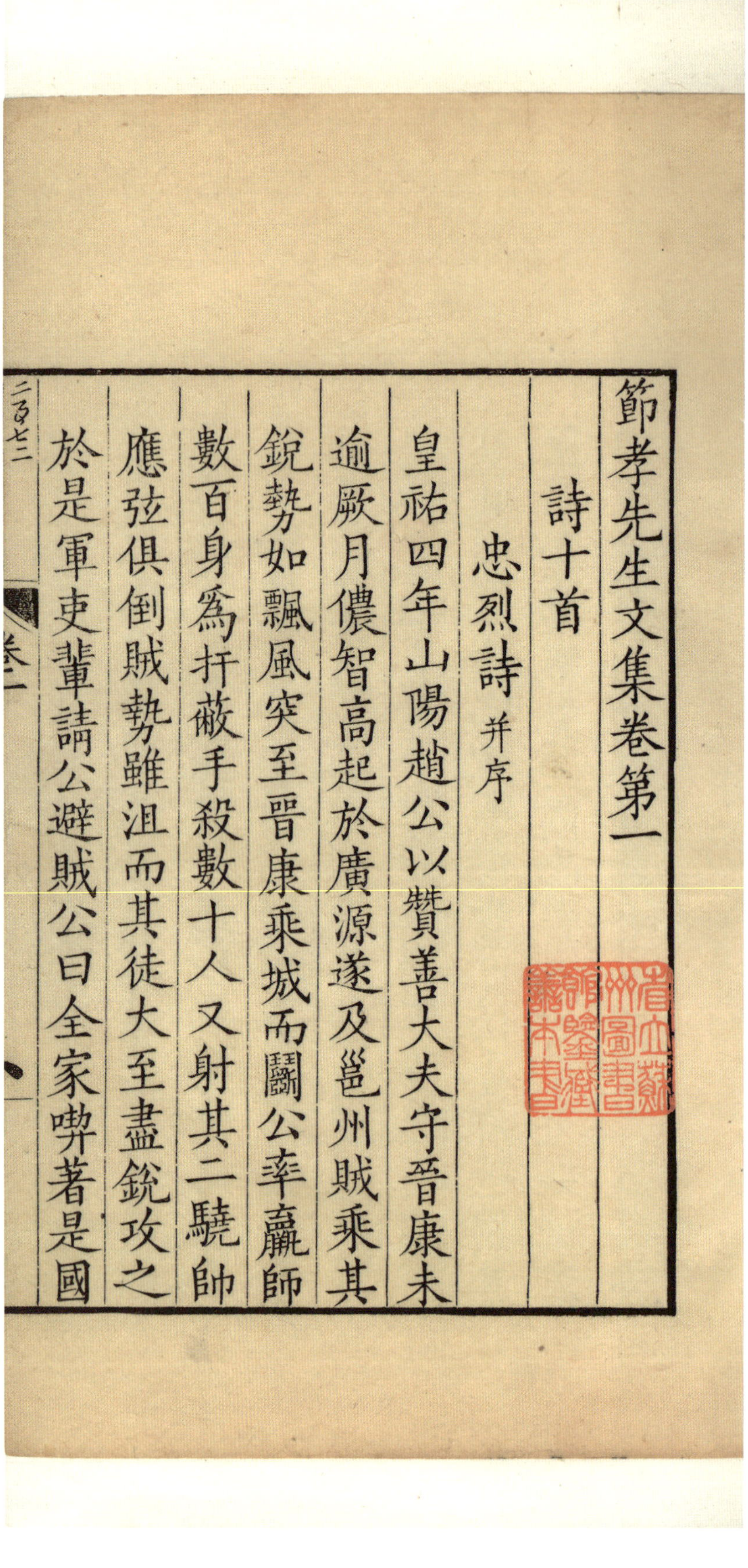
節孝先生文集卷第一
詩十首
忠烈詩 并序
皇祐四年山陽趙公以賛善大夫守晉康未
逾厥月儂智高起於廣源遂及邕州賊乘其
鋭勢如飄風突至晉康乘城而鬬公率羸師
數百身爲扞蔽手殺數十人又射其二驍帥
應弦俱倒賊勢雖沮而其徒大至盡鋭攻之
於是軍吏輩請公避賊公曰全家帡著是國
二百七三 卷一

蘇長公小品四卷

（宋）蘇軾撰　（明）王納諫評選

明凌啓康刻朱墨套印本

蘇軾（1037—1101）字子瞻，號東坡居士，宋眉山（今四川眉山）人。宋嘉祐二年（1057）進士。官至龍圖閣學士。卒謚文忠。參見《宋史》卷三百三十八。

王納諫，字聖俞，號觀濤，明江都（今屬江蘇揚州）人。明萬曆三十五年（1607）進士，授行人，官至吏部主事。著有《會心言》《四書翼注》《初日齋集》等。參見雍正《揚州府志》卷二十九。

半葉八行，行十九字。白口，四周單邊，無魚尾。版心上鎸“蘇長公小品”、中鎸卷次，下鎸葉次。框高 21.1 厘米，寬 14.4 厘米。圈點評語，皆用朱色套印。

前有施㞐賓《蘇長公小品（序）》，次接凌啓康《刻蘇長公小品序》、王納諫《蘇長公小品序》、章萬椿《蘇長公小品題辭》，次接《凡例》六則，附評名家、黄庭堅《蘇子瞻像贊》，次接目録。

正文分四卷，每卷前皆有分卷目録。卷一賦二篇、序二篇、記七篇、傳一篇、啓二通、策問五篇，卷二

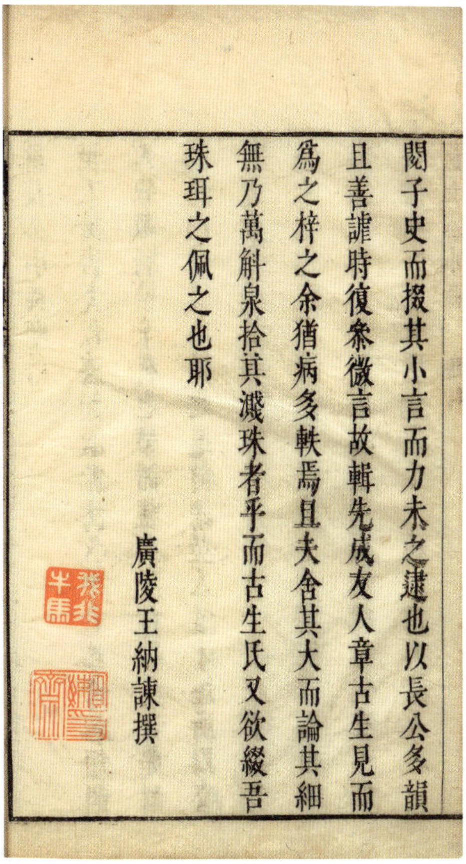
閱子史而掇其小言而力未之逮也以長公多韻
且善謔時復參微言故輯先成友人章古生見而
爲之梓之余猶病多軼焉且夫舍其大而論其細
無乃萬斛泉拾其濺珠者乎而古生氏又欲綴吾
珠珥之佩之也耶
廣陵王納諫撰

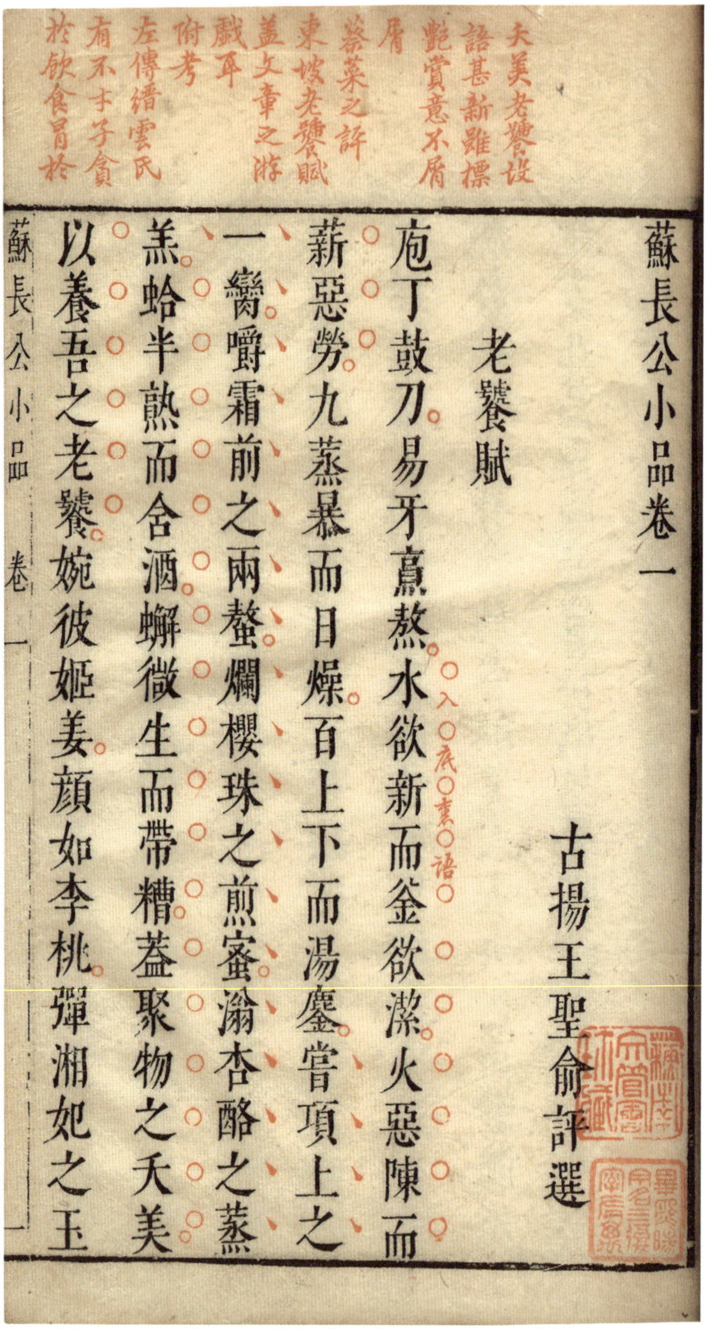
夭美老饕設語甚新雖標艷賞意不屑屑蓊菜之許東坡老饕賦蓋文章之游戲耳
附考
左傳縉雲氏有不才子貪於飲食冒於

蘇長公小品卷一
古揚王聖俞評選
老饕賦
庖丁鼓刀易牙烹熬水欲新而釜欲潔火惡陳而薪惡勞九蒸暴而日燥百上下而湯鏖嘗項上之一臠嚼霜前之兩螯爛櫻珠之煎蜜滃杏酪之蒸羔蛤半熟而含酒蟹微生而帶糟蓋聚物之夭美以養吾之老饕婉彼姬姜顏如李桃彈湘妃之玉

入底裏語

蘇長公小品　卷一　一

尺牘三十通、頌三篇、偈五篇、贊七篇，卷三銘十一篇、評史九篇、雜著八篇、題跋七篇，卷四題跋四十七篇、詞一首、雜記三十篇。

凌啓康，字安國，又字天放，號旦庵主人，明萬曆間烏程（今浙江吳興）人。

《中國古籍善本書目》集部宋別集類收録，編號爲集 3001。

名録號 05613。綫裝，五册。

止齋先生奥論八卷

（宋）陳傅良撰

明萬曆元年（1573）書林吴桂泉刻本

陳傅良（1137—1203），字君舉，號止齋，宋温州瑞安人。南宋乾道八年（1172）進士。官至寶謨閣待制兼集英殿修撰。謚文節。永嘉學派重要學者。著有《毛詩解詁》《周禮説》《春秋後傳》等。參見《宋史》卷四百三十四。

方逢辰（1221—1291），原名夢魁，字君錫，號蛟峰，南宋淳安（今屬浙江）人。南宋淳祐十年（1250）狀元。官至兵部侍郎、國史修撰兼侍讀。善《易》學，著有《易外傳》《孝經解》等。參見文及翁《故侍讀尚書方公墓志銘》。

半葉十行，行二十二字，小字雙行同。上下黑口，四周單邊，單黑魚尾。版心中間上鎸書名卷次，下鎸葉次。框高15.9厘米，寬10.7厘米。

是書前有目録，卷一至六爲論，其中卷一、二、四主要論仁，如博愛之謂仁、仁不勝道、天下歸仁等；卷三、五、六主論歷史人物。卷七爲奏，卷八爲序記書狀，末篇爲南宋嘉定元年（1208）蔡幼學撰《陳公行狀》。

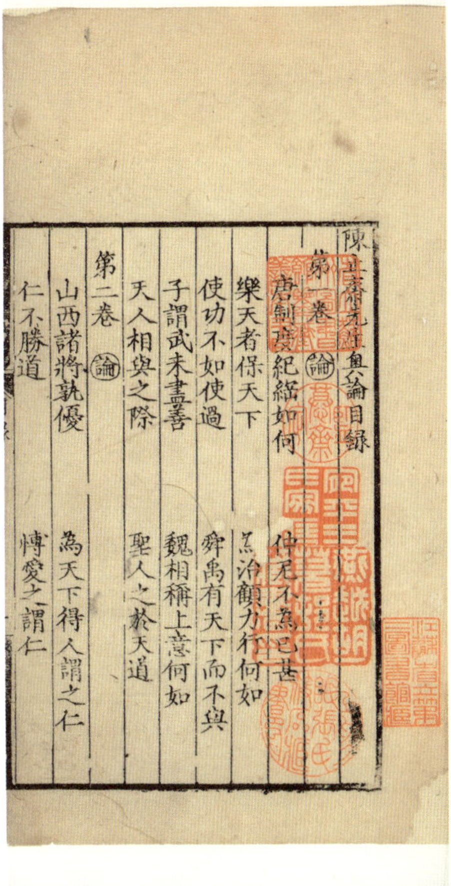
陳止齋先生奥論目録
第一卷 論
唐制度紀綱如何　仲尼不爲已甚
樂天者保天下　爲治顧力行何如
使功不如使過　舜禹有天下而不與
子謂武未盡善　魏相稱上意何如
天人相與之際　聖人之於天道
第二卷 論
山西諸將孰優　爲天下得人謂之仁
仁不勝道　博愛之謂仁

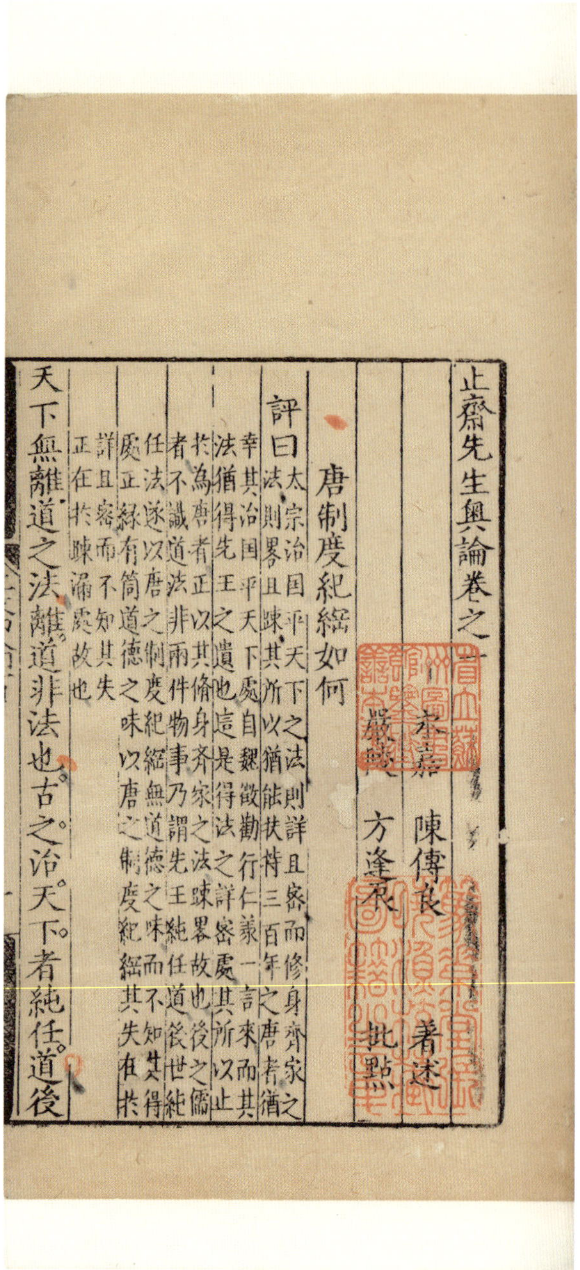
止齋先生奥論卷之一
永嘉 陳傅良 著述
方逢辰 批點
唐制度紀綱如何
評曰太宗治國平天下之法則詳且畧而修身齊家之法則畧且疎其所以猶能扶持三百年之唐者猶幸其治國平天下處自魏徵勸行仁義一言來而其法猶得先王之遺也這是得法之詳密處其所以止於為唐者正以其脩身齊家之法疎畧故也後之儒者不識道法非兩件物事乃謂先王純任道後世純任法遂以唐之制度紀綱無道德之味而不知其得處正緣有箇道德之味以唐之制度紀綱其失在於詳且密而不知其失正在於疎漏處故也
天下無離道之法離道非法也古之治天下者純任道後

卷八卷末葉有牌記，鎸“萬曆元年季春吉旦 / 書林桂泉吴氏梓行”。

《中國古籍善本書目》集部宋集類收録，編號爲集 3964。

名録號 10649。綫裝，八册。目録首葉鈐“龍 / 眠張氏 / 筱石藏 / 書印”朱文圓印、“燕趙胡 / 茨邨氏 / 藏書印”白文方印、“宛平王 / 氏家藏”白文方印、“監 / 橐齋 / 定”朱文圓印。首卷首葉鈐“篤素堂張 / 曉漁校藏 / 圖籍之章”朱文長方印。

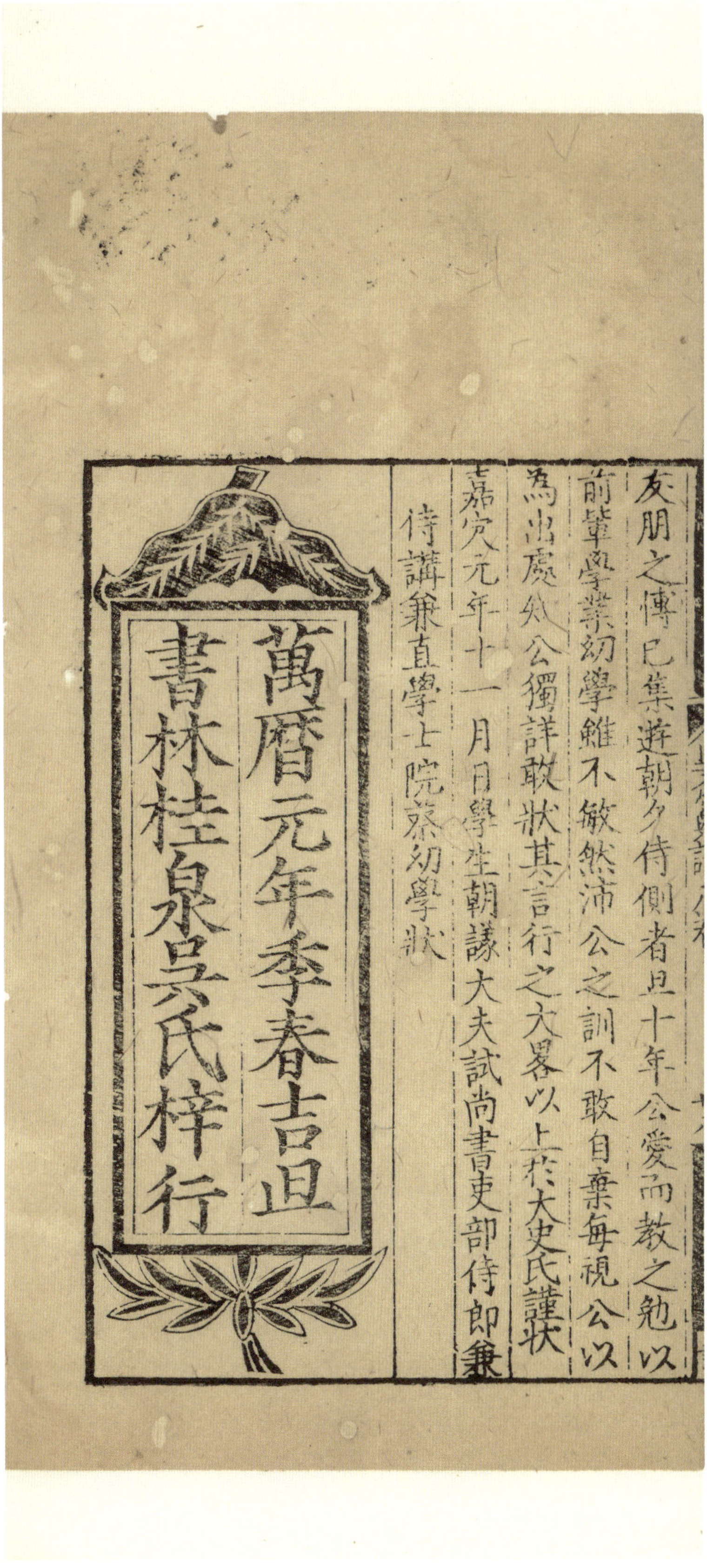

友朋之傳已集遊朝夕侍側者且十年公愛而教之勉以
前輩學業幼學雖不敏然沛公之訓不敢自棄每視公以
為出處然公獨詳敢狀其言行之大畧以上於太史氏謹狀
嘉定元年十一月日學生朝議大夫試尚書吏部侍郎兼
侍講兼直學士院蔡幼學狀

萬曆元年季春吉旦
書林桂泉吳氏梓行

太師誠意伯劉文成公集二十卷

（明）劉基撰

明隆慶六年（1572）謝廷傑、陳烈刻本

劉基（1311—1375），字伯温，明處州青田（今浙江文成縣）人。元至順間進士。曾任江西高安縣丞、浙江儒學副提舉，不久歸隱。明初任御史中丞兼太史令，封誠意伯。卒謚文成。參見《明史》卷一百二十八。

半葉十行，行二十三字。白口，四周雙邊，無魚尾。版心上鐫“誠意伯文集”，中鐫卷次，下鐫葉次、刻工。框高 20.4 厘米，寬 14.7 厘米。

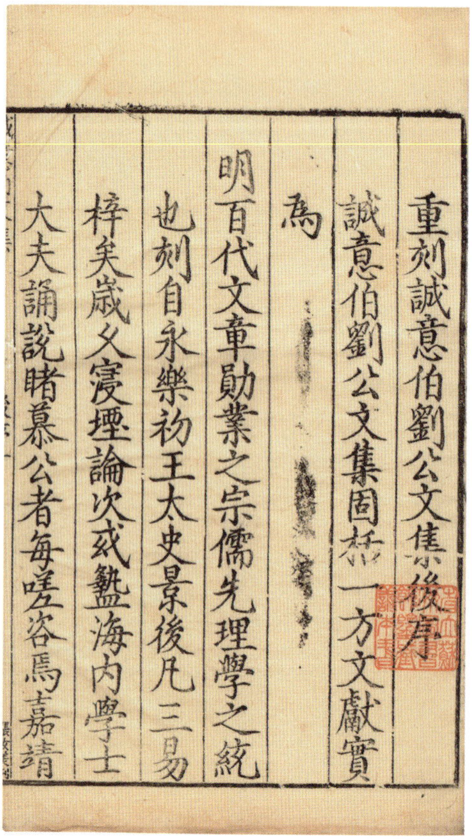
重刻誠意伯劉公文集後序
誠意伯劉公文集固括一方文獻實
爲
明百代文章勛業之宗儒先理學之統
也刻自永樂初王太史景後凡三易
梓矣歲久寖堙論次或盭海内學士
大夫誦説睹慕公者每嗟咨焉嘉靖

正文前有明隆慶六年（1572）陳烈《重刻誠意伯劉公文集後序》，末署“隆慶六年秋七月朔，後學建安陳烈頓首書”，次接凡例，次接目録。

正文分二十卷，卷一御書、誥詔、頌表，卷二至卷四郁離子，卷五序，卷六記，卷七跋、説、問答語、解、文，卷八銘、頌、箴、贊、碑銘、墓誌銘、連珠，卷九賦、騷，卷十古樂府，卷十一歌行，卷十二至卷十七四言古詩、五言古詩、七言古詩、五言律詩、七言律詩、五言絶句、七言絶句，卷十八詩餘，卷十九至

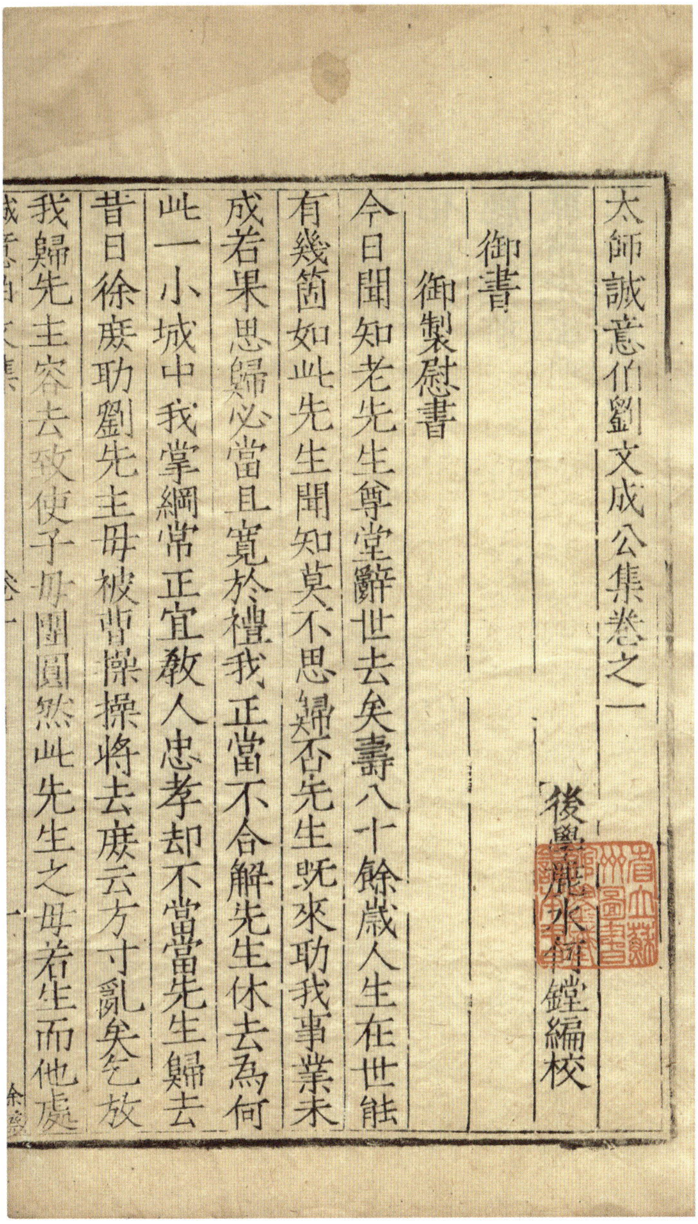
太師誠意伯劉文成公集卷之一
後學麗水何鏜編校
御書
御製慰書
今日聞知老先生尊堂辭世去矣壽八十餘歲人生在世能
有幾箇如此先生聞知莫不思歸否先生旣來助我事業未
成若果思歸必當且寬於禮我正當不合解先生休去為何
此一小城中我掌綱常正宜教人忠孝却不當先生歸去
昔日徐庶助劉先主母被曹操操將去庶云方寸亂矣乞放
我歸先主容去致使子母團圓然此先生之母若生而他處

卷二十春秋明經。

謝廷杰，字宗聖，號舜卿，明江西新建（今南昌）人。明嘉靖三十八年（1559）進士，任監察御史，巡撫浙江。陳烈，建安人。生平不詳。

刻工名：吴四、張興、葉立、陸奇、王以才、茹子瓷、許明、余仕、余林、文恩、張乎、余賜、蔡四、葉助、吉、張二、李三、員、張汝美、六一、陸於等。

《中國古籍善本書目》集部明别集類收録，編號爲集 6358。

名録號 05816。綫裝，二十册。

畦樂先生詩集一卷

（明）梁蘭撰

附録一卷

清初刻本

梁蘭（1343—1410），字庭秀，别字不移，明江西泰和人。性好吟詠，田居不仕。參見本書附録楊士奇《梁先生墓誌銘》。

半葉九行，行二十字。白口，左右雙邊，單黑魚尾。版心上鎸“畦樂先生詩集”，下鎸葉次。框高19.5厘米，寬13.6厘米。

正文前有明洪武三十一年（1398）楊士奇《梁畦樂先生詩集舊序》，末署“洪武三十一年冬十月既望，姻家生楊士奇叙”，次接目録，次接《畦樂先生附録目録》。國家圖書館藏本另有嚴陵詹惟聖《梁畦樂先生文集序》，此本脱。

《詩集》包括歌詞十首、五言古詩一百三十二首（内闕七首）、五言律詩二十五首、排律五首、七言律詩三十九首、五言絶句十首、七言絶句十三首。後有《畦樂先生詩集附録》一卷，包括明宣德五年（1430）楊士奇《梁先生墓志銘》、明宣德五年王直題識、明宣德五年

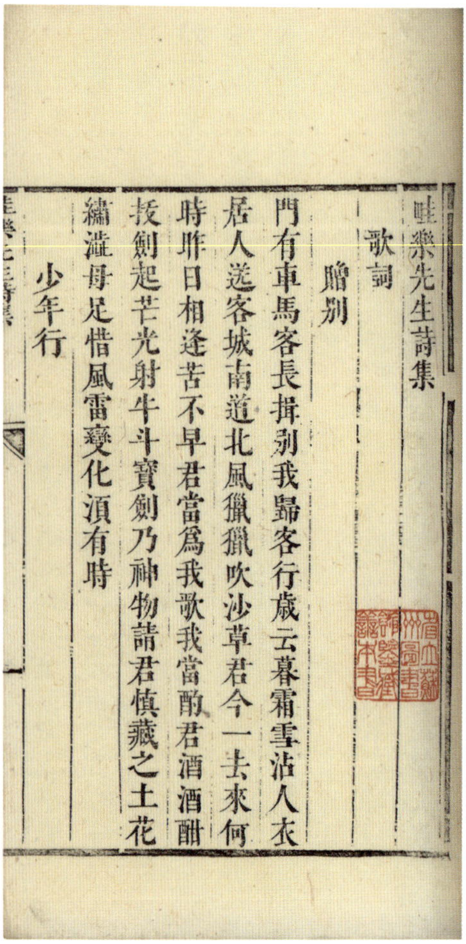
畦樂先生詩集
歌詞
贈别
門有車馬客長揖别我歸客行歲云暮霜雪沾人衣
居人送客城南道北風獵獵吹沙草君今一去來何
時昨日相逢苦不早君當爲我歌我當酌君酒酒酣
拔劍起芒光射牛斗寶劍乃神物請君慎藏之土花
繡澁毋足惜風雷變化須有時
少年行

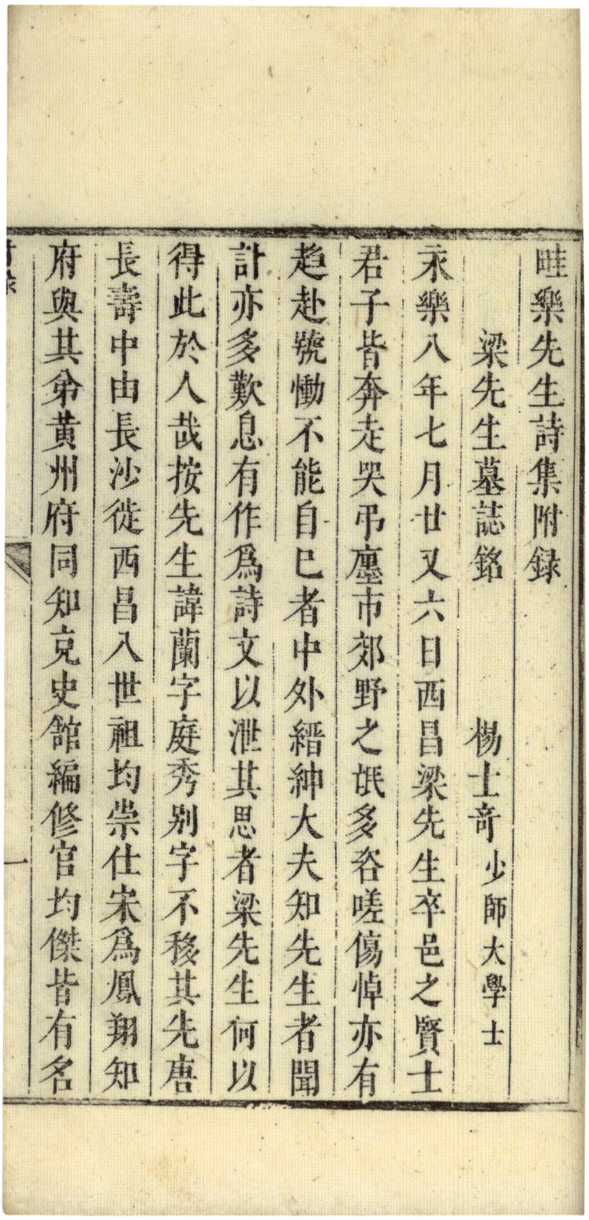

畦樂先生詩集附録

梁先生墓誌銘　楊士奇 少師大學士

永樂八年七月廿又六日西昌梁先生卒邑之賢士君子皆奔走哭弔廛市郊野之氓多咨嗟傷悼亦有趨赴號慟不能自已者中外縉紳大夫知先生者聞訃亦多歎息有作爲詩文以泄其思者梁先生何以得此於人哉按先生諱蘭字庭秀別字不移其先唐長壽中由長沙徙西昌八世祖均崇仕宋爲鳳翔知府與其弟黄州府同知克史館編修官均傑皆有名

余學夔題識、明宣德五年陳循題識、明宣德五年梁潛題識、明永樂八年（1410）王洪《畦樂先生示子詩叙》、鄒緝等《和梁先生病中示子詩》、明永樂八年胡儼《書畦樂先生示子詩後》、王洪等《和畦樂詩》、明永樂二年王達《畦樂先生贊》、王伯貞詩一首，與卷前《附録目録》頗有出入。國家圖書館本另有明永樂八年胡廣《處士梁公墓表》，此本脱。

《中國古籍善本書目》集部明别集類收録，編號爲集 6710。

名録號 10709。綫裝，二册。

泊菴先生文集十六卷

（明）梁潜撰

附録一卷

清初刻本

梁潜（1366—1418），字用之，號泊庵，明江西泰和人。洪武末，舉於鄉。授四川蒼溪訓導。以薦除知四會縣，改陽江、陽春，皆以廉平稱。明永樂元年（1403）召修《太祖實録》，書成，擢修撰。參見《明史》卷一百五十二。

半葉九行，行二十字。白口，左右雙邊，無魚尾。版心上鐫“泊菴先生文集”，中間録卷次，下鐫葉次。框高 20.3 厘米，寬 13.6 厘米。

正文前有明正統九年（1444）王直撰《泊菴先生文集序》，末署“正統九年八月朔日資，善大夫吏部尚書國史總裁兼經筵官里生王直序”。次接明正統六年胡儼撰《泊菴先生文集目録舊序》，末署“正統六年秋八月，前史官國子祭酒兼翰林侍講嘉議大夫太子賓客致仕豫章胡儼書”。次接附録，次接《泊菴先生文集目録》。

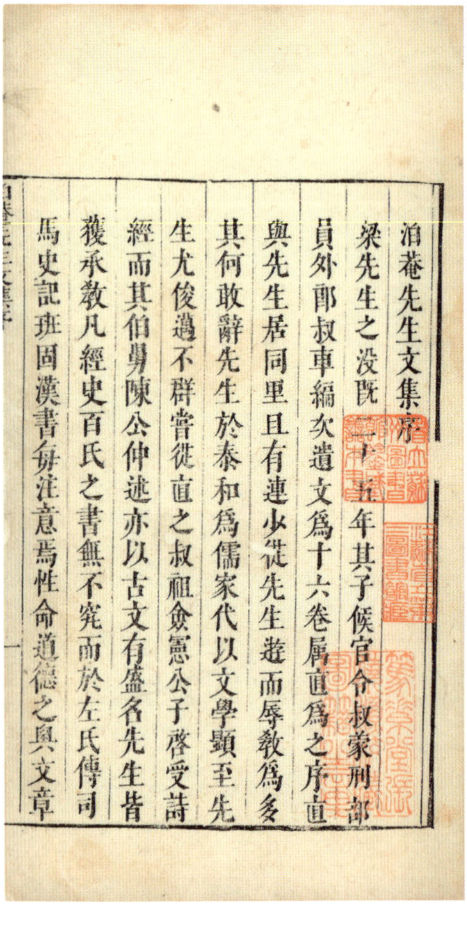

泊菴先生文集序
梁先生之沒既二十五年其子候官令叔豪刑部
員外郎叔車編次遺文爲十六卷屬直爲之序直
與先生居同里且有連少從先生遊而辱教爲多
其何敢辭先生於泰和爲儒家代以文學顯至先
生尤俊邁不群嘗從直之叔祖僉憲公子啓受詩
經而其伯舅陳公仲述亦以古文有盛名先生皆
獲承教凡經史百氏之書無不究而於左氏傳司
馬史記班固漢書每注意焉性命道德之奥文章

卷一爲詩賦，卷二爲雜文，卷三、卷四爲記，卷五至卷七爲序，

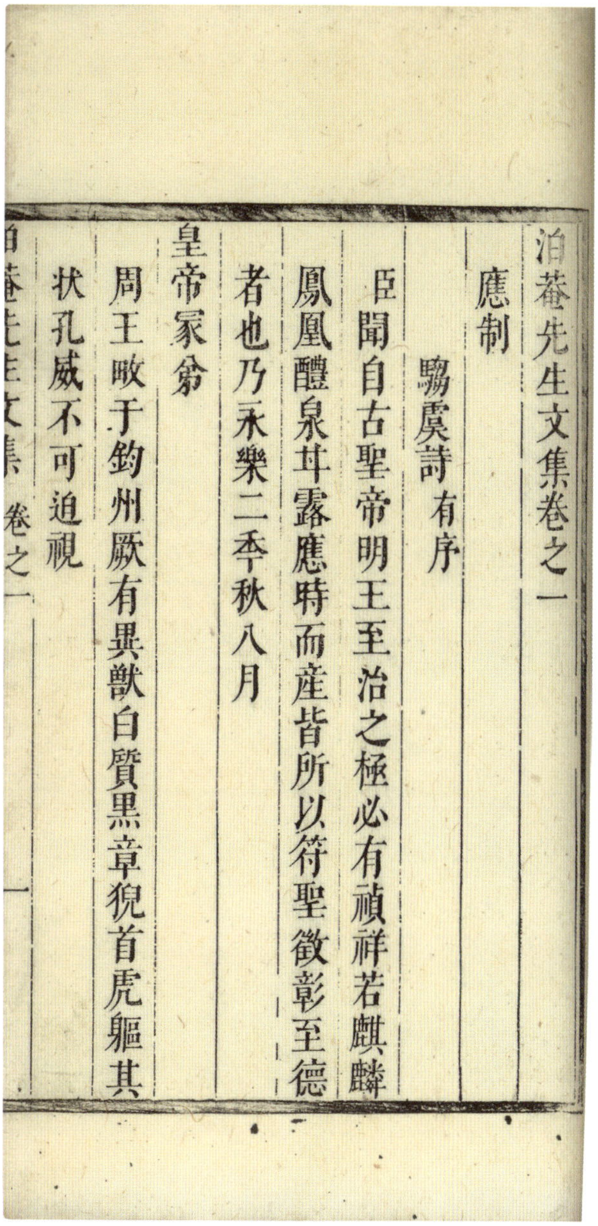
泊菴先生文集卷之一

應制

騶虞詩有序

臣聞自古聖帝明王至治之極必有禎祥若麒麟鳳凰醴泉甘露應時而産皆所以符聖徵彰至德者也乃永樂二秊秋八月

皇帝冢弟

周王畋于鈞州厥有異獸白質黑章猊首虎軀其狀孔威不可迫視

泊菴先生文集　卷之一　一

卷八爲行狀，卷九爲哀辭，卷十爲墓表，卷十一爲墓誌銘，卷十二爲傳，卷十三爲像贊，卷十四爲銘，卷十五爲説，卷十六爲書後、題跋。附録爲明仁宗、宣宗、英宗對梁潛褒獎之文。

《中國古籍善本書目》集部明別集類收録，編號爲集6758。

名録號10710。綫裝，十二册。

王直撰序葉鈐有“篤素堂張／曉漁校藏／圖籍之章”朱文豎長方印。胡儼撰序葉鈐有“皖南張師亮／筱漁氏校／書於篤素堂”朱文豎長方印。

坦菴先生文集八卷

（明）梁本之撰

清初刻本

梁本之（1370—1434），名混，以字行，號坦菴，明江西泰和人。明洪武末爲瑞州府學訓導，遷溧陽縣學教諭。明永樂中辟蜀府紀善。與兄梁潛俱有文名。著有《坦菴文集》。參見本書附録。

半葉九行，行二十字。白口，左右雙邊，無魚尾。版心上鎸“坦菴先生文集”，中鎸卷次，下鎸葉次。框高 19.6 厘米，寬 13.5 厘米。

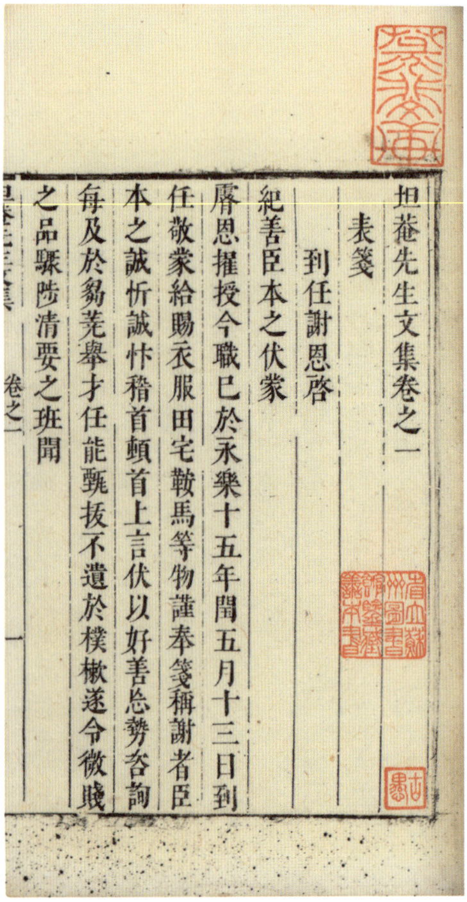
坦菴先生文集卷之一
表箋
到任謝恩啓
紀善臣本之伏蒙
曆恩擢授今職已於永樂十五年閏五月十三日到
任敬蒙給賜衣服田宅鞍馬等物謹奉箋稱謝者臣
本之誠忻誠忭稽首頓首上言伏以好善忘勢咨詢
每及於芻蕘舉才任能甄拔不遺於樸樕遂令微賤
之品驟陟清要之班閒

正文前有明正統十三年（1448）蕭鎡《坦菴先生文集舊序》，末署“正統十三年冬十月朔旦，朝列大夫國子祭酒門人蕭鎡序”，次接《坦菴先生文集目録》。正文後有明天順四年（1460）梁粟《跋先公坦菴文集後》，末署“天順庚辰二月朔旦，不肖男粟百拜謹識”；次接明嘉靖二十年（1541）陳德鳴《跋坦菴先生梁公文集後》，署“嘉靖辛丑歲夏五月吉旦，奉政大夫山東提刑按察司僉事前巡按淛江監察御史内姻晚生陳德鳴拜手謹述”；次接《坦菴先生文集附録》三篇：《梁先生

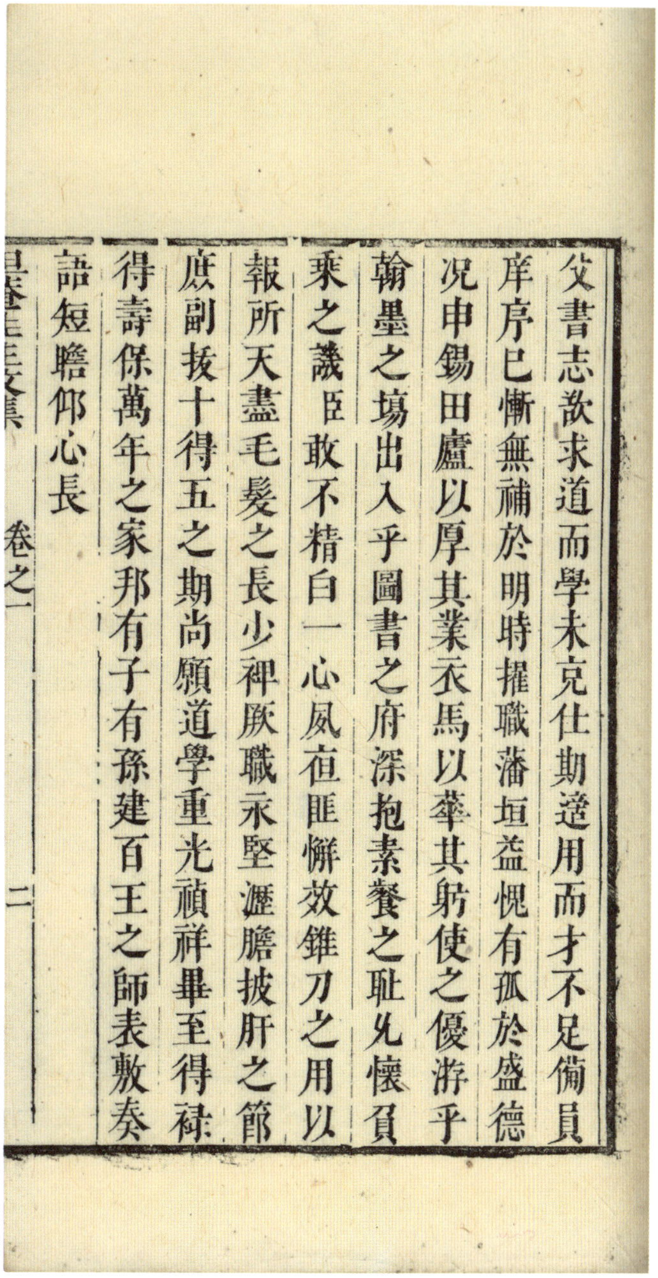
父書志欲求道而學未克仕期適用而才不足備員
庠序已慚無補於明時擢職藩垣益愧有孤於盛德
况申錫田廬以厚其業衣馬以華其躬使之優游乎
翰墨之場出入乎圖書之府深抱素餐之耻允懷負
乘之譏臣敢不精白一心夙夜匪懈效鉛刀之用以
報所天盡毛髮之長少裨厥職永堅瀝膽披肝之節
庶副拔十得五之期尚願道學重光禎祥畢至得禄
得壽保萬年之家邦有子有孫建百王之師表敷奏
語短瞻仰心長

坦菴先生文集　卷之一　二

墓誌銘》《坦菴梁公傳》《坦菴梁先生挽詩序》。

正文凡八卷。卷一爲表箋，卷二爲記，卷三至卷四爲序，卷五爲墓志銘，卷六爲墓表、行狀、哀詞，卷七爲書、説、贊，卷八爲題跋。

《中國古籍善本書目》集部明别集類收録，編號爲集 6861。

名録號 10714。綫裝，四册。

首卷卷端鈐“古 / 愚”朱文方印、“菉斐軒”朱文豎長方印。

彭惠安公文集十一卷

（明）彭韶撰

明萬曆彭繼美刻本

彭韶（1430—1495），字鳳儀，號從吾，明福建莆田人。明天順元年（1457）進士，官至刑部尚書，卒贈太子少保。參見《明史》卷一百八十三。

半葉十行，行二十字。白口，四周雙邊，單黑魚尾。版心上鎸書名，下鎸卷次、葉次及刻工。框高18.0厘米，寬14.0厘米。

正文前有林俊《彭惠安公文集序》，次接明嘉靖十四年（1535）鄭岳《彭惠安公文集序》，末署“嘉靖十四年歲次乙未秋八月望，後鄉晚學山齋鄭岳謹書”。卷末有明萬曆三十八年（1610）彭悌跋，末署“萬曆庚戌歲春吉，裔孫悌頓首謹識”。次接目録。中國科學院圖書館藏本另有明萬曆十八年彭繼美跋，此本脱。

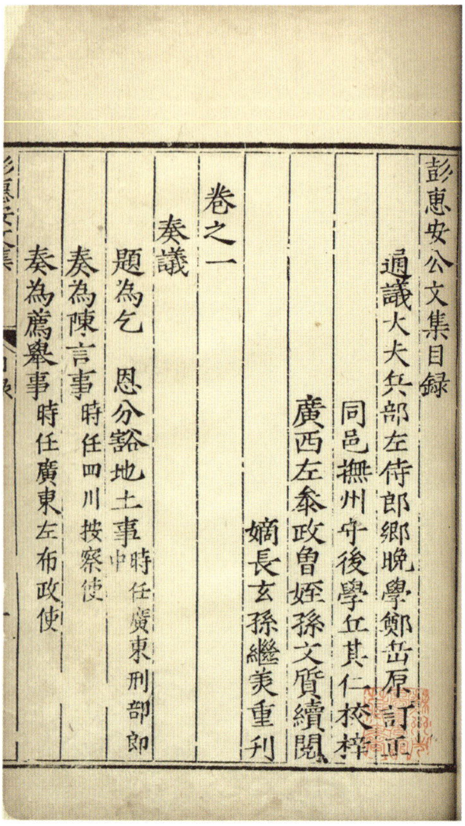
彭惠安公文集目録
通議大夫兵部左侍郎鄉晚學鄭岳原訂正
同邑撫州守後學丘其仁校梓
廣西左叅政曾姪孫文質續閲
嫡長玄孫繼美重刊
卷之一
奏議
題為乞　恩分豁地土事時任廣東刑部郎中
奏為陳言事時任四川按察使
奏為薦舉事時任廣東左布政使

卷一爲奏議，卷二爲序，卷三爲記，卷四爲誌銘，卷五爲碑銘，卷六爲祭文，卷七爲墓表，卷八爲書啓，卷九爲詩，卷十爲贊，卷十一爲附録。

目録卷端題“通議大夫兵部左侍郎鄉晚學鄭岳原訂正，同邑撫州守後學丘其仁校梓，廣西左參政曾

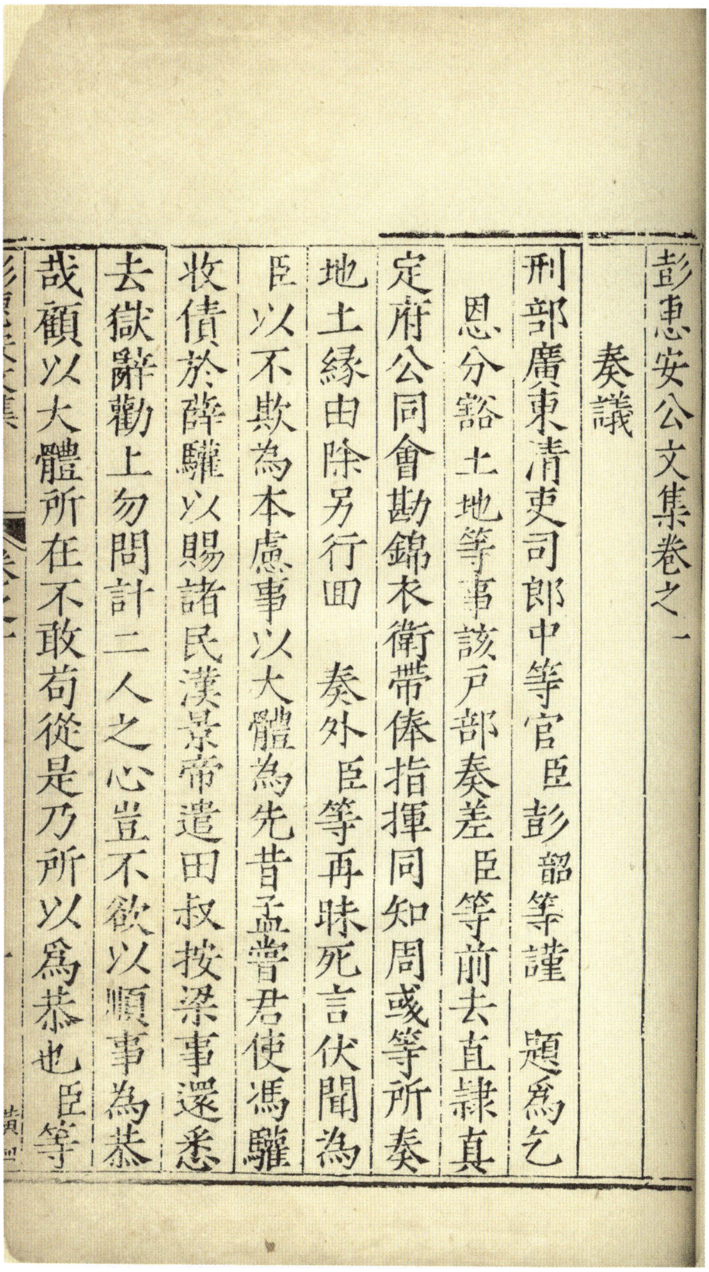
彭惠安公文集卷之一

奏議

刑部廣東清吏司郎中等官臣彭韶等謹題為乞
恩分豁土地等事該戶部奏差臣等前去直隸真
定府公同會勘錦衣衛帶俸指揮同知周彧等所奏
地土緣由除另行回奏外臣等再昧死言伏聞為
臣以不欺為本處事以大體為先昔孟嘗君使馮驩
收債於薛驩以賜諸民漢景帝遣田叔按梁事還悉
去獄辭勸上勿問計二人之心豈不欲以順事為恭
哉顧以大體所在不敢苟從是乃所以為恭也臣等

侄孫文質續閱，嫡長玄孫繼美重刊”。

彭繼美，爲人孝友，嘗割股療父疾。巡按旌表其門。參見順治《延平府志》卷十八。

刻工有黄五、黄四、亨、劉一、林、水等。

《中國古籍善本書目》集部明别集類收録，編號爲集 7109。

名録號 10729。綫裝，五册。

荷亭文集十四卷

（明）盧格撰

明崇禎十二年（1639）盧迪刻本

盧格（1450—1516），字正夫，號荷亭，明浙江東陽人。明成化十七年（1481）进士。授貴溪知縣，升江西道御史。著有《荷亭辨論》《荷亭文集》等。參見萬曆《金華縣志》卷十七。

半葉九行，行二十一字。白口，四周單邊，單黑魚尾。版心上鎸書名，中間爲卷次，下鎸葉次。框高 20.3 厘米，寬 14.1 厘米。

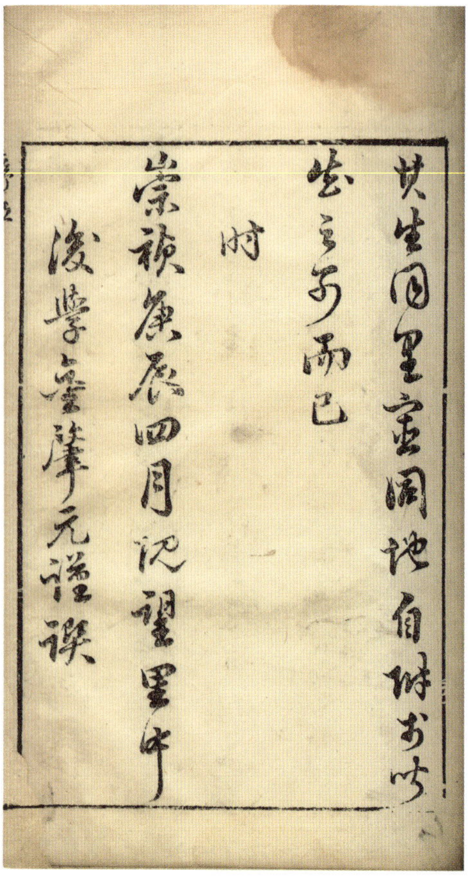

其生同里室同地自附於吟
咏之下而已
時
崇禎庚辰四月既望里中
後學金肇元謹識

正文前有劉宗周《重刊荷亭文集序》；次接明崇禎十三年（1640）金肇元《重鎸荷亭先生全集叙》，末署“崇禎庚辰四月既望里中後學金肇元謹識，後學陳懋綸謹書”；次接明正德七年（1512）徐珙《荷亭後録序》，末署“正德七年壬申仲夏之吉，賜進士第刑部郎中同邑徐珙拜書”；次接明弘治十三年（1500）盧格《原刻荷亭辨論自序》，末署“弘治庚申冬十月既望，東元居士盧格書”，次接目録。正文後有明正德七年虞守隨《跋荷亭後録》，末署“正德七年歲在壬申季夏朔晚

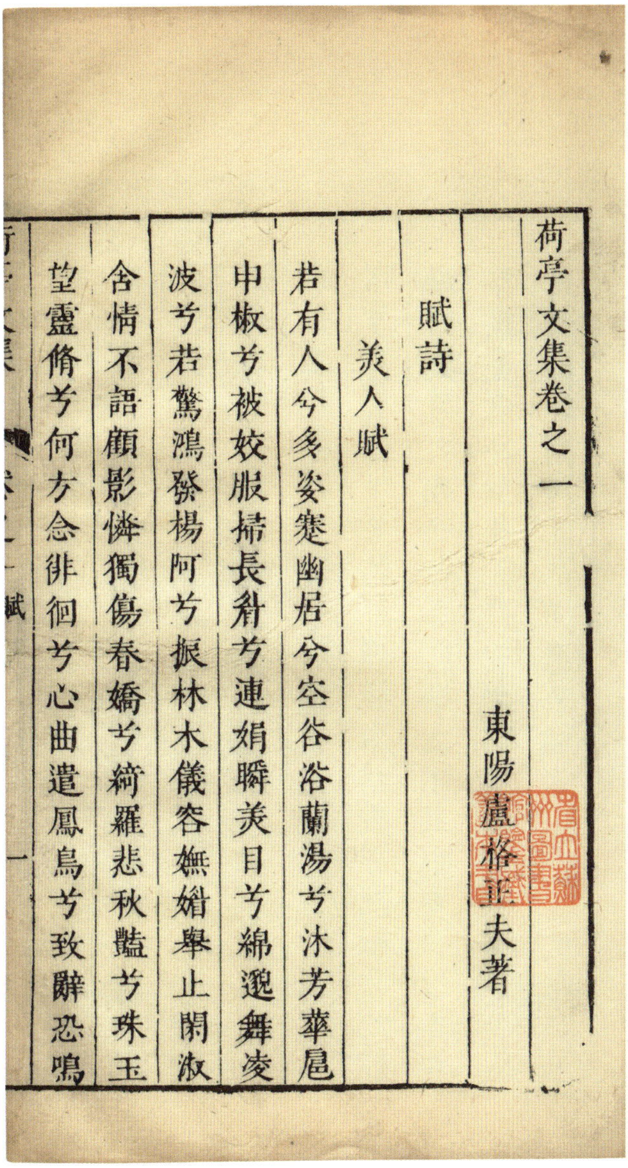
荷亭文集卷之一
東陽盧格正夫著
賦詩
美人賦
若有人兮多姿褰幽居兮空谷浴蘭湯兮沐芳華扈
中椒兮被姣服帰長袂兮連娟瞬美目兮綿邈舞凌
波兮若驚鴻發揚阿兮振林木儀容嫵媚舉止閑淑
含情不語顧影憐獨傷春嬌兮綺羅悲秋豔兮珠玉
望靈脩兮何方念徘徊兮心曲遣鳳鳥兮致辭恐鳴
荷亭文集　卷之一　賦　一

學義烏虞守隨拜跋”；次接明崇禎十二年（1639）盧迪《重刻荷亭文集跋》，末署“崇禎己卯臘月既望，嗣孫迪沐手謹識”；次接盧懋鋌《荷亭文集跋》，末署“五世孫懋鋌沐手謹識”；次接明崇禎十二年盧懋覺《書荷亭文集後》，署“己卯冬仲，嗣孫懋覺沐手謹識”。

卷一至卷二爲詩詞，卷三至卷十爲辨論，卷十一爲序記，卷十二爲啓箴傳文，卷十三爲行狀誌銘，卷十四爲祭文書論等。

《中國古籍善本書目》集部明别集類收録，編號爲集 7291。

名録號 10747。綫裝，十册。

世篤堂稿六卷外集一卷

（明）耿如杞撰

風雲亭稿二卷外集一卷

（明）耿明撰

清康熙四十五年（1706）耿鶴舉活字印本

耿如杞（1578—1631），字楚材，號樸公，明山東館陶（今屬山東聊城）人。明萬曆四十四年（1616）進士。官至山西巡撫。福王時贈右僉都御史。著有《中丞公集》等。參見《明史》卷二百四十八。

耿明（1463—1517），字晦之，號一白，明山東館陶（今屬山東聊城）人。如杞曾祖。明弘治九年（1496）進士。授貴州道監察御史，後巡按雲南。正德間知湖州，升江西左參政。參見康熙《館陶縣志》卷十。

半葉九行，行十八字。白口，四周雙邊，無魚尾。版心上鎸書名，中録卷次、葉次。框高 19.2 厘米，廣 14.2 厘米。

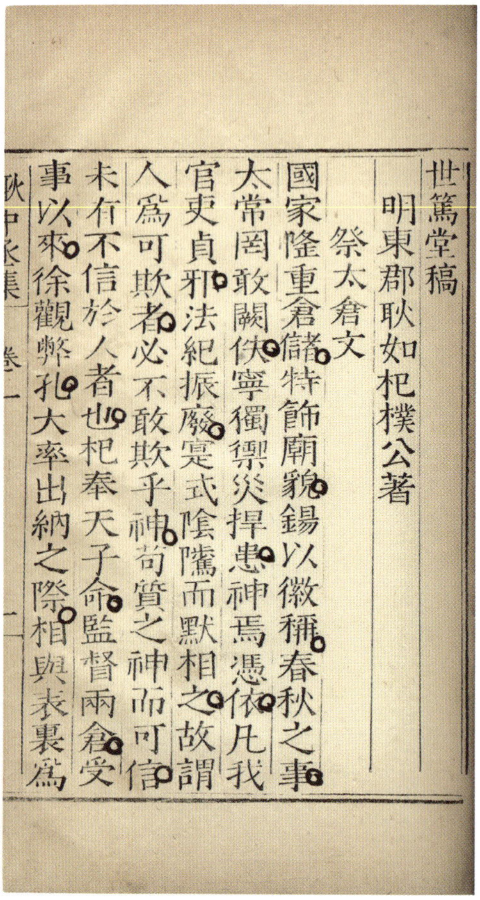
世篤堂稿
明東郡耿如杞樸公著
祭太倉文
國家隆重倉儲特飾廟貌錫以徽稱春秋之事
太常罔敢闕佚寧獨禦災捍患神焉憑依凡我
官吏貞邪法紀振廢寔式陰騭而默相之故謂
人爲可欺者必不敢欺乎神苟質之神而可信
未有不信於人者也杞奉天子命監督兩倉受
事以來徐觀弊孔大率出納之際相與表裏爲
耿中丞集　卷一　一

世篤堂稿

明東郡耿如杞樸公著

清釐将吏積弊軍民掌誣疏

夫所謂将吏積弊者何也一應兵馬錢糧盡握於營堡官之手欲影占則影占欲剋扣則剋扣託經識旗隊爲腹心而又借邊道糧廳爲護身之符一應起存錢糧盡握於州縣官之手欲那移則那移欲增派則增派結櫃頭戶書爲羅網而又倚道府刑廳爲沽名之贄前官之所刱後

《世篤堂稿》前有清康熙四十五年汪鶴孫《耿中丞集題詞》，末署“康熙丙戌菊月朔日，錢唐後學汪鶴孫頓首題”。次接鄭先民《館陶縣志本傳》、宋祖舜《耿中丞公傳》。《風雲亭稿》前有清康熙四十五年汪鶴孫《耿大參集題詞》，末署“康熙丙戌菊月，錢唐後學汪鶴孫拜題”。次接梁相《東昌府舊志本傳》，次接王汝訓《東昌府志本傳》，次接明正德十二年（1517）許成名《明故中大夫江西左參政耿公行狀》，末署“正德丁丑臘望後二日，同郡後學許成名謹狀”，次接王瓚《明故中大夫江西左參政耿公墓誌銘》，末署“賜進士及第嘉議大夫禮部左侍郎用嘉王瓚撰”，次接顧鼎臣《明故中大夫江西左參政耿公墓表》，末署“賜進士及第奉直大夫左春坊左諭德兼翰林院侍讀東吴顧鼎臣撰”。《風雲亭稿外集》後有清康熙四十五年耿鶴舉《書後》，末署“康熙丙戌九月二十一日，六世孫鶴舉謹識於種松書屋”。

《世篤堂稿》首卷爲祭文一篇、《盟神》一篇、《論將》一篇、墓誌銘一篇、序一篇，二卷爲《乖張紀》一篇、疏五篇、告墓文一篇，三卷疏六篇，四卷疏五篇，五卷爲墓誌銘一篇、書八篇、序一篇，六卷爲詩五篇。《風雲亭稿》首卷爲疏三篇、跋一篇，次卷詩十七篇。兩種外集皆爲贊頌耿明、耿如杞之文。

《中國古籍善本書目》集部明别集類收録，編號爲集 9883。

名録號 09259。綫裝，四册。佚名墨筆批點。

《世篤堂稿》卷四首葉鈐“容光堂”朱文長方印。

貞翁淨稿十二卷

（明）周倫撰

附録一卷

明嘉靖三十七年（1558）周鳳起刻本

周倫（1463—1542），字伯明，號貞翁，明江蘇崑山人。明弘治十二年（1499）進士，官至南京刑部尚書。嘉靖間卒，贈太子少保。參見康熙《崑山縣志》卷十四。

半葉十行，行十八字。白口，左右雙邊，單黑魚尾。版心中鎸“貞翁净稿”、卷次、葉次。框高18.5厘米，寬13.3厘米。

書前有遺像、朱希周像贊，次接明嘉靖三十三年（1554）趙士英《貞翁淨稿叙》，末署“嘉靖甲寅冬十二月庚寅，後學趙士英謹叙”。次接明嘉靖四十年歸有光《貞庵詩集叙》，末署“嘉靖辛酉冬日，後學歸有光撰”。次接目録，次接拾遺附録目録。書末有明萬曆十一年（1583）歸有功《貞庵公詩集後序》，末署“萬曆癸未夏日，後學歸有功謹書”。次接明萬曆四十六年周鳳起撰《刻先康僖公詩集後述》，末

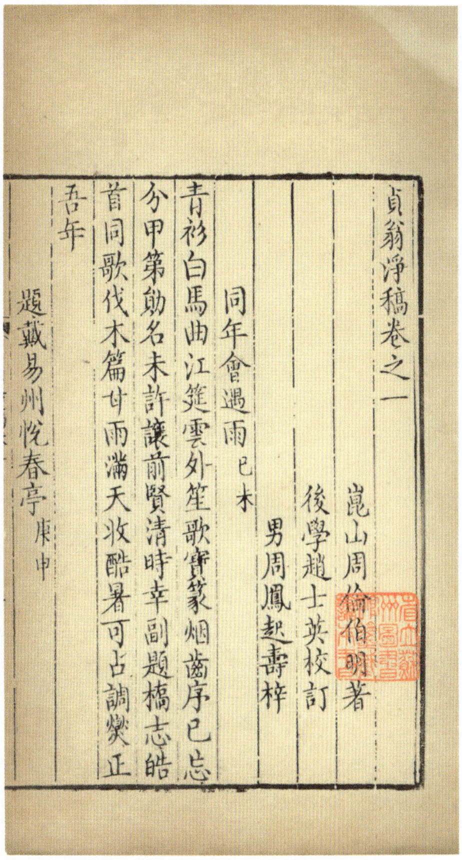

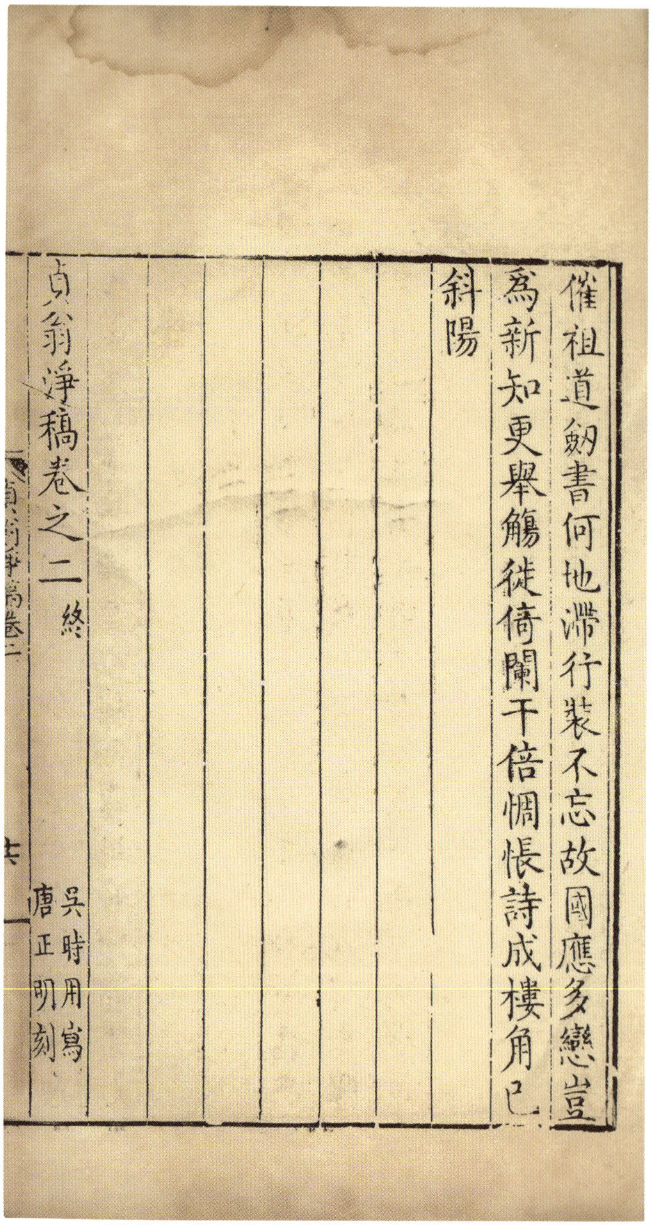
催祖道匆書何地滯行裝不忘故國應多戀豈
爲新知更舉觴徙倚闌干倍惆悵詩成樓角已
斜陽
貞翁淨稿卷之二　終
吳時用寫
唐正明刻

署“歲戊午春正月望，不肖男鳳起百拜謹述”。

本書爲周倫詩集，按年編排。附録包括拾遺詩十四首，他人贈詩三首。《四庫全書總目》稱其詩“沿臺閣舊派，不免膚廓”。

卷一卷端題“男周鳳起壽梓”。周鳳起，字干霄。明江蘇崑山人。倫子。曾任光禄寺署正，終遼左行太僕寺丞。

《中國古籍善本書目》集部明別集類收録，編號爲集 7541。

名録號 10764。綫裝，八册。

周恭肅公集十六卷

（明）周用撰

附録一卷

明嘉靖二十八年（1549）周國南川上草堂刻本

周用（1476—1547），字行之，號伯川，明吴江（今屬江蘇蘇州）人。明弘治十五年（1502）進士，授行人。明正德初，擢南京兵科給事中。明嘉靖八年擢右副都御史，巡撫南贛，卒於吏部尚書，謚恭肅。著有《禹貢纂注》《楚辭注略》等書。參見《明史》卷二百二。

半葉十行，行二十字。白口，四周雙邊，單魚尾。版心中鎸“恭肅公集”、卷次、葉次，下鎸“川上草堂”、刻工。框高 19.4 厘米，寬 14.1 厘米。

正文前有明嘉靖二十八年朱希周《周恭肅公集序》，末署“嘉靖己酉八月朔旦”。次接目録。

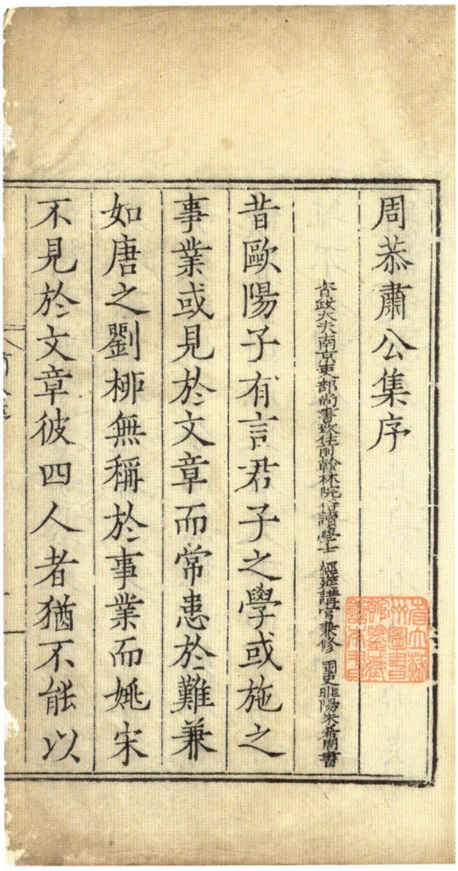
周恭肅公集序
資政大夫南京吏部尚書致仕前翰林院侍讀學士經筵講官兼修國史崑陽朱希周書
昔歐陽子有言君子之學或施之
事業或見於文章而常患於難兼
如唐之劉柳無稱於事業而姚宋
不見於文章彼四人者猶不能以

正文卷一五言古詩，卷二七言古詩，卷三至四五言律詩，卷五至七七言律詩，卷八五言、七言排律，卷九五言、七言絶句（附六言），卷十詩餘，卷十一記、序，卷十二

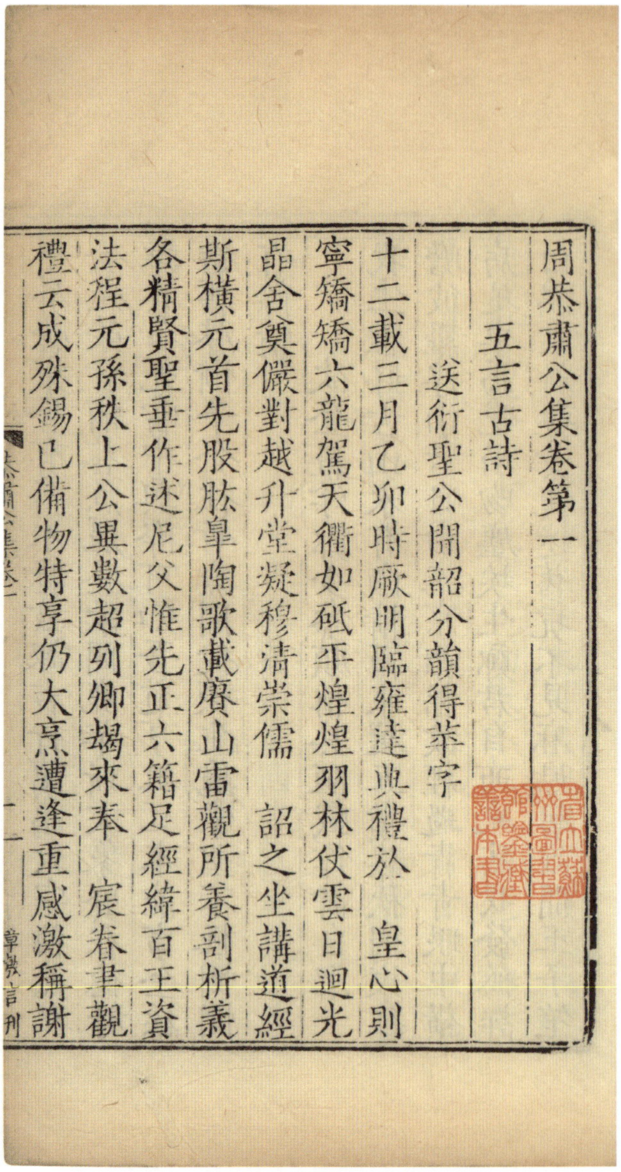
周恭肅公集卷第一
五言古詩
送衍聖公開韶分韻得芊字
十二載三月乙卯時厥明臨雍達典禮於 皇心則
寧矯矯六龍駕天衢如砥平煌煌羽林仗雲日迴光
晶舍奠儼對越升堂凝穆清崇儒 詔之坐講道經
斯横元首先股肱皐陶歌載賡山雷觀所養剖析義
各精賢聖垂作述尼父惟先正六籍足經緯百王資
法程元孫秩上公異數超列卿揭來奉 宸眷聿觀
禮云成殊錫已備物特享仍大烹遭逢重感激稱謝
恭肅公集卷一　二　章敷言刊

書、雜著，卷十三祭文、碑銘、墓表，卷十四誌銘、壙記、行狀，卷十五、卷十六奏疏。《附録》一卷，爲周用墓誌銘、傳記、行狀等。包括夏言《恭肅公神道碑銘》，徐階《恭肅公墓誌銘》，顧應祥《恭肅公傳》，嚴訥《恭肅公行狀》，葉向高《冢宰周恭肅公祠記》等。

周國南，字伯麟。用長子，明吴江（今屬江蘇蘇州）人。以蔭官至尋甸知府。川上草堂，周國南室名。

刻工名：章敷言、吴采、仁、國用、信、世、半、日等。

名録號 06000。綫裝，六册。

泰泉集六十卷

（明）黄佐撰

明刻本

黄佐（1490—1566），字才伯，號希齋，又號太霞子，晚號泰泉居士，明香山（今廣東中山）人。明正德十六年（1521）進士。官至少詹事，卒後贈禮部右侍郎。謚文裕。其學以程朱爲宗，惟理氣之説，獨持一論。另著有《樂典》等。參見《明史》卷二百八十七。

半葉十行，行二十字。白口，四周單邊，無魚尾。版心上方鎸書名，版心中間上鎸卷次下記葉次。框高18.5厘米，寬13.4厘米。

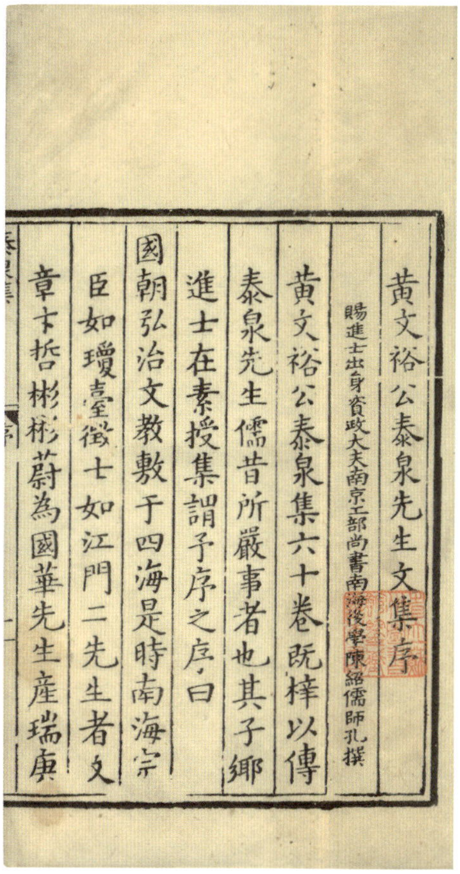
黄文裕公泰泉先生文集序
賜進士出身資政大夫南京工部尚書南海後學陳紹儒師孔撰
黄文裕公泰泉集六十卷既梓以傳
泰泉先生儒昔所嚴事者也其子鄉
進士在素授集謁予序之序曰
國朝弘治文教敷于四海是時南海宗
臣如瓊臺徵士如江門二先生者文
章卞哲彬彬蔚為國華先生產瑞庚

書前有明萬曆七年（1579）陳紹儒《黄文裕公泰泉先生文集序》，末署“歲次己卯萬曆七年九月九日”。次接明嘉靖二十一年（1542）張璧《泰泉集序》，末署“嘉靖二十一年歲次壬寅仲冬長至，資政大夫南京吏部尚書前翰林院學士掌院事經筵日講官兼修國史南郡張璧崇象序”。次接目録，次接明隆慶元年（1567）黎民表《泰泉先生黄公行狀》。

全書按體分卷，卷一至三賦；卷四騷詞、樂章、琴操、樂府；卷五四言古詩；卷六至七五言古詩；

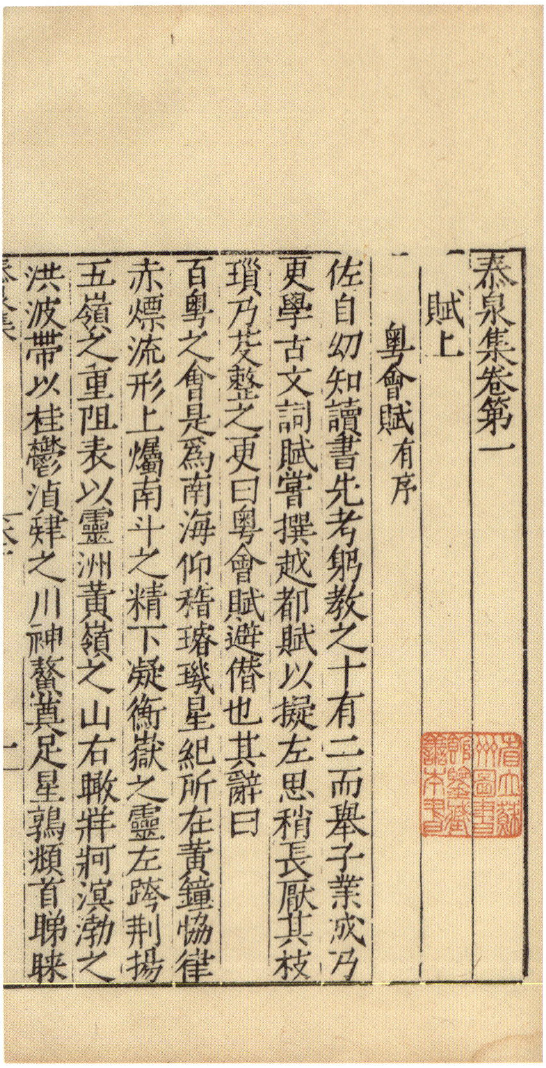

泰泉集卷第一

賦上

粤會賦有序

佐自㓜知讀書先考躬教之十有二而舉子業成乃更學古文詞賦嘗撰越都賦以擬左思稍長厭其枝瑣乃芟整之更曰粤會賦避僭也其辭曰

百粤之會是爲南海仰稽璿璣星紀所在黄鐘協律赤熛流形上燭南斗之精下凝衡嶽之靈左跨荆揚五嶺之重阻表以靈洲黄嶺之山右瞰牂牁溟渤之洪波帶以桂鬱湞肄之川神鼇冀足星鶉頫首睇睞

卷八五言古詩、七言古詩；卷九七言古詩、七言古詩長短句；卷十五言律詩；卷十一五言律詩、五言排律；卷十二七言律詩；卷十三七言律詩、七言排律、五六言絶句；卷十四七言絶句、聯句、集古句；卷十五對策；卷十六符命、頌、叙録；卷十七箴、卷十八箴、贊、銘、誦、謡、祝辭、字辭；卷十九至二十奏疏；卷二十一書；卷二十二書、啓；卷二十三問對、設論；卷二十四策問；卷二十五至二十六論；卷二十七論、議；卷二十八説；卷二十九原、解、辯、考、述、禁諭；卷三十至三十三記；卷三十四至四十三序；卷四十四題跋；卷四十五至四十六圖經；卷四十七碑；卷四十八神道碑；卷四十九至五十一墓表；卷五十二至五十五墓誌；卷五十六至五十七傳；卷五十八行狀；卷五十九至六十祭文。

《中國古籍善本書目》集部明别集類收録，編號爲集 7942。

名録號 10786。綫裝，三十二册。

按：本書《國家珍貴古籍名録》定作明萬曆元年（1573）黄在中、黄在素等刻本，經與南京圖書館藏萬曆本（索書號 111826）比對，兩本字體有异，本館藏本應屬翻刻。

豐山集四十卷

（明）孫存撰

明嘉靖三十三年（1554）孫孟刻本

孫存（1491—1547），字性甫，號豐山，明安徽滁州人。明正德九年（1514）進士。授禮部主事，官至河南布政使。輯有《大明律讀法》，著有《豐山集》。參見明萬曆《滁陽志》卷十二。

半葉十行，行十八字。白口，四周單邊，單黑魚尾。版心上鐫篇名，中鐫書名卷次，下鐫葉次。框高 18.1 厘米，寬 14.1 厘米。

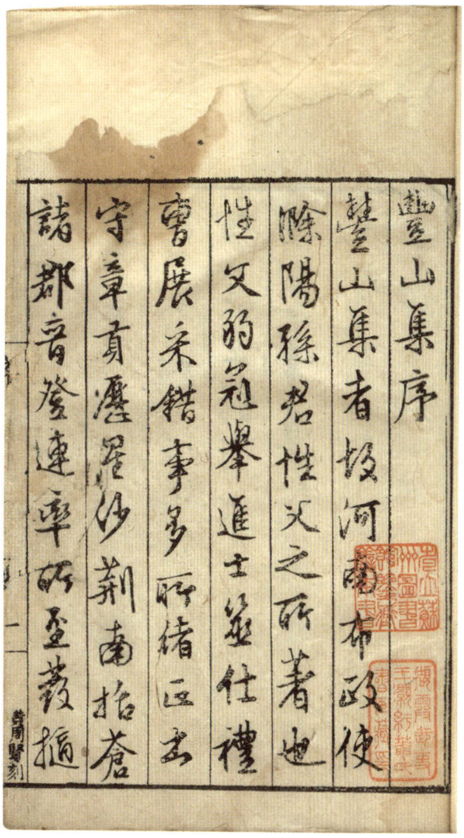
豐山集序
豐山集者故河南布政使
滁陽孫君性父之所著也
性父弱冠舉進士筮仕禮
曹展采錯事多所緒正出
守章貢歷羅沙荊南指蒼

正文前有明嘉靖三十三年文徵明《豐山集序》，末署“嘉靖甲寅九月既望，前翰林待詔將仕佐郎兼修國史長洲文徵明序”；次接章煥《豐山集序》，末署“嘉靖乙卯夏五月”；次接目録。正文後有明嘉靖三十三年孫孟《書豐山集後》，末署“嘉靖甲寅秋九月既望，賜進士第中順大夫前杭州府知府劣弟孟頓首拜書”。

正文凡四十卷，卷一至三奏議、卷四記、卷五至六叙、卷七紀、卷八引、卷九跋、卷十解、卷十一詞、卷十二賦、卷十三行狀、卷十四至十五墓誌銘、卷十六至十七祭文、

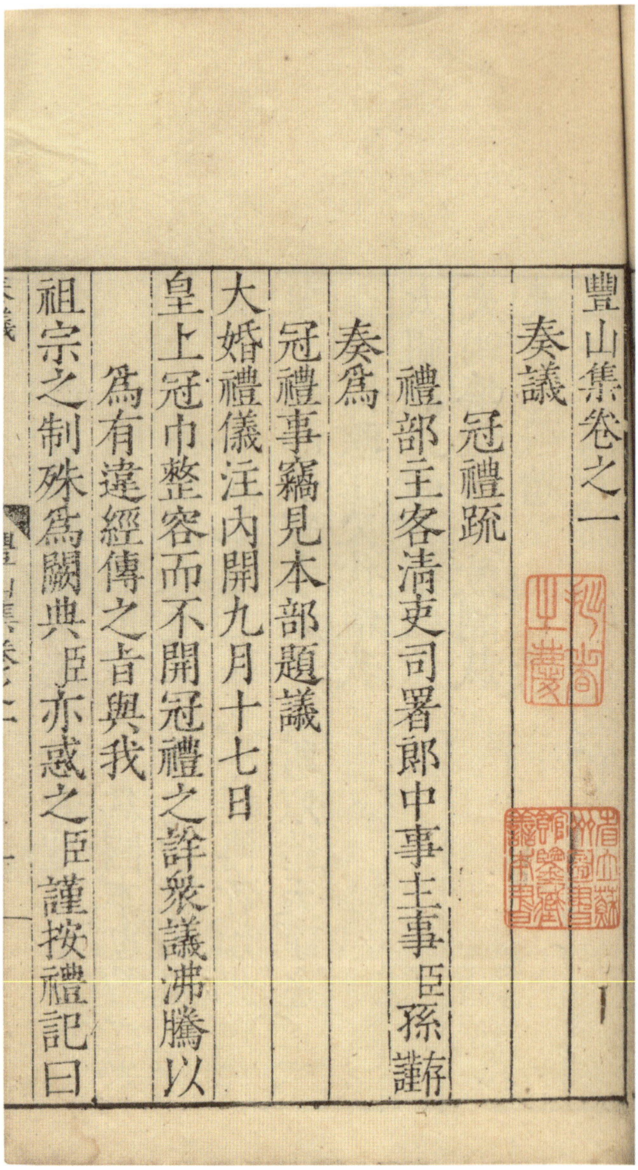

豐山集卷之一
奏議
冠禮疏
禮部主客清吏司署郎中事主事臣孫存謹
奏爲
冠禮事竊見本部題議
大婚禮儀注內開九月十七日
皇上冠巾整容而不開冠禮之許衆議沸騰以
爲有違經傳之旨與我
祖宗之制殊爲闕典臣亦惑之臣謹按禮記曰

卷十八四五言古詩、卷十九七言古詩、卷二十五言律詩、卷二十一至二十二七言律詩、卷二十三五言絶句詩、卷二十四七言絶句詩、卷二十五五言排律詩、卷二十六歌行長短句、卷二十七至三十三行移、卷三十四至四十書簡。

刻工：黄周賢。

《中國古籍善本書目》集部明别集類收録，編號爲集 7823。

名録號 06035。綫裝，八册。

文徵明序首葉鈐“擷霞迂吏 / 王灝紆庵氏 / 書畫藏印”朱文豎長方印，卷一首葉鈐“拙者 / 之慶”朱文豎長方印。

祐山先生文集十卷

（明）馮汝弼撰

明刻本

馮汝弼（1499—1577），字惟良，號祐山，明浙江平湖人。明嘉靖十一年（1532）進士，任工科給事中。謫潛山丞，遷知太倉州，調任揚州府同知，不赴。參見清乾隆《平湖縣志》卷七。

半葉九行，行二十字，小字雙行同。細黑口，左右雙邊，單黑魚尾。版心中鐫書名、卷次及葉次。框高 18.9 厘米，寬 12.4 厘米。

正文前有王世貞《馮祐山先生集序》，末署“南京大理寺卿門人王世貞撰”，次接《馮祐山先生小像》及孫植像贊。

卷一至卷三爲序，卷四爲記，卷五爲壽文、説，卷六爲誌銘、墓表、行狀，卷七爲祭文、箴、銘、贊、跋，卷八爲奏疏、條議，卷九爲揭帖、書，卷十爲雜説。

《中國古籍善本書目》集部明別集類收録，編號爲集 8271。

名録號 10794。綫裝，六册。

祐山先生文集卷之一　平湖馮汝弼著

序

三蘇文纂序

三蘇文纂纂三蘇文百篇鋟諸梓以爲游藝者之式或曰古文名世諸大家皆可式獨纂三蘇何曰遵時制便初學也葢老泉之明白洞達東坡之宏濶瀾翻潁濵之壯偉發越皆含咀英華蜚聲藝苑而進退起伏抑揚頓挫動中矩度渾然天成不假雕琢若風行水上無意於文而不淂不文焉者然則三蘇文皆

方山先生文録二十二卷

（明）薛應旂撰

明嘉靖三十四年（1555）東吴書林刻本

薛應旂（1500—1527），字仲常，號方山，明江蘇武進（今屬江蘇常州）人。明嘉靖十四年進士，授浙江慈溪知縣，累遷南京考功郎中，官至浙江提學副史。著有《考亭淵源録》《憲章録》等書。參見《明史》卷二百三十一。

半葉十行，行二十字。白口，四周單邊，單白魚尾。版心中鎸“方山文録”、卷次、葉次，下鎸刻工。框高 18.8 厘米，寬 13.8 厘米。

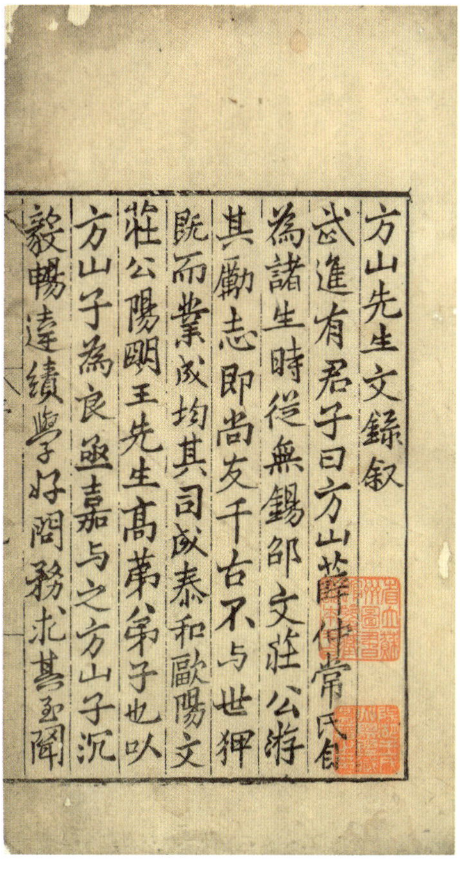
方山先生文録叙
武進有君子曰方山薛仲常氏
為諸生時從無錫邵文莊公游
其勵志即尚友千古不与世狎
既而業成均其司成泰和歐陽文
莊公陽明王先生高第弟子也以
方山子為良盈嘉与之方山子沉
毅暢達績學好問務求其

書前有明嘉靖三十四年趙時春《方山先生文録叙》，末署“嘉靖乙卯臘日，平凉趙時春景仁甫撰”。次接同年馬理《方山先生文録序》，末署“嘉靖乙卯秋九月既望，三原馬理伯循甫序”。次接明嘉靖三十二年歐陽德《題方山文録》，末署“嘉靖癸丑秋九月既望，泰和南野歐陽德崇一甫書於西内之直廬”。次接目録。

卷一爲策，卷二爲疏、表，卷三爲紀述，卷四、卷五爲書，卷六爲雜著，卷七、卷八爲記，卷九至卷十二爲記，卷十三爲碑，卷

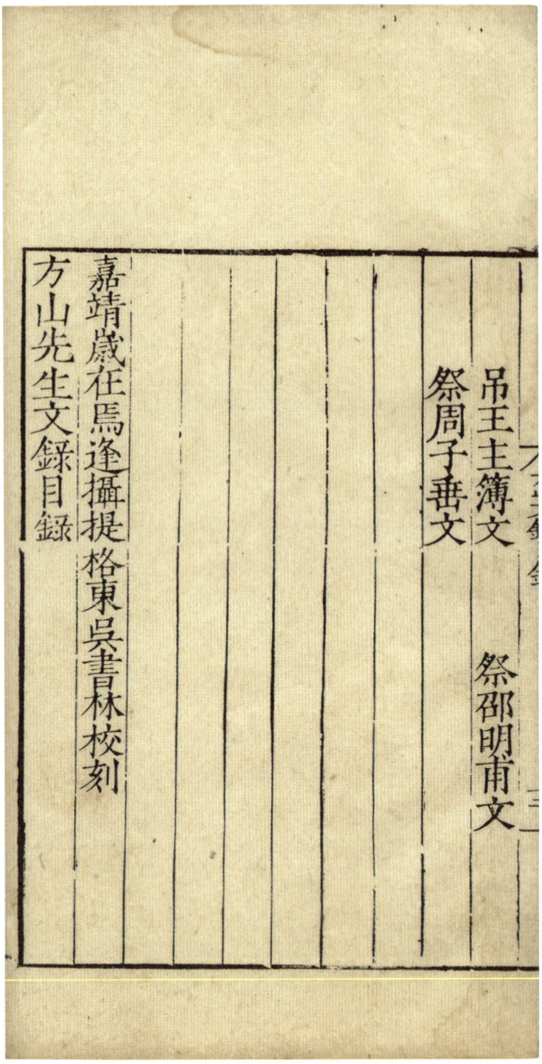
吊王主簿文　祭邵明甫文
祭周子垂文
嘉靖歲在焉逢攝提格東吴書林校刻
方山先生文録目録

十四、卷十五爲傳，卷十六至卷十九爲傳，卷二十爲策問，卷二十一爲墓表、墓碣銘、墓誌銘，卷二十二爲祭文。

目録末有單行牌記“嘉靖歲在焉逢攝提格東吴書林校刻”。東吴書林，明嘉靖時無錫書坊名。

刻工名：何鑰、張邦本、王誥、何昇、王惟寀、何應亨、何鈿、何應貞、何近富、何儔、于汝庭。

《中國古籍善本書目》集部明别集類收録，編號爲集 8340。

名録號 06103。綫裝，十二册。

趙時春序首葉鈐“陽湖王氏 / 兆騏鑑藏 / 圖籍之印”白文方印。首卷卷端鈐“檢予 / 過目”朱文方印、“東皋 / 草堂”白文方印。

方山先生文錄卷之一

策

廷試

皇帝制曰朕恩首自三代以來迄於宋終中間雖歷世有久近而其君之歷年亦有長短要之皆自其爲君者何如耳但傳云惟周之歷世最多國祚恒久然周之所以享祚久本於文武之所積累亦後之繼承者能保持之耳上至夏商毒及唐宋亦若是焉皆基之於先王德澤洽於民心亦繼之以嗣王能盡持盈愼滿之道者也洪惟朕　皇祖高皇帝代　天復世

海樵先生全集二十一卷

（明）陳鶴撰

明隆慶元年（1567）陳經國刻本

陳鶴（1504—1560），字鳴野，一字九皋，號海樵，明紹興山陰（今浙江紹興）人。襲蔭紹興百户，棄官稱山人。能詩善畫。參見《列朝詩集》丁十。

半葉九行，行二十字。白口，四周雙邊，單黑魚尾。版心上鎸“海樵先生集”，版心中鎸卷次，版心下鎸葉次。框高 19.7 厘米，廣 13.2 厘米。

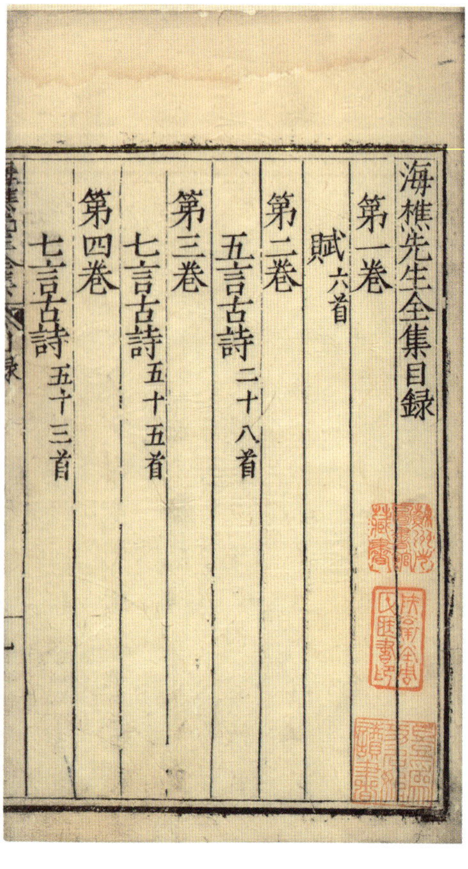

書前有明隆慶元年（1567）薛天華《海樵先生全集叙》，末署“隆慶元年秋九月，晋江南塘薛天華君確父撰”。次接同年盧夢陽《海樵先生全集序》，末署“隆慶元年丁卯八月，賜進士出身通奉大夫福建布政使司右布政使前奉提督學校按察副使南海盧夢陽譔”。次接目録。

本集按體分類，卷一收賦六篇；卷二收五言古詩二十八首；卷三至五收七言古詩一百五十七首；卷六至七收五言律詩二百八十六首；卷八至十收七言律詩三百五十六首；卷十一收五言絶句七十九首；卷十二至十四收七言絶句六百十六首；

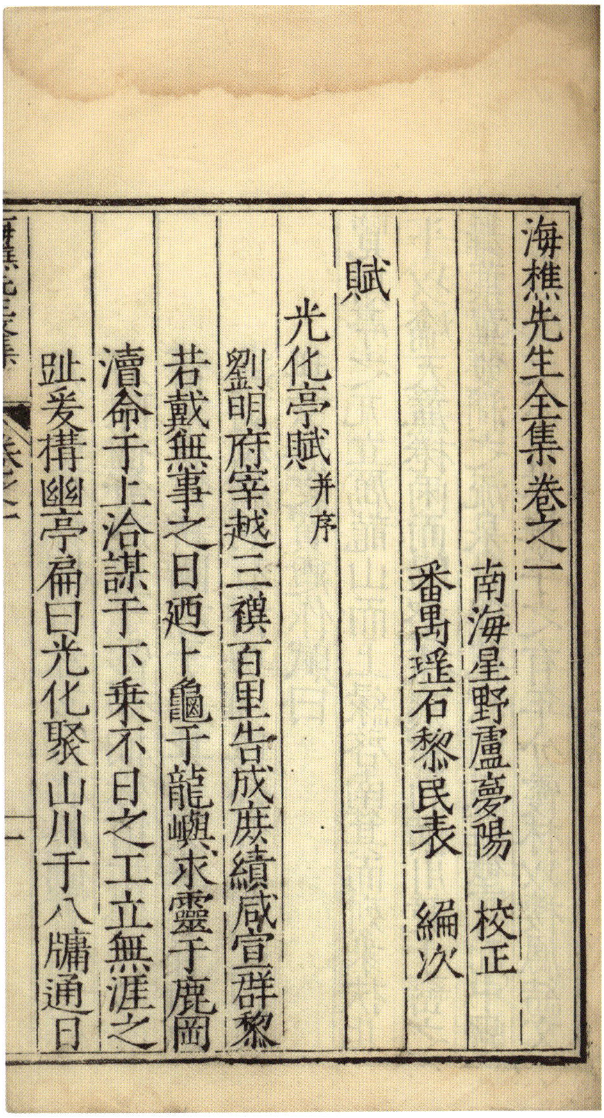
海樵先生全集卷之一
南海星野盧夢陽　校正
番禺瑤石黎民表　編次
賦
光化亭賦并序
劉明府宰越三禩百里告成庶績咸宣群黎若戴無事之日廼卜龜于龍嶼求靈于鹿岡濆命于上洽謀于下乘不日之工立無涯之趾爰搆幽亭扁曰光化聚山川于八牖通日

卷十五至十六收序五十篇；卷十七收記八篇、説二十八篇、跋十二篇；卷十八收傳十二篇；卷十九收書三十篇；卷二十收書十三篇、雜文七篇、辭一篇、頌三篇、贊五篇、德學仕壽旨四篇；卷二十一首墓誌銘一篇、行狀二篇、誄一篇、祭文三篇。

陳經國，字少野。鶴子。廣西都指揮僉事。

《中國古籍善本書目》集部明别集類收録，編號爲集 8155。

名録號 09210。綫裝，二册。存六卷（一至六）。

目録首葉鈐“豈爲 / 功名始 / 讀書”朱文方印、“郑髙堂周 / 氏藏書印”朱文豎長方印。

洞麓堂集三十八卷

（明）尹臺撰

明萬曆三十五年（1607）吉安府學刻本

尹臺（1506—1579），字崇基，號洞山，明吉安府永新（今江西永新）人。明嘉靖十四年（1535）進士，授編修，官至南京禮部尚書。爲人耿直，潛心理學，亦工詩文。參見焦竑《國朝獻徵録》卷三十六。

半葉十行，行二十字。白口，左右雙邊，單黑魚尾。版心上鐫書名，中鐫卷次、葉次，下鐫字數，框高21.1厘米，廣13.7厘米。

正文前有明萬曆三十五年鄒元標《洞麓堂集序》，末署“萬曆丁未季夏月，吉水通家眷晚生鄒元標爾瞻父頓首拜撰”。

正文凡三十八卷。卷一：四言古詩、五言古詩；卷二：七言古詩；卷三：五言律詩；卷四：五言排律、七言律詩；卷五至六：七言律詩；卷七：七言律詩、七言長律、五言絶句、七言絶句；卷八：内制、疏；卷九：表、頌、賦；卷十至二十：序；卷二十一至二十二：記；卷二十三：碑；卷二十四至三十一：墓銘；卷三十二：墓表、傳；卷

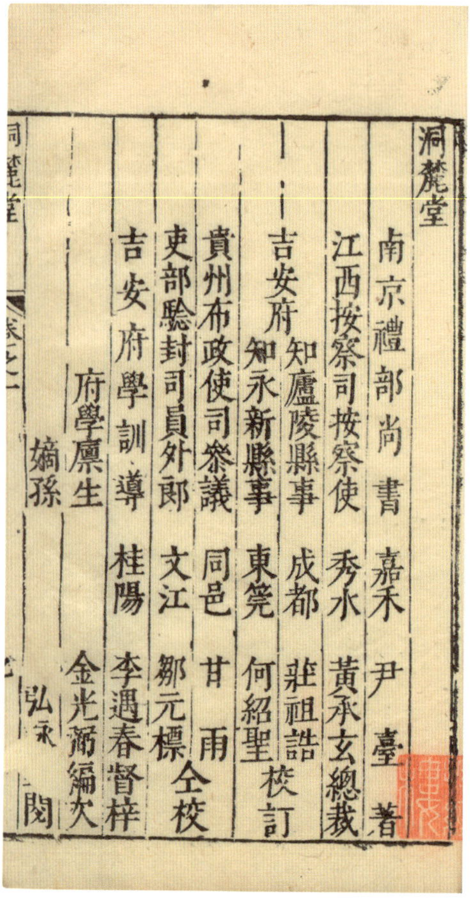
洞麓堂
南京禮部尚書 嘉禾 尹臺 著
江西按察司按察使 秀水 黃承玄 總裁
吉安府知廬陵縣事 成都 莊祖誥
知永新縣事 東莞 何紹聖 校訂
貴州布政使司參議 同邑 甘雨
吏部驗封司員外郎 文江 鄒元標 仝校
吉安府學訓導 桂陽 李遇春 督梓
府學廩生 金光裔 編次
嫡孫 弘永 閱

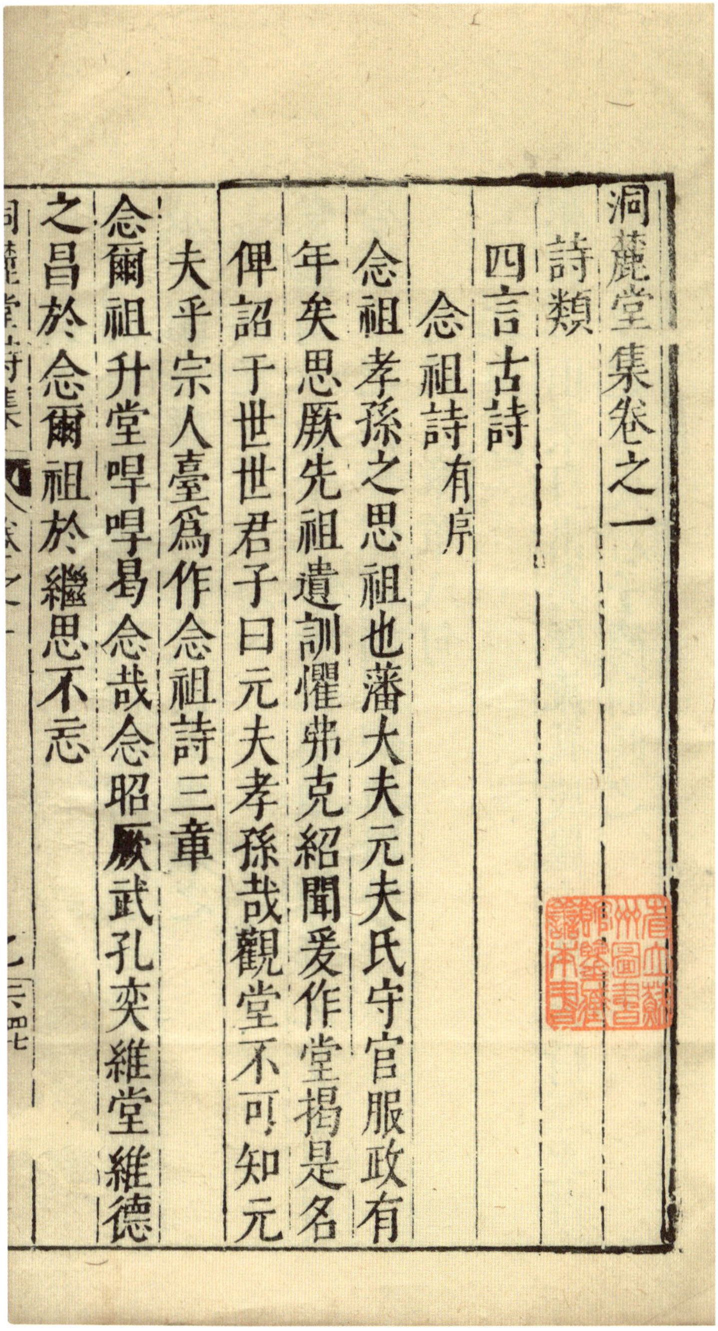
洞麓堂集卷之一
詩類
四言古詩
念祖詩有序
念祖孝孫之思祖也藩大夫元夫氏守官服政有年矣思厥先祖遺訓懼弗克紹聞爰作堂揭是名俾詔于世世君子曰元夫孝孫哉觀堂不可知元夫乎宗人臺爲作念祖詩三章
念爾祖升堂咢咢曷念哉念昭厥武孔奕維堂維德之昌於念爾祖於繼思不忘

三十三：狀述；卷三十四：祭文；卷三十五至三十六：書；卷三十七：辭、策問、像贊；卷三十八：雜著。

《中國古籍善本書目》集部明别集類收録，編號爲集 3819。

名録號 10796。綫裝，二十册。

卷一刊刻姓名葉鈴“抱經 / 樓”白文方印。

唐荆川先生文集十二卷

（明）唐順之撰

明嘉靖二十八年（1549）安如石刻本

唐順之（1507—1560），字應德，又字義修，號荆川，明武進（今屬江蘇常州）人。明嘉靖八年會試第一。官翰林編修，後調兵部主事、右僉都御史、鳳陽巡撫。追謚襄文。學者稱其“荆川先生”。著有《荆川先生文集》。參見《明史》卷二百五。

半葉十行，行二十字。白口，四周單邊，單黑魚尾。版心中鎸書名、卷次，下鎸葉次。框高 20.9 厘米，寬 14.5 厘米。

正文前有明嘉靖二十八年王慎中序，末署“嘉靖乙酉冬十月望，晋江遵巖居士王慎中道思甫序”；次接《唐荆川先生文集目録》。

卷一爲策，卷二、卷三爲詩，卷四、卷五爲書，卷六、卷七爲序，卷八爲記和説，卷九爲墓誌銘，卷十爲墓銘表，卷十一爲傳、祭文和雜文，卷十二爲雜文。

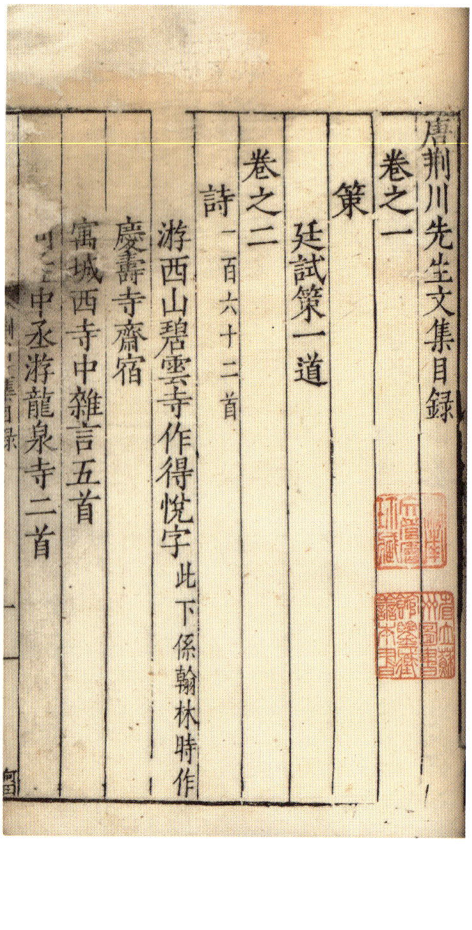
唐荆川先生文集目録
卷之一
策
廷試策一道
卷之二
詩一百六十二首
游西山碧雲寺作得悦字此下係翰林時作
慶壽寺齋宿
寓城西寺中雜言五首
王中丞游龍泉寺二首

安如石字子介。明江蘇無錫人。國子監生。又刻過《南豐先生文粹》等書。

《中國古籍善本書目》集部明别集類收録，編號爲集 8168。

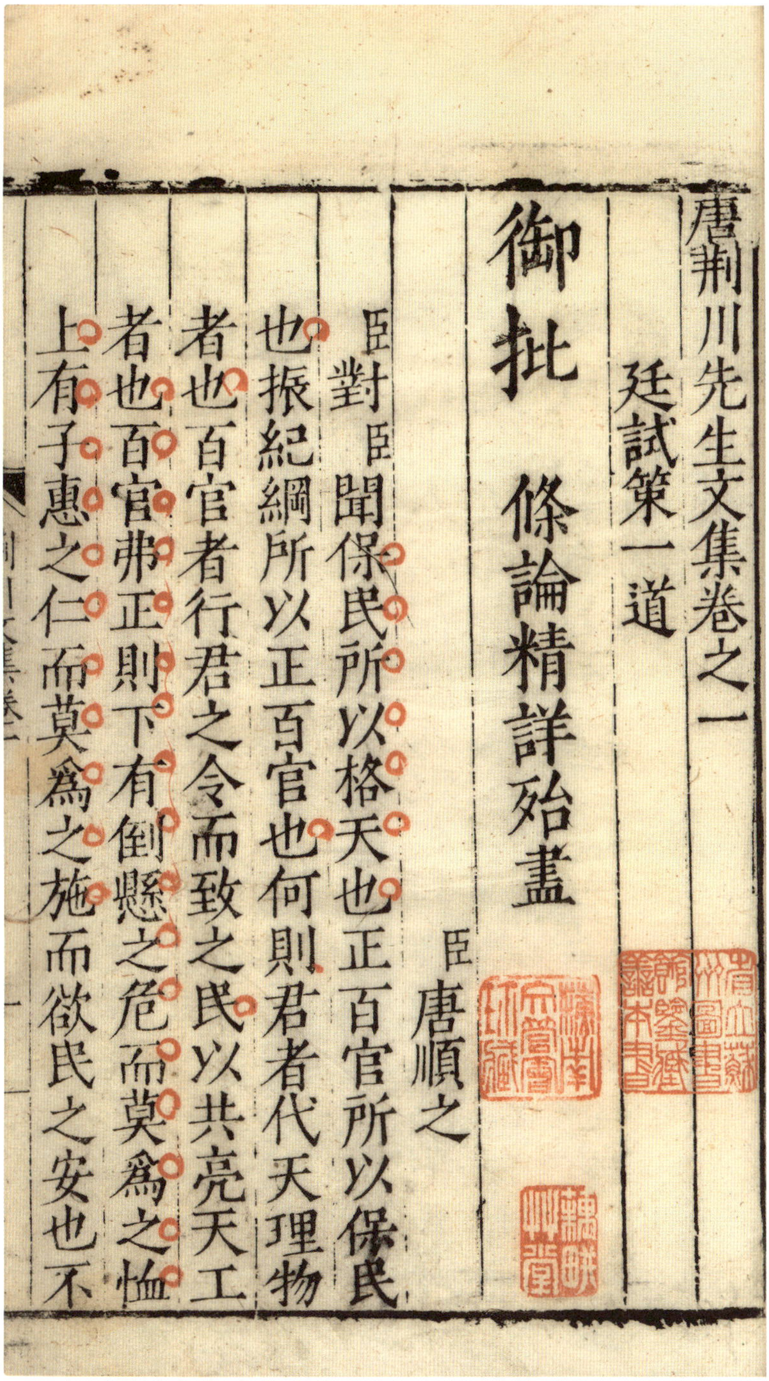
唐荆川先生文集卷之一
廷試策一道
御批　條論精詳殆盡
臣唐順之
臣對臣聞保民所以格天也正百官所以保民也振紀綱所以正百官也何則君者代天理物者也百官者行君之令而致之民以共亮天工者也百官弗正則下有倒懸之危而莫爲之恤上有子惠之仁而莫爲之施而欲民之安也不

刻工：何鈿、何鳳、方瑞、何敖、何汝、何充、何元、何恩、李方、何受、沈高、陳節等。

名録號 09214。綫裝，十二册。

卷一首葉鈐“藕畊 / 艸堂”白文方印。

陸師道詩一卷

（明）陸師道撰

稿本

陸師道（1511—1547），字子傳，號元洲，更號五湖，明吴縣（今江蘇蘇州）人。明嘉靖十七年（1538）進士。授工部主事，改禮部。以養母請歸。家居十四年乃起復，累官尚寶司少卿。文徵明弟子，善詩，工書法。著有《五湖集》。參見明崇禎《吴縣志》卷四十七。

半葉十行，行二十字。白口，左右雙邊，單白魚尾。墨格箋紙，版心下方偶鎸“雲臥閣”。框高 16.6 厘米，廣 12.7 厘米。

名録號 09276。未裝訂散葉，計四十七張。

含佚名墨筆題跋一葉。

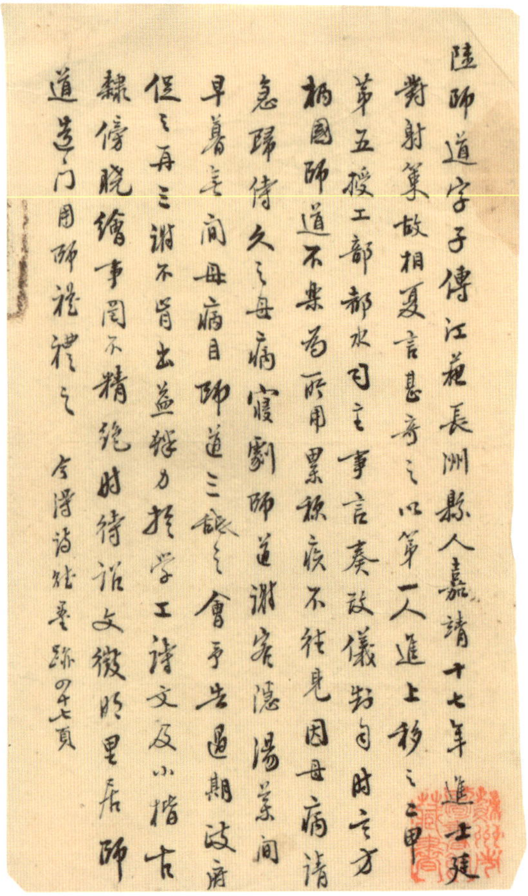

陸師道字子傳江蘇長洲縣人嘉靖十七年進士廷
對射策故相夏言甚奇之以第一人進上移之二甲
第五授工部都水司主事言奏改儀制司時言方
柄國師道不樂為所用累疏病不往見因母病請
急歸侍久之母病瘳劉師道謝客隱陽羨間
早暮定省母病目師道三讀之會予告過期改府
促之再三謝不肯出益致力於學工詩文及小楷古
隸傍晚繪事罔不精絕時待詔文徵明里居師
道遂門用師禮禮之
合譜詩鈔墨跡四十七頁

可菊

高人何以事特与幽花一々精心清秋晚时持学相伍

娟々玉雪貌耿々霜霞姿似細雨不敢藏菁以為羽

可茶

蒙山所清雨前春浸月烹雲撿竹扁禪榻香飘詩

颗號貌筆聲精酒福難得人手轆龍雷莢與宮當

為品水經待汲山囿生香第一毫朝夕爐中活

賓芝

海上仙人持白棟鏡袖中燦々九光芝時共翔遊无年還

性留蕙幽在玉雪姿

自知堂集二十四卷

（明）蔡汝楠撰

明嘉靖刻本

蔡汝楠（1516—1565），字子木，號白石，明浙江德清人。明嘉靖十一年（1532）進士。官至兵部侍郎，改南京工部右侍郎。另著有《説經札記》。參見《明史》卷二百八十七。

半葉十行，行二十字。白口，左右雙邊，單白魚尾。版心上方鐫書名，中鐫卷次，下鐫葉次、刻工。框高19.0厘米，廣14.0厘米。

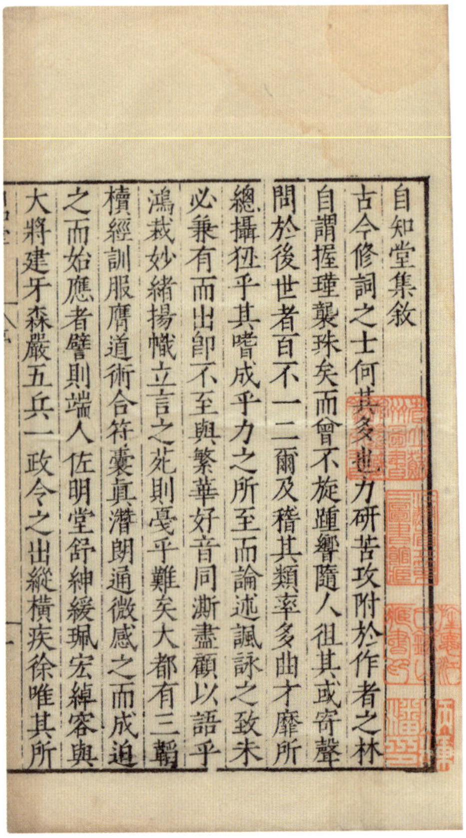
自知堂集敘
古今修詞之士何其多也力研苦攻附於作者之林
自謂握瑾襲珠矣而曾不旋踵嚮隨人徂其或寄聲
問於後世者百不一二爾及稽其類率多曲才靡所
總攝狃乎其嗜成乎力之所至而論述諷詠之致未
必兼有而出即不至與繁華好音同澌盡顧以語乎
鴻裁妙緒揚幟立言之苑則戞乎難矣大都有三蘄
櫝經訓服膺道術合符囊眞濬朗通微感之而成迫
之而始應者譬則端人佐明堂舒紳緩珮宏綽容與
大將建牙森嚴五兵一政令之出縱橫疾徐唯其所

書前有明嘉靖三十八年朱衡《自知堂集叙》，末署“嘉靖己未季冬望日，年弟朱衡序”；次接明嘉靖三十三年楊慎《自知堂集叙》，末署“嘉靖甲寅二月己亥，成都楊慎謹序”；次接同年趙維垣《自知堂集題辭》，末署“嘉靖甲寅三月，年生龍巖趙維垣題”；次接明嘉靖二十三年侯一元序，末署“嘉靖甲辰長至日，二谷山人侯一元序”；次接明嘉靖三十七年胡定《自知堂集小叙》，末署“嘉靖戊午五月五日，知德清縣崇陽胡定書”。次接附録唐順之《答皇甫子書論蔡白石詩》，末署“荆川唐順之”；次接附録明嘉靖三十四年洪朝選《送蔡白石叙》，

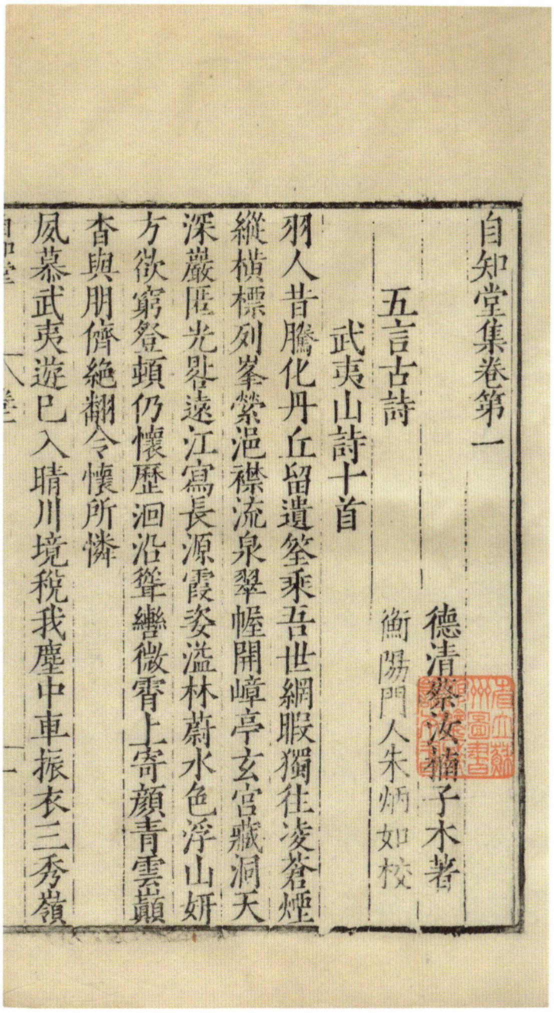
自知堂集卷第一
德清蔡汝楠子木著
衡陽門人朱炳如校
五言古詩
武夷山詩十首
羽人昔騰化丹丘留遺筌乘吾世網暇獨往凌蒼煙
縱橫標列峯縈洄襟流泉翠幄開嶂亭玄宮藏洞天
深巖匿光景遠江寫長源霞姿溢林蔚水色浮山妍
方欲窮登頓仍懷歷洄沿聳巒微霄上寄顏青雲巔
杳與朋儕絶翶令懷所憐
夙慕武夷遊已入晴川境稅我塵中車振衣三秀嶺

末署"嘉靖乙卯春日，同安洪朝選著"。次接目録。書後有明嘉靖四十三年朱炳如《簡末别紀》，末署"嘉靖甲子七月既望，衡陽門人朱炳如頓首拜書"。

是集按體分類，前詩後文。卷一五言古詩、卷二七言古詩、卷三五言律詩、卷四五言排律、卷五七言律詩、卷六五言絶句、卷七七言絶句、卷八至十叙文、卷十一碑文、卷十二墓誌銘、卷十三書疏、卷十四記、卷十五雜著、卷十六策問、卷十七祭文、卷十八至二十三書簡、卷二十四啓帖。

刻工名：国用、体元、汝用、袁宏、才、川、伯、世、清、劉。

《中國古籍善本書目》集部明别集類收録，編號爲集 8290。

名録號 06098。綫裝，十六册。

朱衡叙首葉鈐"炳輝 / 潘印"白文方印、"旌德江 / 氏鐵山 / 藏書印"朱文方印。

止菴集二十卷

（明）黄鳳翔撰

明萬曆三十九年（1611）刻本

黄鳳翔（1540—1614），字鳴周，號止庵、儀庭，别號田亭山人，明福建晋江人。明隆慶二年（1568）進士，授翰林院編修，遷南京國子監祭酒，官至南京禮部尚書。參見《明史》卷二百十六。

半葉十行，行二十字。白口，四周雙邊，單黑魚尾。版心上鎸書名及卷次，下鎸葉次、刻工及字數。框高 19.1 厘米，寬 13.9 厘米。

正文前有明萬曆三十九年李光縉《止菴集叙》，末署“萬曆辛亥季夏，儒林間人晚學李光縉頓首拜撰”，次接明萬曆三十八年黄鳳翔《止菴集自叙》，末署“萬曆庚戌臘月望日，止菴山人黄鳳翔書”。

卷一爲疏，卷二至卷六爲序，卷七、卷八爲記，卷九、卷十爲説，卷十一爲傳，卷十二爲行狀、誌銘，卷十三至卷十六爲誌銘，卷十七爲誌銘、墓表，卷十八爲誄、祭文、書、啓，卷十九爲策論，卷二十爲雜撰，包括辨、考、論、像贊、賦等。各卷前有目録。

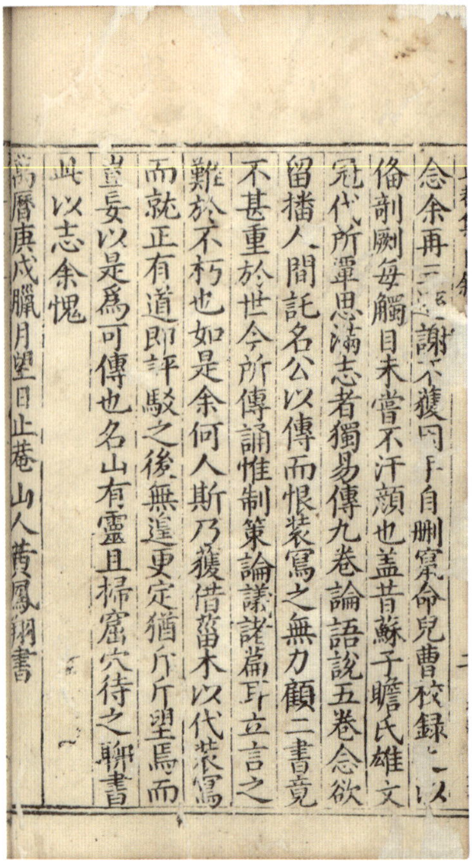
念余再三[illegible]謝不獲[illegible]自删掌命兒曹校録[illegible]以
侖剞劂每觸目未嘗不汗顏也蓋昔蘇子瞻氏雄文
冠代所罣思滿志者獨易傳九卷論語說五卷念欲
留播人間託名公以傳而恨裝寫之無力顧二書竟
不甚重於世今所傳誦惟制策論議諸篇耳立言之
難於不朽也如是余何人斯乃獲借葘木以代裝寫
而就正有道卽評駁之後無遑更定猶斤斤望焉而
豈妄以是爲可傳也名山有靈且掃窟穴待之聊書
此以志余愧
萬曆庚戌臘月望日止菴山人黄鳳翔書

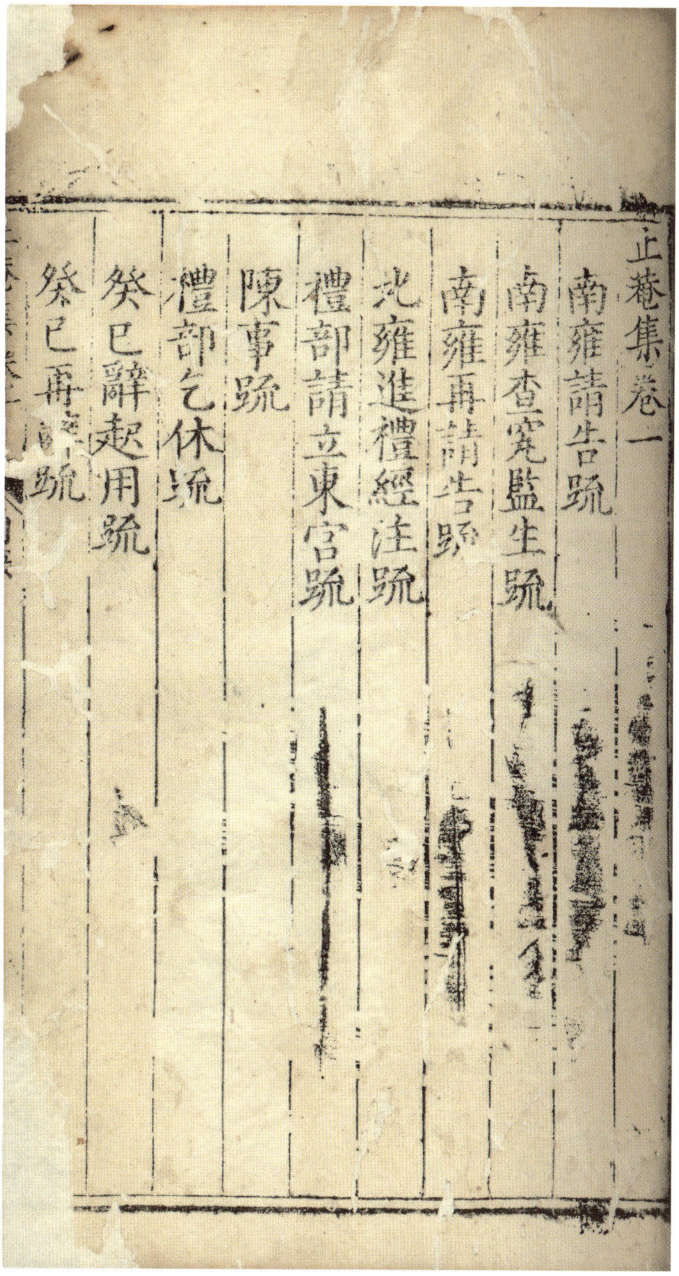
止菴集卷一
南雍請告疏
南雍查寃監生疏
南雍再請告疏
北雍進禮經注疏
禮部請立東宮疏
陳事疏
禮部乞休疏
癸巳辭起用疏
癸巳再辭疏

刻工：莊斌、李文、王朋、葉冬、葉宷、張瑞、黄四、陳相、張英、蔡宅、陳裕、許正、李昇、張邱、標等。

《中國古籍善本書目》集部明别集類收録，編號爲集 9029。

名録號 10815。綫裝，十册。

按，《止菴集》乃原刻原印，頗多墨釘，修板後改名《田亭草》。如卷二《殷老□壽序》，《田亭草》已改作《殷老師壽序》。

馮元成寶善編選刻二卷

（明）馮時可撰

明承訓堂刻本

馮時可（1546—1619），字敏卿，號元成、玄岳山人，明松江華亭（今上海）人。明隆慶五年（1571）進士，歷任貴州提學副史、廣西副史、浙江參政、廣西按察使、湖廣布政使參政等職。著有《上池雜説》《超然樓集》等。參見《明史》卷二百九。

半葉八行，行十六字。白口，左右雙邊，單黑魚尾。版心上鎸“寶善編選刻”，下鎸卷次及葉次。框高 20.2 厘米，寬 13.5 厘米。

書前有馮時可《寶善編選刻序》，末署“定庵居士馮時可撰”。

此書上下兩卷，皆是人物傳記。各卷前有目録。

序前有内封，作“馮元成先 / 生寶善編 / 承訓堂藏板”。

卷端題“從孫善世紫賢甫恭較”，字體不類正文，“較”字避諱，似爲天啓後重校本。

《中國古籍善本書目》集部明别集類收録，編號爲集 9117。

名録號 10818。綫裝，四册。

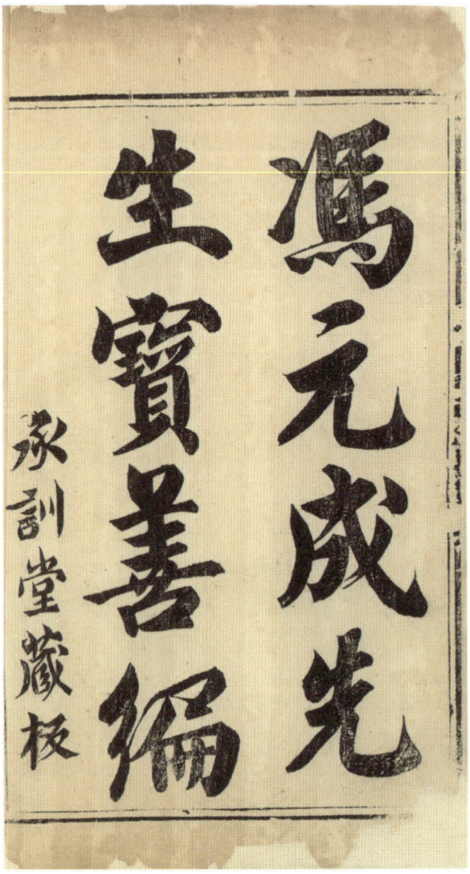

馮元成寶善編選刻卷上

吳郡馮時可元成甫著
從孫善世紫賢甫叅較

中丞荊川唐先生傳

徃先君廷尉與毘陵荊川先生交最善常率先兄京兆行可事先生先生爲門人京兆從先生于陳渡于陽羨最久所聽其聲律瞻其身度最多常以語時可覼于耳最熟時

江南草三卷

（明）張拱端撰

明崇禎刻本

張拱端（1615—？），字孟恭，明山西太原人，僑居吴門。著有《孤雲集》。參見清乾隆《蘇州府志》卷七十六。

半葉九行，行十八字。上下細黑口，四周單邊，單黑魚尾。版心中鎸書名、卷次，下鎸葉次。框高 15.7 厘米，寬 13.1 厘米。

書前有明崇禎十五年（1642）陳洪謐《江南草序》，末署"崇禎壬午秋七月朔，吴郡守晋江陳洪謐題"；次接同年錢謙益《張孟恭江南草序》，末署"壬午中秋日，虞山老民錢謙益敘"；次接同年張拱端《江南草自序》，末署"壬午秋八月，晋陽張拱端題"。

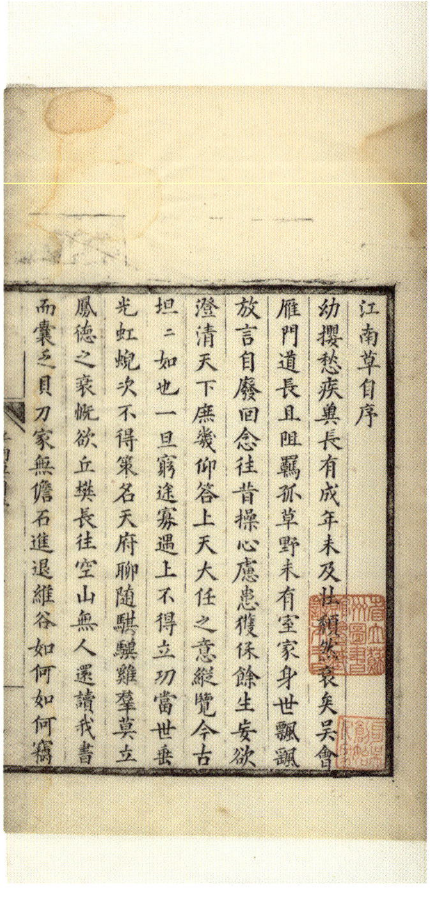
江南草自序
幼攖愁疾與長有成年未及壯頹然衰矣吳會
雁門道長且阻羈孤草野未有室家身世飄颻
放言自廢回念往昔操心慮患獲保餘生妄欲
澄清天下庶幾仰答上天大任之意縱覽今古
坦〻如也一旦窮途寡遇上不得立功當世垂
光虹蜺次不得策名天府聊隨騏驥雞羣莫立
鳳德之衰慨欲立樊長往空山無人還讀我書
而橐乏貝刀家無儋石進退維谷如何如何竊

此書爲張拱端自選詩作一百九十九首，按撰寫年代次爲三卷，上卷爲廿八歲所作，中卷爲廿七歲所作，下卷爲六至廿六歲所作，各卷之前皆有目録。

《中國古籍善本書目》集部清别集類收録，編號爲集 11359。

名録號 10848。綫裝，二册。

陳序首葉鈐"浣纓 / 氏"陰陽合璧方印、"臣 / 世禄"陰陽合璧方印。張序首葉鈐"句吴 / 創始 / 人家"朱文方印。

江南草卷上

晉陽餘生張拱端孟恭父撰

閑止書堂集鈔二卷

（清）陳夢雷撰

清康熙刻本

陳夢雷（1650—？），字則震，號省齋，晚號松鶴老人，清福建侯官（今福州）人。清康熙九年（1670）進士，選庶吉士，授翰林院編修。編有《古今圖書集成》。參見《清史稿》卷二百六十二。

半葉九行，行二十字。白口，四周雙邊，單黑魚尾。版心上鎸“閑止堂集鈔”，中鎸卷次，下鎸文體及葉次。框高 19.3 厘米，寬 13.2 厘米。

書前有版權頁，作“陳省齋先生 / 閑止書堂集 / 鈔本坊藏板”，次接清康熙三十二年黄鷟來序，末署“旹康熙癸酉春季之吉，同里黄鷟來白撰”。書末有楊昭跋，末署“受恩舊僕楊昭百首敬跋”。

卷一爲文，包括賦、書、傳、序、雜文等，卷二爲詩，按體分五言古、七言古、五言律、七言律、五言排律、七言絶句等。

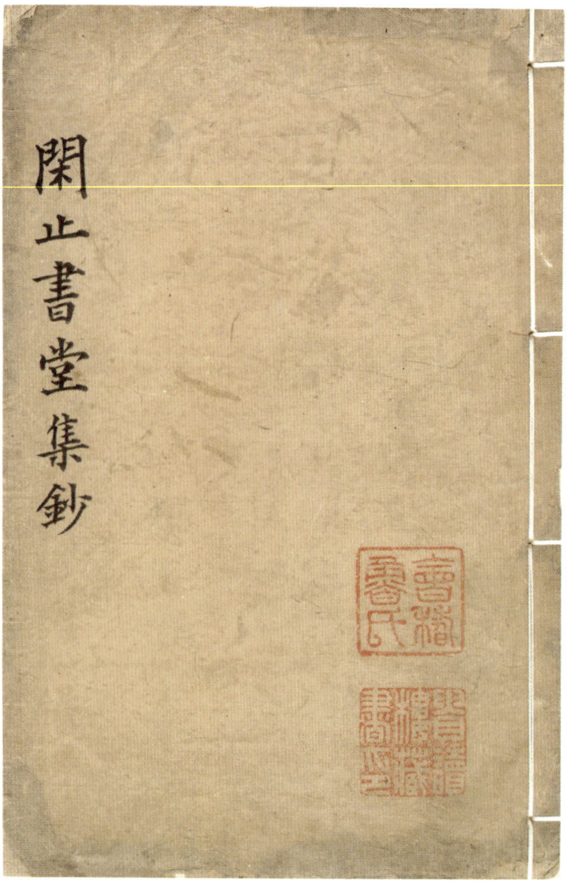

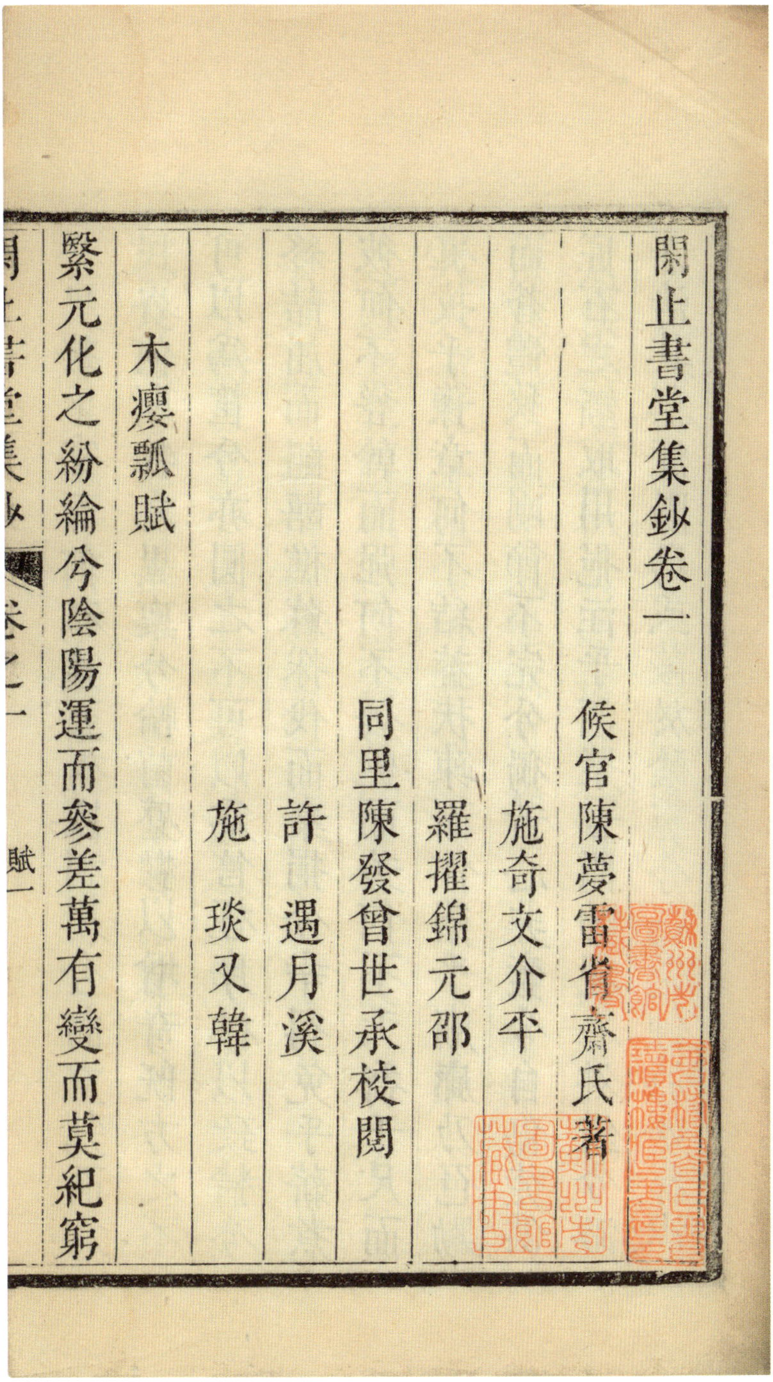
閑止書堂集鈔卷一

侯官陳夢雷省齋氏著

施奇文介平

羅擢錦元部

同里陳發曾世承校閲

許　遇月溪

施　琰又韓

木瘿瓢賦

緊元化之紛綸兮陰陽運而參差萬有變而莫紀窮

閑止書堂集鈔　卷之一　賦一

《中國古籍善本書目》集部清别集類收録，編號爲集 12308。

名録號 10855。綫裝，一册。

封面鈐“貴讀 / 樓藏 / 書印”白文長方印、“會稽 / 魯氏”朱文方印。首卷卷端鈐“會稽魯氏貴 / 讀樓藏書印”朱文豎長方印。

秋農詩草一卷

（清）姚文田撰

稿本

姚文田（1758—1827），字秋農，號梅漪，清歸安（今浙江吴興）人。清嘉慶四年（1799）己未科狀元。官至禮部尚書。參見《清史稿》卷三百七十四。

半葉九行，行二十二字。無界欄。書高 25.8 厘米，寬 15.2 厘米。

正文前有清乾隆五十六年（1791）姚文田《自序》，末署“辛亥至日自題”。

正文一卷，收録詩稿約一百二十首。

《中國古籍善本書目》集部清别集類收録，編號爲集 15124。

名録號 09332。綫裝，一册。

《自序》末葉粘貼清陳壽祺題識，書末粘貼清劉嗣綰題識。

陳壽祺（1771—1843），字

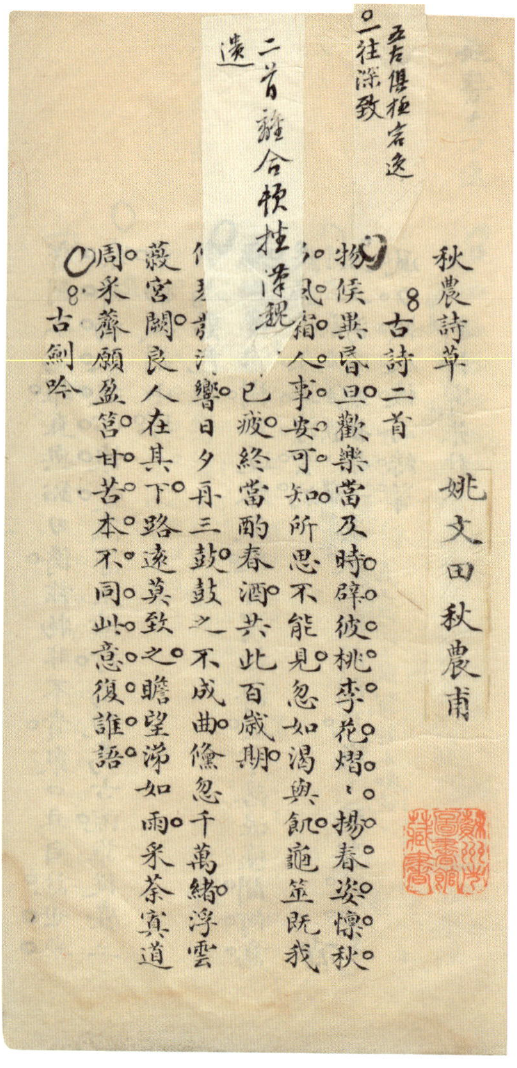
秋農詩草　姚文田秋農甫
古詩二首
物候異昏旦歡樂當及時辟彼桃李花熠熠揚春姿懍秋
知風霜人事安可知所思不能見忽如渴與飢邇笪既我
已疲終當酌春酒共此百歲期
響日夕再三鼓鼓之不成曲儵忽千萬緒浮雲
蔽宮闕良人在其下路遠莫致之瞻望涕如雨采茶真道
周采蘼願盈筥甘苦本不同此意復誰語
古劍吟
二首雜合梗挂深觀遠
五古俱極玄遠往深致

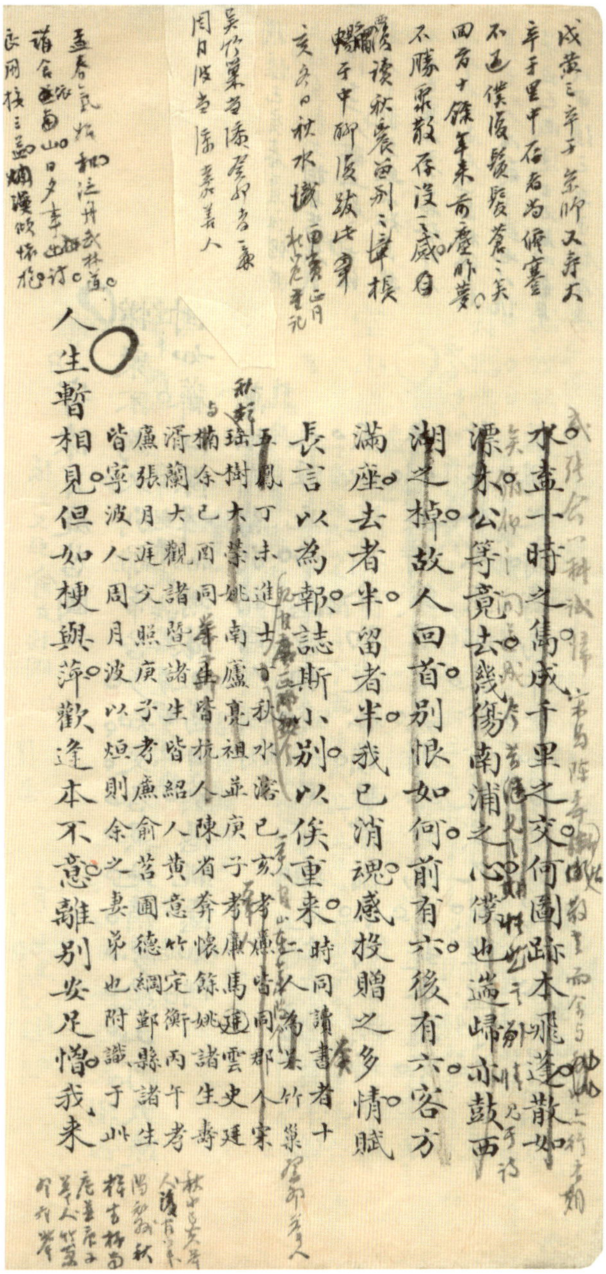

水畫一時之雋，成千里之交，何圖跡本飛蓬，散如漂木，公等竟去，幾傷南浦之心，僕也遄歸，亦鼓西湖之棹。故人回首，別恨如何。前有六，後有六，容方滿座，去者半，留者半，我已消魂，感投贈之多情，賦長言以為郭，誌斯小別，以俟重來。時同讀書者十

人生暫相見，但如梗與萍，歡逢本不意，離別安足憎，我來

恭甫、介祥，號左海、梅修，晚號隱屏山人，清福建侯官（今福建福州）人。清嘉慶四年進士，十四年充會試同考官。父母歿後不出仕，主講鰲峰、清源書院多年。著有《左海全集》。

劉嗣綰（1762—1821），字簡之，又字芙初，號醇甫。清陽湖縣（今江蘇常州）人。清嘉慶十三年會試第一，廷試改翰林院庶吉士，散館，授編修。工詩詞駢文，著有《尚絅堂集》。

六家文選六十卷

(南朝梁)蕭統輯　(唐)李善、呂延濟、劉良、張銑、呂向、李周翰注

明丁覲刻本

蕭統(501—531),字德施,小字維摩,南朝梁南蘭陵(今江蘇武進)人。梁武帝蕭衍長子,南朝梁天監元年(502)立爲太子。謚昭明,史稱“昭明太子”。主持編纂《文選》。參見《南史》卷五十三。

半葉十行,行十八字。小字雙行,行二十六字。白口,四周單邊,無魚尾。版心中鎸書名、卷次,下鎸葉次、刻工及字數。框高23.3厘米,寬19.9厘米。

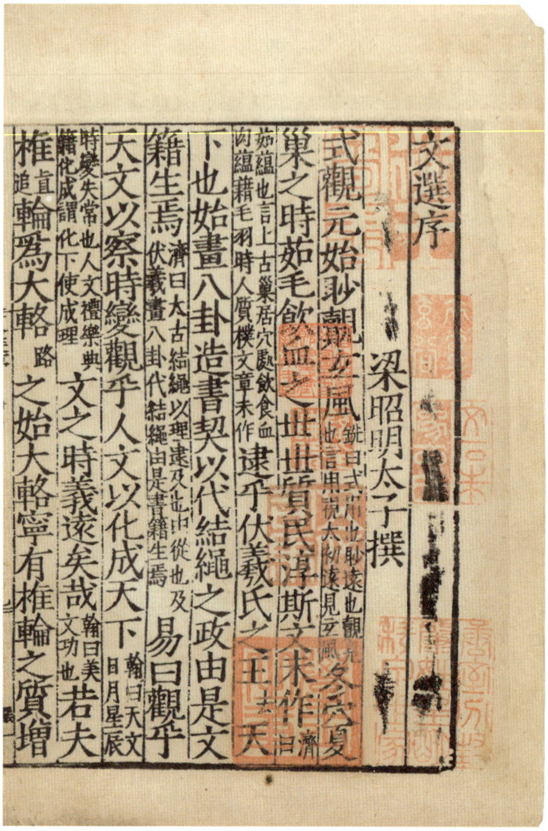
文選序
梁昭明太子撰
式觀元始眇覿玄風銑曰式用也眇遠也覿見也言用視太初遠見玄風冬穴夏巢之時茹毛飲血之世世質民淳斯文未作濟曰茹茹蘊也言上古巢居穴處飲食血肉蘊藉毛羽時人質樸文章未作逮乎伏羲氏之王去天下也始畫八卦造書契以代結繩之政由是文籍生焉濟曰太古結繩以理事及也由從也伏羲畫八卦代結繩由是書籍生焉易曰觀乎天文以察時變觀乎人文以化成天下翰曰天文日月星辰時變失常也人文禮樂典籍化成謂化下使成理文之時義遠矣哉翰曰美文功也若夫椎直追輪爲大輅路之始大輅寧有椎輪之質增

正文前有梁昭明太子《文選序》;次接唐顯慶三年(658)李善《上文選注表》,末署“顯慶三年九月十七日,文林郎守太子右内率府録事參軍崇賢館旨學士臣李善上表”;次接唐開元六年(718)呂延祚《進集注文選表》,末署“開元六年九月十日工部侍郎臣呂延祚上表”;次接目録。

正文六十卷:卷一至十八爲賦,卷十九爲賦、詩,卷二十至三十三爲詩,卷三十四

[illegible]家文選卷第一

梁昭明太子蕭統撰

唐李善呂延濟劉良張銑李周翰呂向註

賦

京都上

班孟堅兩都賦二首 善曰自光武至和帝都洛陽西京父老有怨班固恐帝去洛陽故上此詞以諫和帝大悅也

兩都賦序

班孟堅 銑曰漢書云班固字孟堅扶風安陵人九歲能屬文至明帝時爲蘭臺令史遷爲郎

爲七上，卷三十五爲七下、詔、册，卷三十六爲令、教、文，卷三十七至三十八爲表，卷三十九爲上書、啓，卷四十爲彈事、箋、奏記，卷四十一至四十三爲書，卷四十四爲檄，卷四十五爲對問、設論、辭、序上，卷四十六爲序下，卷四十七爲頌、贊，卷四十八爲符命，卷四十九爲史論上，卷五十爲史論下、史述贊，卷五十一至五十四爲論，卷五十五爲論、連珠，卷五十六爲箴、銘、誄上，卷五十七爲誄下、哀上，卷五十八爲哀下、碑文上，卷五十九爲碑文下、墓誌，卷六十爲行狀、吊文、祭文。

刻工：楊久安、羅十、葉杰、葉松、楊明、鄭四、陳富、盧玉龍、余世榮、王應、陳慶、葉仕浩、陳信、張一、劉山、張小四、楊順之、黄明、蔡三、魏上天等。

《中國古籍善本書目》集部總集類收録，編號爲集 16758。

名録號 10890。蝴蝶裝，六十一册。

《文選序》首葉鈐“唐室分封 / 肇姓皇明 / 科甲世家”朱文方印、“文石朱象玄氏”陰陽文方印、“衣系 / 玄谷”白文方印、“衡王 / 圖書”白文方印、“學士之章”朱文方印、“五代 / 司馬”白文方印、“錢印 / 謙益”白文方印，卷一卷端鈐“御史 / 大夫 / 章”白文方印，末卷末葉鈐“漢仙 / 翁子孫”朱文方印、“潘印 / 允端”白文方印。

按，此書冒充宋本，剜去卷端“皇明重刊”字樣及卷四十一末牌記，又改爲蝴蝶裝，鈐印亦不可信。

筆媚牋十二卷

（明）楊慎輯　（明）孫鑛評

明崇禎刻本

楊慎（1488—1559），字用修，初號月溪、升庵，又號逸史氏、博南山人、洞天真逸、滇南戍史、金馬碧雞老兵等，明四川新都（今成都市新都區）人，祖籍廬陵（今江西省吉安市）。明正德六年（1511）殿試第一，授翰林院修撰。明嘉靖三年（1524）因“大禮議”貶雲南永昌衛。有《升庵全集》行世。參見《明史》卷一百九十二。

孫鑛（1543—1613），字文融，號月峰。明浙江餘姚人。以父蔭入國子監，明萬曆二年（1574）進士。官至南京兵部尚書。爲文有章法，尤喜批評經典，著述甚多。參見《孫氏世乘》卷中吕胤昌所撰行狀。

半葉九行，行二十字，小字雙行同。白口，左右雙邊，單白魚尾。版心上鎸“筆媚牋”，中鎸卷次、葉次。框高 22.3 厘米，寬 13.7 厘米。

正文前有明崇禎三年（1630）陳元素《筆媚牋序》，末署“崇禎三年正月喜晴日書，吴郡陳元素”。

本書選取歷代書啓作品。卷一爲帝王之作，自上古至元；卷二至

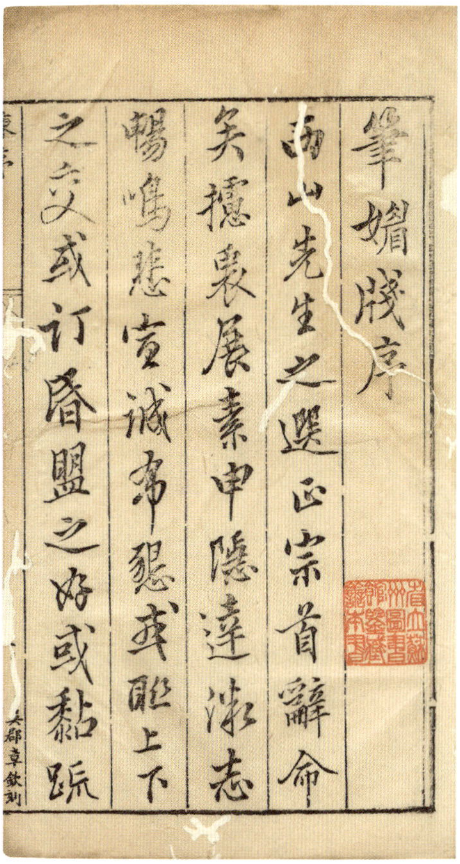

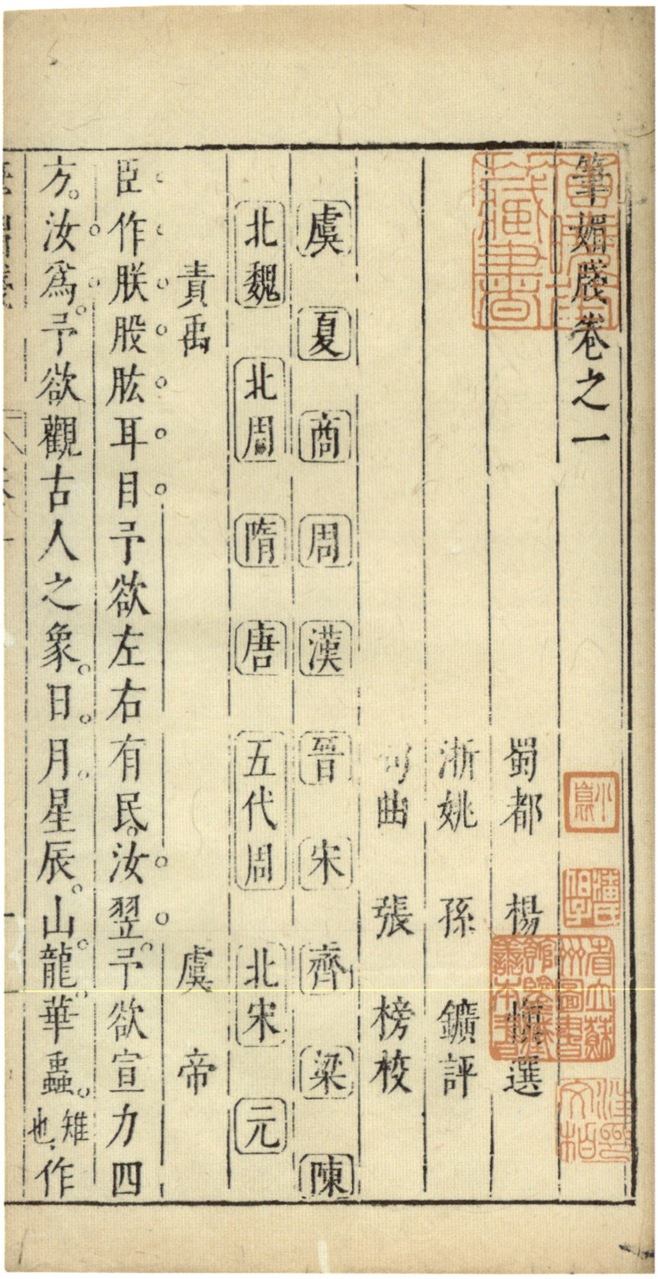
蜀都　楊慎選
浙姚　孫鑛評
河曲　張榜校
虞　夏　商　周　漢　晉　宋　齊　梁　陳
北魏　北周　隋　唐　五代周　北宋　元
責禹　虞帝
臣作朕股肱耳目予欲左右有民汝翼予欲宣力四方汝爲予欲觀古人之象日月星辰山龍華蟲

十爲歷代名公之作，自周至明末。後二卷爲啓，皆明人作。

刻工：章欽。

《中國古籍善本書目》集部總集類收録，編號爲集 17816。

名録號 12043。綫裝，十二册。

首卷卷端鈐“汪印 / 文柏”朱文方印、“潘氏 / 伯子”白文方印、“小 / 崑”朱文方印、“傳曉堂 / 藏書”朱文印。

五言律祖六卷

（明）楊慎輯

明九芝山房刻本

楊慎（1488—1559），字用修，初號月溪、升庵，又號逸史氏、博南山人、洞天真逸、滇南戍史、金馬碧雞老兵等。明四川新都（今成都市新都區）人，祖籍廬陵（今江西省吉安市）。正德六年（1511）殿試第一，授翰林院修撰。嘉靖三年（1524）因“大禮議”貶雲南永昌衛。著有《升庵全集》。參見《明史》卷一百九十二。

半葉十行，行十四字。白口，四周單邊，雙對白魚尾。版心鎸書名及葉次。框高 18.3 厘米，寬 15.1 厘米。

正文有楊慎《五言律祖序》。

此書凡一百八十七首，爲楊慎在雲南時所選六朝之詩，以其“體之合律”，又在唐律之先，故名“律祖”。

卷末鎸有“癸卯六月九 / 芝山房重刻”刻書牌記。

《中國古籍善本書目》集部總集類收録，編號爲集 17089。

名録號 09390。綫裝，一册。

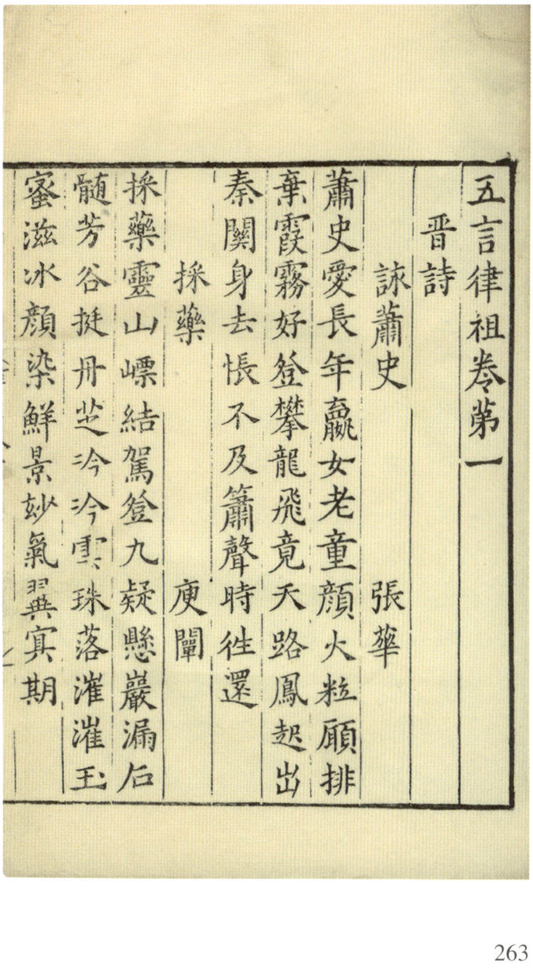
五言律祖卷第一
晋詩
詠蕭史　張華
蕭史愛長年嬴女老童顔火粒願排棄霞霧好登攀龍飛竟天路鳳起出秦關身去悵不及簫聲時往還
採藥　庾闡
採藥靈山嫖結駕登九疑懸巖漏后髓芳谷挺丹芝泠泠雲珠落漼漼玉蜜滋冰顔染鮮景妙氣翼冥期

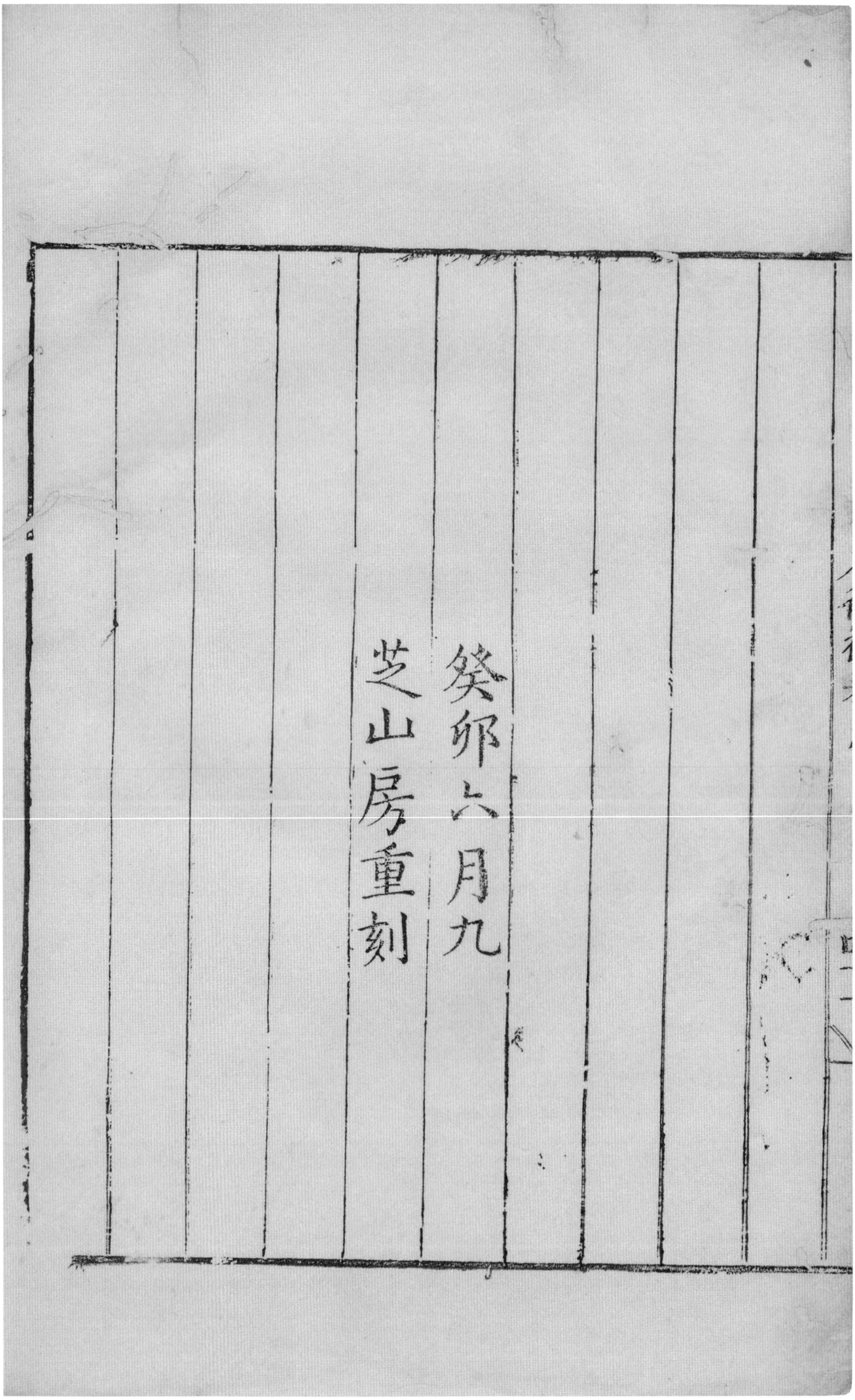
癸卯六月九
芝山房重刻

十二家唐詩類選十二卷

（明）何東序輯

明隆慶四年（1570）刻本

何東序（1531—1606），字崇教，號肖山，明猗氏（今山西臨猗）人。明嘉靖三十二年（1553）進士。曾任徽州知府。著有《九愚山房詩集》。參見趙用光《蒼雪軒全集》卷十五《巡撫延綏都察院右僉都御史進階資善大夫正治上卿肖山何公墓誌銘》。

半葉九行，行二十一字。白口，四周單邊，單黑魚尾。版心上鎸“唐詩類選”，中鎸卷次、葉次，下鎸字數、刻工。框高21.0厘米，寬14.0厘米。

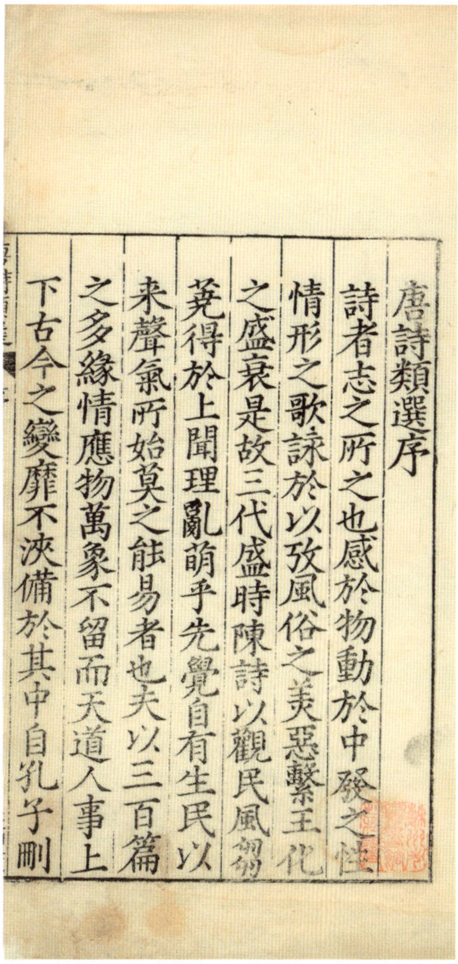
唐詩類選序
詩者志之所之也感於物動於中發之性
情形之歌詠於以弦風俗之美惡繫王化
之盛衰是故三代盛時陳詩以觀民風[illegible]
蒐得於上聞理亂萌乎先覺自有生民以
來聲氣所始莫之能易者也夫以三百篇
之多緣情應物萬象不留而天道人事上
下古今之變靡不浹備於其中自孔子刪

本書前有明隆慶四年何東序《唐詩類選序》，末署“隆慶庚午秋九日，賜進士出身中憲大夫都察院右僉都御史奉敕巡撫延綏等處地方贊理軍務河東何東序書”，次接目録。

十二家，即王維、宋之問、沈佺期、高適、岑參、孟郊、盧照鄰、王勃、陳子昂、駱賓王、杜甫、楊炯。全書按體裁分類排列，卷一至三爲五言古詩二百六十首，卷四爲七言古詩八十三首，卷五爲七言古詩二十七首、五言律詩九十六首，

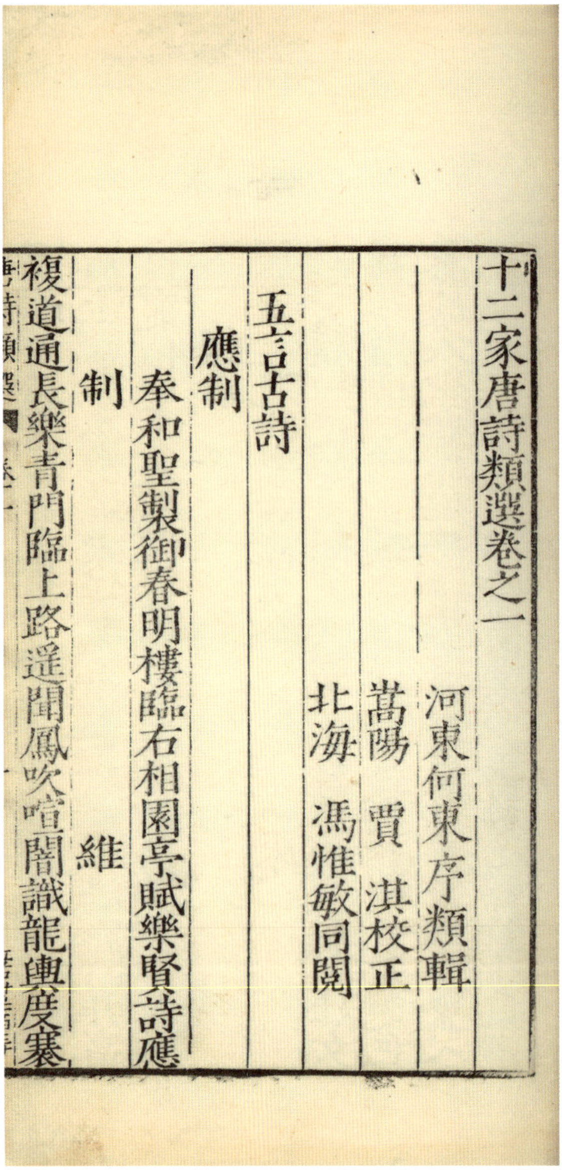
十二家唐詩類選卷之一

河東何東序類輯

嵩陽賈淇校正

北海馮惟敏同閱

五言古詩

應制

奉和聖製御春明樓臨右相園亭賦樂賢詩應

制　維

複道通長樂青門臨上路遥聞鳳吹喧闇識龍輿度褰

卷六至八爲五言律詩五百十三首，卷九爲七言律詩六十首、五言排律五十三首，卷十至十一爲五言排律一百八十八首，卷十二爲五言絶句七十七首、六言絶句七首、七言絶句六十四首。

刻工：江右付、江右李、江右張、江右良、江右洪、江右正、江右貢良、錢、史、邵、位、王、劉、曾、馮、崔、黄等，皆江西工。

《中國古籍善本書目》集部總集類收録，編號爲集 18169。

名録號 06454。綫裝，六册。

目録葉鈐有“番禺何 / 氏如舟 / 閣所藏”朱文印。

大宋文鑑一百五十卷
目録三卷

（宋）吕祖謙輯

明正德十三年（1518）慎獨齋刻本

吕祖謙（1137—1181），字伯恭，宋婺州（今浙江金華）人。南宋隆興元年（1163）進士，累遷直秘閣學士、提舉亳州明道宫。參修《宋徽宗實録》。創立“金華學派”，與朱熹、張栻并稱“東南三賢”。著有《東萊集》《東萊博議》等。參見《宋史》卷四百三十四。

半葉十二行，行二十五字，小字雙行同。黑口，四周雙邊，雙順黑魚尾。版心上鐫書名、卷次，中鐫篇名，下鐫葉次。框高 18.5 厘米，寬 12.0 厘米。

書前有周必大《宋朝文鑑序》，次接吕祖謙《宋朝文鑑表》，次接《大宋文鑑總目》，次接《大宋文鑑目録》三卷。

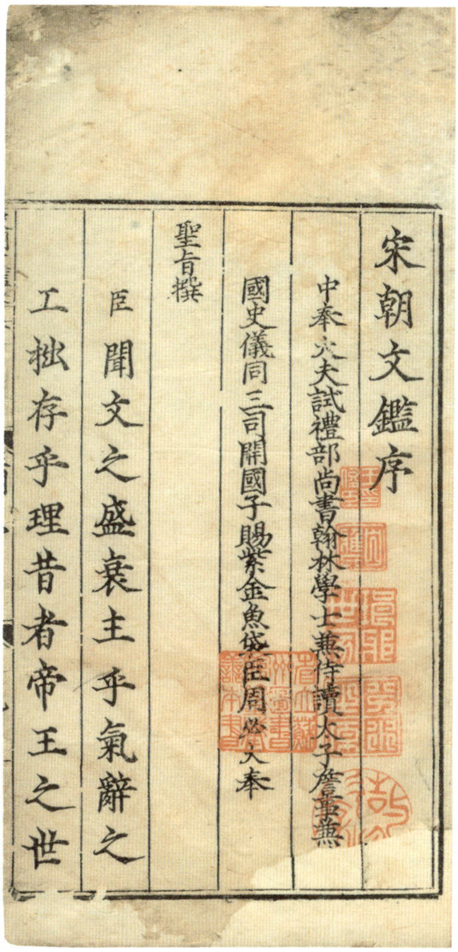
宋朝文鑑序
中奉大夫試禮部尚書翰林學士兼侍讀太子詹事兼
國史儀同三司開國子賜紫金魚袋臣周必大奉
聖旨撰
臣聞文之盛衰主乎氣辭之
工拙存乎理昔者帝王之世

正文凡一百五十卷，編爲六十一類。卷一至十爲賦，卷十一爲律賦，卷十二至十四爲詩，卷十五至二十爲五言古詩，卷二十一爲七言古詩，卷二十二至二十三爲五言律詩，卷二十四至二十五爲七言律詩，卷二十六爲五言絶句，卷二十七至二十八爲七言絶句，卷二十九爲雜體，卷三十爲騷，卷三十一爲詔，卷三十二爲敕、赦文、册，卷三十三爲御劄、批答，卷三十四至三十六爲制，卷三十七至四十爲誥，卷四十一至六十二爲奏疏，卷六十三至七十一爲表，卷七十二爲箋、箴，卷七十三爲銘，卷七十四爲頌，卷七十五爲贊，卷七十六至八十四爲碑文、記，卷八十五至九十二爲序，卷九十三至一百爲論，一百一爲論、議，一百二至一百四爲策，一百五至一百六爲議，一百七爲説，一百八爲説、戒，一百九至一百十爲制策，一百十一爲制策、説書、經義，一百十二至一百二十爲書，一百二十一至一百二十三爲啓，一百二十四爲策門，一百二十五至二十七爲雜著，一百二十八爲對文、移文、連珠，一百二十九爲琴操、上梁文、書判，一百三十至一百三十一爲題跋，一百三十二爲樂語，一百三十三至一百三十五爲祭文、謚議，一百三十六至一百三十八爲行狀，一百三十九至一百四十四爲墓誌，一百四十五爲墓表、神道碑，一百四十六至一百四十七爲神道碑銘，一百四十八爲神道碑，一百四十九爲傳，一百五十爲傳、露布。

卷一百二十三後有牌記“正德戊寅孟 / 夏慎獨齋刊”。

《中國古籍善本書目》集部總集類收録，編號爲集 18404。

名録號 06462。綫裝，十六册。

《宋朝文鑑序》首葉鈐“與 / 造物 / 游”朱文圓形印、“分水 / 之原”白文方印、“琅邪 / 世家”白文方印、“白 / 雅氏”白文方印、“王印 / 俊臣”白文方印，《宋朝文鑑表》首葉鈐“不夜 / 書屋 / 珍藏”朱文方印，目録末葉鈐“冰香 / 閣”白文方印，正文卷末鈐“孫氏山淵 / 閣藏書記”朱文長方印。

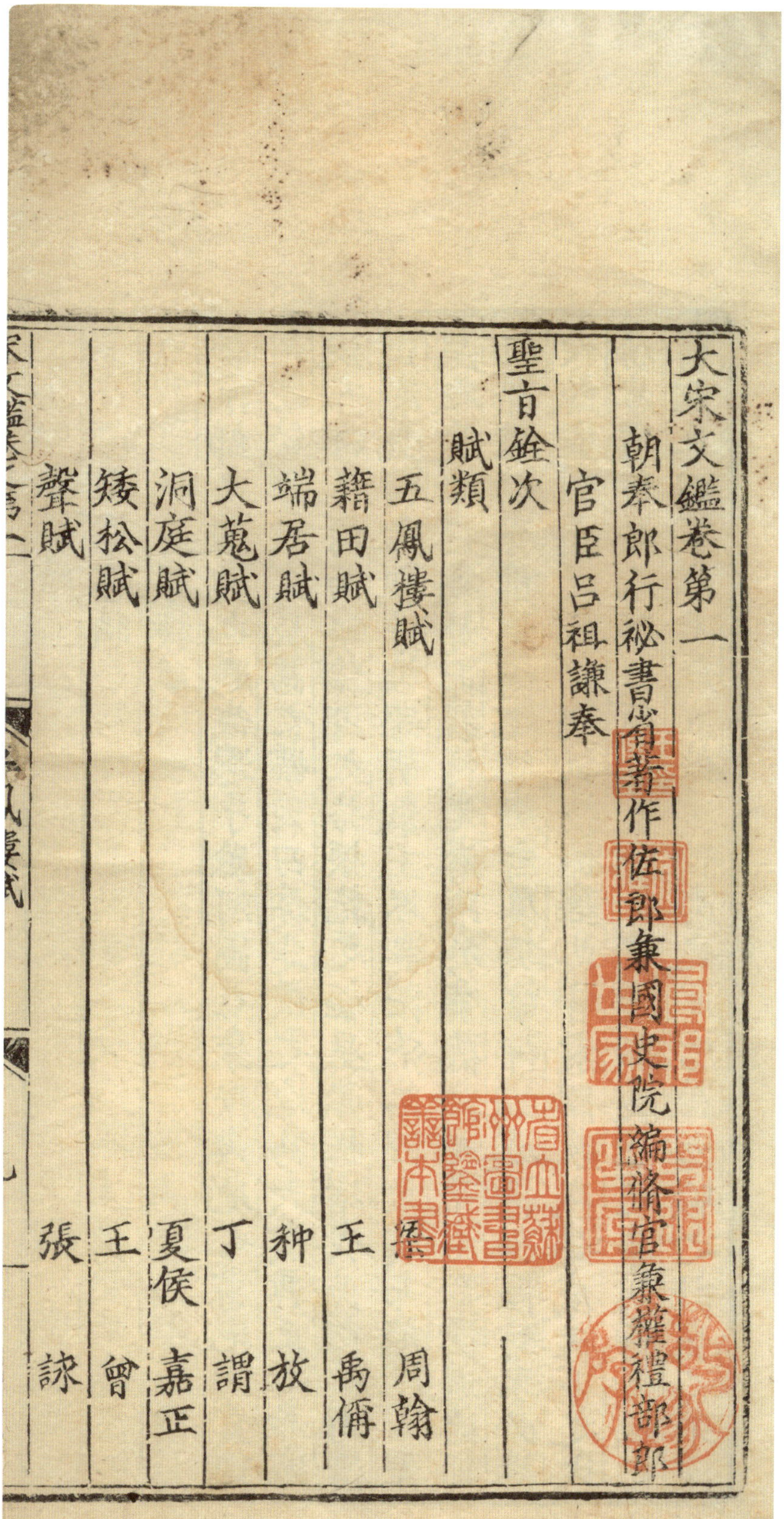

大宋文鑑卷第一

朝奉郎行祕書省著作佐郎兼國史院編脩官兼權禮部郎

官臣呂祖謙奉

聖旨銓次

賦類

五鳳樓賦　楊周翰

籍田賦　王禹偁

端居賦　种放

大蒐賦　丁謂

洞庭賦　夏侯嘉正

矮松賦　王曾

聲賦　張詠

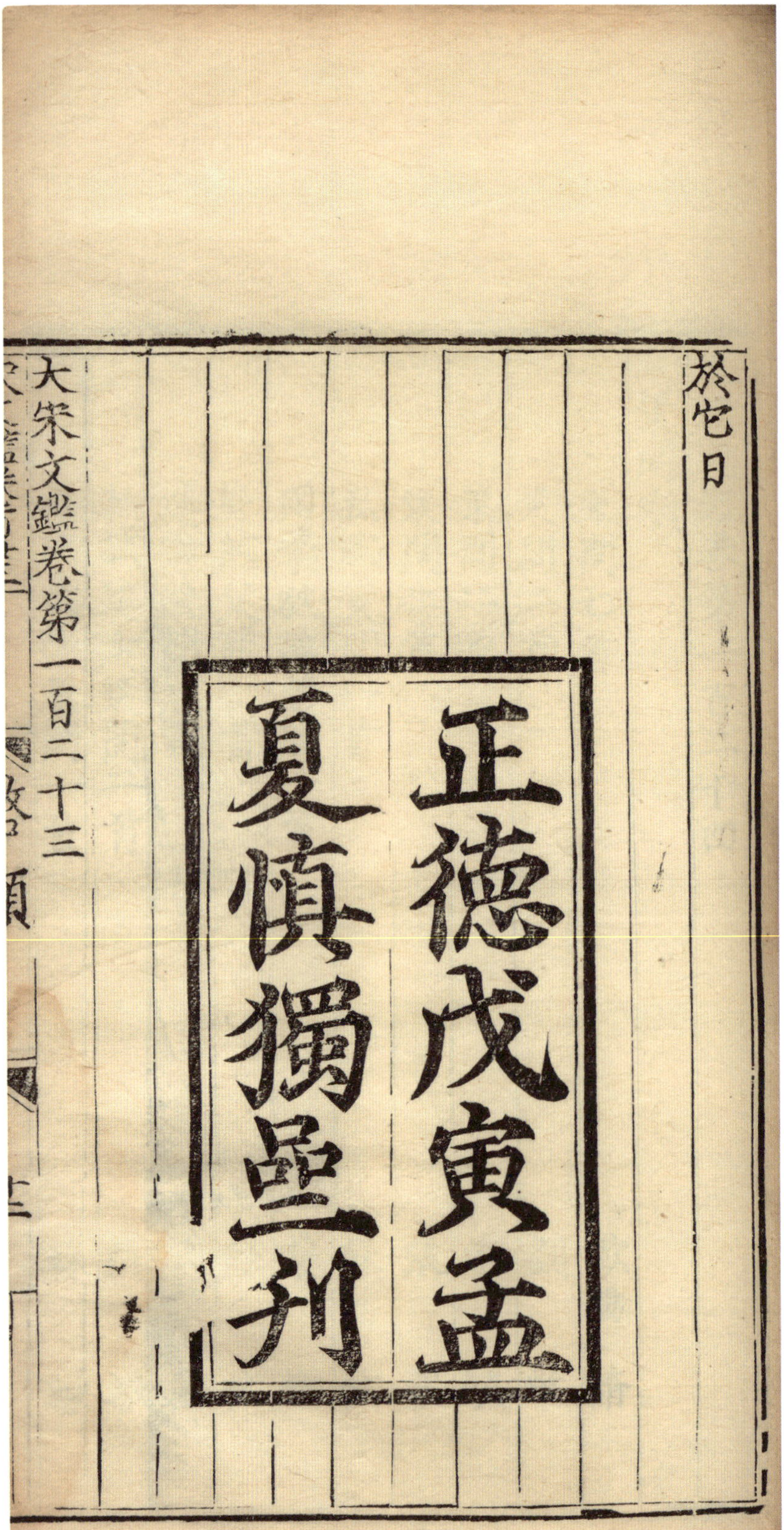

於它日

正德戊寅孟
夏慎獨齋刊

大宋文鑑卷第一百二十三

皇明經濟文録四十一卷

（明）萬表輯

明嘉靖三十三年（1554）曲入繩、游居敬刻本

萬表（1498—1556），字民望，號鹿園，明鄞縣（今寧波鄞州區）人。明正德十五年（1520）進士，累官南京中軍都督府都督同知僉事。著有《玩鹿亭稿》《灼艾集》《前後海寇議》等。參見《明儒學案》卷十一《都督萬鹿園先生表》。

半葉十行，行二十二字。白口，四周單邊，單黑魚尾。版心中鎸書名、卷次、葉次，下鎸刻工。框高 19.3 厘米，寬 13.4 厘米。

書有明嘉靖三十三年萬表《皇明經濟文録序》，末署“嘉靖甲寅歲夏四月望旦，南京中軍都督府都督僉事前奉敕提督漕運鎮守淮安地方總兵官四明萬表叙”，次接目録。

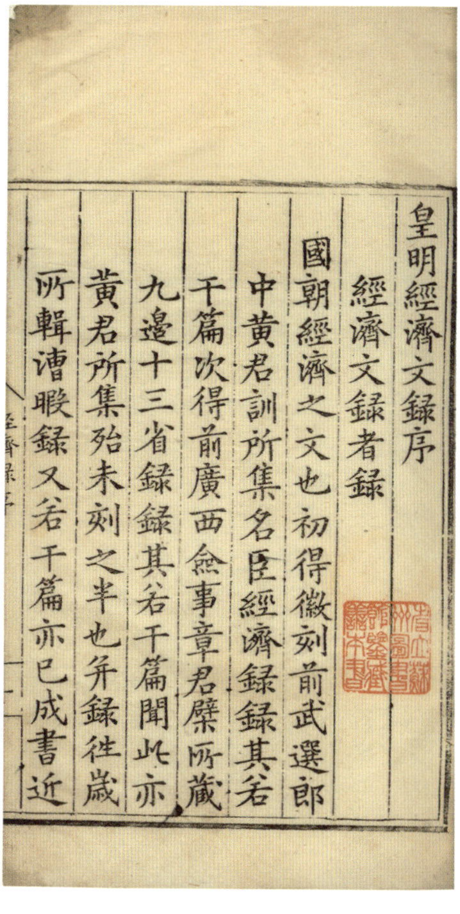
皇明經濟文録序
經濟文録者録
國朝經濟之文也初得徽刻前武選郎
中黄君訓所集名臣經濟録録其若
干篇次得前廣西僉事章君檗所藏
九邊十三省録録其若干篇聞此亦
黄君所集殆未刻之半也并録往歲
所輯漕暇録又若干篇亦已成書近

萬表合黄訓所集《名臣經濟録》、章檗所藏《九邊十三省録》、阮鶚所輯《疏義輯略》及自輯《漕暇録》等書，又博采他籍，增益成編。卷一開國、卷二至四保治、卷五吏部，卷六至七户部，卷八至九禮部，卷十至十三兵部，卷十四刑部，卷十五至十六工部，卷十七南直隸，

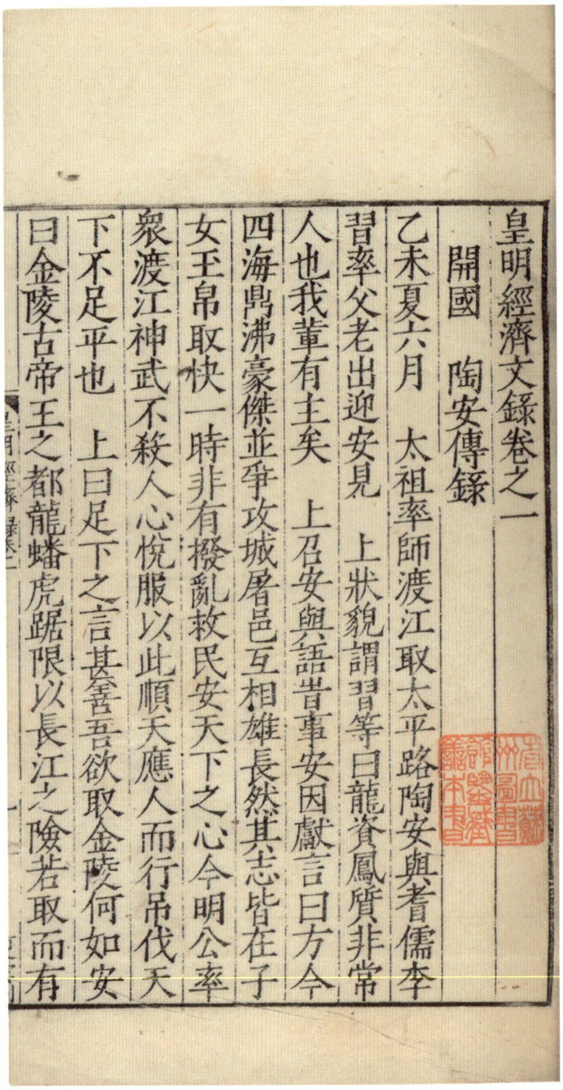
皇明經濟文錄卷之一
開國　陶安傳録
乙未夏六月　太祖率師渡江取太平路陶安與耆儒李習率父老出迎安見　上狀貌謂習等曰龍姿鳳質非常人也我輩有主矣　上召安與語旹事安因獻言曰方今四海鼎沸豪傑並爭攻城屠邑互相雄長然其志皆在子女玉帛取快一時非有撥亂救民安天下之心今明公率衆渡江神武不殺人心悦服以此順天應人而行弔伐天下不足平也　上曰足下之言甚善吾欲取金陵何如安曰金陵古帝王之都龍蟠虎踞限以長江之險若取而有

卷十八北直隸，卷十九浙江，卷二十江西，卷二十一福建，卷二十二湖廣，卷二十三河南，卷二十四陝西，卷二十五山東，卷二十六山西，卷二十七四川，卷二十八廣東，卷二十九廣西，卷三十雲南，卷三十一貴州，卷三十二九邊備考，卷三十三遼東，卷三十四薊州，卷三十五宣府，卷三十六大同，卷三十七三關，卷三十八榆林，卷三十九寧夏，卷四十甘肅，卷四十一固原。

刻工名：陶忠、夏雲、陶卿、夏友儒、孟相、陶烓、曹金、朱文、張鰲、夏迪、今、高、江曉、夏池、之、加興、加合、加、夏榮、邛、蔣潮、仁、孫德、孫七等。

曲入繩，字子約，號思門，明湖南沅陵人。明嘉靖十三年舉人。歷任杭州同知署知府事、海寧知縣、浙江僉事。

游居敬（1509—1571），字行簡，號可齋，明福建南平人。明嘉靖十一年進士。累官都察院副都御史，巡撫雲南。

《中國古籍善本書目》集部總集類收録，編號爲集 18831。

名録號 06468。綫裝，六十册。

徽郡詩略二十一卷

（明）李敏選訂

明嘉靖三十九年（1560）刻本

李敏，字功甫，號浮丘山人，明安徽休寧人。著有《浮丘山人集》。參見清康熙《徽州府志》卷十五。

半葉十行，行二十字。白口，四周單邊，單黑魚尾。版心上鎸書名，中鎸卷次、葉次，下鎸刻工。框高 18.6 厘米，寬 12.6 厘米。

書前有明嘉靖三十九年李敏《叙徽郡詩略》，末署“嘉靖庚申孟春穀旦，休寧李敏書於東麓草堂”，次接《凡例》六條。

是書共收三百九十四人詩七百二十四首。以體分卷，卷一至四爲五言古體，收作者五十六人詩一百二十一首；卷五至八七言古體，收作者四十四人詩六十七首；卷九至十二爲五言律詩，收作者八十九人詩一百八十一首；卷十三至十六爲七言律詩，收作者六十九人詩一百四十九首；卷十七爲五言排律，收作者十四人詩二十一首；卷十八爲五言絶句，收作者三十五人詩五十一首；卷十九至二十一爲七言絶句，收作者八十七人詩

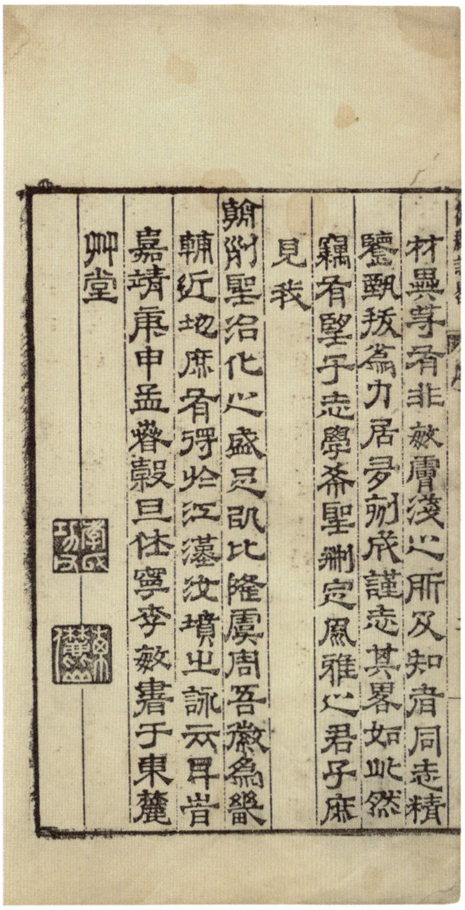
材異等者非敢膚淺之所及知有同志精
鑒甄拔爲力居多剞劂謹志其畧如此然
竊有望于志學希聖删定風雅之君子庶
見我
朝列聖治化之盛足以比隆虞周吾徽爲畿
輔近地庶有得於江漢汝墳之詠云耳嘗
嘉靖庚申孟春穀旦休寧李敏書于東麓
艸堂

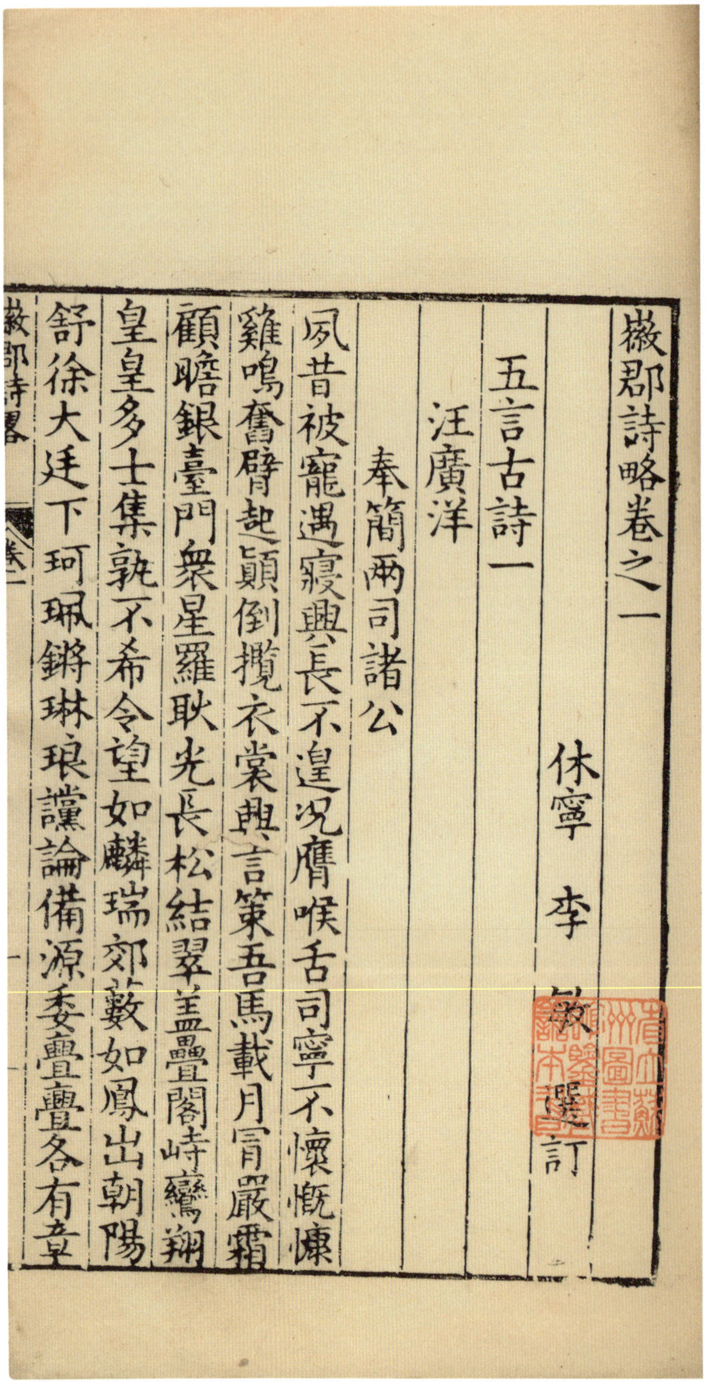
徽郡詩略卷之一
休寧 李敏 選訂
五言古詩一
汪廣洋
奉簡兩司諸公
夙昔被寵遇寢興長不遑况膺喉舌司寧不懷慨慷
雞鳴奮臂起顛倒攬衣裳與言策吾馬載月冒嚴霜
顧瞻銀臺門衆星羅耿光長松結翠蓋疊閣峙鸞翔
皇皇多士集孰不希令望如麟瑞郊藪如鳳出朝陽
舒徐大廷下珂珮鏘琳琅讜論備源委亹亹各有章
徽郡詩略 卷一 一

一百三十四首。各體前皆附目録。

刻工名：子光、黄錬、黄堂、元、鐕、鉞。

《中國古籍善本書目》集部總集類收録，編號爲集 19600。

名録號 02160。綫裝，八册。

詩人玉屑二十卷

（南宋）魏慶之輯

明嘉靖六年（1527）洪都潛仙刻本

魏慶之，字醇甫，號菊莊，南宋建安（今福建建甌）人。不屑科第，惟愛種菊吟詠。參見本書黃昇《詩人玉屑序》。

半葉十一行，行二十一字。上下黑口，四周單邊，雙對白魚尾。版心中鎸書名及卷次，下鎸葉次。框高 19.8 厘米，寬 13.8 厘米。

書前有明嘉靖六年洪都潛仙《重刻詩人玉屑序》，末署“嘉靖六年丁亥冬十有二月八日，洪都玉峰潛仙識”。次接南宋淳祐四年（1244）黃昇序，末署“淳祐甲辰長至日，玉林黃昇叔暘序”。

是書論作詩之法，分詩辨、詩法、詩評、詩體上、詩體下、句法、唐人句法、宋朝警句、風騷句、口訣、初學蹊徑、命意、造語、下字、用字、押韵、屬對、鍛煉、沿襲、奪胎換骨、點化、托物、諷興、規誡、白戰、含蓄、詩趣、詩思、體用、風調、平淡、閑適、自得、變態、圓熟、詞勝、綺麗、富貴、品藻、詩病、礙理、考證四十二類。

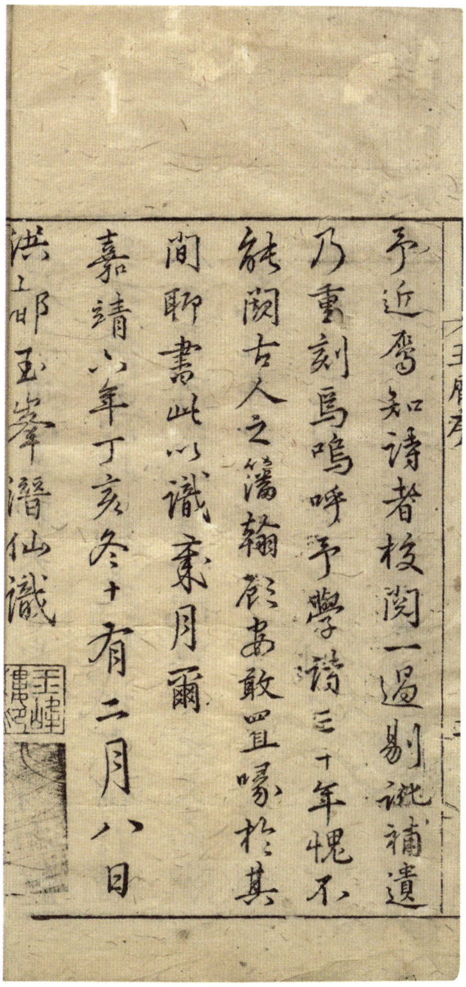

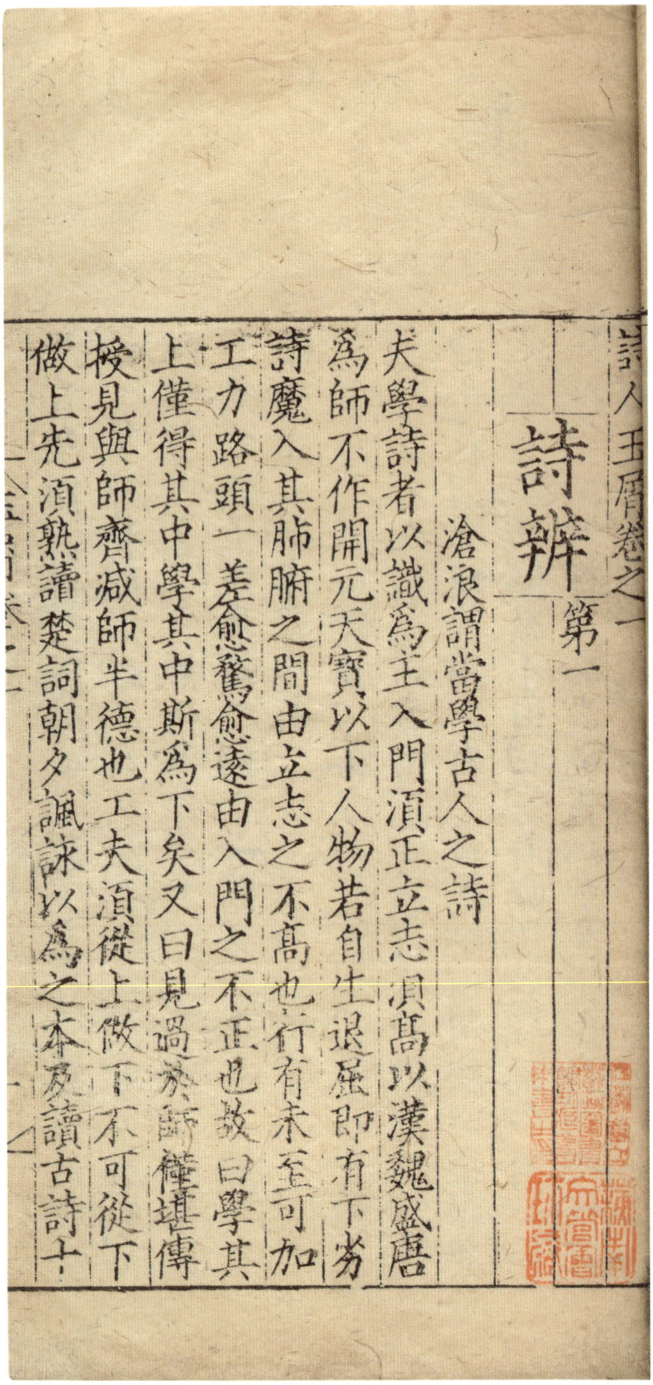
詩人玉屑卷之一

詩辨第一

滄浪謂當學古人之詩

夫學詩者以識爲主入門須正立志須高以漢魏盛唐爲師不作開元天寶以下人物若自生退屈即有下劣詩魔入其肺腑之間由立志之不高也行有未至可加工力路頭一差愈騖愈遠由入門之不正也故曰學其上僅得其中學其中斯爲下矣又曰見過於師僅堪傳授見與師齊減師半德也工夫須從上做下不可從下做上先須熟讀楚詞朝夕諷詠以爲之本及讀古詩十

卷十末葉鎸刻工“奉新翟忠等刊”。

書尾有牌記“瑞昌府章涯右山龍沙識”。

《中國古籍善本書目》集部詩文評類收録，編號爲集 20398。

名録號 06517。綫裝，四册。

傅與礪詩法四卷

（元）傅若金撰

明刻本

傅若金（1303—1342），字與礪，一字汝礪，元新喻官塘（今江西新余）人。少貧，學徒編席，受業范梈之門。後以布衣至京師，詞章爲虞集、揭傒斯所稱賞，以异才薦於朝廷。元元統三年（1335），奉命出使安南。歸後任廣州路儒學教授。有《傅與礪詩文集》傳世。參見清康熙《新喻縣志》卷十二。

半葉八行，行十九字。白口，四周雙邊，單白魚尾。版心中鎸書名、卷次及葉次。框高 20.1 厘米，寬 14.7 厘米。

卷一爲《詩法源流》和《文法》兩篇，末有明洪武二十一年（1388）傅若川識；卷二爲《詩法》，卷端題“黄子肅先生述”；卷三爲《詩法家數》，卷端題“楊仲弘先生述”；卷四爲《五言古選》。

《中國古籍善本書目》集部詩文評類收録，編號爲集 20466。

名録號 09542。綫裝，二册。

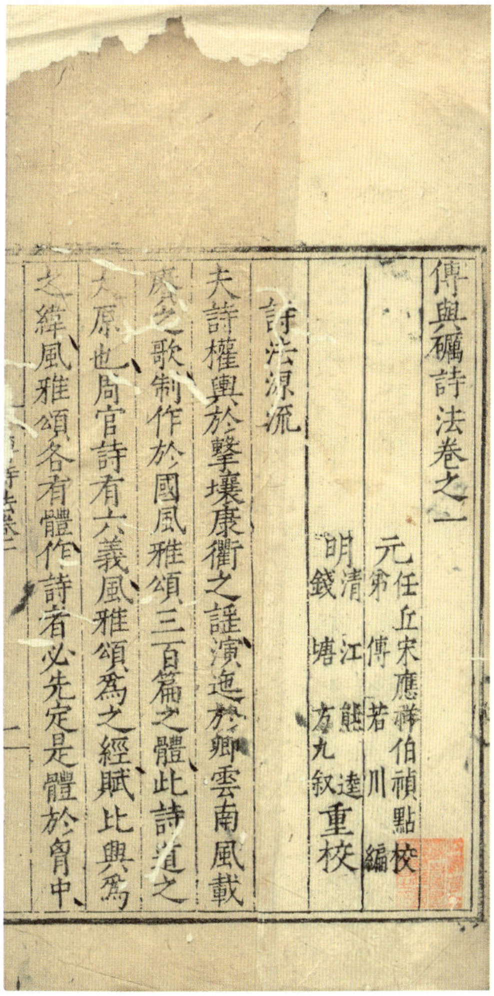
傅與礪詩法卷之一
元 任丘宋應祥伯禎點校 弟傅若川編
明 清江熊逵 錢塘方九叙 重校
詩法源流
夫詩權輿於擊壤康衢之謠演迤於卿雲南風載
賡之歌制作於國風雅頌三百篇之體此詩道之
大原也周官詩有六義風雅頌爲之經賦比興爲
之緯風雅頌各有體作詩者必先定是體於胸中

刺故謂之變雅變風變雅皆因正風正雅而附見焉　頌之体如後世之古樂府作於公卿大夫而用之宗廟告於神明者也其言主於美盛德告成功商頌周頌其正而魯頌則不當作而作比之風雅蓋亦變之類也　姜堯章云守法度曰詩放情曰歌体如行書曰行兼之曰歌行述本末曰引悲如蛩螿曰吟通俚俗曰謡委曲盡情曰曲觀於此言可以得風雅頌各有体之意矣然其言猶有未

詩法源流三卷

（明）王俊民輯

明嘉靖刻本

王俊民（1480—1538），字用章，號南湖，明荊州石首（今屬湖北）人。明正德九年（1514）進士。官至雲南、廣東布政使。參見張璧《明故通奉大夫雲南左布政使王公墓誌銘》。

半葉九行，行十九字，小字雙行同。白口，四周單邊，單白魚尾。版心上鎸“詩法”，中鎸卷次、葉次，下鎸刻工。框高 19.8 厘米，寬 12.3 厘米。

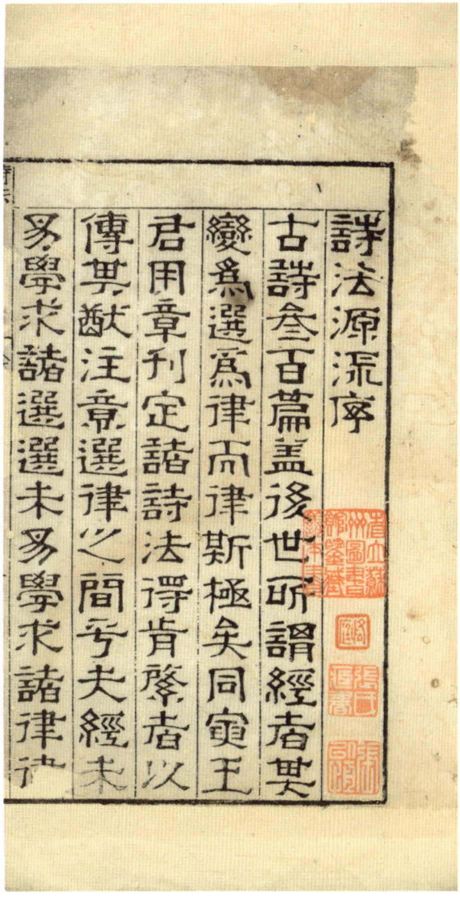
詩法源流序
古詩參百篇蓋後世所謂經者其
變爲選爲律而律斯極矣同邑王
君用章刊定諸詩法得肯綮者以
傳其猷注意選律之間兮夫經未
多學求諸選選未多學求諸律律

書前有明嘉靖二年（1523）邵鋭《詩法源流序》，末署“嘉靖癸未秋九月吉，賜進士出身福建按察司副使奉勅視學仁和邵鋭叙”，次接目録。卷末附元至治二年（1322）楊載《詩法源流舊序》，末署“時至治壬戌四月望，楊仲弘書”。

此書上卷爲元人論詩之語，録詩法五種：《詩法正論》，篇首題“傅與礪述德機范先生意”；《詩文正法》，篇首題“傅與礪述”；《詩法》，篇首題“黄子肅先生述”；《詩法正宗》，篇首題“揭曼碩先生述”；《詩宗正法眼藏》，未題著者。中卷選

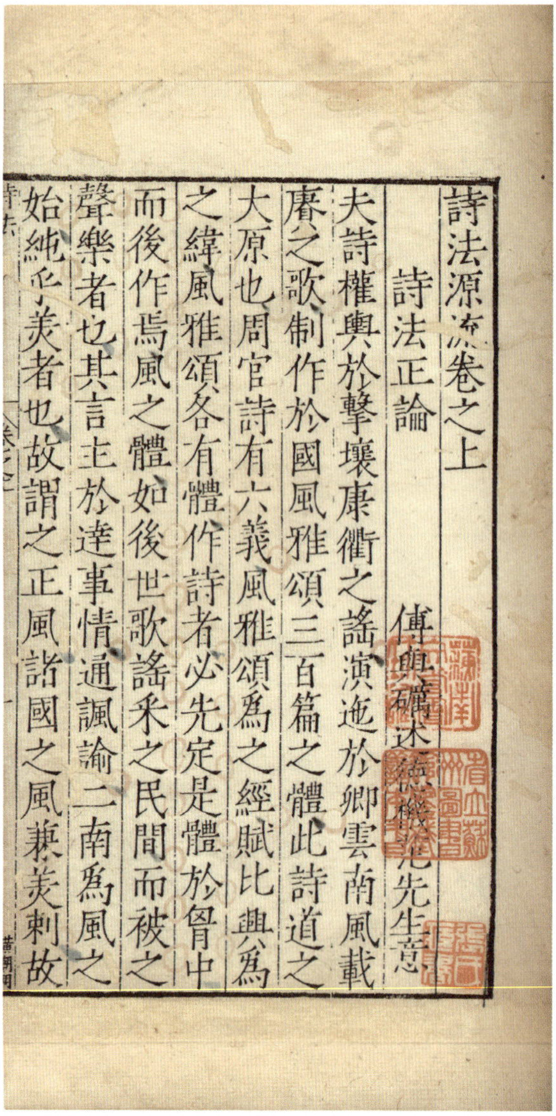

録漢、魏、晋詩，卷首題“後學傅若川次舟編次”。下卷載杜甫五言律詩九首，七言律詩四十三首，各有注釋，卷首題“門人吴成、鄒遂、王恭編次”。

刻工名：黄朝用、熊一、陳天祥、朱四、黄四、易。

《四庫全書總目》云：“（下卷）標立……凡三十三格，其謬陋殆不足辨。楊載序俚拙萬狀，亦必出僞托。”

《中國古籍善本書目》集部詩文評類收録，編號爲集 20507。

名録號 06524。綫裝，二册。

邵序首葉鈐“張 / 以恒”白文方印、“張氏 / 藏書”白文方印、“恪 / 庭”朱文方印。

吳騷二集四卷

（明）張琦、王煇輯

明萬曆刻本

張琦，字楚叔，號騷隱居士、騷隱生，又號白雪齋主人，明武林（今浙江杭州）人。

王煇，亦杭州人。生平不詳。

半葉十行，行二十一字，小字雙行同。白口，四周單邊，單白魚尾。版心上鎸“吳騷”，中鎸卷次，下鎸葉次。框高20.1厘米，寬13.1厘米。

此集所選，以崑腔演唱之南曲爲主，入選者有吳載伯、凌初成、梁少白、范夫人、沈青門、杜圻山、楊夫人、張伯起等人，配以精美插圖。

《中國古籍善本書目》集部曲類收録，編號爲集22629。

名録號12091。綫裝，四册。

首卷卷端鈐“洪／聲”“費氏／鑣”白文正方印。

按，國家圖書館藏本有明萬曆四十四年（1616）丙辰秋花裀上人許當世叙，此本佚。

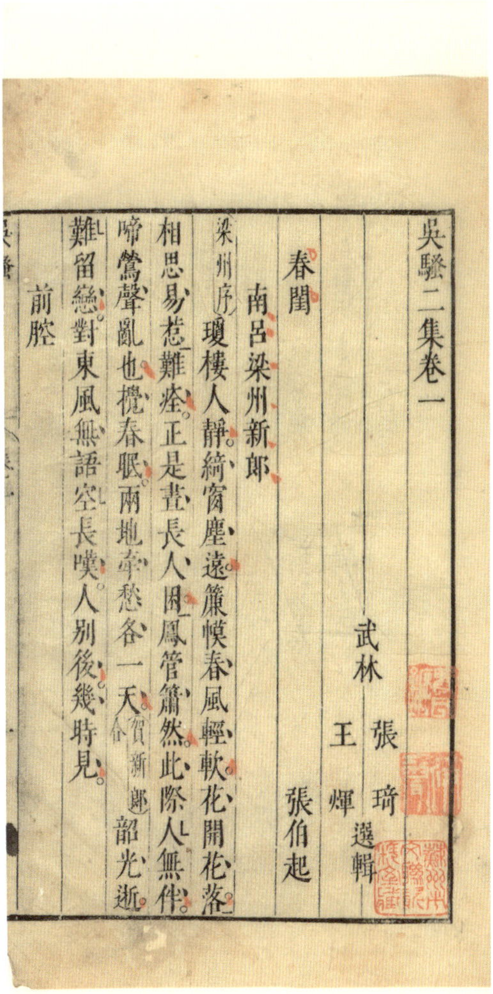
吳騷二集卷一
武林　張　琦
王　煇　選輯
張伯起
春閨
南呂梁州新郎
梁州序 瓊樓人靜。綺窗塵遠。簾幙春風輕軟。花開花落
相思易惹難遣。正是晝長人困。鳳管簫然。此際人無伴。
啼鶯聲亂也。攪春眠。兩地牽愁各一天。賀新郎 韶光逝。
難留戀。對東風無語空長嘆。人別後。幾時見。
前腔

也不成眠人去空遺離恨天合前

節節高

垂楊月影圓漏將殘花稍露滴珍珠濺重門掩聽杜鵑啼紅旄流光頻向愁中換惜春不禁柔腸亂合殷勤分付與東風莫教凋盡桃花片

前腔

榆英落翠鈿舞簷前空堦風送香塵淺春宵半蝶夢闌鄉心轉玉人此夜應腸斷啼痕界破梨花面合前

尾聲

別來躭盡相思怨對景教人思悄然何日重逢續斷絃